Peter Cornelius
als Komponist, Dichter,
Kritiker und Essayist

Studien zur Musikgeschichte des 19. Jahrhunderts
Band 48

Forschungsunternehmen der Fritz Thyssen Stiftung
Arbeitskreis Musikwissenschaft

Peter Cornelius als Komponist, Dichter, Kritiker und Essayist

Vorträge, Referate und Diskussionen

herausgegeben von Hellmut Federhofer
und Kurt Oehl

Gustav Bosse Verlag Regensburg 1977

Copyright 1977 by Gustav Bosse Verlag Regensburg - Printed in Germany
Nachdruck, auch auszugsweise, bedarf der Genehmigung des Verlages
ISBN 3 7649 2125 0
Reproduktion: Gruber + Hueber, Regensburg
Druck und Bindearbeit: Bärenreiter, Kassel

Inhaltsverzeichnis

Vorwort
Abkürzungen

Volker Hoffmann
Leben und Werk des Peter Cornelius zu seiner und in unserer Zeit   9

Klaus Günther Just
Peter Cornelius als Dichter   19

Günter Wagner
Die Quellenlage der musikalischen und literarischen Werke von
Peter Cornelius   31

I. Cornelius und seine Umwelt

Wolfgang Boetticher
Cornelius und Robert Schumann   49

Josef-Horst Lederer
Cornelius und Johannes Brahms   57

Hans-Josef Irmen
Cornelius und Hector Berlioz   65

Klaus W. Niemöller
Cornelius und Franz Liszt   81

Hans-Joachim Bauer
Cornelius und Richard Wagner   93

Christoph-Hellmut Mahling
„ ... in Dichtung und Komposition auf eigenem Boden gewachsen"
Cornelius und sein Verhältnis zur „Neudeutschen Schule"   105

II. Die Opern von Cornelius

Hellmut Federhofer
Vorgezeichneter und latenter 7/4-Takt in den Opern von Cornelius
Diskussion   115

Heribert Horst
Zur Textgeschichte des „Barbier von Bagdad"   121

Egon Voss
„Der Barbier von Bagdad" als komische Oper   129

Erwin Koppen
Cornelius' „Cid" in thematologischer Sicht   139

Anna Amalie Abert
Zu Cornelius' Oper „Gunlöd"

Diskussion   145

III. Cornelius als Komponist geistlicher und weltlicher Vokalmusik

Günther Massenkeil
Cornelius als Liederkomponist   159

Magda Marx-Weber
Cornelius' Kritik des Liedes   169

Elmar Seidel
Zur Kirchenmusik von Cornelius   179

IV. Cornelius als Kritiker und Essayist

Hubert Unverricht
Bemerkungen zum künstlerischen Anliegen von Cornelius in seinen
Musikkritiken und -essays   197

Magda Marx-Weber
Cornelius — ein Außenseiter unter den Musikschriftstellern der
Neudeutschen Schule   201

Herbert Schneider
Urteile über Opernkomponisten und die Frage der Rezeption der
Oper in den Schriften von Cornelius   219

Namensregister   233

Vorwort

Anläßlich des 150. Geburtstages und zugleich 100. Todestages von Peter Cornelius (1824—1874) veranstaltete die Fritz-Thyssen-Stiftung in der Zeit vom 7. bis 10. Oktober 1974 ein Peter-Cornelius-Symposium in Mainz. Es stand in Verbindung mit den Peter-Cornelius-Feierlichkeiten der Stadt Mainz und der 13. Jahrestagung der Arbeitsgemeinschaft für mittelrheinische Musikgeschichte. In vier Sektionen, die das Symposium umfaßte, fand das Werk des bedeutendsten aus Mainz gebürtigen Komponisten von zahlreichen Gesichtspunkten aus Behandlung. Zweck der gehaltenen Referate war es zugleich, das Verständnis für das 19. Jahrhundert zu vertiefen.

Den in der Veröffentlichung zumeist mit Anmerkungen versehenen Referaten sind drei Vorträge vorangestellt, die im Rahmen der Gedenkfeierlichkeiten der Stadt Mainz gehalten worden sind. Dem Kulturreferenten der Stadt Mainz, Herrn Dr. Anton M. Keim und den drei Rednern, dem Direktor des Peter-Cornelius-Konservatoriums in Mainz, Herrn Volker Hoffmann, Herrn Univ.-Prof. Dr. Klaus Günther Just (Bochum) und Herrn Dr. Günter Wagner (Mainz) gilt mein Dank für die Erlaubnis der Aufnahme der Vorträge in diesem Band.

Hellmut Federhofer

Abkürzungen

MW = Peter Cornelius, Musikalische Werke. Erste Gesamtausgabe (Nach den Quellen.) Im Auftrage seiner Familie hrsg. von Max Hasse, 5 Bde.,
    I   Einstimmige Lieder und Gesänge mit Pianoforte
    II Mehrstimmige Lieder und Gesänge (Duette, Männerchöre, Gemischte Chöre)
    III Der Barbier von Bagdad
    IV Der Cid
    V   Gunlöd

Leipzig: Breitkopf & Härtel 1905/06

LW = Peter Cornelius, Literarische Werke. Erste Gesamtausgabe im Auftrage seiner Familie, 4 Bde.,
    I und II Ausgewählte Briefe (nebst Tagebuchblättern und Gelegenheitsgedichten), hrsg. von Carl Maria Cornelius
    III   Aufsätze über Musik und Kunst, hrsg. von Edgar Istel
    IV   Gedichte, hrsg. von Adolf Stern

Leipzig: Breitkopf & Härtel 1904/05

Volker Hoffmann
Leben und Werk des Peter Cornelius zu seiner und in unserer Zeit

Gedenktage oder ganze Gedenkjahre für große Persönlichkeiten aus der Geschichte unseres Landes haben den Sinn, uns an die Urheber jener geistigen Strömungen zu erinnern, aus deren Quellen noch heute unser Leben gespeist wird. Eine erstaunliche Anzahl solcher Großen der Kultur- und Geistesgeschichte hat vor allem die Zeit zwischen etwa 1720 und 1860 hervorgebracht — wie wiederum andere Epochen eine Kulmination von namhaften Erfindern oder Entdeckern der Naturwissenschaften und der Technik zu verzeichnen haben.

Wenn wir uns als die Erben eines immensen Vermächtnisses an Ideen, Schöpfungen und Entdeckungen verstehen und die Aufgabe annehmen, nicht die Asche, sondern das Feuer solcher prometheischer Gestalten weiterzutragen, dann kann es nicht wundernehmen, daß wir in diesen Jahren viele Gedenktage zu begehen haben, von denen jeder einzelne jeweils gemäß seiner internationalen, nationalen oder regionalen Bedeutung in unterschiedlicher Weise gestaltet wird.

....

Heute nun ehren die Stadt Mainz und die Arbeitsgemeinschaft für mittelrheinische Musikgeschichte gemeinsam einen Dichter und Musiker: Peter Cornelius, der 1824 am Weihnachtsabend in dieser Stadt geboren wurde und seinen nicht eben langen, aber beschwerlichen Lebensweg am 16. Oktober 1874 in Mainz beendete.

....

Die Ehrungen sind freilich nicht die ersten, die Cornelius in Mainz erfährt: Jeder Mainzer kennt die Marmorbüste auf der Sandsteinsäule vor dem Vincenz-Krankenhaus, die von dem Bildhauer Lederer stammt. Ganz gegen seine Wesensart schaut der Dichter und Musiker ein bißchen sehr von oben herab in die Anlagen. An seinem Sterbehaus, Kupferbergterrasse 23, wurde eine von Christian Musel entworfene Gedenktafel angebracht; in der Neustadt verzeichnet der Stadtplan eine Peter-Cornelius-Straße. Das Mainzer Konservatorium erhielt 1937 den Namen des Komponisten und hat sich dieses Namens wohl auch würdig erwiesen, wenn man bedenkt, daß Peter Cornelius eine für seine Zeit durchaus neuartige Gesangsausbildung entwarf, in welcher dem künstlerischen Teil der Ausbildung neben der stimmtechnischen Schulung ein besonders hoher Rang zugewiesen wurde. Die ungewöhnlich große Gesangsabteilung des Peter-Cornelius-Konservatoriums orientiert sich an einem so gearteten Curriculum und kann besonders in den letzten Jahren auf diesem Gebiet auf ungewöhnlich große Erfolge verweisen. Das Bundesland Rheinland-Pfalz verleiht eine Cornelius-Plakette, und auf dem Mainzer Hauptfriedhof ist das Grab von Peter Cornelius zu finden.

Über das Leben von Cornelius hat der Südwestfunk eine Fernsehsendung mit dem Titel *... geboren in Mainz* ausgestrahlt, und das Zweite Deutsche Fernsehen hat anläßlich des Doppeljubiläums die Oper *Der Barbier von Bagdad* produziert und am 13. Oktober 1974 gesendet.

Festvortrag anläßlich der Peter-Cornelius-Feierlichkeiten der Stadt Mainz 1974 gehalten am 7. Dezember im Rathaus der Stadt Mainz (Revidierte, gegenüber dem Originaltext gekürzte Fassung). ... bedeutet: Auslassungen von Textstellen des Vortrags.

In der *Kleinen Mainzer Bücherei* erschienen aus dem gleichen Anlaß von P. Walter Jacob *Der beschwerliche Weg des Peter Cornelius zu Liszt und Wagner* sowie *Spuren eines bewegten Lebens* von Barbara Glauert.

....

Trotzdem kann gar nicht beschönigt werden, daß Peter Cornelius im Bewußtsein einer musikinteressierten Öffentlichkeit nicht ebenso präsent ist wie z. B. Mozart, Schubert oder Wagner. Vielmehr ist daraus die Aufgabe dieser Gedenktage abzuleiten: die Information über Cornelius aufzufrischen, das Interesse an seinen Werken wiederzubeleben und zugleich das heutige Verhältnis zu seinem Schaffen anzusprechen. Nicht akademische Ehrung als Pflichtübung, sondern lebendige Darstellung und Interpretation auf der künstlerischen und wissenschaftlichen Ebene sowie die Auseinandersetzung mit den Fragen, die Cornelius selbst auch bewegt haben, soll das Anliegen dieser Tage sein — wie es auch das eigentliche Thema dieser Ausführungen ist.

Peter Cornelius hat fast ausschließlich Vokalmusik geschrieben. Wenige reine Instrumentalwerke ruhen noch heute unveröffentlicht in der Wiener Staatsbibliothek. Solche Priorität des Vokalen gegenüber dem Instrumentalen in einer Epoche, in der die instrumentale Virtuosität Triumphe feierte, hat ihre Begründung wohl nicht in einem Sektierertum, sondern in der Doppelbegabung als Dichter und Musiker; überdies hielt Cornelius die menschliche Stimme für das wunderbarste Werkzeug musikalischen Ausdrucks schlechthin. Aus diesen Motiven heraus bedachte denn auch Cornelius den ganzen Bereich der Vokalmusik mit Kompositionen — von der kleinsten Liedform bis zur großen Oper.

Das Lied ist für Cornelius offenbar die persönlichste Ausdrucksform musikalischer Gestaltung im Zusammenhang mit der dichterischen Komponente. Demzufolge sind viele seiner Lieder nicht für den Konzertsaal komponiert, sondern müssen als Hausmusik im besten Sinne gelten. Sie sind z. T. auch ganz persönlich adressiert, wie z. B. die Lieder op. 1, die als *Musikbriefe* verfaßt wurden.

Ein Komponist, der solche Liedminiaturen schreibt, strebt nicht in erster Linie nach einem großen und begeisterten Zuhörerkreis, der will vielmehr den Musizierenden und vielleicht noch eine kleine, gleichgestimmte Zuhörerschar anrühren. Und so muß man sich auch den Aufführungsmodus der meisten Cornelius-Lieder vorstellen. Freilich, auch im großen Konzertsaal und in den „Salons" sind Cornelius-Lieder aufgeführt worden, wie z. B. in den Klavierabenden des mit ihm befreundeten Carl Tausig. Auch während des Meininger Musikfestes 1867 gelangten Cornelius-Lieder zum Vortrag, wie auch Riedel in Leipzig solche aufgeführt haben soll.

....

Ebensowenig wie alle Lieder zu Cornelius' Lebzeiten bekannt wurden, sind auch die geistlichen Werke nicht vollständig aufgeführt worden. Berichtet wird aber von einer Berliner Aufführung des *50. Psalms*; nicht ganz sicher verbürgt ist eine Domchoraufführung des *Requiems* auf Hebbels Tod. Das *Stabat Mater* war lange Zeit verschollen, weil Cornelius nicht eben sorgfältig mit seinen Kompositionen umging. Von den großen, orchesterbegleiteten kirchenmusikalischen Werken sind Aufführungen nicht überliefert, was wohl mehr mit den organisatorischen und finanziellen Problemen solcher Produktionen zusammenhängt.

Umso größer muß wohl für Cornelius die Freude gewesen sein, daß seine erste Oper, mit der er den Schritt vom Lyriker zum dramatischen Komponisten wagte, unter der Stabführung von Franz Liszt 1858 in Weimar uraufgeführt wurde. Es ist bekannt genug, daß diese Premiere des *Barbier von Bagdad* wegen einer Intrige gegen den GMD Liszt mit einem unerhörten Theaterskandal endete und Liszt zum Rücktritt veranlaßte. Trotz einer glänzenden Kritik in der *Neuen Zeitschrift für Musik* hing dieser Skandal dem Werk wie ein böses Omen an; der *Barbier* ist dann zu Cornelius' Lebzeiten nicht mehr aufgeführt worden.

Dagegen hat die zweite Oper, *Der Cid*, — von Cornelius in Wien komponiert — nach einer erfolgreichen Uraufführung 1865 in Weimar auch noch ein zweites Mal reüssiert.

Unvollendet dagegen blieb die dritte Oper, *Gunlöd*. Sie wurde in einer Vollendung durch Lassen (beteiligt auch Hoffbauer, v. Bausznern) erst 1891 und 1892 auf die Bühne gebracht; ein Streit um die Vollendung bzw. Bearbeitung des Werkes beendete allerdings auch deren Bühnendasein.

Auch der *Cid* erlebte zwei postume Aufführungen: 1891 und 1904. Der *Barbier* erschien schon 1877 wieder auf dem Spielplan, und nach einer Münchner Inszenierung im Jahre 1885 schien dem Werk der Durchbruch gelungen; es ist von da an mit einiger Regelmäßigkeit auf deutschen Bühnen gespielt worden.

Zu den kleineren Werken, die unmittelbarsten Erfolg hatten, gehört das parodistische Opernterzett *Der Tod des Verräters*. Immer wieder wird berichtet, daß dieses Opus hellste Begeisterung auslöste, was Cornelius allerdings nicht einmal sehr erfreute: er wollte wohl nicht, daß sein Name ausgerechnet mit einem so komischen Kurz-Opus bekannt wurde. Es bedarf schon kaum noch der Anmerkung, daß natürlich die *Weihnachtslieder* als die Bestseller seiner Produktion gelten müssen; schon zu seinen Lebzeiten waren sie bekannt und beliebt. Diese Lieder erschienen auch bald im Druck — nach mehrfacher Überarbeitung —, während die meisten anderen Werke erst nach seinem Tode veröffentlicht werden konnten. Aber dieses Schicksal teilt Cornelius mit anderen und größeren Komponisten.

Nach allen überlieferten Berichten darf aber wohl geschlossen werden, daß die Aufführungen seiner Werke zu seinen Lebzeiten auch von Erfolg begleitet waren — offenbar selbst die skandalumwitterte Aufführung des *Barbier;* so kann man es jedenfalls den Berichten der Zeitgenossen entnehmen, so stellt es auch Cornelius in seinen Aufzeichnungen dar.

Wer sind nun die Zeitgenossen des Cornelius, was sagen sie über ihn aus? Neben seinem gestrengen Berliner Lehrer Dehn sind es vor allem die drei Großen der Epoche: Liszt, Berlioz und Wagner. Er war ihnen freundschaftlich und achtungsvoll verbunden, sie verfolgten seinen Lebensweg mit Aufmerksamkeit. Seine Kontakte galten aber auch Schumann und Brahms; mit Hebbel verband ihn eine Zeitlang Freundschaft, länger mit dem Pianisten Tausig. Als ein Feind mußte der Intendant des Weimarer Theaters gelten, Dingelstedt mit Namen. In Mainz hatte Cornelius viele Freunde, so die Hestermanns, die Jungs. In Wien war die Familie des Arztes Standhartner so etwas wie eine innere Heimat für ihn; aus der Weimarer Zeit gab es auch eine Menge Freunde.

Die Meinung dieser, z. T. ja als Konkurrenten zu sehenden, Zeitgenossen über Cornelius war nicht uneingeschränkt positiv: Nicolai, Komponist der *Lustigen Weiber von Windsor,* redete abfällig über Cornelius' Werke. Selbst Liszt verhinderte fast die Kompositionsvollendung des *Barbier,* weil er die Vorlage für gänzlich ungeeignet hielt, und auch Wagner beschwerte sich angesichts der *Gunlöd*-Komposition: *„es ist ein Unglück, alle meine Freunde gehen einen falschen Weg!"* Der Intendant v. Dingelstedt schließlich — geschworener Feind der Neudeutschen Schule und der Oper schlechthin — besaß sogar die Unverschämtheit, Cornelius als den *„pathetischen Hanswurst der Zukunftsmusik"* zu beschimpfen.

Es korrigiert jedoch sofort dieses negative Bild, und es beleuchtet die menschliche und künstlerische Größe von Franz Liszt, wenn die gegen sein Urteil doch noch komponierte Erstlingsoper des Cornelius vom GMD Liszt selbst aus der Taufe gehoben wird, wenn Liszt mit seinem Namen dafür einsteht und den Skandal der Premiere nicht auf einen Mißerfolg des Werkes umdeutet, sondern die ernstesten Konsequenzen zieht und Weimar den Rücken kehrt. Später übrigens hat sich Liszt auch noch einmal über den *Barbier* geäußert und das Opus als *„ein entzückendes, feines und vornehmes Werk"* bezeichnet, von dem er nicht verstehen könne, daß es sich keinen sicheren Platz im Spielplan der deutschen Bühnen erringen könne.

Über diesen nur einmal aufgeführten *Barbier* gibt es einen ganzen Katalog der Zeitgenossen-Äußerungen in der Tages- und Fachpresse. Die wesentlichste Aussage dieser Art stammt von Draeseke, der in der *Neuen Zeitschrift für Musik* eine Kritik in Fortsetzungen über mehrere Nummern der Zeitschrift hinweg veröffentlicht. Die Übernahme von Teilen seiner Ausführungen in das 1872 erschienene Musiklexikon von Mendel besagt wohl, daß diese Kritik als repräsentativ angesehen werden kann. Auch spätere Ausführungen über Cornelius basieren z. T. auf den bis ins Grundsätzliche gehende Äußerungen Draesekes. Dieser Autor stellt fest, daß Cornelius mit seiner Oper *Der Barbier von Bagdad* Grundlagen für die spätere komische Oper gelegt hat, er bewundert, daß Cornelius gleich Wagner *„einen Stoff musikbedürftig und musikerfüllt komponieren konnte".*

Draeseke begeistert sich für den Humor, die Charakterzeichnung, die Virtuosität und den Schönheitssinn, die er als Merkmale des *„cornelianischen"* Schaffens beschreibt, wobei er besonders hervorhebt, daß die Dichtung komisch sei, aber edel und rein — also nicht derb oder grob, womit wohl ein Seitenhieb auf andere komische Opern der Zeit ausgeteilt wurde. Er wertet den *Barbier* als die beste komische Oper der Neuzeit und sagt von der Musik, daß sie auf der Höhe der Zeit stehe. Draeseke spricht vom Eintritt eines genialen Kunstjüngers in die Öffentlichkeit und nennt Cornelius einen neuen Cherubini. Die ganze Kritik ist sachlich und fachlich fundiert, sie spart auch negative Anmerkungen nicht aus, wie z. B. die Schwäche der dramaturgischen Anlage.

Über die Lieder von Cornelius erschienen in der *Neuen Musikzeitung* von Bagge ausführliche Analysen und Würdigungen, auf die Cornelius mit Recht stolz war. Als besonders wesentlich im wahren Sinne müssen die Erläuterungen Dr. Friedrich Stades gelten, die in den Nummern 27—39 des *Musikalischen Wochenblattes* erschienen sind. Stade hat sich vor allem mit dem Phänomen des zugleich dichtenden und komponierenden Schöpfers auseinandergesetzt und spricht von der *„Totalität der Fähigkeiten, die am Schaffensprozess beteiligt sind".* Stade vergleicht die Kompositionstechnik von Cornelius und Wagner und trifft sich dabei etwa mit dem Urteil, das Draeseke fällte: *„Wer von Berlioz, Liszt und Wagner lernen kann, sie zu amalgieren versteht und mittels derselben seine eigene Begabung zu* *läutern vermag, der wird als Individualität erscheinen"*. Anderen Autoren haben es vor allem die Chorlieder angetan. So schreibt Kretzschmar von dem Lied *Mitten wir im Leben sind von dem Tod umfangen*, es sei ein kleines Wunder; nach seiner Überzeugung erscheint es wie ein Freskobild mit kolossalen Ausmaßen. Die Komposition *Der Tod, das ist die kühle Nacht* stellt Kretzschmar dem berühmten *Meistersinger*-Quintett ebenbürtig an die Seite.

Fast wie eine Anekdote klingt schließlich der Bericht, daß das Orchester der *Barbier*-Premiere dem Komponisten applaudierte — gegen all das Toben und Zischen der bestellten Clique und Claque. Der Großherzog von Sachsen-Weimar würdigte Cornelius an diesem Abend mit den Worten: *„Ich achte Sie, ich liebe Sie"*. Um einiges bescheidener nimmt sich das aus, was Cornelius selbst in seinen Notizen und Tagebucheintragungen über seine Werke und deren Erfolg ausspricht. Dabei manifestiert sich ein Charakterzug, der das Bild unseres Mainzer Dichtermusikers sympathisch macht. Fast lakonisch, wenn auch nicht ungerührt schreibt Cornelius seiner Schwester nach der *Barbier*-Uraufführung: *„Von nun an bin ich ein Künstler, der auch in weiteren Kreisen genannt werden wird"*. An den Erfolg knüpft er Pläne für weitere Opernkompositionen.

Auch von dem Eindruck, den Liszt, Joachim und Bülow von seinen kirchenmusikalischen Werken hatten, berichtet er bescheiden: sie seien nicht unempfindlich gewesen gegenüber seiner Wiener *Messe* und seinem großen *Domine*. Häufig findet sich bei Cornelius die Floskel, daß dieses oder jenes Werk *„freundlich aufgenommen worden sei"*.

Zugleich nüchtern und humorvoll glossiert er seine Absicht, eine Liedersammlung auf eigene Kosten drucken und in Weimar verteilen zu lassen, weil sie dort noch relativ unbekannt sei mit den Worten: *„denn koofen dut sich ja keener sowat nicht!"*

Ganz gegensätzlich zu einer solchen Formulierung im Berliner Jargon klingt die Beurteilung der eigenen künstlerischen Bedeutung, wenn er an seine Braut schreibt: *„ich weiß, daß ich auf meinem Pfad als Dichtermusiker noch jahrelang unbeachtet bleiben muß; aber ich weiß auch ganz genau, daß mein Ringen dereinst mitgezählt und beachtet werden wird!"* Während der Schaffensperiode am *Cid* äußert er — fast prophetisch — über einen Teil des Werkes: *„ ... auch wenn die Oper einmal veraltet, so etwas kann immer noch bleiben. Und wenn nur ein solches Fragment Dauer haben wird, so bin ich es zufrieden"*.

Die Erklärung der künstlerischen Absicht seiner Werke nimmt sich gegenüber manchen Komponistenzitaten aus älterer und jüngerer Zeit ebenfalls höchst bescheiden aus: *„Meine Kunst soll eine einfache, heitere und beglückende sein"*.

Alle diese Zitate von Cornelius sind uns durch seine Tagebuchaufzeichnungen und durch seine Korrespondenz überliefert. Schon als Teenager begann er — auf Anraten seines Vaters — mit regelmäßigen Tagebucheintragungen. Für ihn bedeutet das Tagebuch einen täglichen Rechenschaftsbericht, indem er das Geleistete und das Nichtbewältigte sorgfältig registriert. Diese Übung behält er zeit seines Lebens bei. Zu manchen schwierigen Zeiten scheint ihm das Tagebuch als eine Art von autosuggestiver Selbstbehandlung zu dienen. Zusammen mit der umfangreichen Korrespondenz stellen diese Aufzeichnungen eine innerliche Biographie dar, deren Studium einen tiefen Einblick in das Ringen des Peter Cornelius um seine Identität gewährt. Man kann diese Aufzeichnungen nicht lesen, ohne sich zuweilen wie ein Eindringling in die innersten Geheimnisse einer anderen Persönlichkeit vorzukommen. Ja, es stellt sich manchmal die Frage, ob das äußerste Selbstbekenntnis dieser Notizen überhaupt den Nachvollzug durch beliebige Leser verträgt, es erklärt aber vielleicht das ungewöhnlich große persönliche Engagement der Cornelius-Biographen.

Um Mißverständnissen vorzubeugen: es handelt sich nicht um Intimberichte mit peinlichen Einzelheiten, wie sie der heutige Buchmarkt zuweilen präsentiert; eher sind diese Aufzeichnungen das Psychogramm einer Persönlichkeit, die darum bemüht war, zwischen stärksten Gefühlsempfindungen und hochstrebendem Gedankenflug die Konsequenz des Lebensvollzugs zu ermitteln. Solches geschieht z. B. während seiner Lebenszeit in Weimar, wo er unvermittelt mit den starken Charakteren eines Liszt oder Berlioz konfrontiert wird, während er selbst noch ein Werdender ist und eben aus einer langen Berliner Lehrzeit in die Hochburg der Neudeutschen Schule nach Weimar kommt. Selbst als er nach Jahren Weimar wieder verläßt und nach Wien emigriert, sind diese Auseinandersetzungen mit den ästhetischen Ansprüchen dieser Meister noch nicht beendet. Aber der innere Kampf um die eigene Identität, wie er sich im Tagebuch und in den Briefen spiegelt, führt nun doch zu einer Stabilisierung seines Selbstwertgefühls — wenn auch unter schmerzlichsten Prozessen und herben Rückschlägen.

....

Der Umfang der Selbstdarstellung, wie er aus den Tagebüchern hervorgeht, verpflichtet nachgerade dazu, einmal einen Katalog seiner Persönlichkeitsmerkmale aufzustellen.

Ein primäres Kennzeichen des Cornelius ist seine tiefe Gläubigkeit. Aus ihr leiten sich seine sittlichen und ethischen Postulate ab. Er ist Katholik und ist fromm — jedoch nicht dogmatisch. Er heiratet eine Protestantin und überläßt ihr die Erziehung seiner Kinder; er verzichtet auf ein mögliches Kirchenamt in Soest, weil es mit der Verpflichtung zu einer dogmatischen Lebensführung gekoppelt ist. Man könnte ihn als liberal bezeichnen — und das nicht nur in christlicher Hinsicht. Der ihm zeitweilig unterstellte Antisemitismus kann nicht weiterhin behauptet werden, wenn man weiß, daß eine ganze Reihe seiner engen Freunde Juden waren: Sein Lehrer Dehn, der Pianist Carl Tausig, der Verleger Schlesinger oder der Freund Porges. Schlesinger verlegt die „Vater-unser-Gesänge", die ein zutiefst christliches Bekenntnis des Komponisten sind, — Liberalität auf Gegenseitigkeit. Diese Liberalität mit Toleranz gepaart bestimmt auch seine Einstellung gegenüber den Antipoden der Neudeutschen Schule, durchaus keine Selbstverständlichkeit angesichts der Polarisierung zwischen den beiden Gruppierungen des deutschen Musiklebens der Zeit.

Ehrlichkeit müßte man einen wesentlichen Charakterzug Cornelius' nennen. Er hatte sie — sich selbst wie anderen gegenüber. Mit diesem Charakterzug hängt wohl auch seine Ethoslehre zusammen, wie sie seinen schriftstellerischen Arbeiten als Musikrezensent zu entnehmen ist. Seine Maßstäbe für die Bewertung einer Künstlerpersönlichkeit sind: Ernst, Hingabe, Unermüdlichkeit und handwerkliches Können. Es läßt sich kaum bestreiten, daß er diese Maßstäbe an sich selbst legt. Bestürzend ist recht häufig seine Selbstkritik — vor allem im persönlich-moralischen Bereich. In Wien wirft er sich einmal vor, daß er seine schlimme Lage selbst verschuldet habe durch „*Leichtsinn, Indolenz und Sinnlichkeit*". Er kann eigentlich nur gedankliche Sünden gemeint haben.

Neben einer durchaus sicheren Art, sich selbst zu beurteilen, steht zugleich seine Bescheidenheit; eine Bescheidenheit, die keine Koketterie bedeutet. Er hat sich einmal als einen Nebenmenschen bezeichnet, was heute noch Fehldeutungen ausgesetzt ist. Er meinte es ernst! Denn ebenso nennt er sich einen ständig Werdenden. Und dieses ständig Werdende an ihm ist vor allem sein enormes Bildungsstreben, seine ständige Lernbereitschaft und das immerwährende Bemühen, eine als dürftig apostrophierte Schulbildung zu vervollkommnen; er betreibt das ganz systematisch im Stile des heutigen „life-long-learning". So lernt er z. B. im Laufe seines Lebens sieben Sprachen, die er nicht nur wie Hobbyfähigkeiten beherrscht, sondern er übersetzt vom Deutschen und ins Deutsche. Auch seine wenig entwickelten instrumentalen Fähigkeiten bildet er ständig weiter und ist schließlich fähig, bei der *Tristan*-Einstudierung in Wien als Korrepetitor behilflich zu sein.

Fast untrennbar verbinden sich in seinem Wesen zwei weitere Eigenschaften: die Liebe zu seiner Heimat, zur rheinischen Landschaft und zu Mainz und sein ihm stets parater Humor. Die Mittel dieses Humors könnte man als eine Art von Feinabstimmung der Komik bezeichnen, er ruft damit ein herzberührendes Lächeln hervor, nicht ein homerisches Gelächter. Die Spielarten dieses Humors lassen sich in einem in Mainz nur zu bekannten Motto zusammenfassen: allen wohl und niemand weh ... !

Mit einem wiederum aktuellen Schlagwort könnte man eine seiner weiteren Eigenschaften bezeichnen: Zivilcourage hat er oft genug bewiesen, nicht immer zu seinem Besten. Auch sein hoher Sinn für Gerechtigkeit zeichnet ihn aus, ebenso wie seine Dankbarkeit, wie er sie Liszt, Wagner oder seinem Bruder Carl bezeugte.

Als das zusammenfassende Merkmal seiner Persönlichkeit muß das bereits erwähnte Streben nach der Identität seines Fühlens, Denkens und Handelns, nach der Identität mit sich selbst gelten, das sich über sein ganzes Leben erstreckte und das er selbst in die Worte kleidet: „ ... *daß ich ein Mensch für mich selbst und aus mir selbst heraus würde ...* ". Nach einem anderen Wort von Cornelius ist das „*ein Zug zum Besseren, ein Trieb zur Selbstveredelung*"; er dankt dafür dem Allmächtigen in einer Tagebuchnotiz zu seinem 30. Geburtstag.

Selbst wenn von Cornelius nichts als seine Tagebücher und Briefe erhalten wären, müßte allein seiner tiefen, unverstellten, gar nicht etwa schlackenlosen Menschlichkeit, die durch alle Lebenswirren ungebrochen blieb, Achtung erwiesen und Respekt gezollt werden. Der Vorbildcharakter dieser Menschlichkeit verliert seine Ausstrahlung auch heute nicht.

Die Frage nach der Bedeutung, die Cornelius' Werke heute haben könnten, müßte sich zunächst auf aussagekräftige Zahlen über Aufführungen seiner Werke im Konzertsaal, im Theater, in Rundfunk- und Fernsehprogrammen oder im ganzen Bereich des Laienmusizierens stützen. Derartige Daten waren aber nicht zu ermitteln, zumal die einzige Stelle, die überhaupt musikalische Produktionen registriert, die GEMA, sich nur um die geschützten Werke kümmert.

Dennoch darf wohl aus der persönlichen Erfahrung konstatiert werden, daß z. B. viele Lieder und Duette von Cornelius sich auch heute im Kreise der musizierenden Laien großer Beliebtheit erfreuen, allen voran die *Weihnachtslieder*, die auch in viele Sprachen übersetzt sind. Im Konzertsaal erklingen Lieder von Cornelius nicht eben häufig; ihre Zartheit und Unaufdringlichkeit entspricht einfach nicht den Hörerwartungen eines Publikums, das zumeist den Bestsellern der Liedliteratur in Verbindung mit den Namen großer Sänger-Stars zuläuft.

Hinsichtlich der geistlichen Musik liegen die Verhältnisse etwas anders: Hier kommt es häufiger vor, daß Chöre mit einem gehobenen Leistungsvermögen und Dirigenten mit einfallsreicher Programmgestaltung Cornelius-Werke aufführen, wobei sogar die späten Chorwerke den Vorzug genießen. Das gilt freilich nicht uneingeschränkt auch für die großen, orchesterbegleiteten Werke: hier entscheidet das Rechenkunststück zwischen fixierten Ausgaben und möglichen Einnahmen nur zu selten zugunsten von Cornelius. Selbst Rundfunk und Fernsehen stehen heute mehr als früher unter dem Zwang der Beachtung von „Einschaltquoten", so kommt es auch da nicht gerade häufig zu Aufführungen *„cornelianischer"* Musik.

Beliebtheit genießt ein kleineres Werk auch bei Laienchören und erklingt oft bei Begräbnissen und Trauerfeierlichkeiten, das *Requiem aeternam*. Die einzige auf dem Spielplan verbliebene Oper *Der Barbier von Bagdad* führt immer noch ein Schattendasein, obwohl das Werk nach dem Urteil des Cornelius-Biographen Hasse eine Lücke zwischen Mozarts *Entführung* und Wagners *Meistersingern* ausfüllt. Zwar hätte es eine echte Funktion der Belebung des etwas sterilen Opernspielplans, doch kann man auf der anderen Seite nicht verhehlen, daß die große Opernbühne mit ihrer Distanz zwischen Akteuren und Zuhörern Probleme aufwirft, Probleme insofern, als die Feinheiten des Werkes über diese Distanz leicht verlorengehen.

Das erwies sich deutlich angesichts einer Fernsehproduktion des *Barbier*. Dem Fernsehen gelang, was dem Theater nicht gelingen kann: jedes Textwort des von Cornelius stammenden Librettos war deutlich zu verstehen, jeder noch so zarte Witz konnte nachvollzogen werden. Sogar die Kompositionstechniken wurden durch eine feinfühlige Bildregie verdeutlicht. Auf diese Weise wurde es auch dem musikalischen Laien ermöglicht, z. B. die Imitationstechnik bei den aufeinanderfolgenden Gebetsrufen der Muezzins zu verfolgen oder die Zwischenrufe des Titelhelden in der Liebesszene der Hauptfiguren als einen köstlichen Spaß zu empfinden. Selten ist in einer Fernsehoper eine bessere Übereinstimmung von Wort, Ton und Bild mit der Musik erzielt worden. Hätte Cornelius im Auftrage des ZDF komponiert, es hätte nicht telegener gelingen können!

Ob eine Fernsehadaption der beiden anderen Cornelius-Opern, *Cid* und *Gunlöd*, den gleichen Erfolg erzielen könnte, muß bezweifelt werden; für diese großflächig angelegten Werke und ihren dramatisch-pathetischen Inhalt ist sicher die Bühne mit ihrer Distanz das bessere Medium. Allein — Cornelius selbst ahnte, daß diese beiden Werke veralten könnten, sie sind es wohl auch.

Abseits des professionellen Musiklebens könnte sicherlich das schon erwähnte Opernterzett *Der Tod des Verräters* wieder Begeisterung erwecken wie schon ehedem; es stellt der Begabung für Komik des Cornelius ein glänzendes Zeugnis aus. Die Opernschule des Mainzer Konservatoriums hat das kleine Werk in einer szenischen Realisierung kürzlich aufgeführt und damit einen vollen Erfolg errungen. Nicht unbeteiligt an diesem Erfolg war die von Wolf-Dietrich von Winterfeld hergestellte Instrumentierung des ursprünglichen Klavierparts.

In einem gewissen Umfang hat sich inzwischen auch die Schallplattenindustrie der Werke des Peter Cornelius angenommen. Dort liegen neben einer neuen Gesamtaufnahme des *Barbier von Bagdad* Lieder und Duette sowie einige Liederzyklen vor, ebenso das *Stabat Mater*, freilich auch die *Weihnachtslieder*. Da sich die Schallplattenindustrie dem Gesetz von Angebot und Nachfrage nicht entziehen kann, läßt sich daraus schließen, daß es für diese Werke genügend Interessenten gibt.

Die heutige Verbreitung von Werken des Cornelius muß auch in der Relation zu Werken anderer Komponisten gesehen werden. Und da ist ein nicht gerade positiv zu bewertender Trend unseres Musiklebens dafür verantwortlich zu machen, daß aus dem reichen Bestand wertvoller Musikwerke aller Epochen doch nur ein kleiner Teil ausgefiltert und aufgeführt wird. Die Zahl derjenigen Werke, deren Wiederentdeckung sich lohnt, ist unglaublich groß. Die Gründe für diesen Trend, der uns viel Schönes vorenthält, sind vielschichtig. Wenn man sie untersucht, läßt sich die Frage leichter beantworten, welchen Wert denn heute die Musik von Cornelius haben könnte.

Die verbreitete Unsicherheit in Fragen des musikalischen Geschmacks bei einem Teil unseres Musikpublikums führt zu einem reduzierten Auswahlverfahren: das weithin Bekannte gilt als gut, das weniger Bekannte als weniger gut — es wird logischerweise gar nicht erst aufgeführt oder nur selten. Daraus entwickelt sich eine Hörereinstellung, die immer wieder zu den gleichen wenigen Werken neigt, weil man diese Werke inzwischen schon recht gut kennt. So werden diese Werke im Erlebnisgehalt eigentlich nur noch nach den Varianten der Interpretation beurteilt, vermitteln also nur noch ein Sekundärerlebnis. Das primäre Erlebnis, die Neubegegnung mit einer noch nicht gehörten Musik, die zweifellos eine größere Konzentration erfordert, wird auf diese Weise regelrecht verlernt.

Nun kann man es sicher keinem Musikliebhaber verübeln, daß er die Gefühlsassoziation eines ihm gut bekannten Musikwerks immer wieder nachvollziehen möchte; dieses Hörverhalten führt aber im Endeffekt dazu, daß die Erweiterung der Skala von gefühlsmäßigen Assoziationen, die sich bei einem neuen Werk einstellen müßte, verweigert wird. So resultiert ein schmaler Pfad musikalischer Ausrichtung. Damit aber verliert die Musik beinahe einen ihrer Hauptparameter: ihre Zeitlichkeit, ihre Einmaligkeit; sie wird auf solche Weise zu einem immer wieder angebotenen Ausstellungsstück. Provokativ formuliert: sie wird zu einer Gefühlsschablone, in die nur wenige Muster hineinpassen.

Mit einem derartigen Musikverhalten wird denjenigen Musikwerken der Boden entzogen, die nicht international anerkannte Bestseller sind und es auch gar nicht sein wollen. Ohne hier auf Phänomene des Gruppenverhaltens oder auf marktwirtschaftliche Fragen des Musiklebens einzugehen, ohne auch das zweifellos vorhandene Musikangebot für Minderheiten zu berücksichtigen, sei hier doch gesagt, daß die beschriebenen Tendenzen einen nachgerade manipulativen Charakter tragen und einer individuellen Ausrichtung des Musikverhaltens nicht entgegenkommen. Dabei ist vieles in der Musik vom Individuum Komponist zum Individuum Hörer ausgesagt, ohne gleichzeitig weltumfassende Bedeutung zu beanspruchen, vieles ist persönliche Aussage, die sich an den einzelnen Hörer wendet unter Ausschluß von gruppendynamischen Prozessen und Reaktionen.

In solcher Weise sind auch viele Kompositionen von Peter Cornelius zu verstehen. Er verlangt nachgerade die intime Situation für das Hören von Musik. Und da heute die Bedingungen für diese intime Situation durch die unterschiedlichen Tonträgermöglichkeiten durchaus gegeben sind, sind damit auch die Bedingungen für seine Musik erfüllt.

In der aktuellen Pädagogik wurde vor einigen Jahren der Begriff „Sensibilisierung" geprägt. Er meint — gemäß seiner lateinischen Wortbedeutung — etwa Schärfung der Sinneswahrnehmungen im Hinblick auf die Rezeption feinerer Reize. Das Auftauchen dieses Begriffs signalisiert die Tatsache, daß die Reizüberflutung unserer Zeit offenkundig einen Schutzmechanismus auslöst, eine Art Redundanzabwehr, die zu einer gewissen Abstumpfung der Wahrnehmungen führt und die feineren Reize ausschaltet. Es ist wohl keine Übertreibung, wenn man behauptet, daß eine solche Sensibilisierung notwendig ist, um die Aussage der Musik von Cornelius in vollem Umfang nachvollziehen zu können. Die Empfindsamkeit seiner Lieder, Duette und Chöre erschließt sich nicht ohne weiteres, wenn dem Hörer das feine Raster für die zarten Linien der Melodiebildung, für die harmonischen Wendungen oder die oft meisterhafte Klanggestaltung in Farbe und Stimmführung fehlt.

Wenn auf diese Weise der Zugang zum Verständnis der Musik von Cornelius vollzogen werden kann, so ist dieser Zugang in anderer Weise a priori vorhanden: seine Musik hat fast immer die menschlichen Grundaffekte zum Inhalt, Freude und Trauer, Liebe und Trost, Heimat- und Naturliebe, Humor und Gläubigkeit. Er stellt sie — wie man sich heute ausdrücken muß — unreflektiert dar, unverstellt, offen, ohne den Schutz der betrachtenden Distanz. Auch ohne das naheliegende Schlagwort von der Nostalgie zu bemühen, darf man wohl zu der Annahme neigen, daß die musikalische Übermittlung dieser menschlichen Grundaffekte auch den Musikhörer von heute zu erreichen vermag, sofern er nicht bereits einer seelischen Denaturierung erlegen ist.

. . . .

Zu seiner Heimatstadt Mainz hatte Peter Cornelius während seines ganzen Lebens vielgestaltige Beziehungen, positive wie negative; Beziehungen, die sich auch immer wieder in seinen literarischen und seinen musikalischen Werken niederschlagen. Selbst in dem an und für sich anonymen Gemeinwesen unserer Tage muß eine solche historische Korrespondenz zwangsläufig ein Echo bewirken: Von einem Mitglied des Mainzer Stadtrates wurden vor Jahren schon Ehrungen für Peter Cornelius angeregt; ihre Durchführung wurde vom Kulturdezernat in Zusammenarbeit mit vielen Beteiligten geplant und organisiert. Hunderte von Mainzer Mitbürgern waren an der das Jubiläum eröffnenden *Musik- und Informationswoche des Peter-Cornelius-Konservatoriums* im Oktober 1974 beteiligt, weitere Hunderte sind es in diesen Tagen, um die Werke von Cornelius aufzuführen, um einen Dichter und Musiker zu ehren, dessen liebenswerte Schöpfungen nicht der Vergessenheit anheimfallen sollten, weil sie noch vielen vieles zu sagen haben: Mainz ehrt Peter Cornelius.

Klaus Günther Just
Peter Cornelius als Dichter

I.

„Ich bin leider kein Dichter"[1]: so schreibt Peter Cornelius am 9. Juni 1859 aus Wien an seine Weimarer Freundin, die Sängerin Rosa von Milde. Das sind deutliche Worte. Sie werfen die Frage auf, ob wir überhaupt berechtigt sind, Peter Cornelius als Dichter, nur als Dichter, zu feiern. Legen wir nicht von vornherein einen einseitigen, ja falschen Maßstab an diesen liebenswert vielseitigen Künstler, wenn wir unser Interesse auf seine dichterische Produktion beschränken? Können wir seine Leistungen als Komponist einfach ausklammern? Wäre es nicht sinnvoller, Peter Cornelius aus seiner alten Rolle als Außenseiter der Musikgeschichte zu erlösen, anstatt ihn in eine neue Rolle als Außenseiter der Literaturgeschichte hineinzudrängen? Das sind Fragen, die sich im Jubiläumsjahr 1974 mit besonderer Dringlichkeit stellen. *„Ich bin leider kein Dichter":* wie sind diese Worte eines immerhin Fünfunddreißigjährigen zu verstehen? Sind sie ein Eingeständnis der eigenen Schwäche oder gar des völligen Scheiterns? Ein bitterer Unterton jedenfalls ist unüberhörbar, der so gar nicht zu einem festlichen Anlaß stimmen will.

Fragen wir also zunächst nach dem Zusammenhang, in dem diese Äußerung steht. Cornelius hatte Rosa von Milde Gedichte gesandt, Gedichte, in denen sich eine zu fast religiöser Verehrung sublimierte persönliche Leidenschaft aussprach, und Rosa von Milde hatte diese Gedichte kurzweg als *„poetische Übungen"*[2] abgetan, weil sie vermutete, Cornelius stilisiere sie nur darum zur Idealfigur, um überhaupt Verse fertigen zu können. Daraus spricht scharf witternder weiblicher Instinkt. Cornelius bittet der verehrten Freundin die vermeintliche Kränkung ab, ist nun aber seinerseits gekränkt. Diese Kränkung verbirgt er hinter einer bei aller Zartheit trotzigen Erklärung des eigenen Wesens. Die vollständige Briefstelle lautet: *„Ich bin leider kein Dichter, nur ein poetisch gesinnter Mensch. Nicht, um schöne Gedichte zu machen, suche ich das Leben; aber ich flehe die Muse und den schönen Genius unsrer Sprache an, mir einen Ton der Freude zu geben, wenn ich dem Schönsten und Besten im Leben begegne"*[3]. Und zum *„Schönsten und Besten"* seines Lebens zählt er die Begegnung mit Rosa von Milde. Daraus resultiert für ihn das Recht, mehr noch: die Notwendigkeit dichterischer Äußerung. Wir haben es also nicht mit einer Selbstdenunziation von Cornelius zu tun. Im Gegenteil: Cornelius weist den Ehrentitel eines Dichters von sich, um den Anspruch, *„ein poetisch gesinnter Mensch"* zu sein, stellen zu können. Das ist nicht Demut, sondern Stolz. Dem Menschlichen wird vor dem Künstlerischen der Vorrang zuerkannt, ohne daß damit, was nachdrücklich betont sei, den Künsten im allgemeinen und der Dichtung im besonderen etwas von ihrem Rang und ihrer Würde genommen werden soll. Nicht von ungefähr hat schon 1908 Emil Sulger-Gebing seiner Monographie den Titel *Peter Cornelius als Mensch und Dichter* gegeben. Das

---

[1] LW I, 372.
[2] Vgl. LW I, 372.
[3] LW I, 372.

ist eine eindeutige Priorität, die aber intensive Wechselbeziehungen nicht ausschließt.

Um diese Wechselbeziehungen zu ergründen, müssen wir unser Augenmerk auf die Herkunft von Peter Cornelius richten. Cornelius, dessen Leben das zweite und dritte Viertel des 19. Jahrhunderts umspannte, war ein Schauspielerkind. Das ist mehr als ein Zufall der Geburt; das prägte und bestimmte sein Wesen insgesamt. In Goethes *Wilhelm Meister* sind die Schauspieler noch in einem Niemandsland zwischen Adel und Bürgertum angesiedelt, sie bilden keine eigene Schicht, sondern stellen das fluktuierende Element zwischen diesen beiden Schichten dar. Der Titelheld, Wilhelm Meister, löst sich aus der bürgerlichen Schicht, indem er Schauspieler wird, kommt aber durch eben diese Lösung im Medium der Schauspielerei mit dem Adel in Berührung. Das waren die Verhältnisse des späten 18. Jahrhunderts. Das 19. Jahrhundert sah hier einen entscheidenden Wandel. Nicht mehr muß sich der Bürger aus seiner Schicht lösen, um als Schauspieler agieren zu können, sondern der Schauspieler bindet sich, um ein voll integrierter Bestandteil des Bürgertums zu werden. Dadurch gewinnt er zugleich einen höchstpersönlichen Adel innerer Art. Beide Eltern von Cornelius waren Schauspieler dieses neuen Schlages. In Mainz seßhaft geworden, führten sie, allerseits hochgeachtet, ein bürgerliches Haus und eine bürgerliche Ehe mustergültiger Art. Zeitlebens hat Peter Cornelius die dankbare Erinnerung an dies sein Elternhaus bewahrt. Zahlreiche Briefe, vor allem an seine Mutter und seine Geschwister, legen dafür Zeugnis ab.

Das Aufgehen des Schauspielers im Bürgertum ist ein durchaus doppelseitiger, doppelsinniger Prozeß. Dabei darf der Schauspieler als der exponierte Repräsentant der Künste gelten. Wie sehr das Bürgertum zur Kunst tendierte, nicht nur durch ständig steigendes Interesse an ihr, sondern durch allmähliche Verwandlung des eigenen, innersten Wesens, signalisierte bereits der *Wilhelm Meister*. Der Bürger ist, potentiell, Künstler. Das ermöglicht den gegenläufigen Prozeß: die Verbürgerlichung des Künstlers. Dabei muß der Künstler, um akzeptiert zu werden, nicht einmal fanatisch auf die bürgerlichen Werte schwören. Es genügt, einen hochgetriebenen Kunstidealismus zur Schau zu tragen. Da der Bürger die Kunst — und damit ist hier der Gesamtbereich der bildenden Künste, der Dichtung und der Musik gemeint, der sich im Theater am handgreiflichsten verkörpert — als höchsten Lebenswert schätzt, fällt dem Künstler als dem Repräsentanten dieses Lebenswertes mühelos die soziale Gleichberechtigung zu. So kann selbst Fürstengunst nicht ausbleiben. Auch das Leben von Peter Cornelius beweist es: die Freundschaft der Fürstin Wittgenstein, das Wohlwollen der Weimarer Herzogsfamilie, die Gnade König Ludwigs II. werden Cornelius zuteil. Das Leben wird *für* die Kunst, *mit* der Kunst, *in* der Kunst gelebt. Das allein zählt. Die höhere, werthaltige, welthaltige menschliche Existenz erscheint als eine permanente Identifikation mit Kunst schlechthin. Wenn wir das berücksichtigen, wird uns auch die Dissonanz im Briefwechsel zwischen Peter Cornelius und Rosa von Milde verständlich. Cornelius kann sein Leben überhaupt nur erfahren, wenn und soweit er es gleichzeitig in Poesie umsetzt. Immer wieder, schon in Mainz, später in Berlin und Weimar, in Wien und München, versucht er seine Erfahrungen punktuell im Gedicht zu artikulieren und dann zu lyrischen Zyklen als Spiegeln seiner Existenz zu fügen. Wenn Rosa von Milde darin *„Übungen"* sieht, so widerspricht sie ihm strenggenommen nicht, sondern betont nur stärker die „technische" Komponente dieses Vorgangs.

Peter Cornelius hat das Leben eines *„poetisch gesinnten Menschen"* mit einer Konsequenz geführt, wie sie selbst im 19. Jahrhundert selten war. Davon sind Höhen und Tiefen seiner Existenz bedingt. Schon früh hält der Vater, kunstbesessen wie nur einer, den sensiblen Knaben zu eifriger Lektüre an. Mühelos verwandelt der junge Cornelius seinen Lesestoff in Wesenssubstanz. Zeitlebens bleibt er ein unersättlicher Leser. Neben die Klassiker Shakespeare, Goethe und Schiller, die er nicht nur lesend, sondern auch leibhaftig — sehend und hörend — auf dem Theater erfährt, treten sehr bald die Zeitgenossen, vor allem Heine und Platen, die führenden Lyriker also. Ihre Gedichte bestimmen nicht nur den Ton erster poetischer Versuche, sie reizen ihn auch zur Vertonung. Die schönsten Gedichte Platens zu komponieren, um sie eines Tages als Sammlung vorlegen zu können, war ein langgehegter Lieblingsplan von Cornelius[4], war — bedenkt man die Sperrigkeit Platenscher Verse jeder Musik gegenüber — tendenziell Ausdruck seines ureigenen hochgespannten Kunstidealismus. Aber nicht genug damit: zur Berührung mit der Dichtung tritt die Begegnung mit den Dichtern selber. In Berlin lernt Cornelius Eichendorff und Bettina von Arnim, letzte Überlebende der romantischen Bewegung, kennen und schließt Freundschaft mit dem jungen Paul Heyse, dem er sich im Streben nach einer poetisch erhöhten Existenz verwandt weiß. In Wien steht er Friedrich Hebbel nahe. In München gehören Melchior Meyr, Geibel und Bodenstedt zu seinem Umgang. Selbst in die Beziehung zu Frauen kann die Beziehung zur Dichtung und ihren lebenden Repräsentanten untrennbar eingewoben sein. 1852 gibt Cornelius der Schwester von Ferdinand Freiligrath Kompositionsunterricht. 1855 knüpft er eine Liebesbeziehung zu einer Tochter Friedrich Rückerts an. Zweimal besucht er im sicheren Bewußtsein einer tiefgegründeten Wahlverwandtschaft den greisen Großmeister lyrischer Formkunst in Neuseß und spekuliert dabei über *„die Idee einer Verbindung zweier großer Künstlernamen"*[5]. Das läßt aufhorchen.

Peter Cornelius hat sich einmal in ironischer Selbstbescheidung als *„Nebenmensch"* bezeichnet. Aber er ist ein „Nebenmensch", der zu vielen „Hauptmenschen" seiner Epoche in enger Beziehung steht. Nicht nur mit der Literatur, auch mit den anderen Sphären der Kunst kommt Cornelius in Berührung. Hier ist zu allererst sein hochberühmter Onkel Peter von Cornelius zu nennen, der Historienmaler, in dessen Windschatten er in Berlin lebt. In Weimar ergeben sich freundschaftliche Kontakte zu Friedrich Preller und Bonaventura Genelli, über die Cornelius dann in den späten sechziger Jahren kritisch-einfühlsame Essays schreibt[6]. In München verkehrt er mit Wilhelm von Kaulbach und Moritz von Schwind. Das sind samt und sonders große Namen in der Malerei des 19. Jahrhunderts. Gipfelpunkte dieser intensiven Lebens- und Kunstbindungen aber sind die Freundschaften — denn Freundschaften sind es, „Hauptmensch" hin und „Nebenmensch" her —, die Cornelius mit den drei größten Komponisten seiner Zeit verbinden: Liszt, Wagner und Berlioz. Gerade in ihnen ist die literarische, die „poetische" Komponente stark, überstark ausgeprägt. Denn nicht nur die Malerei, auch die Musik anerkennt

---

4 Vgl. LW I, 225.
5 LW I, 209.
6 *Genellis Leben* (LW III, 200 ff.), *Bonaventura Genelli* (LW III, 207 ff.), *Eine deutsche Künstlerfamilie [Preller]* (LW III, 233 ff.).

Cornelius nur dann, wenn in ihr „Poesie" lebendig ist. Vergessen wir nicht, daß wir die Zeit schreiben, in der der Komponist zum „Tondichter" wird und die Komposition zur „Tondichtung". Liszt, Wagner und Berlioz haben das, jeder auf seine Weise, zum epochalen Programm erhoben. Cornelius, der „poetisch" gesinnte und gestimmte Mensch schlechthin, wird ihr leidenschaftlicher Parteigänger. Darin dokumentiert sich sein spezifisches Dichtertum auf besonders eindringliche Weise.

Cornelius im Umgang mit Dichtern, Malern und Musikern: das erweckt, reihen wir die genannten Namen aneinander, fast den Eindruck, als ob sein Dasein nichts anderes gewesen sei als eine gelebte Literatur-, Kunst- und Musikgeschichte des 19. Jahrhunderts, als eine Kette unerhörter Höhe- und Gipfelpunkte. Aber wir müssen das Wort vom „Nebenmenschen" auch anders nehmen, von aller Ironie entblößt, ganz und gar isoliert. Das Geflecht der Beziehungen zu den großen Zeitgenossen hält nicht absolut, eine „poetische" Existenz läßt sich nicht rund um die Uhr durchhalten. Cornelius zahlt einen hohen Preis dafür. Wir meinen nicht die finanziellen Schwierigkeiten, in denen er zeitlebens steckt. Über mehrere fehlschlagende Versuche, in seiner Heimatstadt Mainz als Dirigent der Liedertafel Fuß zu fassen, kommt Cornelius erstaunlich schnell hinweg. *„Ob eine Sache in Mainz Erfolg hat oder nicht, ist von gar keiner Bedeutung"*[7], kann er schließlich sogar feststellen. Und als Cornelius in München durch eine Professur am neugegründeten Konservatorium ökonomische Sicherheit erhält, räumt das die tieferliegenden, existentiell gegründeten Probleme nicht aus. Der hohe Preis, den Peter Cornelius für seine Künstlerexistenz zu zahlen hat, sind Stunden, Tage, Wochen der Leere, der Depression, der Verzweiflung. Er war eben nicht nur *„der heitere Sohn des goldenen Mainz"*[8], als den ihn Edgar Istel apostrophiert. Cornelius fühlt sich den Großen unterlegen, den eigenen hohen Ansprüchen an sich selbst nicht gewachsen. Im Winter 1854/55 notiert er in sein Tagebuch: *„Es ist entsetzlich viel Kleinlichkeit in meiner Natur! Dieser innere Neid auf alles Schöne, dies ewige mutlose Vergleichen mit mir selbst!"*[9] Dem besten Freunde, Reinhold Köhler, vertraut er am 6. Juni 1859 an: *„So ist es denn manchmal wie eine Totenstille um mich her, und mein Leben das eines lebendig Begrabenen. Keine Luft von keiner Seite – oft wochenlang!"*[10] Die Lebensangst steigert sich ins Unerträgliche. Am 22. März 1862 schreibt er an seine Schwester Susanne: *„Eine Welt von Haifischen und Larven umgibt uns und wir sind die einzigen fühlenden Brüste unter ihnen"*[11]. Qual, Leere, Langeweile: das ist nicht mehr individuell, sondern nur noch epochal zu fassen. Immerhin war Cornelius ein Zeit- und Generationsgenosse von Baudelaire. Der Künstler als der Geschundene, nicht mehr Apoll, sondern Marsyas: das weist eindeutig in die literarische Moderne.

---

7 LW I, 531.
8 Edgar Istel, *Peter Cornelius*, (= *Musiker-Biographien* 25), Leipzig 1906, S. 50.
9 LW I, 170.
10 LW I, 369.
11 LW I, 645.

II.

Es genügt nun aber nicht, den poetischen Gesamthabitus von Peter Cornelius, seine Licht- und Schattenseiten, zu skizzieren. Der Mensch als Dichter, mehr noch: der Mensch nur dann wirklich Mensch, wenn er Dichter ist, Dichter im allesumgreifenden Sinne — : das ist, fassen wir unser Thema schärfer, nur der Ausgangspunkt für die zentrale Frage, was denn Peter Cornelius als Dichter geschaffen habe. Eingangs geäußerte Zweifel tauchen erneut auf. Sind seine Dichtungen nicht doch nur „Nebenwerke" (eines „Nebenmenschen")? Peter Cornelius war Lyriker und Dramatiker. Die Gründe für diese Bevorzugung von Lyrik und Drama lassen sich leicht namhaft machen. Nur Lyrik und Drama beziehen den lebendigen Menschen ein, sind ohne ihn nicht vorstellbar. Lyrik, Liebeslyrik zumal, stellt die Verbindung zwischen zwei Menschen, dem Dichter und dem Empfänger seiner dichterischen Botschaft, her; das Drama bedarf der Verkörperung durch den darstellenden Künstler und wird damit ebenfalls zu einer spezifisch menschlichen Kommunikationsform, zu einer Wechselbeziehung zwischen zwei Gruppen, den Schauspielern und den Zuschauern. Demgegenüber hat der Roman, jedenfalls für Cornelius, etwas Abstraktes, Menschenfernes, das ihn verstört und seiner Auffassung von Dichtung zuwiderläuft. In einem Brief an seine Braut macht er das durch eine Kritik der Gestalten von Immermanns *Münchhausen*-Roman deutlich: „*Diese komischen Gestalten sind doch nur Gedankenkarikaturen, sie haben dennoch kein rechtes Blut in sich, man würde eine Unwahrheit begehen, sie dem Publikum als solche bieten zu wollen; doch wer nur spekuliert und auch die ästhetische Lüge nicht scheut — könnte wie gesagt — etwas Wirksames hieraus zurechtschneiden. Ich aber kann dergleichen nicht tun; es ist unter meiner Würde. In meinem Barbier sind beide Figuren, der Liebende und der Barbier, von Fleisch und Blut, das existiert, das ist einmal wirklich geschehen. Jene Figuren sind nur l i t e r a r i s c h e F o r m e n, ... , sie sind nur aus Reflexion erfunden, die und die literarischen Witze einzukleiden und hervorzubringen*"[12].

Die Lyrik von Peter Cornelius ist Gelegenheitsdichtung „*im schönsten Sinne des Goetheschen Wortes*"[13]. Das verwundert schon darum nicht, weil Cornelius Goethe „*die bestimmendsten poetischen Eindrücke*"[14] verdankt, darin übrigens allen anderen deutschen Dichtern des 19. Jahrhunderts gleich. Jeder gehobene Moment der eigenen Existenz kann zum Gegenstand eines Gedichts werden. Gehobene Momente aber stellen sich vorzugsweise im Rahmen erotischer Beziehungen ein. So gibt sich die Lyrik von Peter Cornelius vorwiegend als Liebeslyrik, die die gesamte seelische Skala von der Verzweiflung über Schwanken und Hoffen bis zum Glück der Erfüllung durchläuft. Da aber die Existenz von Cornelius durchweg eine gehobene ist, lassen sich strenggenommen sämtliche Momente derselben in Lyrik umsetzen. Das führt gegenüber Goethe zu kleineren Formaten, das trägt biedermeierlichen Zuschnitt. Neben Liebeslyrik finden wir gesellige Lyrik mancherlei Art: Gedichte zu Familienfesten, zu freundschaftlichen Zusammenkünften, zu Jubiläen, zu Tagungen, zu Gedenkfeiern. Lyrik dient der durchlaufenden Artikulation der eigenen Existenz und ihrer Verflechtung mit anderen Existenzen,

12 LW II, 193.
13 Istel, *Cornelius*, S. 102.
14 LW I, 147.

ja der Epoche insgesamt. Auch das ist nicht ohne Vorbild: Friedrich Rückert verfährt ähnlich. Poetische Episteln nehmen innerhalb des lyrischen Gesamtwerks, wie es Adolf Stern 1905 postum vorgelegt hat, breiten Raum ein. Wenn Cornelius ein Gedicht schreibt, ist es fast immer an einen anderen Menschen gerichtet, an die jeweils geliebte Frau oder an einen verehrten Freund. Gedichte äußerster Einsamkeit fehlen; wo eine Situation des Isoliertseins ausgesprochen wird, bleibt doch immer eine zarte Verbindung zu anderen Menschen gewahrt. Selbst das Schweigen hat eine Stimme.

> *Ich singe nichts*
> *Zu deinem Preise,*
> *An Kraft gebricht's*
> *Der schlichten Weise;*
> *Ein Mücklein, leise*
> *Zieh' ich die Gleise*
> *In meines Lichts*
> *Geweihtem Kreise,*
> *Doch sing' ich nichts*[15].

Noch als Dichter des Verzichts bleibt Cornelius ein geselliger Dichter. Und andererseits: wenn Cornelius an andere Menschen schreibt, wird die Botschaft oftmals zum Gedicht. Nicht nur fügt er seinen Briefen häufig Gedichte bei; das Gedicht als solches übernimmt die Funktion des Briefes. Ihres epistolaren Charakters wegen fügen sich die Gedichte von Peter Cornelius ganz von selber zu lyrischen Zyklen, die er dann nur noch mit den Namen der jeweils Geliebten betiteln muß: Anna, Rosa, Maria, Bertha[16]. Was bei Wilhelm Müllers Liederzyklen Fiktion ist, leistet bei diesen Liederzyklen vorab das vom Dichter gelebte Leben.

Die Lyrik von Peter Cornelius ist, so intim, gedämpft und zurückhaltend sie sich auch gibt, von virtuosem Zuschnitt. *„Die einzige virtuose Anlage, die ich habe, ist das Versemachen"*[17], schreibt Cornelius am 27. Juli 1865 an seine Braut und stellt sich dabei ohne falsche Bescheidenheit *„in eine Reihe mit Bodenstedt, Heyse, und Freiligrath"*[18]. Wer zu jeder Stunde in der Lage sein will, Momente der eigenen Existenz in Lyrik zu verwandeln, muß diese *„virtuose Anlage"* besitzen. Ohne sie würde er den jeweiligen Moment verfehlen, so sehr er andererseits mit ihr und durch sie in der ständigen Gefahr ist, durch das Fixieren nichtiger Momente in Unverbindlichkeit abzugleiten. Dieser Gefahr ist Cornelius ebenso wenig entgangen wie die drei Lyriker, die er als Parallelen nennt. Cornelius, der Virtuose, bevorzugt, auf subtile Nuancen versessen, die mannigfachen liedhaften Formen, wie sie durch Volks- und Kunstlyrik deutscher Prägung bereitgestellt werden. Vierzeiler dominieren, doch finden sich daneben schlichte Zweizeiler, die zum Epigramm tendieren, aber auch größer gefügte, ausladende Achtzeiler. Die Zeilenfügung ist äußerst variabel: von zierlichen Kurzzeilen miniaturhafter Art, wie sie in den berühmten Liedern op. 1 dominieren, spannt sich der Bogen bis zu pathetischen Langzeilen architektonischen Gepräges, die uns immer wieder daran

15 LW IV, 135.
16 Vgl. LW I, 454.
17 LW II, 210.
18 LW II, 211.

erinnern, daß der Lyriker Cornelius eines seiner großen Vorbilder in Platen sah. Besonders brillant handhabt Cornelius, auch das in der Nachfolge Platens, komplizierte Formen romanischen und orientalischen Ursprungs. Zahlreiche Episteln sind in weitausgreifenden achtzeiligen Stanzen, der Form des italienischen Renaissanceepos also, abgefaßt. Terzinen dantesker Art fehlen nicht. Und mit fast verschmitzter Hingerissenheit praktiziert Cornelius das Verfassen von Ghaselen, darin Rückert und Platen zwar nicht ebenbürtig, aber doch wahlverwandt. Ebenbürtigkeit im Rahmen der strengen Formen erreicht Cornelius nur im Sonett. Rosa von Milde widmet er einen *Sonettenkranz,* von dem noch ausführlicher die Rede sein wird. Ihr sendet er „*mit Efeublättern von Wiener Gräbern"* Sonette auf Beethoven und Schubert. Madonnengemälde von Holbein, Palma Vecchio und Murillo setzt er in Sonette um. Aus dem Polnischen überträgt er kongenial die bildsatten *Sonette aus der Krim* von Adam Mickiewicz. Liszt hatte schon recht, als er den Dichter Cornelius, der auch für ihn und Berlioz als Übersetzer tätig war, „*einen äußerst liebenswürdigen und vollkommenen Hexenmeister"*[19] nannte.

Den *Sonettenkranz für Frau Rosa von Milde* (1859) nennt Jörg-Ulrich Fechner in seiner Sonett-Anthologie „*ein thematisches Kuriosum deutscher Sonettistik"*[20], wohl weil eine Opernsängerin Gegenstand dieser zwölf Gedichte ist. Das ist eine rein stoffliche Deutung, mit der wir uns nicht begnügen können. Rosa von Milde war die erste Sopranistin des Weimarer Hoftheaters, verheiratet mit dem Bariton Feodor von Milde, der an derselben Bühne tätig war. Die Mildes führten eine glückliche Ehe als Künstler, die, selber adelig, mit behaglichem Stolz im Bürgertum aufgegangen waren. Cornelius verkehrte oft und gern in ihrem Hause. An den Mildes schätzte er nicht nur ihren künstlerischen Rang als Sänger, sondern auch die menschliche Wärme, durch die Reminiszenzen an sein Elternhaus geweckt wurden. Daß in seine Gefühle für Rosa von Milde verborgenes erotisches Begehren miteinfloß, verwundert nicht. Fast hat es den Anschein, als ob sich das Verhältnis Wagners zu den Wesendoncks hier wiederhole: der ruhelose, einsame Künstler, geborgen im Hause eines verstehenden Paars. Dennoch: bei Cornelius liegen die Dinge anders. Ihm fehlt die rücksichtslose Leidenschaftlichkeit Wagners; auch sind die Ehepartner, bei denen er sich birgt, nicht Mäzene, sondern selber Künstler. Wenn Cornelius also Gedichte an Rosa von Milde richtet, so sieht er, der Künstler, in ihr, der Künstlerin, vor allem ein reineres Spiegelbild seines eigenen Wesens. Man kann es auch anders wenden: was Cornelius nur erst als ideales Ziel vor Augen schwebt, die unlösbare Einheit von höchstgesteigerter Kunst und höchstgesteigertem Leben, das hat Rosa von Milde längst erreicht. Indem sie die großen Rollen der Opernliteratur spielt, ist sie die Inkarnation eines Ideals.

Die zwölf Sonette an Rosa von Milde sind also nicht einfach hingerissene Huldigungen an eine berühmte Sängerin; das ist nur die erste Schicht. In einer zweiten Schicht beschreiben die Sonette als Kunst um der Kunst willen die von Rosa von Milde verkörperten Rollen: unter anderem Glucks Alceste, Beethovens Leonore, Webers Agathe und Euryanthe, Schumanns Genoveva, die drei frühen Wagnerpartien Senta, Elisabeth und Elsa. Das aber wird in einer dritten Schicht wieder zurückgewendet ins Leben; denn inkarnierte Kunst ist Leben in seiner höchsten

---

19 Vgl. LW II, 750.
20 *Das deutsche Sonett. Dichtungen, Gattungspoetik, Dokumente.* Ausgewählt und hrsg. von Jörg-Ulrich Fechner, München 1969, S. 403.

Form, wobei durch diese Rückwendung, diese Rückbindung wortwörtlich starke religiöse Elemente miteinfließen. Hören wir das *Elisabeth*-Sonett, das nicht von ungefähr am Anfang der Gedichtreihe steht:

> *Es strömen Kunst und Leben, eng verschlungen,*
> *Aus dunklen Tiefen, die wir nie ergründen,*
> *In einen Ozean von Licht zu münden,*
> *Den wir nur ahnen hier in Dämmerungen.*
>
> *Zum Leben wird, was hoher Kunst gelungen,*
> *Die Kunst will hohes Leben neu verkünden:*
> *Wenn beide sich in einem Strahl entzünden,*
> *Dann hat ein höchstes Ziel die Welt errungen.*
>
> *O Künstlerin, als im Gemüt empfunden*
> *Der Heil'gen Bildnis du, von ihrem Scheine*
> *Hat da ein Abglanz dir die Stirn umwunden;*
>
> *Und treulich ist ein Sänger nun der deine,*
> *Der in dem Glanz das Ziel erhellt gefunden,*
> *Wo hohe Kunst sich hohem Leben eine*[21].

Dieses Sonett ist mehr als der beredte Ausdruck des Verfallenseins eines Dichters an eine faszinierende Frau; es ist ein ästhetisches Programm. Sogleich in der ersten Zeile wird das Ineinander von Kunst und Leben thematisiert — als eine Forderung, der, eben durch die Existenz der Angeredeten, Erfüllung beschert ist. Die zweite Zeile weist auf die unergründliche Tiefe, aus der beides, Kunst und Leben, strömt und in der das Ineinander von Kunst und Leben bereits angelegt ist. Mit dem Dunkel dieser Tiefe kontrastiert der „Ozean von Licht", Ziel eben jenes religiös „erfüllten" Ineinanders von Kunst und Leben, das im Zwielicht der erdgebundenen Existenz — so die vierte Zeile — nur geahnt werden kann. Hier wird deutlich, daß Cornelius noch eine vierte Schicht aufbricht: die Apotheose des Werkes selber. Was bereits Wagner im *Tannhäuser* thematisiert: die Kunst als Fest, als Lebensfest, als höchstes aller denkbaren Feste, wird von Cornelius im Sonett erneut zum Thema gemacht und damit im Medium einer anderen Form reflektiert. Dabei richtet sich die Reflexion auf die Frauengestalt: auf sie, nicht auf Tannhäuser, in dessen Rolle Cornelius hier schlüpft, fällt alles Licht, sie steht im vollsten Glanz, gleichsam in einem Lichtkegel inmitten der Bühne. Das ist der eminent dramatische Zug dieses Sonetts; in diesem Hingerissensein demonstriert Cornelius zugleich seine innere Freiheit gegenüber der übermächtigen Gestalt Wagners.

Das wird geradezu schockierend deutlich im *Elsa*-Sonett. Auch hier wird der Dichter Cornelius zum Parteigänger der Frau: wiederum fällt alles Licht nicht auf den Titelhelden, sondern auf seine Partnerin. Im *Lohengrin* geht es nicht, wie im *Tannhäuser*, um die Kunst als höchstes Lebensfest; es geht um den Einbruch des Numinosen in die Menschenwelt, um die unerbittlichen und unerfüllbaren Forderungen, die der Bote des schöneren, höheren Lebens an die liebende Frau richtet. Und da nun schlägt sich Cornelius mit einer Radikalität, die in Erstaunen setzt, auf die Seite der Frau, der Liebenden, des Menschen schlechthin. Das Sonett ist, unter raffinierter Verwendung abgewandelter Wagnerscher Formeln, als direkte Rede

---

21 LW IV, 211.

Elsas angelegt, gerichtet an Lohengrin, der – als Schweigender – durch die Intensität von Elsas Worten fast eliminiert wird.

„Du warst ein andrer, da ich dir's versprochen,
Ich eine andre, die du ließest schwören;
Nun wir uns unzertrennlich angehören,
Sei mit dem Gürtel auch der Schwur gebrochen.

Fühl' ich dein Herz in meiner Brust nicht pochen,
Und willst in mir dein eigen Selbst betören?
Es muß die eigne Seele dir zerstören,
Wenn mir die Brust von Zweifeln wird zerstochen.

Ein höh'res Recht ist deiner Liebe Gabe
Als jener Schwur, den ich zu brechen wage,
Auf daß ich ganz dich fasse, ganz dich habe.

O sprich ein Wort, daß mir ein Himmel tage!
Du meines Wesens Atem, Licht und Labe,
Woher die Fahrt? Dein Name! Sprich! ich frage!"[22]

Der Lyriker als Parteigänger: es ist nur konsequent, daß Cornelius im letzten der zwölf Sonette Rosa von Milde seinen Dank für die Verkörperung der Rolle der Margiana abstattet, also der weiblichen Hauptrolle seiner eigenen Oper *Der Barbier von Bagdad*, die unter der Leitung von Liszt am 15. Dezember 1858 ihre erste und einzige Aufführung in Weimar erlebt hatte. Sehr distanziert, sehr abgeklärt, fast resigniert spielt Cornelius in diesem Schlußsonett auf die mißlichen Umstände der Uraufführung an. Der Dank an die Interpretin wird in allgemeinste Formeln gekleidet, ohne daß auch nur ansatzweise von der Rolle der Margiana die Rede ist. Dieser bedenklich hohe Abstraktionsgrad ist nur dadurch zu erklären, daß Cornelius die „Realität" dieser Figur, ihre leibliche Existenz, einfach voraussetzt. Wir erinnern uns, daß er späterhin die Figuren des *Barbier von Bagdad* positiv gegen die nur-literarischen Figuren des Immermannschen Zeitromans abgesetzt hat. Ist das, so müssen wir abschließend in aller Schärfe fragen, nicht eine verblendete Überschätzung der eigenen produktiven Kraft? Liegt hier nicht eine fatale Gleichsetzung von (dramatischer) Kunst und (realem) Leben vor, wie sie in dieser Form nicht zu halten ist?

III.

Bei der Beantwortung dieser Fragen müssen wir uns hüten, Brüche und Widersprüche zu wittern, die für einen Künstler wie Cornelius nicht vorhanden waren. Nochmals: Cornelius war ein Schauspielerkind, und so sehr seine tiefinnere Liebe der Lyrik gehörte, der schönen und betörenden Fügung von Versen im Zwischenreich menschlicher Beziehungen, so sehr lag seine Begabung auf dem Gebiet des Dramas, des Theaters, der Bühnenkunst insgesamt. Peter Cornelius als Dichter: legen wir strengste Maßstäbe an, kann das nur heißen: Peter Cornelius als Dramatiker, also als Schöpfer von Gestalten, bei deren Realisierung die Mitwirkung der darstellenden Künstler als selbstverständlich hinzutritt. Der Dichter liefert den Umriß, der Schauspieler, der Sängerschauspieler gibt das Leben. Von den drei Bühnenwerken

---

22 LW IV, 213; auch bei Fechner, S. 208.

von Cornelius hat sich im Sinne eines solchen fraglosen Lebens nur *Der Barbier von Bagdad* gehalten, während *Der Cid* und *Gunlöd* aus den Spielplänen der Theater verschwunden sind. Dieses Urteil der Nachwelt müssen wir akzeptieren; eine Neuwertung kann es nicht aufheben, sondern nur modifizieren.

Der Barbier von Bagdad ist auch als reines Literaturprodukt — denn die Musik klammern wir nach wie vor aus — ein Meisterwerk. Es war keineswegs schmeichelndes Freundeslob, es war eine nüchterne, wohlbegründete Feststellung, als Hoffmann von Fallersleben, selber einer der versatilsten Verskünstler jener Zeit, das Libretto des *Barbier* „*das schönste, das er noch gesehen habe*"[23] nannte. Dieses Libretto ist ein Meisterwerk, weil es perfekt versifiziert ist. Selbst die Texte Wagners, die doch wahrlich eine neue Epoche in der Geschichte der Librettistik begründet haben, fallen — als Texte — dagegen ab. Das Libretto des *Barbier von Bagdad* könnte auch ohne Musik ganz für sich bestehen. Der während der Arbeit am *Barbier* von Cornelius geäußerte Wunsch, „*ein zweiter Lortzing*" zu werden, „*nur mit einer nobleren Faktur in jeder Hinsicht*"[24], ist voll in Erfüllung gegangen. „*Eine noblere Faktur*": das heißt, rein literarisch, ein Text, der in Reim, Rhythmus, Strophenbau, Szenenfügung, also vom kleinsten Strukturelement bis zum umfassenden Bauplan vollkommen ist, wobei diese Vollkommenheit nicht in monotoner Höhenlage der Diktion, sondern ganz im Gegenteil auf der Variabilität und Spannweite dessen beruht, was vermittels dieser Formenvielfalt zum Ausdruck gebracht wird. Am einen Ende der Skala ist die große Rede des Barbiers angesiedelt, eine der köstlichsten Verspottungen großspurigen Akademikertums, die die deutsche Literatur kennt (und die man heutzutage gern manchem engstirnigen Wissenschaftsfanatiker ins Stammbuch schreiben würde), am anderen Ende der Skala stehen die Verse des liebenden Nureddin, Verse, in denen die biedermeierliche deutsche Welt ins Exotische verwandelt wird, damit im Akt dieser Verwandlung die seelische Intensität, das Vexierbild einschmelzend, umso zärtlicher und brennender laut wird.

> *Vor deinem Fenster die Blumen*
> *Versengte der Sonne Strahl,*
> *Du tränktest aus goldener Schale*
> *Die Schmachtenden allzumal.*

Das sind seltsame und bezwingende Worte im Munde eines Orientalen.

Ob *Der Cid,* das zweite Bühnenwerk von Cornelius, gegenüber dem *Barbier von Bagdad* ein Fortschritt war, wie Cornelius mit Leidenschaft glaubte, oder doch nur ein Abweg, bestenfalls ein Umweg, muß, dieser Selbstinterpretation zum Trotz, eine offene Frage bleiben. Fest steht, daß Cornelius sein 1849 geäußertes Lebensziel, ein Aristophanes der Oper zu werden[25], willentlich aus den Augen rückte. Woher kam diese Sehstörung? War sie eine Folge der Unsicherheit, die sich vor allem bei der Stoffwahl, die für Cornelius schließlich zur existentiellen Qual wurde, zeigte? Oder war ganz im Gegenteil die Sehstörung, das Verrücken des Ziels, die Ursache der Unsicherheit? Auch das Textbuch des *Cid* ist perfekt gearbeitet, aber diese Perfektion kommt bei dem gewählten Stoff nicht zur Gel-

---

23 Vgl. LW I, 302.
24 LW I, 242.
25 Vgl. LW I, 109.

tung. Nicht ein buntes Genrebild in exotischer Färbung liegt hier vor, sondern ein weitgehend monochromes Historienbild aus dem 11. Jahrhundert, dem der Kontrast zwischen spanisch-christlicher und maurisch-islamischer Welt nicht genügend Spannung zu geben vermag. Wenn wir den *Cid* als Historienbild bezeichnen, so meinen wir damit in der Tat die Nähe dieser dramatischen Dichtung zur Historienmalerei des 19. Jahrhunderts[26]. Cornelius, so ließe sich kritisch einwenden, vergißt im Banne der großen Kunstströmungen seiner Epoche, daß er ein Kleinmeister, ein Meister der kleinen Form, ist, und versucht sich, seine Unentschlossenheit durch hohen Ehrgeiz überspielend, in der großen Form, die seiner spezifischen Begabung zuwiderläuft. Wagner hatte so unrecht nicht, als er den *Cid* im Unmut als Fehlgeburt bezeichnete.

Unsicherheit und Unentschlossenheit haben dabei nichts mit dem Erfolg oder dem Mißerfolg der betreffenden Werke zu tun. Nach dem Mißerfolg des *Barbier von Bagdad* ist Cornelius zwar verunsichert, aber erst nach dem *Cid*, dessen Uraufführung in Weimar am 21. Mai 1865 ein unbestreitbarer Erfolg für Cornelius war, steigert sich die Unsicherheit ins fast Pathologische. Aber gerade in diesen seinen Skrupeln und tödlichen Selbstzweifeln erweist sich Cornelius als eine hochmoderne Künstlernatur. Daß er, der virtuose Verskünstler, voller innerer Qual schwankt, welchen Stoff er als nächsten dramatisch bearbeiten soll, spricht nicht gegen, sondern für ihn. Bei der Stoffsuche stößt er auf E. T. A. Hoffmanns *Klein Zaches, genannt Zinnober* und erwärmt sich für diese groteske Figur; aber den bequemen Weg zurück zur komischen Oper geht er nicht. Vielmehr findet er in der *Edda* den Stoff für seine dritte und letzte dramatische Dichtung: *Gunlöd*. Den Text kann Cornelius vollenden; die Musik zu vollenden, ist ihm nicht vergönnt. So sieht sich der Musikwissenschaftler einem Fragment, der Literaturwissenschaftler dagegen einem abgeschlossenen Werk gegenüber. Cornelius nennt *Gunlöd* „*das erste rechte Gedicht meines Lebens*"[27]. Was heißt das? Ist das eine nichtssagende Formel, die ihm während der Arbeit als Selbstansporn dienen soll? Oder ist in dieser Feststellung Tieferes verborgen? Am 10. April 1867 schreibt Cornelius an seine Braut: „*Hier hab' ich mich zum erstenmal ganz von früh'ren, dichterischen Vorlagen emanzipiert, habe ganz aus eigner Seele und Phantasie geschöpft, hier war nichts vorher, das auch Gunlöd hieß!*"[28]

Die *Edda* gibt nur den Anstoß und stellt nicht eigentlich mehr den Stoff bereit. Die Geschichte von dem Riesen Suttung, der das Mädchen Gunlöd in seiner Höhle gefangen hält, damit sie den Pokal mit dem kostbaren Blut des getöteten Sängers Kwasir hüte, bis dann Odin, der Gott, in Knechtsgestalt den Pokal an sich bringt und Gunlöd nach Walhall erhebt – diese Geschichte ist ein vollkommen eigenständiger Entwurf. Cornelius vermeidet Reim und Stabreim, setzt sich also sehr bewußt von seinen bisherigen eigenen Texten sowie vom Text der Wagnerschen *Ring*-Dichtung ab[29]. Eine höchst eigentümliche, verborgene innere Dissonanzen wunderbar überspielende wiegende Rhythmik durchzieht diese dramati-

---

26 Nicht zufällig widmet Cornelius den *Cid* seinem Onkel, dem großen Historienmaler Peter von Cornelius.
27 LW II, 514.
28 LW II, 504.
29 Vgl. LW II, 451.

sche Dichtung, die, wie Cornelius selber sagt, *„neu bis in den innersten Nerv"*[30] ist. Die Götter erscheinen als Menschen; Mythologie wird unter der Hand zarteste Psychologie. In die Figuren dieses Spiels werden Naturvorgänge und Elementarmächte hineinprojiziert; diese wiederum erscheinen als Emanationen einer hochgespannten Seele. Das Blut Kwasirs als Unsterblichkeitstrank wird zum Symbol des eigenen Dichtertums gefiltert. Nicht von ungefähr hat Cornelius seine *Gunlöd* als *„Das hohe Lied von der Seele"*[31] apostrophiert. Die Seele des Dichters wirft glühende Bilder aus sich heraus: die von Erzadern durchzogene Höhle Suttungs, das öde zerklüftete Höllentor, den schimmernden festlichen Saal Walhalls[32]. Ist *Der Barbier von Bagdad* ein spätes krönendes Werk des Biedermeier, so ist *Gunlöd* ein frühes innovatorisches Dokument des Jugendstils. Die Dichtung von Nietzsche, Mombert und Däubler zeichnet sich in allerersten Umrissen ab. Was Peter Cornelius hier entwirft: eine hochdekorative Bilderfolge, floreal bewegt, in der manieristischen Gestik höchste Intensität der Seele als tragender und treibender Lebensmacht ausdrückend – das bestimmt den Weg der kommenden Kunst. Peter Cornelius als Dichter ist also ein Zeitgenosse der Zukunft.

---

30 LW II, 521.
31 LW II, 521.
32 *„Die Gunlöd kann nur auf der Bühne wirken mit einer glänzenden Ausstattung, ein Dichter [!] muß Kostüme und Dekorationen erfinden – "* (LW II, 489).

Günter Wagner

Die Quellenlage der musikalischen und literarischen Werke von Peter Cornelius

In einem Brief vom 17. Januar 1860 schrieb Peter Cornelius aus Weimar an seine Mutter: *„Daß ich aber so selten schreibe, hat seinen Grund darin, wie Du Dir wohl selber sagen wirst, daß ich in so großer Verlegenheit bin, Dir Gutes von mir zu erzählen, wenigstens äußerlich Befriedigendes. Es macht mir oft das Herz schwer, daß ich Deine alten Jahre nicht dadurch erfreuen und verschönern kann, daß ich ein sicheres äußerliches Leben gewinne. Glaube nur, daß es nicht allein an mir selber liegt, sondern auch zum großen Teil an der Ungunst der Verhältnisse, an der eigentümlichen Parteien-Zerrissenheit, in welche unsre musikalische Kunst in diesen Zeiten geraten ist. Du kannst Dir das recht deutlich machen an meinen Weihnachtsliedern, welche nun ungedruckt wieder in Elises Hand zurückgekommen sind ... Drei Jahre lang blieben sie liegen und dann habe ich sie mit Berücksichtigung aller Ausstellungen, die mir daran gemacht worden waren, neu ausgearbeitet, und darf mit dem besten Gewissen glauben, dem Verleger und dem Publikum ein annehmbares Kunstwerk zu bieten. Dennoch habe ich es fünfmal von Verlegern zurückbekommen, zuletzt von Schlesinger, dem ich sogar in betreff eines Honorars freie Hand gelassen hatte. So bleibt mir also sogar der einzige Weg verschlossen, auf welchem ich meinem Namen eine ehrenvolle Bedeutung erstreben könnte"*[1]. Bekanntlich sind die hier angesprochenen, nachmals so bekannt gewordenen *Weihnachtslieder* für eine Singstimme mit Klavierbegleitung op. 8 erst Ende 1870 nach einer erneuten Umarbeitung bzw. teilweisen Neukomposition bei E. W. Fritzsch in Leipzig erschienen.

So wie mit diesen Gesängen ist es Cornelius oft ergangen. Entweder fanden seine Werke lange keinen Verleger oder ihre Veröffentlichung unterblieb zu Lebzeiten des Komponisten ganz. Es kann daher nicht verwundern, daß Cornelius' gedrucktes musikalisches Oeuvre bis zum Todesjahr 1874 nur die bescheidene Opuszahl 17 erreichte[2], ausschließlich Lieder und Chorwerke.

Etwas günstiger verhält es sich dagegen mit den literarischen Arbeiten. Aus der Fülle der Gedichte erschien zwar zu Lebzeiten des Autors nur sehr wenig[3], doch dafür gelangten immerhin die meisten seiner Aufsätze[4], die Übersetzungen[5] von

---

[1] LW I, 441 f.

[2] Diese 17 Opera verteilen sich auf die Verleger Schott, Mainz (op. 1, 3–6), Fritzsch, Leipzig (op. 8–17) und Schlesinger, Berlin (op. 2). Opus 18–20 (alle Fritzsch) erschienen nach Cornelius' Tod.

[3] Abgesehen von einigen Gelegenheitsgedichten waren im Druck erschienen: *Ein Sonettenkranz für Frau Rosa von Milde*, Weimar: T. F. A. Kühn, 1859; *Lieder*, Pest: Gustav Heckenast, 1861.

[4] Vor allem in der Berliner Musikzeitung *Echo*, der NZfM und der *Süddeutschen Presse*.

[5] U. a. Berlioz, *Benvenuto Cellini*, Weimar: Hof-Buchdruckerei, 1856; Liszts, *Die Zigeuner und ihre Musik* in Ungarn, Pest: Gustav Heckenast, 1861.

Werken Berlioz', Liszts und anderer sowie die Dichtungen[6] seiner beiden Opern *Der Barbier von Bagdad* und *Der Cid* zur Veröffentlichung.

Die Publikation der Werke wurde nach dem Tode des Dichterkomponisten zunächst mit weiteren Liederheften[7] und — in allerdings stark entstellenden Bearbeitungen — den drei Opern fortgesetzt, um nach der Jahrhundertwende mit der noch heute grundlegenden großen Ausgabe der musikalischen und literarischen Werke[8], die alles Wesentliche aus Cornelius' Schaffen mit Ausnahme der größeren Kirchenmusikwerke vereinigt, ihren Höhepunkt zu erreichen. Als Herausgeber des musikalischen Teils fungierte der Magdeburger Musikkritiker und Freund der Familie Cornelius, Max Hasse. Den literarischen Teil besorgten der Sohn Carl Maria Cornelius, der Musikschriftsteller Edgar Istel und der Literarhistoriker und Dichter Adolf Stern[9], der noch mit Cornelius befreundet war.

Diese höchst verdienstvolle Ausgabe der musikalischen und literarischen Werke, die vor allem erstmals den *Barbier* und den *Cid* nach den Originalpartituren wiedergab, basierte auf dem umfangreichen Nachlaßgut, das von der Familie sorgsam gehütet und durch Carl Maria Cornelius, dem der Erwerb wichtiger Korrespondenzteile gelang[10], sogar noch erweitert worden war. Gerade dem Sohn gebührt das Verdienst, daß das Interesse der musikalischen Öffentlichkeit an Cornelius zwischen den beiden Kriegen nicht erlosch[11]. Seit seiner durch Krankheit bedingten Emeritierung als Professor für Kunstgeschichte an der Universität Basel (1909) widmete er sich ganz der Propagierung der Werke seines Vaters, dem er auch eine umfangreiche Biographie[12] widmete, die erstmals in größerem Umfang die Tagebücher des Dichterkomponisten mit einbezog.

1929 entschloß sich Carl Maria Cornelius zur Veräußerung eines Teils des Nachlasses, der in den Besitz der Musiksammlung der Österreichischen Nationalbibliothek in Wien überging. Bereits 1858 bzw. 1865 waren die Originalpartituren zum *Barbier* und *Cid* durch das Weimarer Hoftheater angekauft worden. Nach Carl Marias Tod wurde seine Frau Therese geb. Schneegans[13] alleinige Besitzerin des Restnachlasses. Eine als Folge des zweiten Weltkriegs entstandene Notlage zwang jedoch auch sie zum Verkauf. Den Bemühungen des damaligen Kulturdezernenten Michel Oppenheim war es zu verdanken, daß sich Cornelius' Geburtsort Mainz

---

6 *Der Barbier von Bagdad,* Weimar: Friedrich Tantz, 1858; *Der Cid,* Ebda, 1865. Das *Gunlöd*-Textbuch erschien erst 1875 in J. Schreiber's Buchdruckerei, München.

7 Vor allem die *Rheinischen Lieder,* 1876 bei Kahnt in Leipzig; die *Brautlieder,* 1878 bei Fritzsch in Leipzig; *Neue Lieder und Duette* (aus Cornelius' Wiener Zeit), hrsg. von Max Hasse, 1898 bei Breitkopf & Härtel in Leipzig.

8 Im folgenden MW bzw. LW zitiert, vgl. S.   .

9 Stern hatte bereits 1890 im Auftrag des Allgemeinen Deutschen Musikvereins bei Kahnt eine Auswahl von Cornelius' Gedichten (unter Einschluß der *Lieder* von 1861) herausgegeben.

10 Vgl. Vorwort zu LW I.

11 C. M. Cornelius hat eine stattliche Sammlung von Zeitungsausschnitten über Aufführungen in diesem Zeitraum hinterlassen. Stadtbibliothek Mainz, Cornelius-Nachlaß.

12 Carl Maria Cornelius, *Peter Cornelius. Der Wort- und Tondichter,* 2 Bde, (= *Deutsche Musikbücherei* 46/47), Regensburg 1925.

13 Sie war Tochter des aus dem Elsaß stammenden und in Wien und München wirkenden Dramatikers Ludwig Schneegans.

1950 zum Ankauf dieses umfangreichsten und wertvollsten Teils des Nachlasses entschloß und ihn zur Verwahrung der Stadtbibliothek überließ.

Mit der Sichtung des Bestandes begann Gunter Stephenson, der die ersten Ergebnisse seiner Arbeit 1964 vorlegte[14]. Dieser Teilkatalog — er verzeichnet von dem handschriftlichen Material nur die Musikalien und Notizbücher — ist bis heute der einzige verläßliche Führer durch die Mainzer Cornelius-Quellen geblieben.

Stephensons Weggang von Mainz und der Personalmangel der Bibliothek verhinderten bisher die dringend notwendige Katalogisierung des großen Briefbestandes und vor allem auch eine genaue Aufschlüsselung der vielfältigen Inhalte der Notizbücher, die jeder Benutzer besonders schmerzlich vermissen wird. Hier bleibt noch viel Arbeit zu tun, sollen diese Quellen die Aufmerksamkeit der Forschung aufsichziehen.

Beginnen wir die Übersicht über die Quellenlage[15] mit der Betrachtung des Mainzer Nachlasses.

Den Schwerpunkt der musikalischen Handschriften[16] bilden die Lieder für eine und zwei Singstimmen mit Klavierbegleitung. Die Reihe wird durch einige Gesänge aus der Berliner Studienzeit bei Dehn (alle zwischen 1847 und 1848 entstanden) eröffnet, die sämtlich in Band 17 der Hasse-Ausgabe enthalten sind[17]. Als die besten Leistungen dieser Zeit sind die *Sechs Lieder* von 1848, (Mus 6), überwiegend auf Texte von Paul Heyse hervorzuheben.

Das Schaffen der Weimarer Zeit wird durch drei Liederzyklen repräsentiert:
1. *Drei Rheinische Lieder*. Das undatierte Autograph (nach Hasse Juni 1856 entstanden) (Mus 13) enthält außerdem noch das Lied *Botschaft*, das als op. 5,1 im Druck bei Schott erschien[18]. Es handelt sich bei diesem Autograph um die erste Niederschrift der Lieder, von Hasse als „Originalmanuskript B" bezeichnet[19].
2. *Weihnachten*. Das vorliegende Manuskript (Mus 12) stellt die erste Fassung der *Weihnachtslieder* op. 8 dar (dat. „Bernhardshütte den 25ten Dec. 1856"), das Hasse auch als Druckvorlage diente.
3. *Brautlieder*. Von diesem Liederzyklus besitzt die Mainzer Sammlung drei eigenhändige Niederschriften, die verschiedene Entwicklungsstufen darstellen. Die

---

14 Günter Stephenson, *Zeugnisse aus dem Leben und Schaffen eines Mainzer Komponisten. Der Peter-Cornelius-Nachlaß der Stadtbibliothek Mainz*, in: *Mainzer Zeitschrift* 59, 1964, S. 103—117.

15 Ein ausführliches Werkverzeichnis des Verfassers ist in Vorbereitung und wird im Rahmen der *Mainzer Studien zur Musikwissenschaft,* hrsg. von Hellmut Federhofer, im Verlag Hans-Schneider, Tutzing, erscheinen.

16 Sie umfassen die Signaturen Mus 1 bis 54 und sind sämtlich im Verzeichnis von Stephenson näher bezeichnet.

17 MW I, Nr. 1—7; MW II, Duette Nr. 2 und 6. Nicht enthalten ist das Duett *Hans und Grete* (Mus 1), das in einer Handschrift von Fritz Volbach vorliegt, der es nach Angaben von Susanne Cornelius rekonstruierte. Die Originalfassung publizierte Erich Schenk, s. Angaben unter Salzburg S. 44.

18 Der Erstdruck der drei übrigen Lieder erschien bei Kahnt und nicht, wie Hasse fälschlich angibt, bei Schott.

19 Das von Hasse als Druckvorlage benutzte Autograph („Originalmanuskript A"), früher im Besitz von Gustav Schönaich in Wien, scheint verschollen.

beiden ersten (Mus 15 u. 16) von Hasse als „Originalmanuskripte B und C" bezeichnet, sind undatiert. Das dritte Autograph (Mus 24), eine Reinschrift von 1862 (Originalmanuskript A) stellt die endgültige Fassung des Zyklus dar.

Diese wie die übrigen Gesänge dieses Zeitraums sind in der Hasse-Ausgabe enthalten[20]. Eine Ausnahme bilden die beiden Lieder „*Lieb ist die Perle* und *Ich bin so froh geworden,* von denen nur Abschriften vorliegen, die sicher der Ausgabe von 1922 bei Breitkopf & Härtel zugrunde lagen. Die Autographen müssen in Privatbesitz vermutet werden.

Von den Gesängen der Wiener Jahre 1859—1864 sind im Mainzer Nachlaß nur wenige Beispiele vorhanden. Besonders hervorzuheben sind *Dämmerempfindung* (Mus 20), *Reminiszenz* (Mus 26), das Duett *Ich und Du* (Mus 19) (alle nach Hebbel), die — wie alle übrigen — in der großen Ausgabe enthalten sind[21].

Eine zahlenmäßig nicht sehr umfangreiche, inhaltlich doch eindrucksvolle Gruppe bilden die Chöre aus den letzten Lebensjahren. Als die wichtigsten verdienen Hervorhebung:
Die drei Frühlingstage (Rückert) = op. 11,3 (Mus 36),
Seele, vergiß sie nicht (Requiem) (Hebbel) (Mus 41),
O Venus (Horaz) (Mus 42) sowie die beiden Reiterlieder *Frisch auf, in Windeseil* = op. 17 (Mus 43) und *Wagen mußt du und flüchtig erbeuten* (Rückert) = op. 12,2 (Mus 45). Alle Chöre der Mainzer Sammlung liegen in Autographen vor und sind im 2. Band der Musikalischen Werke vertreten[22].

Von Cornelius' ohnehin nicht zahlreich erhaltener Kirchenmusik ist immerhin eines der Hauptwerke vorhanden. Es handelt sich um das 1849 in Berlin entstandene *Stabat Mater* für Soli, Chöre und Orchester, das in einer besonders schönen Handschrift vorliegt (Mus 7). Hasse veröffentlichte das Werk erstmals 1930 bei Schott in Mainz. Von einem wohl eher als geistliches Lied zu bezeichnenden *Ave Maria* für eine Singstimme mit Begleitung (Klavier oder Orgel) aus dem Jahre 1862 sind nur Abschriften von Hasses Hand (Mus 22) vorhanden. Das Autograph befindet sich laut Vorwort des Erstdrucks, der ebenfalls 1930 bei Schott erschien, in Privatbesitz.

Cornelius' musikdramatisches Schaffen ist mit wesentlichen Teilen, insbesondere Vorstufen zu den endgültigen Fassungen, vertreten. Neben zahlreichen Skizzen in Klavierpartitur zum *Cid* (Mus 28 u. 54) beanspruchen vor allem drei quartformatige Bände (Mus 29) mit Partiturfragmenten zur gleichen Oper (entstanden zwischen März 1863 und November 1864) Aufmerksamkeit. Der Inhalt der drei Bände deckt sich im wesentlichen mit den drei Akten des Werkes. Nicht unerwähnt bleibe auch ein handschriftlicher *Cid*-Klavierauszug (Mus 48), der etwa zur Hälfte von Cornelius' eigener Hand stammt. Der Stempelaufdruck „Grossh. S. Hoftheater Weimar" läßt vermuten, daß der Auszug bei den Proben zur Uraufführung der Oper 1865 benutzt worden ist. Bemerkenswert sind ferner die Fragmente (Mus 46) zur *Gunlöd*, die Bertha Cornelius aus ursprünglich acht Arbeitsbüchern ihres Mannes zu einem Band zusammengefügt hatte. Nach diesen zwischen Sep-

---

20 MW I, Nr. 25, 33—44, 46, 48—50; MW II, Duette Nr. 7.
21 MW I, Nr. 53, 54, 59, 64, 69, 70, 72; MW II, Duette Nr. 15.
22 MW II, Männerchöre Nr. 5, 6, 8—10; Gemischte Chöre Nr. 4, 19, 20.

tember 1869 und Juni 1874 entstandenen Fragmenten verfertigte der Cornelius-Schüler Karl Hoffbauer 1879 eine Partitur[23], die ebenfalls im Nachlaß vorhanden ist (Anhang Erg. 1).

Den Abschluß der musikalischen Handschriftenreihe — ungeachtet einiger nicht näher bestimmbarer Notenfragmente — bilden die Manuskripte, die Cornelius' Wirken als Lehrer der Harmonielehre an der Kgl. Musikschule in München widerspiegeln. Es handelt sich im einzelnen um verschiedene Hefte mit Übungen zur Harmonielehre (teilweise auf der Grundlage von Hillers Choralübungen) (Mus 30 34), ferner um Analysen Haydnscher Quartette (Mus 49) und Beispiele aus Werken verschiedener Meister (Mus 51).

Den Hauptteil des Mainzer Cornelius-Nachlasses bilden die nichtmusikalischen Handschriften, von denen 56 handgeschriebene Bücher und Hefte unterschiedlichsten Formats und Umfangs, die Stephenson unter der neutralen Bezeichnung „Notizbücher" (Nb 1—56) zusammengefaßt hat, in erster Linie zu nennen sind. Gut ein Drittel dieser Notizbücher besteht aus Tagebüchern oder Aufzeichnungen tagebuchähnlichen Charakters. Sie setzen mit dem Jahr 1837, also noch in Mainzer Zeit, ein und reichen mit mehr oder minder großen Unterbrechungen bis zum Todesjahr 1874. Zusätzliche Lücken sind noch dadurch entstanden, daß vereinzelt Blätter entfernt und eine Reihe von Passagen — wahrscheinlich durch Cornelius selbst — unleserlich gemacht worden sind. Dennoch vermögen diese Mängel den Wert der Tagebuchreihe nicht zu beeinträchtigen, die eindrucksvoll Cornelius' menschliche und künstlerische Entwicklung dokumentiert und eine gute Ergänzung zu den Briefen darstellt.

Über das Dokumentarische hinaus besitzen die Aufzeichnungen ihren besonderen Reiz durch die häufig wechselnden Darstellungsweisen. So wird in den Tagebüchern der Frühzeit alles, was den jugendlichen Schreiber beschäftigte, in weitschweifiger Ausführlichkeit dargestellt. Dagegen werden die Aufzeichnungen der Berliner Lehrjahre thematisch enger, meist nur auf die musikalische Betätigung bezogen, in der äußeren Form fast zum Stenogramm verdichtet. Erneut verändert sich der Stil während der Weimarer Zeit, zweifellos unter dem Einfluß der Literaten und Schriftsteller des Liszt-Kreises. Die Tagebuchaufzeichnungen gewinnen wieder an erzählerischer Breite und Ausführlichkeit und werden bisweilen durch Gedichteinschübe aufgelockert. Schönster Ausdruck dieser „lyrischen" Gestaltung ist das Tagebuch (Nb 21)[24] der Jahre 1854/55, das außer Ereignissen im Liszt-Kreis, einem Rückblick auf die Berliner Zeit, vor allem Cornelius' unglückliche Liebe zu Marie Rückert, der Tochter des Dichters, zum Inhalt hat. Literarische Vorbilder, etwa die Novellen Eichendorffs, sind unverkennbar. Eine weitere Steigerung erfährt dieser dichterische Stil in dem Wiener Tagebuch (Nb 28) von 1862/63, das sein leidenschaftliches Werben um Serafine Mauro, eine Nichte seines Freun-

---

23 Auf der Grundlage dieser Partitur, die Eduard Lassen ohne Kenntnis der Originalfragmente einfach uminstrumentierte, wurde die Oper einige Male gespielt. 1894 gab Hasse die *Gunlöd*-Fragmente bei Breitkopf & Härtel heraus, nach denen Waldemar von Bausznern die Vollendung und Instrumentation der Oper vornahm (= MW V). Die Partitur Hoffbauers wurde 1956 auf einer Auktion erworben und dem Nachlaß hinzugefügt.

24 Die poetische Anlage dieses Tagebuchs scheint im übrigen auch dadurch bedingt, daß der Einband des von Liszt geschenkten Buches das Bildnis Schillers trägt, auf den der Autor im Text mehrfach Bezug nimmt.

des und Gönners Joseph Standhartner, widerspiegelt. Auch hier folgte Cornelius wieder einem literarischen Vorbild; sowohl in der überschwenglichen Diktion wie auch in der Abfassung des Tagebuchs in Briefform ist der Einfluß von Goethes *Werther* nicht zu übersehen. Mit dem Weggang von Wien und der Übersiedlung nach München ändert sich der Stil erneut. Knappe, nur auf das Wesentliche beschränkte Formulierungen kennzeichnen wieder stärker die Eintragungen des letzten Lebensjahrzehnts.

Trotz der biographischen wie literarischen Bedeutung dieser Tagebücher sind bisher nur einzelne Abschnitte bekannt geworden[25]. Eine wissenschaftlich kommentierte Gesamtausgabe steht noch immer aus.

Nächst den Tagebuchaufzeichnungen nehmen die Gedichte in den Notizbüchern den größten Raum ein. Leider fehlt es auch hier an einem Verzeichnis. Man kann jedoch davon ausgehen, wie der Verfasser durch Stichproben feststellte, daß das meiste im 4. Band der Sternschen Ausgabe enthalten ist. Ein Teil der Gedichte findet sich auch außerhalb der Notizbücher auf einzelnen Blättern, die als Briefbeigaben Verwendung fanden. Aus der Gruppe ungedruckter Gedichte sollen hier nur die Texte zu einer geplanten *Vater-Unser-Kantate* für Soli, Chöre und Orchester (1 Blatt, datiert, September 1855) und der Zyklus *Ostern* (Nb 44) von 1873/74, der ebenfalls zur Komposition vorgesehen und als Gegenstück zu den *Weihnachtsliedern* gedacht war, erwähnt worden.

Nächst den lyrischen Dichtungen sind vor allem die Textentwürfe zum *Cid*[26] (Nb 27) und die endgültige Textfassung nebst einigen Vorarbeiten zur *Gunlöd* (Nb 32, 33, 37 und 49) hervorzuheben. Außer diesen hat sich noch eine Reihe weiterer Entwürfe zu nicht ausgeführten Opernwerken erhalten, so eine dramatische Handlung um den römischen Architekten Fontana zur Zeit Sixtus V. oder ein Sagenstoff *Der Knappe vom Rauschenberg* (Nb 54).

Das letzte Drittel der Notizbücher umfaßt Aufzeichnungen unterschiedlichster Art. Es sind dies zunächst die zahlreichen Sprachübungen in Englisch, Französisch, Italienisch, Spanisch, Polnisch, Ungarisch, Latein und Griechisch, die eindrucksvoll Cornelius' unglaubliche Sprachbeherrschung dokumentieren. Dazu kommen Haushaltseintragungen, Abrechnungen, Namenlisten, Stundenpläne, Aufstellungen von poetischen und musikalischen Werken anderer Meister und vieles andere mehr. Nicht zu vergessen sind noch zwei Taschenbücher (Nb 13 u. 16) von 1852/53, die neben zahlreichen Notenskizzen zu kirchenmusikalischen Arbeiten (alle in Bleistift) die Abschrift einer Palestrina-Motette enthalten, sowie ein mit Carl Maria Cornelius' Aufschrift „Musikalisches Tagebuch" versehenes Heft (Nb 12), einige musikalische Aufsätze (u. a. über Meyerbeers Opern, den *Moses* von Rossini und Liszts Chopin-Buch) beinhaltend, die teilweise von den gedruckten Fassungen abweichen.

Den übrigen Teil des handschriftlichen Cornelius-Nachlasses nimmt die umfangreiche Korrespondenz ein. Auch dieser Bestand ist, wie bereits erwähnt, noch

---

25 So in C. M. Cornelius' Briefausgabe und in *Peter Cornelius, Ausgewählte Schriften und Briefe*, eingeleitet und mit biographischen und mit kritischen Erläuterungen versehen von Paul Egert, Berlin (1938), und neuerdings in Barbara Glauert, *Spuren eines bewegten Lebens. Verschollenes und Unveröffentlichtes von Peter Cornelius* (= Kleine Mainzer Bücherei 9), Mainz (1974).

26 Das Autograph des vollständigen Textbuches scheint verschollen zu sein.

nicht katalogisiert[27], so daß sein Umfang und seine Bedeutung hier nur angedeutet werden kann. Er umfaßt ungefähr 1500 Briefe, darunter auch Schriftstücke von oder an andere Mitglieder der Familie, besonders an Bertha Cornelius, die Gattin des Komponisten. Die Zahl der Briefe v o n Cornelius, die der Sohn Carl Maria zu einem Teil (auch in Abschriften) von den Empfängern wieder erhalten hatte, beläuft sich auf über 600, die, wie wiederum Stichproben ergaben, zum großen Teil in der großen Briefausgabe enthalten sind[28]. Die Zahl der Briefe a n Cornelius beträgt rund 350. In diesem Teil der Korrespondenz — er weist bekannte Namen wie Liszt, Berlioz, Brahms, von Bülow, Draeseke, Jensen, Cosima Wagner und Heyse auf — findet man noch manches Briefdokument, das der Veröffentlichung harrt. Das gleiche gilt auch für den Briefwechsel von Bertha Cornelius, in dem es fast immer auch um den Komponisten geht, insbesondere um die Herausgabe der Opern. Von Berthas Briefpartner seien genannt: Mottl, Draeseke, Bronsart, Levi, die Fürstin Wittgenstein, Cosima Wagner, Rosa von Milde und Max Hasse.

Der Überblick über die Mainzer Cornelius-Quellen wäre unvollständig, würde man nicht noch abschließend auf die stattliche Reihe der Erstdrucke verweisen, die in einem ähnlichen Umfang nur noch in der Musiksammlung der Deutschen Staatsbibliothek Berlin anzutreffen ist. Einen Teil, vorwiegend Klavierauszüge und Textbücher zu den drei Opern, erreicht man unter der Bezeichnung „Nachlaß Anhang", alle übrigen Drucke, darunter sämtliche Erstdrucke von op. 1—20, sind im Allgemeinen Katalog der Stadtbibliothek verzeichnet.

Im Gegensatz zur Mainzer Sammlung umfaßt der Wiener Cornelius-Nachlaß ausschließlich musikalische Handschriften, die die Signaturen S. m. 1751—4795 tragen.

Die Reihe wird durch zwei umfängliche Quartbände eröffnet, in denen Skizzen und Jugendarbeiten aus den Jahren 1836—1848 vereinigt sind. Sie spiegeln Cornelius' früheste Studienzeit bei dem Mainzer Liedertafel-Musikdirektor Heinrich Esser wider. In erster Linie handelt es sich um eine Reihe von Streichquartett-Entwürfen, in denen der jugendliche Komponist noch deutlich mit formalen und satztechnischen Problemen zu kämpfen hatte, wie auch aus den zahlreichen Randbemerkungen hervorgeht. Weitere Versuche auf dem Gebiet der Kammermusik, schon weiter ausgearbeitet und gewandter in der Formgebung, schließen sich an: Introduktion, Andante und Polonaise für Oboe und Klavier, eine Sonate für Violine und Klavier (beide Kompositionen sind im Sommer 1840 entstanden und als op. 1 u. 2 bezeichnet) und eine weitere Violinsonate von 1844 (mit einem Variationensatz über das Lied *Ungeduld* von Schubert), der letzte kammermusikalische Versuch. Auch an Übungen im Umgang mit dem Orchester fehlt es nicht, wie der Anfang einer Ouvertüre von 1837 (Notation aller Musikinstrumente im Violinschlüssel!) und eine Entreacte-Musik von 1843 beweisen. Die übrigen Kompositionen der beiden Bände bestehen aus Vokalstücken, überwiegend Chören für Männerstim-

---

27 Einige Anhaltspunkte bietet eine handschriftliche Aufstellung (wahrscheinlich von Therese Cornelius), die zusammen mit dem Nachlaß in die Mainzer Stadtbibliothek gelangte.
28 Neuerdings hat Barbara Glauert einige Briefe aus dieser Gruppe, teilweise auch nur in Auszügen, im Ausstellungskatalog *Peter Cornelius und seine Zeit. Dokumente aus Mainzer Besitz*, Mainz 1974, veröffentlicht.

men, die bis auf eine Ausnahme[29] nicht in die Hasse-Ausgabe übernommen worden sind. Als eines der frühesten kirchenmusikalischen Beispiele ist der Entwurf zum ersten Satz des verschollenen Miserere von 1846 bemerkenswert.

Aus der Reihe der sonstigen frühen Kompositionen sollen nur noch drei Beispiele herausgehoben werden, da sie bereits Zeugnisse einer gewissen künstlerischen Reife und Eigenart darstellen: Die *Quint-Walzer* (S. m. 4759) von 1842 und mehr noch die *Sechs Canons* (S. m. 4761) von 1849. Die erste Komposition, in Quint bei Trier entstanden, besteht aus einer Kette von fünf Walzern, die von einer Einleitung und einem Finalteil eingerahmt ist. Die Walzer selbst tragen Überschriften: *Auf den 3 Stühlen, Porta nigra, Ich geb' der teine Fuß!, Die Redoute (das Tannenplaetzchen)* und *Kirche zu Schweich*. Die melodische Frische und die unverkennbar größere Gewandtheit in der Behandlung des Klaviersatzes lassen das kleine Werk als das beste der Esser-Zeit erscheinen. Der strengen Schule Dehns in Berlin dagegen entstammen die Kanons, beachtliche kontrapunktische Leistungen, die im Charakter weniger Bach als den Mendelssohnschen *Liedern ohne Worte* nahestehen.

Von den übrigen Handschriften der Berliner Zeit verdient noch ein stattliches Heft (S. m. 4762) mit Abschriften von Kompositionen verschiedener Meister Erwähnung, da es einen guten Eindruck von Cornelius' damaligem Studium vermittelt. Es enthält überwiegend Beispiele geistlicher Musik (u. a. von Sarti, Cherubini, Lotti, Lasso, Durante und Bach), aber auch Teile aus Schumanns *Paradies und Peri*, Rossinis *Wilhelm Tell*, die ganze Ouvertüre zu Webers *Preciosa* und anderes mehr.

Das Stadium der küntlerischen Reife repräsentiert zunächst einmal die Kirchenmusik, die — mit Ausnahme des sich in Mainz befindlichen *Stabat Mater* — im Wiener Nachlaß vollständig vertreten ist. Es sind dies die 1849 entstandene und noch unveröffentlichte Messe für Sopran und Alt mit Klavierbegleitung (S. m. 4770) und der bedeutendere *Versuch einer Messe über den Cantus firmus in der dorischen Tonart* (S. m. 4769) aus dem Jahre 1852, den Hasse 1930 bei Schott herausgab. Es folgen zwei Domine-Vertonungen, eine kleinere, noch ungedruckte für vierstimmigen Männerchor (S. m. 4766) von 1852 und eine große für Tenorsolo, Chor und Orchester (S. m. 4767) aus dem gleichen Jahr, die ebenfalls 1930 bei Schott veröffentlicht wurde. Ebenfalls von 1852 stammen die beiden bekannten kleinen Motetten[30] für vierstimmigen Männerchor, das *Requiem aeternam* (S. m. 4764) und *Absolve* (S. m. 4765). Das Offertorium *Tu es Petrus* aus dem gleichen Jahre hat Hasse zusammen mit der dorischen Messe herausgegbn. Eine dritte Messe für vier- bis sechsstimmigen Chor a cappella (S. m. 4768), die allgemein als Originalwerk von Cornelius angesehen wurde, entpuppte sich bei näherer Betrachtung als Abschrift der Palestrina-Messe *Assumpta est Maria* (vgl. hierzu Elmar Seidel im vorliegenden Band, S. 191 f.). Alle übrigen in den Briefen genannten kirchenmusikalischen Werke müssen als verschollen betrachtet werden.

Von den Liedern der Weimarer Zeit liegen zwei bedeutende Zyklen im Autograph vor: die *Weihnachtslieder* (S. m. 4773) in der ersten Fassung von 1856 (mit verschiedenen Entwürfen), die erste Niederschrift des Zyklus' überhaupt, und in der

---

29 MW II, Männerchöre Nr. 13.
30 MW II, Männerchöre Nr. 11 u. 12.

Umarbeitung von 1859, ferner die *Vater-Unser*-Gesänge op. 2 (S. m. 4772). Das Autograph der letzteren dürfte mit dem von Hasse als Originalmanuskript B bezeichneten identisch sein. Bemerkenswert auch einige Duette jener Zeit, die alle im Druck vorliegen[31].

Das wichtigste Stück aus den späteren Schaffensjahren, vielleicht das interessanteste des Wiener Cornelius-Bestandes überhaupt, ist das sogenannte große Arbeitsbuch (S. m. 4760). Es besteht aus drei einzelnen Bänden mit über 200 Blättern und enthält die Entwürfe und ersten Niederschriften von nahezu allen zwischen 1861 und 1869 entstandenen Kompositionen, unter ihnen fast alle in Wien vertonten Lieder und Duette[32]. Breiten Raum nehmen kontrapunktische Studien ein, meist Fugen- und Kanonentwürfe, die aus dem Unterricht mit seinem Schüler Mihalovich 1866 erwuchsen. Ferner sind ein Albumblatt „Auf Carl Haslingers Initialen", die Arrangements dreier Märsche von Schubert (D. 819) für Klavier zu zwei Händen, die Bearbeitung des Streichquartetts op. 127 von Beethoven für Violine und Klavier, die vermutlich für das häusliche Musizieren bei Standhartner bestimmt war, und einige Abschriften fremder Kompositionen (u. a. Partiturauszüge aus Wagners *Tristan*, einige Schumann-Lieder) zu erwähnen. Unter den Eintragungen von 1868/69 fallen die streng systematisch aufgebauten und ungewöhnlich sorgfältig geschriebenen Übungen zur Harmonielehre auf, die vermuten lassen, daß sich Cornelius mit der Absicht der Veröffentlichung einer Harmonielehre getragen hat.

Aus der kleinen Gruppe später Chorkompositionen verdienen hervorgehoben zu werden: *Der alte Soldat* (Eichendorff) = op. 12,1 (in einer nur skizzenhaften Partitur) (S. m. 4780), *Von dem Dome schwer und bang* (Schiller) = op. 9,5 (gegenüber der Mainzer Handschrift vollständig) (S. m. 4782), *An den Sturmwind* (Rückert) = op. 11,2 (S. m. 4787) und schließlich die für Wüllner komponierten und heute noch gern gesungenen italienischen Chorlieder op. 20 (Bearbeitungen nach Vecchi, Gastoldi und Donati) (S. m. 4786), die 1877 bei Fritzsch im Druck erschienen sind[2]). Den Abschluß der Cornelius-Handschriften der Nationalbibliothek bilden drei Hefte (S. m. 4793/95) aus den Jahren 1870/71 mit Übungen zur Harmonielehre und Unterrichtsprotokollen, die einmal mehr die außerordentliche Gewissenhaftigkeit und Sorgfalt des Lehrers Cornelius bezeugen.

Wenden wir uns nach diesem Überblick über die beiden umfangreichen Nachlaßteile in Mainz und Wien nun noch den Cornelius-Handschriften zu, die an anderen Stellen aufbewahrt werden. Ihre Zahl ist nicht sehr groß, doch befinden sich darunter einige wichtige Stücke, die man im Nachlaß vermißt. Die meisten Autographen stammen aus Nachlässen Cornelius befreundeter Persönlichkeiten oder sind Schenkungen des Sohnes Carl Maria.

---

31 MW I, Nr. 51, 52, 58–67, 71–73, 75, 77, 78; MW II, Duette Nr. 5, 6, 14–21 und Duettentwurf *Selige Stunde des ersten Umfassens*.
32 MW II, Männerchöre Nr. 7, 5; Gemischte Chöre Nr. 3, 12, 14–16. Außer diesen enthält der Wiener Nachlaß noch: Männerchöre Nr. 9 u. ein Fragment *Siegfroh, eichenzweigumlaubt* (S. m. 4788); Gemischte Chöre Nr. 9 u. 20.

Die nachfolgende Übersicht über diese Quellen erfolgt in alphabetischer Reihenfolge der Aufbewahrungsorte.

Basel: Die Öffentliche Bibliothek der Universität besitzt als einziges Cornelius-Autograph die Besprechung[33] der Oper *Landgraf Ludwigs Brautfahrt* von Eduard Lassen (Autographensammlung Geigy-Hagenbach Nr. 2407).

Bayreuth: Die zahlreichen an Richard Wagner gerichteten Briefe, die bereits Carl Maria Cornelius für seine Briefausgabe verweigert worden sind[34], scheinen nach Mitteilung der Archivarin des Richard-Wagner-Archivs, Frau Gertrud Strobel, durch Cosima Wagner bzw. ihre Tochter Eva vernichtet worden zu sein. Eine genaue Überprüfung ist gegenwärtig nicht möglich, da das Archiv seit Inkrafttreten der „Richard-Wagner-Stiftung" in einem Saferaum der Stadt aufbewahrt wird und dadurch nicht mehr unmittelbar zugänglich ist. Laut Auskunft sind das Autograph eines noch ungedruckten Gedichtes *Ein Gedanken der Liebe für Richard Wagner* vom 24. November 1861 und die Abschrift der *Künstlerweihe*[35] zu Wagners 60. Geburtstag vorhanden.

Berlin: Die Deutsche Staatsbibliothek besitzt die Autographen folgender Kompositionen (Signatur: mus. ms. autogr. Cornelius 1—5): Die *Duette* für Sopran und Baß mit Klavierbegleitung op. 16, die *Trauerchöre* für vierstimmigen Männerchor op. 9 (ohne Nr. 1 *Ach wie nichtig, ach wie flüchtig,* s. unter *Dresden*), das *Beethoven-Lied* op. 10 sowie die *italienischen Chorlieder* op. 20 für gemischten Chor[36]. Die Handschriften enthalten teilweise Anmerkungen des Verlegers Fritzsch, aus dessen Besitz sie auch an ihren heutigen Aufbewahrungsort gelangten. Über die Herkunft zweier weiterer Autographen, der 1. Szene des 2. Aktes *Er kommt! Er kommt!* aus dem *Barbier* und des Liedentwurfs *Du bist wie im Glase der schäumende Wein,* ist nichts bekannt.
Außer diesen Musikhandschriften sind noch zwei Briefe[37] an Hans von Bülow (Weihnachten 1868 in Kittelversen und 6. Juni 1874) und ein undatierter an die Pianistin Riese zu erwähnen.
Weitere Korrespondenzteile verwahrt die Musiksammlung der Staatsbibliothek Preußischer Kulturbesitz: Briefe an Robert Volkmann[38] (26. Februar 1861), B. Senff (6. Mai 1857)[39], C. F. Kahnt (2. Dezember 1867), H. Levi (27. März 1873) und Dr. Wüstemann (2. April ?).
Aus dem Besitz des Staatlichen Instituts für Musikforschung ist noch ein umfangreicher an den Bruder *Carl* gerichteter Brief (dat. 10.10.1860) zu nennen, der u. a. die Arbeit am *Cid* betrifft.

---

33 NZfM 47, 1857, S. 15—18; Wiederabgedruckt in LW II, 65—72.
34 Vgl. Vorwort LW I, S. X.
35 LW IV, 299 ff.
36 MW II, Duette Nr. 6, 17, 20 u. 21; Männerchöre Nr. 2—5; Gemischte Chör Nr. 1, 12, 14—16.
37 Faks. in: *P. Cornelius, Ausgewählte Schriften,* hrsg. von P. Egert, Tafel IX u. X.
38 LW I, 567 ff.
39 Vgl. Stargardt Kat. 573 u. 574.

Budapest: Die drei Briefe[40] aus dem Jahr 1859 in der Szechenyi-Universitätsbibliothek sind an den Verleger Gustav Heckenast in Pest gerichtet und beziehen sich auf die deutsche Ausgabe von Liszts Buch *Die Zigeuner und ihre Musik in Ungarn,* dessen Übersetzung Cornelius besorgt hatte (erschienen 1861).

Dessau: Die Bibliothek des Landestheaters besaß[41] eine handschriftliche Partitur der zweiten *Barbier-Ouvertüre* (D-dur) in der Instrumentation von Franz Liszt (1877), von dessen Hand auch die Korrekturen in roter Tinte und der Vermerk *„Imprimatur"* stammten. Sie befand sich ursprünglich in der Bibliothek des Allgemeinen Deutschen Musikvereins, die im Dessauer Landestheater untergebracht war. Die Partitur ist seit der Auslagerung der Bestände während des Kriegs verschollen. Ebenfalls unauffindbar ist die Ouvertüre in der Originalgestalt für Klavier zu vier Händen.

Dortmund: Im Nachlaß des Dichters Hoffmann von Fallersleben in der Stadt- und Landesbibliothek befindet sich ein größeres Gedichtmanuskript *Eine Hoffmann-Sage. Zum 8. Februar 1860,* ein humorvolles Loblied auf den Gefährten der Weimarer Zeit.

Dresden: Zu den Verlusten der Sächsischen Landesbibliothek gehört auch ihr einziges Cornelius-Autograph, der großartige fünfstimmige Männerchor op. 9,1 *Ach wie nichtig, ach wie flüchtig*[42], der in der Berliner Handschrift fehlt. Schon Cornelius hielt das Manuskript für verschollen[43]. Es gelangte irgendwann in die Sammlung Heyer[44], von wo es nach ihrer Auflösung in die Dresdner Bibliothek kam.

Frankfurt/M.: In der Stadt- und Universitätsbibliothek (Sammlung Manskopf) befindet sich eine vollständige eigenhändige Textniederschrift zum *Barbier,* als Brief adressiert an Elvira Kiepke in Danzig (Poststempel: Geisenheim, 20. Juni 1858). Der Text weist der gedruckten Fassung gegenüber zahlreiche Varianten[45] auf. Erwähnenswert ist ferner eine undatierte Karte, die eine Mitteilung an den Geiger Edmund Singer wegen eines Konzertes auf der Altenburg enthält.
Von Interesse dürften auch die Vorarbeiten (Mus. Hs. 551) zur Vollendung der Oper *Gunlöd* von der Hand Waldemar von Bausznerns sein.
Die Bibliothek des Freien Deutschen Hochstifts besitzt das Autograph der *„Zwölf Gedichte. Der hochverehrten Gisela v. Arnim zum Andenken an den Aufenthalt in Weimar. Okt. 52."*

Halle: Aus früherem Besitz Standhartner/Schönaich, dann Max Hasse, stammen drei Autographen in der Universitäts- und Landesbibliothek: *Auf eine Unbekannte*

---

40 Günter Wagner, *Unbekannte Briefe von Peter Cornelius* (II), in: *Mitteilungen der Arbeitsgemeinschaft für mittelrheinische Musikgeschichte,* Nr. 31, Dezember 1975, S. 127 ff.

41 Angaben nach einem Brief von Arthur Seidl an C. M. Cornelius im Mainzer Cornelius-Nachlaß.

42 MW II, Männerchöre Nr. 1.

43 Vgl. LW II, 667.

44 *Musikhistorisches Museum von Wilhelm Heyer in Köln,* Katalog von Georg Kinsky, Bd. IV, Köln 1916, No. 1624.

45 Wiedergegeben in: *Der Barbier von Bagdad,* Komische Oper in zwei Aufzügen. Text und Musik von Peter Cornelius. *Vollständiges Buch,* hrsg. und eingeführt von Georg Richard Kruse (Reclams Universal-Bibliothek Nr. 4643), Leipzig o. J., S. 98–104.

op. 5,3; *Liebeslied* (= Ode *Lange begehrten wir*) op. 5,4; *Auf Molly's Tod* (= Verlust)[46]. Eine vierte Handschrift, nur unvollständig erhalten, mit dem Kanon aus dem *Barbier* gehörte ehemals dem Sängerehepaar von Milde. (Signatur: Ym 194, 1—4).

Hamburg: In der Theatersammlung der Universität befindet sich eine kurze briefliche Mitteilung (ca. 1870) an A. Fresenius in Wien.

Leipzig: Unter den Beständen der Handschriftenabteilung der Universitätsbibliothek befindet sich ein weiteres Autograph des Liederzyklus' *Vater Unser* op. 2, eine verglichen mit dem stark korrigierten Manuskript des Wiener Nachlasses spätere Niederschrift des Werkes, die auch als Druckvorlage diente. Für Hasse, der sie „*Reinschrift A*" nennt, war sie seinerzeit „*nicht erreichbar*".
Außer diesem Musikmanuskript ist noch ein Brief[47] an Berlioz in französischer Sprache zu nennen, der sich auf die biblische Triologie *L'Enfance du Christ* (mit Übersetzung *Abschiedsgesang der Hirten beim Scheiden der hl. Familie*) bezieht.

Mainz: Wichtige Cornelius-Handschriften findet man in Mainz auch außerhalb des Nachlasses der Stadtbibliothek. Der Verlag B. Schott's Söhne, bei dem Cornelius' erste Kompositionen erschienen sind, bewahrt in seinem Archiv die Autographen folgender Liederhefte auf: *Trauer und Trost* op. 3 (auf dem Titelblatt als op. 2 bezeichnet), *Lieder* für Bariton op. 5 und die *Duette* für Sopran und Bariton op. 6. Die Manuskripte der beiden letzten Opera stellen Reinschriften (Druckvorlagen) der erstmals im großen Wiener Arbeitsbuch niedergelegten Gesänge dar. Von den drei der Prinzessin Marie von Sayn-Wittgenstein gewidmeten Liedern op. 4 existiert eine Abschrift mit Korrekturen von Cornelius' Hand. Das von Hasse schon gesuchte Autograph von op. 1 hat sich erst kürzlich im Schott-Archiv wieder gefunden.

Weitere Autographen besitzt der Verlag in einem Textbuch (mit einigen Notenskizzen) zum *Barbier*, die früheste erhaltene Fassung der Dichtung (Widmung an Sophie Richter vom 11. Januar 1858), und zwei Briefen an Franz Schott, in denen es unter anderem um die Veröffentlichung der Gesänge op. 4 geht[48].
Zu den weiteren Besitzern von Cornelius-Handschriften zählt auch der Gesangverein „Mainzer Liederkranz". Wie schon Stephenson in seinem Katalog mitteilt, findet sich im Archiv dieses Vereins ein schön geschriebenes Autograph der *Weihnachtslieder*. Entgegen Stephensons Auffassung handelt es sich jedoch nicht um die endgültige Fassung der Lieder von 1870, sondern die noch unbekannte Version von 1859[49]. Das Exemplar — es trägt die Opuszahl 6! — enthält gegenüber der ersten Fassung von 1856 starke Abweichungen (besonders bei den Liedern *Die Hirten* und *Die Könige* und stellt die Reinschrift der schon im Wiener Nachlaß-Autograph im Entwurf angedeuteten Version dar. Diese interessante Variante, die Hasse offenbar nicht bekannt war, verdiente eine Veröffentlichung. Über die Herkunft der Handschrift liegen nur Vermutungen vor. Klar dagegen ist die Herkunft eines au-

---

46 MW I, Nr. 61, 65, 58.
47 *Unbekannte Briefe von Peter Cornelius* (II), in: *Mitteilungen* Nr. 31, S. 125 f.
48 Im Auszug mitgeteilt im Ausstellungskatalog *Peter Cornelius und seine Zeit*, S. 14 (Nr. 61 u. 62).
49 Vgl. dazu LW I, 331.

tographen Blattes mit den beiden Chören aus op. 9 *Pilger auf Erden* und *Mitten wir im Leben sind;* es wurde dem Verein wegen seiner Verdienste um Cornelius' Chorschaffen laut Widmung 1931 von Carl Maria zum Geschenk gemacht[50]. Aus dem ehemaligen Besitz der „Liedertafel" sind schließlich noch zwei Briefe vom September 1853 zu erwähnen, die Cornelius wegen der vakanten Dirigentenstelle an den Vorstand des Vereins gerichtet hatte[51]. Beide Briefe sind jetzt im Gutenberg-Museum.

München: Auch die Stadt, in der Cornelius sein letztes Lebensjahrzehnt verbrachte, hat ihren Anteil an Handschriften. Die Bayerische Staatsbibliothek besitzt zwei Lieder für Singstimme mit Klavierbegleitung, *Schäfers Nachtlied* (aus dem Nachlaß Paul Heyses) und *Mir ist als zögen Arme mich* (aus dem Nachlaß des Sängerehepaars Feodor und Rosa von Milde). Beide Lieder sind erstmals von Hasse veröffentlicht worden[52]. Hinzu kommen zwei Entwürfe zur Oper *Cid* (2. Akt, 2. und 5. Szene). Ersterer ist vermutlich ein Geschenk von Carl Maria Cornelius, der auf dem Blatt auch die Echtheit des Autographs bezeugt hat. Beide Entwürfe weichen im übrigen vollkommen von der gedruckten Fassung ab. Als jüngste Erwerbung verdienen noch vier Blätter[53] mit Skizzen zum Klavierauszug eines Violoncellkonzerts von Carl Bärmann (ca. 1870) (Mus. Mss. 9082) genannt zu werden.

Darüber hinaus verfügt die Staatsbibliothek über eine Reihe von Briefen: zunächst ein Schreiben[54] an Joachim Raff (Raff-Nachlaß VIII) und Abschriften (in Auszügen) von Briefen an die Schwester Susanne (Levi-Nachlaß III, 42), die die Entstehung und Uraufführung des *Cid* betreffen und in der großen Briefausgabe enthalten sind[55]. Weitere Briefe[56], bzw. Zusätze zu Familienbriefen befinden sich im erst kürzlich erworbenen Nachlaß des Bruders und Historikers Carl Adolf Cornelius (Ana 351).

Erst kürzlich gelang dem Verfasser noch die Entdeckung zweier weiterer Autographen, der Übersetzungen von Boieldieus *„Der neue Gutsherr"* und Eduard Lassens *„Der Gefangene"* (1868 im Auftrag des Barons Perfall entstanden). Erstere in einer Abschrift mit eigenhändigen Korrekturen, letztere eingefügt in einen gedruckten Klavierauszug.

Weiter interessante Korrespondenzteile verwahrt die Handschriftenabteilung der Stadtbibliothek: einen Brief[57] an Hans von Bronsart, einen weiteren[58] an Hans von Bülow sowie eine kurze Mitteilung an die Pianistin Louise von Welz. Erwähnung verdienen ferner die Erstausgabe des Textbuches zum *Barbier* mit einem eigenhändigen Widmungsgedicht an Bronsart und eine ebensolche der Gedichte von

---

50 C. M. Cornelius war anläßlich der Enthüllung des Cornelius-Denkmals 1930 Ehrenmitglied des „Liederkranz" geworden.
51 Wiedergegeben im Ausstellungskatalog *Peter Cornelius und seine Zeit*, S. 12 (Nr. 53 und 54).
52 MW I, Nr. 4 und 54.
53 Vgl. Stargardt-Katalog 591, Nr. 590.
54 Vom Verfasser mitgeteilt in: *Unbekannte Briefe von Peter Cornelius* (I), in: *Mitteilungen der Arbeitsgemeinschaft für mittelrheinische Musikgeschichte*, Nr. 30, April 1975, S. 93 f.
55 LW I, 497 ff.
56 Ein Brief von 1840 in: *Unbekannte Briefe* (I), in: *Mitteilungen* Nr. 30, S. 89 ff.
57 LW I, 243 ff.
58 *Unbekannte Briefe* (I), in: *Mitteilungen* Nr. 30, S. 91 f.

1861 mit Widmungsgedicht an Bertha Knoll, die Gattin des Münchner Bildhauers Konrad Knoll.

New York: Den einzigen in amerikanischem Bibliotheksbesitz nachweisbaren Cornelius-Brief verwahrt die Pierpont Morgan Library. Das noch unveröffentlichte Schriftstück ist an den Verleger Fritzsch in Leipzig gerichtet und betrifft die Gestaltung des Titelblatts[59] zu den *Weihnachtsliedern.*

Paris: Die Bibliothèque Nationale besitzt zwei Autographen: ein *Cum Sanctis* für vier vierstimmige Chöre und vier Orgeln (jeder Chor singt eine Fuge in einer anderen Tonart!) (Ms. 4699), ein aus der Lehrzeit bei Dehn stammendes Übungsstück. Das Stück stammt aus der Autographensammlung Charles Malherbe. Erwähnung verdient auch die Teilabschrift der *Barbier*-Partitur von der Hand Carl Tausigs (Ms. 17443) mit Veränderungen der Instrumentation.

Salzburg: Das lange Zeit verschollen geglaubte Duett *Hans und Grete,* das Cornelius ursprünglich in sein op. 6 aufnehmen wollte, wird in einer Abschrift von Marie von Hilleprandt in der Sammlung der internationalen Stiftung „Mozarteum" aufbewahrt. Erich Schenk veröffentlichte das Duett 1925[60].

Stuttgart: Zugleich mit dem musikalischen Nachlaß des Violinisten und Komponisten Joseph Huber, der in Weimar Cornelius' Schüler war, gelangten 1939 auch einige Cornelius-Manuskripte in den Besitz der Württembergischen Landesbibliothek. Diese bestehen zunächst aus einem Notenblatt mit einem Lied für Singstimme mit Klavierbegleitung mit dem Titel *An Huber* (zu dessen Geburtstag, datiert 17. 4. 1856). Auf der Rückseite des Blattes steht ein Teil der g-moll-Fuge Nr. 16 aus Bachs *Wohltemperiertem Klavier* (ebenfalls autograph). Das Lied ist, soweit dem Verfasser bekannt, noch ungedruckt.
Weiter zu erwähnen sind ein ungedruckter Brief an Hubers Vater, den Rentmeister Lukas Huber in Sigmaringen, in dem Cornelius über die Leistungen und Fähigkeiten seines Schülers urteilt, und ein abgerissener Zettel mit kurzem Gedicht an Joseph Huber.

Tutzing: Das einzige Autograph aus Privatbesitz, das dem Verfasser bisher bekannt geworden ist, besitzt der Musikantiquar Hans Schneider. Es enthält die *Drei Sonette*[61] nach Texten von Gottfried August Bürger (dem Weimarer Tenoristen Friedrich Caspary gewidmet, 15. Dezember 1859). Über den Vorbesitzer ist nichts bekannt. Nach Sandberger[62] befand sich die Handschrift ehemals im Besitz des Musikdirektors Fischer in Zittau.

Washington: Aus dem Nachlaß Anton Gloetzners stammt das auch ihm gewidmete Autograph zu *Trost in Tränen* (Goethe) für fünf Solostimmen mit Klavierbegleitung op. 14[63] (datiert 9. August 1872), das durch Schenkung 1929 in die Library of

---

59 Cornelius hatte die Vignetten *„scheußlich und geschmacklos"* gefunden. Vgl. LW II, 650 f.
60 ZfM, Beilage Nr. 58, Heft 9, 1925.
61 MW I, Nr. 55–57.
62 Adolf Sandberger, *Leben und Werke des Dichtermusikers Peter Cornelius,* Phil. Diss. Würzburg, 1887, S. 21
63 MW II, Gemischte Chöre Nr. 8.

Congress gelangte (ML 96 . C 811 case). An gleicher Stelle befindet sich noch ein eigenhändig geschriebenes Gedicht von 1857 mit dem Titel *Scheidegruß an Franz Liszt,* über dessen Herkunft nichts bekannt ist.

Weimar: Die nächst den Nachlässen in Mainz und Wien wertvollsten Cornelius-Handschriften werden in der für des Dichterkomponisten künstlerische wie menschliche Entwicklung gleichermaßen bedeutungsvollen Stadt Weimar aufbewahrt. Die wichtigsten besitzt das Nationaltheater mit den Originalpartituren zu den Opern *Der Barbier von Bagdad*[64] und *Der Cid*[65] (bereits 1858 bzw. 1865 erworben).

Die autographe, Franz Liszt gewidmete Partitur besteht aus einem starken Leinwandband mit Lederrücken und Pergamentecken und umfaßt rund 500 Seiten. Die autographe *Cid*-Partitur besteht aus vier Leinwandbänden, die die Einleitung und die drei Akte der Oper beinhalten.
Dazu kommt noch das bei den Uraufführungen verwendete Orchestermaterial mit Korrekturen von Cornelius' Hand.
Weitere Cornelius-Autographen besitzen die Nationalen Forschungs- und Gedenkstätten der klassischen deutschen Literatur, die die handschriftlichen Bestände des Liszt-Museums übernommen haben. Aus dem Besitz der Cornelius-Gönnerin Hofrätin Schöll stammt das schön geschriebene Autograph des Liedes *Preciosens Sprüchlein gegen Kopfweh* (nach Cervantes von P. Heyse), das Hasse wieder erstmals publizierte[66]. Hinzu kommen vierzehn gedruckte[67] und ein ungedruckter Brief aus den Jahren 1852 bis 1874 an Franz Liszt und ein undatiertes Brieffragment mit Gedicht an Gisberte Freiligrath, die Halbschwester des Dichters Ferdinand Freiligrath.
Zu erwähnen bleibt noch die handschriftlich geführte Zeitung *Laterne* des Künstlervereins „Neu-Weimar", die Cornelius seit Joachim Raffs Ausscheiden redigierte. Sie umfaßt insgesamt 49 Blätter und enthält neben zahlreichen „Notizen" und fingierten „Anzeigen" u. a. einen mit Prosa vermischten poetischen *Beitrag zur Neu-Weimar-Laterne, gelesen am 12. November 1855 von Cornelius. Schindlers Betrachtungen über den Toast zu Liszts Geburtstag* und den gleichfalls gereimten Beitrag *Aus dem Leben eines Laternenjungen.*

Wien: Noch einmal, zum Abschluß des Überblicks über die Quellenlage der musikalischen und literarischen Werke von Cornelius, sind die Wiener Sammlungen zu erwähnen. Die Handschriftenabteilung der Nationalbibliothek wartet ebenfalls noch mit einigen Dokumenten auf, einem Gedicht (dat. 13. April 1860), einem undatierten weiteren mit kurzer Mitteilung, beide[68] an Feodor von Milde, und einem Brief in italienischer Sprache von 1869 an einen bisher noch nicht identifizierten Maler in Florenz (ungedruckt).
Im Archiv der Gesellschaft der Musikfreunde befindet sich das Autograph des berühmten parodierenden Terzetts für Tenor, Bariton und Baß *Der Tod des Verräters,*

---

64 MW IV.
65 MW IV.
66 MW I, Nr. 32.
67 LW I, Nr. 40, 52, 53, 63, 75, 101, 105, 109, 121, 123, 178, 221 und LW II, Nr. 692; ein weiterer Brief in: *Unbekannte Briefe* (II), *Mitteilungen* Nr. 31, S. 126 f.
68 LW IV, 200 und 385.

das lange als verschollen galt und auch Hasse noch nicht bekannt war. Er benutzte für seine Ausgabe der Werke den 1882 nach einer Abschrift des Cornelius-Freundes und späteren Stuttgarter Hofpianisten Dionys Pruckner bei G. A. Zumsteeg in Stuttgart veröffentlichten Erstdruck, der mit dem Wiener Autograph vollkommen übereinstimmt. Das dem Prinzen Eugen von Sayn-Wittgenstein gewidmete Stück, dessen Entstehung meist falsch angegeben wird, ist laut Datierung im „Sommer 1850" komponiert. Von einer zweiten, Wiener Version, die in den Briefen häufiger genannt wird und die erstmals in einem Privatkonzert bei Haslinger im Januar 1861 erklang, scheint sich keine Handschrift erhalten zu haben.

Zwei weitere autographe Stücke besitzt die Stadtbibliothek: ein Klavierstück über die Initialen C. H. im Stammbuch des Verlegers Haslinger — eine Reinschrift der kleinen Komposition im großen Arbeitsbuch der Nationalbibliothek — und schließlich einen Brief[69] von 1871 an den Redakteur Ludwig Speidel wegen dessen Bitte, für die *Deutsche Zeitung* einen Wagner-Artikel[70] zu schreiben.

Wie dem Verfasser erst jetzt bekannt wurde, enthält auch die kleine Autographensammlung der Universitätsbibliothek in Mainz rund 40 Briefe an den Leipziger Chorleiter Carl Riedel, die größtenteils in LW II veröffentlicht sind (Sign. E 5: 4° Ms 100).

---

69 *Unbekannte Briefe* (I), in: *Mitteilungen* Nr. 30, S. 94 f.
70 Erschienen unter dem Titel *Deutsche Kunst und Richard Wagner*. Auch LW III, 187 ff.

I. Cornelius und seine Umwelt

Wolfgang Boetticher
Cornelius und Robert Schumann

Peter Cornelius befand sich bereits im dreißigsten Lebensjahr, als Schumanns geistiger Zusammenbruch (Februar 1854) eintrat. Unter den ca. 4.800 Briefen an R. Schumann, die der Verfasser 1935—1939 in der ehemaligen Preußischen Staatsbibliothek Berlin durchgeprüft und registriert hat[1], findet sich keine Zeile von unserem Meister. Dies wiegt umso schwerer, als Schumann als Redakteur seiner 1834 gegründeten *Neuen Zeitschrift für Musik* noch in den vierziger und fünfziger Jahren, da er sich von seinem Schriftstelleramte zurückzog, einen weiten Personenkreis in seiner Korrespondenz erfaßte. Auch die ca. 120 Briefe, die Schumann im ziemlich gleichen Zeitraum empfing und als besonderes Andenken in einer sog. Familien-Kassette mit Schriftstücken seiner Gattin Clara aufbewahrte[2], geben keinen Hinweis auf Cornelius, auch nicht indirekt als empfehlende Notiz aus dem Munde eines anderen. Erwägt man ferner, daß sowohl die von Martin Kreisig besorgte zweibändige Ausgabe der Schriften Schumanns (*Über Musik und Musiker*, Leipzig 1914[3]) als auch die von Friedrich Gustav Jansen veranstaltete Briefsammlung (*Neue Folge*, Leipzig 1904) den Namen Cornelius nicht führt, so möchte es scheinen, daß eine geistige Begegnung der Künstler sich der Nachprüfung entzieht.

Doch es ist die Erfahrung des Historikers, daß sich Zusammenhänge oft erst in weiterer Instanz darbieten. Zunächst wissen wir aus anderen Quellen, daß der junge Cornelius dem Hause Schumann in Düsseldorf im Herbst 1853 einen Besuch abstattete. Bis zu diesem denkwürdigen Augenblick führt ein klarer Weg: Neben den blasseren älteren Zeitgenossen, die Cornelius zunächst hochschätzte (Franz Lachner, Louis Spohr, Carl Reißiger)[4] und neben Robert Franz, dessen op. 1 Schumann soeben aus der Taufe gehoben hatte[5], war es Schumann selbst, der wie es *„bedeutungsvoll heißt"* (um 1848), „*als Komponist am meisten verehrt"* wurde[6]. Daß Cornelius (Brief an Carl, 19. Juli 1848) sich damals bereits zu Liszt in Weimar hingezogen fühlte, bedeutet noch keine „neudeutsche" Spezifizierung, wenn man bedenkt, daß es Liszt war, der noch Monate darauf sich tatkräftig für Schumann (Faustszenen, *Manfred)* eingesetzt hat und wenn man ferner in Betracht zieht, daß die Polemik aus dem Wagnerkreis in der *NZfM* gegen ihren

---

1 Wolfgang Boetticher, *Robert Schumann, Einführung in Persönlichkeit und Werk ...*, Phil. Diss. Univ. Berlin 1939, Berlin 1941 (zitiert BRS), Verzeichnis der Einsender S. 641—667. Dieser gesamte Briefbestand ist seit Kriegsende 1945 verschollen.
2 Edition dieser Brieftexte (Sächsische Landesbibliothek Dresden) erfolgt in Kürze durch den Verfasser (Leipzig 1977), einen Vorbericht durch denselben vgl. in: *Über die unbekannte „Familien-Kassette" Robert und Clara Schumanns*, in: *Scritti in onore di Luigi Ronga*, Mailand 1973, S. 45—52.
3 Zitiert Kreisig I, II.
4 Carl Maria Cornelius, *Peter Cornelius, der Wort- und Tondichter*, 2 Bde, (= *Deutsche Musikbücherei 46/47)*, Regensburg 1925 (zitiert Carl Maria Cornelius I, II), I, S. 120.
5 *Robert Schumann in seinen Schriften und Briefen ...* , hrsg. von Wolfgang Boetticher, Berlin 1942 (zitiert BSB), S. 405 ff. (12 Gesänge op. 1).
6 Carl Maria Cornelius I, 120.

einstigen Redakteur (vorgetragen durch Friedrich Hinrichs, mit Robert Franz verschwägert[7]) erst nach 1850 entfacht wurde. Die engen Beziehungen Cornelius' zu Liszt vor 1853 sind bekannt. Zum Geisterkreis um Schumann zählt gleichermassen die Dichterin Bettina von Arnim mit ihrer Tochter Gisela, die sich auch von Cornelius *„enthusiasmiert"* sahen[8] und die fast gleichzeitig verehrungsvoll von Schumann aufgenommen wurden[9]. Merkwürdig ist damit die Kausalkette. Bettina lädt Cornelius nach Bonn ein[10], wo er am 22. Oktober 1853 von Mainz aus eintrifft. Von dort aus führte ihn der Abstecher zu Schumanns, wie wir dessen „Haushaltsbuch" entnehmen, am 28. Oktober 1853. Natürlich stand Schumann in diesen Tagen im Bann des jungen Brahms, der kurz zuvor sein Haus erstmals betreten hatte. Cornelius befand sich gewiß gänzlich im Schatten der frühen Werke Brahmsens (von denen Schumann noch Monate später aus der Heilanstalt Endenich schwärmt) und auch die geigerische Kunst Joseph Joachims, der ebenfalls damals in Düsseldorf bei Schumanns war (man denke an das nachgelassene Violinkonzert) überstrahlte alles. Es muß auffallen, daß Schumann in seinem berühmten letzten Aufsatz *Neue Bahnen*, wenige Wochen später entworfen, Cornelius nicht unter den *„Aufstrebenden"* erwähnt, gleichermaßen nicht unter den vom Verfasser in BRS ermittelten späteren Verzeichnissen, die *„jüngere Komponisten nach meinem Sinn"* festhalten. Doch ist die geistige Nachbarschaft evident, wenn man an die frühen von Liszt angeregten geistlichen Werke Cornelius' und an die Hinwendung des späten Schumann zur rheinischen Katholizität (III. Sinfonie, Görres-Kreis)[11] denkt. Beide Künstler erlebten zudem in ihrer Jugend das Problem einer tragischen Prüfung mit dem Drama *Griseldis,* ein erschütterndes Ereignis, das sich nahezu deckungsgleich ausgeprägt hat[12]. Der junge Schumann: *„Die Hände habe ich gerungen in meiner Herzensverwirrung"*[13], die Worte des jungen Cornelius über die Heldin: *„sie war groß! Sie war die kleinste aus ihrer Umgebung und doch reichte ihr keiner bis an den Hals ... "*[14]. Die „Zerrissenheit", die Schumann, ausgehend von der Bewegung des „Jungen Deutschland" und ihren Wirren, erfaßte, bestimmte auch Cornelius in der tragischen Spaltung der Florestan-Eusebius-Natur. Übrigens decken sich diese beiden Griseldis-Berichte auch erstaunlich in der scharfen Beobachtung des Theaterpublikums, Schumann: es *„zeigte sich gebildet",* Cornelius: *„heute zeigten sich die Mainzer nicht so ungebildet".*

---

7 Texte bei BRS, 277 ff. aus der verschollenen Korrespondenz Schumanns, vgl. unten zu Franz Brendel.

8 Carl Maria Cornelius I, 130.

9 Zufolge BRS, 307 Ende Oktober 1853. Zum Briefwechsel vgl. ibid., S. 642. Aus der „Familien-Kassette" liegen dem Verfasser weitere Quellen zur Begegnung Schumanns mit der Dichterin vor.

10 Vgl. Brief Joseph Joachims an Cornelius (undatiert, wohl zweite Oktoberwoche 1853), veröffentlicht Carl Maria Cornelius I, 151 f.

11 BRS, 218 ff.

12 Schumanns Tagebuch-Eintragung (Oktober 1838, Wien) ist mitgeteilt BRS, 157 ff., dort auch näheres zum Drama Friedrich Halms (pseud.).

13 Es sind Wochen einer schweren Krise (Clara Wieck).

14 Aufzeichnung im Tagebuch Januar 1840, vgl. Barbara Glauert, *Spuren eines bewegten Lebens. Verschollenes und Unveröffentlichtes von Peter Cornelius, (= Kleine Mainzer Bücherei 9),* Mainz (1974), S. 13 f.

Neben diesem wesensgleichen frühen Gefühlsparoxysmus erkennen wir eine weitere Parallelität bei dem frühen Musikkritiker Cornelius. Seine Rezension der Oper G. Rossinis, *Mosè*, in der Berliner Musikzeitung *Echo* 1851, Nr. 9, erschienen[15], bemerkt die *„naive Sinnlichkeit"* und die *„äußerlichen Wunder"*, denen der *„Glanz"* der *„tiefen Romantik"* fehlte, *„mit der ein Mendelssohn oder Robert Schumann die Geige zum Himmel aufjubeln läßt"*. Sehr ähnlich hat Schumann die italienische Stilprovinz Rossinis, das *„leichte"* Wesen, das *„im Flor steht"*[16], beschrieben. Bezeichnend, daß Cornelius hier eher dem frühen Schumann folgt, der später seine Kritik eingeschränkt hat[17]. Cornelius hat 1851, in Nr. 47 der genannten Berliner Zeitschrift[18], bemerkt, daß man *„denn oft einen Schumann nicht verdauen"* könne, *„weil er uns seine Weisheit nicht in den gewohnten Medizinlöffeln eingibt"*. Dieser Satz erscheint in einer Besprechung des Beethovenschen Streichquartetts op. 130 (wiedergegeben von dem älteren Quartett der Gebrüder Müller), um das Ungewöhnliche, das nicht-*„Philisterhafte"* mit seinem *„brausenden Fugentaumel"* zu begrüßen, wobei auch Jean Paul aufgeboten wird, in einer durchaus Schumann verwandten Diktion[19]. Abgesehen von der romantischen Dämonisierung des Beethovenbildes, einem spezifischen Indiz, bietet diese Kritik manche Züge Schumanns, insbesondere in der Beschreibung poetischer, rasch aufblitzender Klangvisionen mit physiognomischen Reizen (Cornelius: *„das halb verschmitzt, halb wehmütige Auflächeln"*).

Nach Schumanns geistigem Tod zählte Cornelius zu den glühenden Verehrern seiner Lieder, wobei die Polemik gegen die *„Gemeinplatzknochen"* billiger Liederproduktion – übrigens anläßlich einer Würdigung Schumanns –[20] manche Affinität zu der Kampfstellung verrät, die Schumann z. B. zu den populären *Marienliedern* Carl Bancks[21] einnimmt. Sind es bei Schumann eher intellektuelle Motive, die ihn kritisch reflektieren lassen, so sah Cornelius den Intimcharakter verletzt. Die Intimität ist es erneut, die ihn bei dem *Gebet* von Schumanns *Genoveva* wenige Jahre später in einem Konzert der Rosa von Milde schwärmen läßt[22]. Doch mengenmäßig stehen diese Schumanniana im Schatten Wagners. Unverkennbar aber, wie Cornelius Schumann als einen Pfeiler in *„der Flut von inhaltsloser Musik"* in Anspruch nimmt, bezeichnenderweise in seiner großen Huldigung von Wagners *Lohengrin*, der wohl bedeutendsten publizistischen Leistung[23]. Man wird diese Äußerungen immerhin in einem allmählichen Prozeß der Hinwendung zum *„neudeutschen"* Ideal verstehen müssen. So nimmt im genannten Artikel die Anspielung nicht Wunder, Schumanns *Genoveva* sei *„sein schneidendster Lebensschmerz"*

---

15 LW III, 12 ff.
16 Tagebuch, wiedergegeben BRS, 225.
17 1847: *„immer erheiternde, geistreiche Musik"* (Kreisig II, S. 162).
18 LW III, 22 f.
19 Schumann hörte das Werk zum ersten Mal 1838 in einem Leipziger Konzert, dargeboten von dem Quartett unter dem Primarius Ferdinand David. In seinem Tagebuch zeichnete er auf: *„Endziel!"* (mitgeteilt bei BRS, 240).
20 LW III, 47 (NZfM 43, 1855).
21 BSB, S. 373 ff. Im Haushaltsbuch notierte Schumann am 6. Juli 1842: *„Aufsatz über Banck geschrieben"* (BSB, 370).
22 Carl Maria Cornelius I, 228.
23 *Lohengrin in München*, in: NZfM 47, 1867, Nrn. 29, 30, 32, 33, LW III, 88 ff., 102.

gewesen: ein *„Werk voll der reinsten Züge deutscher Innigkeit und Gemütstiefe",* aber es sei *„mißlungen",* denn der Komponist habe nicht *„sein eigener Dichter"* werden können. Dieser deutlich an Wagners kritische Schriften 1850 geschulte Ansatz, daß *„Sagen und Singen"* (so Cornelius) zusammen gehöre, trifft sich mit dem allgemeinen, von der Wagnerpartei propagierten Problemstand, daß das Schöpferische nur im aktiv-kreativen literarischen Verhalten des Komponisten erreichbar sei, wobei Schumann zunehmend die Rolle des „älteren", introvertiert-poetischen Romantikers zufällt[24]. Dennoch hat in diesem Isolationsprozeß gegenüber Schumann die bändigende Kraft der Lisztschen Weimarer Konzerte die starre Konzeption jenes „Gesamtkunstwerks" reguliert. *„Da schwebten die Geister Byrons und Schumanns glühend vereint im ‚Manfred' über die Szene",* ruft er begeistert[25] und fordert anschließend, daß *„Genoveva von Schumann wieder aus der Öde des Schweigens zu Ehre und Heiligkeit geleitet"* werden möge. Die idealisierende Funktion Liszts wird deutlich; ein Jahrzehnt nach Schumanns Tod, da gewaltsame Literarisierungsbestrebungen und illustrative Tendenzen auch Cornelius zu einer Rückwendung zu dem gebrochenen, gespaltenen Kreislertypus Schumanns anregten. In diesem Prozeß ist bemerkenswert sein Urteil über die *Manfred*-Ouvertüre: *„wenn die schmerzlichsten Töne erklingen, wenn menschliches Leid der Brust des Künstlers entriß"*[26]. Cornelius widersprach damit dem landläufigen Urteil, daß der späte Schumann, ungenial und von wuchernder Melodik erfaßt, in *„Arbeit"* versackt sei[27].

Aber der spätere Cornelius hat dem Lyrismus Schumanns einen Vorzug eingeräumt, der nicht im Sinne des Komponisten gelegen haben kann. Cornelius sieht sich in edlem Wettstreit mit Schumanns *Spanischem Liederspiel* und vereinigt sich mit Damrosch unf Franz[28]. Hier wird man an jenen Einwand erinnern müssen, den Schumann in seiner erwähnten Rezension des op. 1 von Franz einflocht: er wünsche sich einen *„musikalisch reicheren Schluß"*, verbunden mit der (auch für Cornelius problematischen) Warnung, daß die *„kleineren Genres"* zur *„Einseitigkeit"* führen, daß nicht nur *„durch die Stimme"*, sondern *„durch Ergreifen neuer Kunstformen"*, d. h. durch Überwindung des naiven Liedtypus' ein Fortschritt erzielt werden könne. Die Abgrenzung ist offenkundig. In seiner umfänglichen *Tannhäuser*-Kritik aus München[29], die übrigens bei Cornelius eine interne Kenntnis von Schumanns (gescheiterten) Bemühungen um Hebbels Nibelungensage, vielleicht aus familiärem Kreis preisgegeben, erkennen läßt, ist von dem *„Zwiespalt"* der Hebbelschen Dichtung die Rede, die, wie er meint, neben *„spezifisch Dichterischem"* auch ein *„Musikbedürfnis"* anstrebe. Diese Schwäche, d. h. Ambivalenz des Dichters sieht Cornelius auch in den Leistungen Schumanns, denen eine

---

24 BRS, 369 ff. zum Begriffsdualismus Subjektivität — Objektivität in der Musikkritik bei der Einschätzung Schumanns und des mittleren Wagner.

25 LW III, 110.

26 LW III, 117 (*Das Fest des ‚Allgemeinen Deutschen Musikvereins' in Meiningen*, in: *Augsburger Allgemeine Zeitung*, 6. und 7. September 1867).

27 z. B. Peter Lohmann, *Über R. Schumann's Faustmusik*, Leipzig 1860: *„diesem Meister wächst als dem spezifischen Musiker bei all seiner Bildung die Melodie nur zu oft über den Kopf ..."*. Vgl. BRS, 368.

28 LW III, 122 ff.

29 LW III, 126 ff. (NZfM 47, 1867, Nr. 38 u. 39).

"schöne Unvollkommenheit" anhafte. Nicht unähnlich der beschriebenen Hinwendung zum Lyrismus zeigt sich hier bei Cornelius ein synthetisches Kunstideal, nur *"vollkommene"* Durchdringung von Dichtung und Musik erreiche das Ziel, das Schumann versagt geblieben sei. Die lyrische Komponente als eine weiche Stimmungseinheit verbindet er mit einem ähnlichen synthetischen Postulat, einer — wie er sagt — *"poesietonlichen"* Einheit[30]. Aber weder der spannungsfreie Liedtypus noch jene poesietonliche Identität dürften auch die Vorstellungen Wagners exakt wiedergeben.

Hinzu treten territoriale Begrenzungen. Schumanns Werke haben in Süddeutschland, namentlich in der bayerischen Metropole, im Schatten der Erfolge Wagners lange auf Resonanz warten müssen. Daß die Vierte Sinfonie 1867 im Münchener Odeons-Konzert Intonationsschwankungen erlebte und überhaupt *"stiefmütterlich"* betreut worden war, nahm Cornelius fast widerspruchslos hin[31], in Nachbarschaft einer Huldigung des jungen Rheinberger. Das Bild rundet sich mit der letzten publizistischen Äußerung aus dem Jahre 1868, *Eine deutsche Künstlerfamilie*[32], in der abermals, noch selektiver, die *"Lyrik"* Schumanns dem Schaffen von Raff und Franz zugeordnet wird[33]. Wie bei Schumanns Einschätzung von Franz' Erstling fällt bei der Entdeckung des jungen Raff durch Schumann auf, daß hier bei *"aller Vertrautheit mit der neuesten Spielweise"* in dessen op. 2 auch ein *"leichtfertiger Witz"* auftritt: *"den letzten wünschten wir unterdrückt"*[34]. Die Skepsis des späten Schumann vor dem zarten, kleinen Genre setzt hier abweichende Akzente.

Cornelius' genannte literarische Arbeiten umspannen die Jahre 1851—1868, das eigentliche Ausprägungsfeld der Schumannkritik im neudeutschen Lager. In Schumanns eigener *NZfM,* unter der genannten Redaktion Franz Brendels, begann 1853 die harte, eingangs erwähnte Kontroverse, die zunächst Hinrichs mit dem Artikel *Zur Würdigung Wagners* vortrug: seit dem *Paradies und die Peri* sei Schumann *"verkommen, manieriert im traurigsten Sinne des Wortes"*. Brendel schrieb an Schumann am 31. Oktober 1853 nach dessen Protest[35]: *"Die Verhältnisse sind jetzt weit schwieriger als ehemals, denn die Leidenschaften ... stehen sich weit schroffer gegenüber"*. Im Methodenstreit beider Lager, bei dem manch alter Schumannfreund auf die Gegenseite geraten oder doch dem alten Vorbild entfremdet worden war[36], bewahrte Cornelius eine noble Position. Nicht unbeeinflußt ließ ihn dabei wohl als Idealbild des Künstlerischen die Gattin Schumanns, Clara. Im Tagebuch zeichnet er Ende Oktober 1854 auf: *O ihr geistigen, schmerzenreichen Augen, könntet ihr Segen strahlen in mein verkommendes Herz!"*[37] Oder: *"Die Schumann ist mir ein Ideal dessen, was das Weib in der Öffentlichkeit und in Hin-*

---

30 LW III, 131.
31 LW III, 151 (NZfM 47, 1867, Nr. 51 u. 52).
32 LW III, 233 ff. (*Berliner Börsen-Courier*, Feuilletonistisches Wochenblatt als Beilage ,Station', 11. Oktober 1868).
33 LW III, S. 238.
34 Kreisig II, 347.
35 BRS, 277 ff. (Original 1945 verloren).
36 z. B. Eduard Krüger, vgl. BRS, 380 ff. etc.
37 B. Glauert, *Spuren ...* , S. 37.

gebung an das Publikum leisten kann"[38]. In einem anonym verbreiteten Flugblatt preist er sie (neben Liszt und Joachim) in einem Gedicht[39], er bewundert sie als *„schwer heimgesuchte Gattin und Mutter"* (1. November 1854)[40], Worte, die Liszt beeindruckten[41]. Hier ist ein humanitäres Element spürbar, das Cornelius' Schumannbild verklärt hat. Es verbindet sich mit der Idee des Opfergangs, der in die Einsamkeit führt. Über *Genoveva* äußert er sich bereits in diesem Sinn zu der textlichen Vorlage Liszt gegenüber[42], sodann im Brief an Rosa von Milde am 9. Juni 1859[43], in dem er sich als *„Einsiedler"* in der Nähe Schumanns versteht. Sehr ähnlich Cornelius' Gedicht *Sonettenkranz für Rosa von Milde* (1859): *„Einsiedler, die ein frommes Antlitz lieben"*[44]. Im Jahr zuvor erschien ihm im *Gebet (Genoveva) „die Einsamkeit der Künstlerseele"*[45]. Hier liegt das eigentliche Zentrum seines Schumann-Verständnisses, obschon auch hier Schumanns eigener „Lebens"-Begriff, der die Vereinsamung kompensiert, nicht übersehen werden kann[46].

Zum pianistischen Frühwerk Schumanns, seiner originären Leistung, knüpfen sich nur wenige Fäden. Ein vager Plan blieb es, im Rahmen einer Wiener Musikschule die fis-moll-Sonate op. 11 (neben Beethovens op. 106 und Liszts h-moll-Sonate), von fremder Pianistenhand dargeboten, zu erläutern[47]. Entscheidende Eindrücke empfing er nicht[48].

In späterer Zeit hat Cornelius Schumann-Lieder für sich gesungen[49], aber nur im stillen, engeren Bereich verstanden. Fast fühlte er sich bedrängt von diesem Vorbilde. *„Wir neueren Lyriker ... waren äußerst ungünstig gestellt. Wir hatten mit Robert Schumann zu kämpfen"*, schreibt er seiner Braut am 25. August 1867[50] über ein Konzert. Wie differenziert aber das Schumannbild des späten Cornelius war, zeigt umgekehrt seine Polemik im Tagebuch Pfingsten 1868 [51], da er *„eine sehr schöne Aneignung der Art von Chopin und Schumann"* bei einem seiner Schüler skeptisch vermerkt, bis hin zur *„Mondsüchtelei"* und *„jene verzwickte Seelenduselei"* (die er aber offenbar nur auf Chopin bezieht). Das klingt doch

---

38 Carl Maria Cornelius I, 186.
39 LW I, 178.
40 LW I, 179.
41 Carl Maria Cornelius I, 187.
42 LW I, 317 (Anfang Februar 1859).
43 LW I, 376.
44 LW IV, 217.
45 Carl Maria Cornelius I, 228.
46 Es sei auf die Tagebuch-Texte verwiesen, die in BSB, 30 ff. mitgeteilt sind.
47 An seinen Bruder Carl, 25. August 1859, LW I, 399. Hierzu Liszts Brief an Cornelius 23. August 1859, LW I, 400 ff. und Cornelius an Rosa v. Milde Ende August 1859, LW I, 405. Daß ihn bei seinem Studium der fis-moll Sonate der Klaviersatz Liszts irritierte, deutet er Feodor v. Milde 12. Dezember 1859, LW I, 434 f., an.
48 Op. 15 und 16 nennt er im Brief an Marie Gärtner 31. Mai 1860, LW I, 449 Rosa v. Milde.
49 LW II, 449 (8. 11. 1866 an seine Braut); ein weiterer Hinweis im Brief an Theodor Ratzenberger 6. November 1870, ibid., 646.
50 LW II, 536.
51 LW II, 557.

wesentlich anders als manche unbefangene Äußerung aus der Frühzeit, da ihn Schumann mit *„einem liebenswert sentimentalen Stück"* erfreut[52].

Diese *„verschwiegene"*, einsame Künstlerschaft war höchst verletzlich. Das bezeugt Cornelius' Tagebuchnotiz November 1862, mit der er entrüstet Wagners Persiflage eines Schumann-Liedes zurückweist[53]. *„Kampf über Schumann mit Wagner",* heißt es da. In den späten Briefen ist Schumann selten genannt. Cornelius empfand es als hohe Ehrung, vom Verleger C. F. Kahnt als einer der Nachfolger Schumanns für die Redaktion der NZfM erwogen zu werden[54]: er achtete *„das Organ Schumanns",* wie er Carl Riedel 1873[55] versicherte, das nun von *„literarischen Buschkleppern eines deutschen Krähwinkels"* (nämlich Leipzig) gemacht werde. Diese Polemik gegen die Heimat Schumanns läßt sich nicht ganz ohne jene Kontroverse sehen, die Liszt herausgefordert hatte, als er weltmännisch-stolz die Bemerkung einflocht, die Musik klinge *„etwas leipzigerisch",* d. h. provinziell, was Schumann heftig zurückwies. Damals glich sich die Spannung rasch aus[56].

Zusammenfassend ist Cornelius' Schumannverständnis in der verwandten Gebrochenheit des Gefühls, der Singularität (Einsamkeit, Isolation), verbunden mit dem ethischen Motiv (Clara) verwurzelt, gewiß in lyrischer Verzeichnung der Florestangestalt. Liszts riesige Sonatenform, obschon Schumann noch dediziert (1854), blieb Cornelius schon spieltechnisch unzugänglich, zugleich spürte er in der späten Chopinkritik die Hinfälligkeit des Traumsinnes. Die Nähe des Pianisten Tausig vermittelte ihm eher von Schumann nur *„stille"* Sätze[57].

Diese unaufgelöste Kontradiktion wiegt umso schwerer, als Cornelius dem Zukunftsbegriff seines so glühend verehrten Wagner nicht folgte, da er jeder gewaltsamen Progression abhold war. Dies hängt mit einer fast generationsabstoßenden Einstellung den arrivierten Künstlern gegenüber zusammen: ein Jahr vor seinem Tode bekennt er seiner Schwester Elise[58], er sei nichts *„als ein ganz bescheidener und nicht allzu produktiver Lyriker",* er möchte von den *„großen Männern"* (u. a. Brahms, Raff) nichts wissen, *„es sind Zauberer, die Sinfonien und Oratorien wachsen ihnen unter dem Siegesschritt hervor, den sie durch die Welt wandeln".* Dieser gerügte *„Ruhmesteufel"* (das müssen wir vermuten) schloß auch Schumann, dessen verzweigte Produktion, die Cornelius fast fürchtete, mit ein.*„Jedes kleine Lied, welches jedesmal einen ganzen Menschen ausspricht ... , kostet mich Aufregung und Tränen",* setzt Cornelius den *„Großen"* entgegen, nichtwissend, daß er damit ein echter *„Davidsbündler"* Schumanns war, der seinem Tagebuch so man-

---

52 Tagebuch Winter 1854/1855; LW I, 170. Gemeint ist Schumanns op. 41,3.
53 Carl Maria Cornelius I, 389 bemerkt *„aus sicherer Quelle",* Wagner habe das Lied *„im Leierkastenton heruntergeträllert".* Vgl. auch LW I, 686 die Anmerkung des Herausgebers.
54 LW II, 604 ff., an Kahnt 6. November 1869.
55 LW II, 727, 2. Juli 1873.
56 Nachweis aus dem unveröffentlichten Briefbuch Schumanns in BRS, 265, Anm. 19: Schumann notierte sich, daß er in seinem Brief an Liszt den unangenehmen Wortwechsel nicht mehr berührt habe.
57 LW II, 333 (1865). Es ist in Betracht zu ziehen, daß Cornelius den Pianisten sehr oft brieflich erwähnt.
58 LW II, 367, 23. Dezember 1873.

chen „*Herzensschrei*" anvertraute und gleichermaßen den „*ganzen Menschen*" im Kunstwerk forderte[59].

Musikalische Entsprechungen in Cornelius' Werken mit Schumann aufzudecken, bleibe einer speziellen Untersuchung vorbehalten. In der Frühzeit auffällig von Wagner emanzipiert, ist zunächst der Einfluß Liszts, namentlich dessen Neugregorianik (op. 2: *Vater-Unser-Lieder,* frühe Messen) übermächtig. Später finden sich Schumann-Reminiszenzen im 1865 fertiggestellten *Cid* (das *Spanische Liederspiel* Schumanns erwähnt er mehrmals), Preghiera-Szenen der *Genoveva* haben Wirkung geübt (auch der Anfang des II. Aktes der Oper, den Cornelius brieflich einmal „*herrlich*"[60] nennt), nicht zuletzt Teile der Faustszenen, wahrscheinlich die religiös gestimmten, meditativen (Cornelius spielte mit Bülow vierhändig das Werk, neben einer Messe Liszts[61]). Augenscheinlich hat der hart zupackende, rhythmisch vielfach kritische Tanztypus des Klavierwerks vom frühen Schumann kaum Eingang gefunden, eher der strophisch disponierte Liedcharakter späterer Jahre, wobei der Hinweis auf den „*Achtzeiler*" (in Nachbarschaft Schumanns auf Eduard Lassen bezogen) anläßlich der Konzertkritik der Götzeschüler (1867)[62] einiges verrät. Das Prädikat „*schumannisch*" hat Cornelius nicht gebraucht, aber „*lisztisch*"[63]. Mit einer verborgenen Zitatpraxis ist nicht zu rechnen, wohl aber mit einer selektiven Übertragung, die das aus literarischen Quellen gewonnene Bild bestätigt.

---

59 BRS, 117 ff. (Einsamkeit und Verständnis des Lebens).
60 An Rosa v. Milde, 9. Juni 1859, LW I, 376.
61 An seine Braut, 18. April 1867, LW II, 508.
62 Vgl. oben, LW III, 122 f.
63 Bezogen auf das Oratorium *Die Heilige Elisabeth*, LW III, 79 (1866).

Josef-Horst Lederer
Cornelius und Johannes Brahms

Da die Beziehungen zwischen Cornelius und Brahms — wie sich bei ihrer näheren Betrachtung herausgestellt hat — in erster Linie von allgemein-musikhistorischem Interesse sind und kaum Ansatzpunkte für eine analytische Untersuchung (im Sinne eines Werkvergleichs) ergeben, möge mit der so gegebenen Beschränkung an den Beginn dieser Ausführungen ein Ausspruch von Gustav Droysen[1] gestellt werden, der nicht nur für die politische Historie sondern in gleichem Maße für die Musikhistorie relevant ist: *„Das was war* — so sagt nämlich Droysen in seiner *Historik* — *interessiert uns nicht darum, weil es war, sondern weil es in gewissem Sinne noch ist, indem es noch wirkt ... ".* Bedenkt man, daß es in der Musikgeschichte die musikalischen Werke sind, die — sofern sie noch gespielt werden — als Erbe der Vergangenheit in der Gegenwart wirken, kann angesichts einer Projektion dieser Worte Droysens auf das musikalische Schaffen der hier zu behandelnden Komponisten die Tatsache nicht übersehen werden, daß es Brahms' Werke und nicht die von Cornelius sind, die heute — sieht man von gelegentlichen Aufführungen des *Barbier von Bagdad* und der *Weihnachtslieder* ab — gespielt werden. Diese Situation ist für Cornelius — heute wie damals — kennzeichnend, nur sind ihre Ursachen unterschiedlicher Natur. Hat in unserer heutigen Zeit das Desinteresse an Cornelius seine Ursache im geringeren Anklang, den seine Musik im Verhältnis zu der von Brahms findet (eine gegenüber diesem Großmeister nicht als Schande zu betrachtende Hintanstellung), so war es zu seinen Lebzeiten nicht so sehr ein musikalischer Aspekt, sondern vielmehr ein trauriges Phänomen, das ihn im Schatten seiner Freunde und Zeitgenossen — unter ihnen auch Brahms — stehen ließ und das überhaupt für sein ganzes Leben typisch war. Es bestand darin, daß Cornelius' unmittelbare Umgebung von seiner übertriebenen Selbstunterschätzung und fast naiven Ergebenheit zu profitieren wußte, er selbst aber in seiner Tätigkeit als Mittlerperson und in seinem *„sich rückhaltslosen Anschließen"* an die vergötterten Vorbilder, wie Liszt, Wagner oder Bülow, stecken blieb. Zwar war der Kontakt zu Brahms niemals so eng wie zu diesen, doch ist auch das Verhältnis zu Brahms — wie zu sehen sein wird — durch diese Charaktereigenschaften von Cornelius geprägt worden.

Diese einleitenden Bemerkungen mögen gewissermaßen als Rechtfertigung dafür gelten, daß im Folgenden der Person von Brahms gelegentlich größeres Interesse entgegengebracht und von der Fragestellung ausgegangen wurde, welche Folgen sich aus der Beziehung des *„Oppositionisten"* Brahms zum *„Neudeutschen"* Cornelius ergeben würden, der ja Vertreter oder besser gesagt Verfechter einer Schule war, die Schumann als *„Großmeister der ideenlosen, dranglosen Komponiererei"* bezeichnete und schlechten Komponisten am liebsten einen Brahmspreis verliehen hätte (wie sich Bülow einmal ausgedrückt hat)[2]. Daß dieses Zusammentreffen von Vertretern zweier verschiedener musikalischer Welten dennoch gegensei-

---
1 Gustav Droysen, *Historik,* hrsg. von Rudolf Hübner, 5. Aufl., Darmstadt 1967, S. 275.
2 Hans von Bülow, *Briefe und Schriften,* Leipzig 1936, Bd. IV, S. 316.

tige Hochachtung und sogar zeitweise Freundschaft mit sich bringen konnte, war bereits in ihrer ersten Begegnung begründet, die speziell auf Cornelius einen nachhaltigen Eindruck gemacht haben muß. Mit Bettina Arnim zu Gast bei Robert Schumann in Düsseldorf[3], wurde er nämlich im Herbst 1853 Zeuge einer jener großartigen Darbietungen Brahms', die Schumann schließlich veranlaßten, diesen mit enthusiastischer Begeisterung in der *Neuen Zeitschrift für Musik* als d a s musikalische Genie der Zukunft zu feiern. So mag, wie Paul Egert in seiner Ausgabe ausgewählter Briefe und Schriften Cornelius' festgestellt hat, dieses Datum *„mit einen Grund gelegt haben zu der achtungsvollen Beurteilung jener musikalischen Richtung, der er* [Cornelius] *‚karteimäßig' nicht angehörte"*[4]. Die folgenden Jahre im *„Weimarer-Kreis"* haben Cornelius — soweit bisher bekannt ist — zwar mit Brahms nicht mehr zusammengebracht, aber trotzdem sein musikalisches Interesse an diesem aufrecht erhalten, wie eine Eintragung im *Weimarer Tagbuch* von 1854/55 zeigt, wo Cornelius berichtet, daß er neben Werken von Liszt auch Brahms' op. 1, die C-dur-Sonate, musiziert habe[5]. Als nun Brahms 1862 nach Wien kam, erhoffte sich Cornelius, der schon seit April 1859 in der Kaiserstadt weilte und hier noch immer nicht recht Fuß gefaßt hatte, nicht nur musikalische Anregung, sondern vor allem auch persönlichen Kontakt, an dem es ihm im Gegensatz zu seiner Weimarer Zeit in Wien mangelte. Bezeichnend in diesem Zusammenhang ist die Tatsache, daß es bezüglich der Kontaktaufnahme Cornelius war, der den ersten Schritt unternahm, was jedoch nicht zu bedeuten hatte, daß Brahms weniger an einer geistvollen Bekanntschaft interessiert war, sondern vielmehr seiner von Natur aus kühlen und zurückhaltenden Mentalität entsprochen haben dürfte. Im Gegenteil, hatte er doch in Cornelius gewissermaßen einen *„Leidensgenossen"* zu sehen, der wie er in Wien sein musikalisches Glück versuchen wollte. Brahms war, nachdem er in Hamburg bei der Wahl der Leitung der Singakademie und des Philharmonischen Orchesters übergangen worden war, gekommen, um eventuell zu einer adäquaten Stellung zu gelangen — was ihm ja bereits nach einem Jahr als Chormeister der Singakademie Wien geglückt ist. Cornelius wollte nach einem durchgefallenen Weimarer *Barbier* in seiner *„dritten Heimat Wien"* (wie er es später einmal nannte) seine neue Oper *Cid* schreiben und vor allem dem nicht nur musikalischen Bannkreis Richard Wagners entfliehen. Beide hatten sich mit der gleichen Situation im Wiener Musikleben auseinanderzusetzen, die sowohl traditionalistisch als auch antiwagnerianerisch zu charakterisieren war und für „Fremdlinge", wie sie Brahms und Cornelius waren, in ihrem Bestreben, sich im musikalischen Wien zu etablieren, Schwierigkeiten mit sich brachte. Cornelius, den Brahms bald *„seinen Freund"* nennt und der selbst wiederum berichtet, daß sich seine Beziehungen zu diesem *„ganz freundlich zu gestalten scheinen"*[6], übernimmt es, Brahms mit seinem musikalischen und literarischen Bekanntenkreis

---

3 Mit 28. Oktober 1853 berichtet Robert Schumann in seinem Haushaltsbuch: *„Frau von Arnim (Bettina) und ihre Tochter Gisel. Die d-moll Sonate. Hr. Cornelius. Gegen Abend die F-, A-, E-Sonatenüberraschung. Dann Gesellschaft".* (Für Brahms' Anwesenheit spricht die *„Sonatenüberraschung"*, bei der bekanntlich zwei Sätze von Schumann, einer von Brahms und einer von Albert Dietrich geschrieben wurden.)

4 Peter Cornelius, Ausgewählte Schriften und Briefe, eingeleitet und mit biographischen und kritischen Erläuterungen versehen von Paul Egert, Berlin (1938), S. 128.

5 *„ ... auch musiziert habe ich viel ... Sonaten von Liszt und Brahms (op. 1)".*

6 Tagebucheintragung vom 26. November 1862.

vertraut zu machen, unter welchem dem Pianisten Carl Tausig eine besondere Bedeutung zukommt. Tausig, von Cornelius als *„bedeutendste musikalische Organisation nach Liszt"*[7] bewundert, kam gleichfalls aus dem Weimarer Kreis und brachte mit seinem unvoreingenommenen Sinn für außergewöhnliche musikalische Begabung eine Eigenschaft mit, die ihn Brahms *„nicht bloß als hochbedeutenden Tondichter, sondern auch als einen der ihm interessantesten und selbst technisch leistungsfähigsten Clavierspieler"*[8] verehren ließ. Trotz seiner starken Bindung an Liszt und dessen Musik sympathisierte er wie Cornelius vom ersten Augenblick seiner Bekanntschaft an mit Brahms, sodaß dieser Ende 1862 an Joachim berichten konnte, daß die beiden (Cornelius und Tausig) beim gemeinsamen Musizieren *„durchaus keine Lisztianer sein und gewesen sein wollen und übrigens freilich mit dem kleinen Finger mehr leisten als die übrigen Musiker mit dem ganzen Kopf und allen 10 Fingern"*[9]. Letzteres mag vielleicht übertrieben sein, doch bezeichnet es selbst Cornelius als *„merkwürdig"*, daß sie — nämlich Tausig und er — mehr als alle anderen für Brahms waren, welcher sich wiederum über diese *„noch unverdorbene, rückhaltlose und neidlose Bewunderung"* ehrlich zu freuen schien, wie Cornelius in seinem Tagebuch vermerkt[10]. Es ist hier zu einer für alle drei Künstler äußerst befruchtenden Freundschaft gekommen, die durch philosophische Diskussionen (Tausig hat sich z. B. vergeblich bemüht, Brahms für die auch von Wagner vertretene Weltanschauung Schopenhauers zu gewinnen), Besprechung sowie Vorspielen eigener und fremder Werke und nicht zuletzt durch geselliges Beisammensein[11] und gemeinsamen Kaffeehausbesuch gekennzeichnet war. So ist sozusagen unter den Augen der beiden Freunde Brahms' f-moll-Quintett entstanden, das der Komponist zusammen mit Tausig auf zwei Klavieren erstmals aus dem Manuskript spielte und zu Cornelius' bevorzugten Stücken Brahmsscher Kompositionen zählte[12]. Tausig wiederum, der Cornelius schon die ganze Wiener Zeit hindurch musikalisch beraten hatte und auch nicht unerheblich für dessen pianistische Weiterentwicklung verantwortlich war, spielte dessen *Barbier* Brahms vor, der sich nicht nur lobend äußerte sondern sich auch öffentlich beim damaligen Hofopernkapellmeister Otto Dessoff für dieses Werk einsetzte[13]. Auch die Ent-

---

7 Aus einem am Ostersonntag 1861 an Liszt gerichteten Schreiben.

8 Hans Bülow, *Ausgewählte Schriften 1850—1892*. 2. Abteilung, Leipzig 1911, S. 111.

9 Zitiert nach Max Kahlbeck, *Johannes Brahms*, Bd. II/1, Berlin 1921, S. 38.

10 Tagebucheintragung vom 22. November 1862.

11 Dazu aus einem von Tausig 1876 an Brahms gerichteten Schreiben (LW II, 656): *„Erinnern Sie sich noch an unsere erste Preßburger Reise, wo wir drei* [das sind Brahms, Cornelius und Tausig] *knüppeldick besoffen waren und Sie auf ihren Caffe bestanden? Hoffentlich kommen wir nochmals so fidel zusammen!"* (Dieser Besuch hat übrigens der späteren Frau Tausigs, Seraphine Vrabely gegolten. Brahms und Cornelius fungierten bei der Hochzeit als Trauzeugen, was wiederum zeigte, wie eng die Freundschaft dieser drei gewesen sein muß.)

12 An Carl Riedel am 3. Februar 1871: *„ ... ich habe das Werk in Wien, ich möchte fast sagen, entstehen sehen, Brahms spielte es zuerst aus dem Manuskript für zwei Flügel mit Tausig: Ich liebe das Werk sehr, besonders den ersten Satz und das liebliche As-dur Andantino des zweiten"*. (LW I, 769).

13 An Bruder Carl am 12. Juni 1864: *„ ... jetzt spricht sich mein Barbier langsam herum und macht sich Freunde bei den Musikern, Tausig spielte ihn Brahms vor, der lobt ihn bei Dessoff".*

stehung der Oper *Cid* wurde — wie Cornelius selbst berichtet[14] — von Tausig und Brahms beeinflußt, indem er deren Kritik berücksichtigte. Inwieweit speziell Brahms hier entscheidend an der Komposition dieser Oper beteiligt war, läßt sich jedoch durch konkrete Beispiele kaum oder vielleicht überhaupt nicht belegen. Eine hier ansetzende Untersuchung würde wohl am erdrückenden Einfluß Wagnerscher-, im besonderen *„Tristanscher"* Harmonik auf dieses Werk scheitern, die ein Erkennen typisch Brahmsscher Stilmomente nahezu unmöglich macht, zumal diese ja noch nicht so ausgeprägt waren wie in späterer Zeit. Was die gegenseitige Beeinflussung und musikalische Animation dieser drei Musiker betrifft, sei noch daran erinnert, daß Brahms, gefesselt von Tausigs Klavierspiel unter dem Eindruck dieser blendenden Virtuosität seine *Paganini-Variationen* geschrieben hat.

Eine besondere Bedeutung muß dem Umstand beigemessen werden, daß es Cornelius und Tausig gelungen ist, Brahms nicht nur für die Musik Richard Wagners zu begeistern, sondern auch ein persönliches Zusammentreffen mit diesem zustandegebracht zu haben. Besondere Bedeutung deshalb, weil ja Brahms erst 1860 als einer der Mitunterzeichner des Manifestes gegen die *„Zukunftsmusiker"* fungiert hatte und Wagner sich in gleichem Maße betroffen gefühlt haben muß wie etwa Liszt und andere. Der Versuch, diese beiden Antipoden musikalisch und menschlich nahe zu bringen, kann als *„überparteiisches"* Bemühen gelten, eine Brücke zwischen zwei verschiedenen musikalischen Welten zu schlagen; es ist gleichzeitig ein eindrucksvoller Beweis für die große künstlerische Loyalität von Cornelius und Tausig, die ja beide *„Neudeutsche"* waren. Daß dieser Versuch fehlschlug, ist nicht ihre Schuld, sondern dem Umstand zuzuschreiben, daß Wagner an Brahms weder musikalisches noch persönliches Interesse hatte und lediglich aus dessen Gutmütigkeit Nutzen zu ziehen wußte. So hatte sich Brahms, von Tausig bei Wagner als *„sehr guter Bursch"* empfohlen[15], freiwillig und obwohl er bereits selbst sein erstes Konzert als Leiter der Singakademie Wien mit großem Erfolg hinter sich gebracht hatte[16], bereit erklärt, zusammen mit diesem und Cornelius Orchesterstimmen für die im Dezember 1862 und Januar 1863 stattgefundenen Konzerte Wagners (ausschließlich mit dessen Werken) auszuschreiben[17]. Kam Brahms hier lediglich zu einer auszugsweisen Beschäftigung mit den *Meistersingern, Rheingold, Walküre* und *Siegfried,* so hat er sich durch Cornelius' Anregung mit *Tristan* wesentlich eingehender auseinandergesetzt. Cornelius hatte ja schon seit 1861 immer wieder die Arbeit an seinem *Cid* unterbrochen, um sich den *Tristan* zu erarbeiten und damit bei Brahms größtes Interesse für dieses Werk erweckt. Auf Betreiben Wagners studierte er die Partien der Isolde und Brangäne mit Luise Dustmann und einer anderen Sängerin namens Destin[18] ein, die beide ebenfalls zum engeren Bekanntenkreis

---

14 Aus demselben Brief: *„ ... Riehl ... auch seine Kritik benutzte ich bei der Umarbeitung, sowie die von Liszt, Grandaur, Dr. C. A. Cornelius, Wagner, Tausig, Brahms usw".*

15 Richard Wagner, *Mein Leben,* München 1963, S. 817.

16 Über dieses Konzert schrieb Cornelius am 5. November 1863 an Brahms: *„Das war wieder einmal schön! Sie haben die vollkommensten und unbestreitbarsten Lorbeeren errungen! Ich habe recht geschwelgt — ein Stück war schöner als das andere ... Ich wollte, dies Konzert wäre für diesmal Ihr letztes, daß Sie ihre 1. Saison mit diesem entschiedenen Erfolg schlössen".*

17 Wagner, *Mein Leben,* S. 817.

18 Nicht die berühmte Emmy Destinn (Diese wurde erst 1878 geboren!)

von Brahms zählten. Zu ihnen kam bei den musikalischen Zusammenkünften noch Tausig hinzu, der die Oper von Anfang bis Ende auf dem Klavier durchspielte, wobei Brahms, wie Max Kahlbeck[19] berichtet, mit *„schauderndem Entzücken"* zugehört haben soll[20].

Ein weiteres bekannt gewordenes Zusammentreffen von Brahms und Wagner nach dem bereits erwähnten im Jahre 1862 fand wiederum auf Betreiben Cornelius' und Tausigs am 6. Februar 1864 in der Wohnung des Wiener Hofarztes, Kunstmäzens und Vorstandes der Gesellschaft der Musikfreunde Dr. Joseph Standhartner in Wien-Penzing statt und hatte angesichts der Anwesenheit einiger künstlerischer Persönlichkeiten Wiens weitaus offizielleren Charakter als jenes. Zur Familie Standhartner hatte Cornelius — von Wagner empfohlen — von Anbeginn seines Wiener Aufenthalts ein besonders inniges Verhältnis[21] und von deren *„Hausenthusiasmus"* getragen, sei es ihm, wie er selbst sagte, dennoch gelungen, seinen *Cid* in Wien zu vollenden[22]. In diesem Hause[23] verkehrten eine Reihe hervorragender Wissenschaftler und Künstler des literarischen und musikalischen Wien, von denen Friedrich Hebbel, Emil Kuh, Richard Wagner, Heinrich Porges, Carl Tausig, Heinrich Esser und Otto Dessoff, der Musikhistoriker Gustav Nottebohm (späterer Brahmsfreund und mit diesem zusammen Mitarbeiter an der Mozart-Gesamtausgabe) und schließlich Eduard Hanslick erwähnt seien. Bei oben genanntem Zusammentreffen spielte Brahms, der ansonsten bei Standhartners nicht verkehrte, vor der damaligen Abendgesellschaft seine *Händel-Variationen* und erntete damit — auch bei Wagner — uneingeschränktes Lob. Was Wagner betrifft, dürfte dies aber mehr oder weniger aus Höflichkeit geschehen sein, da sich dieser ja bekanntlich später in nicht sehr freundlicher Weise über Brahms geäußert und diesen in einem Pamphlet in den *Bayreuther Blättern* von 1897 sogar als *„Bänkelsänger"* bezeichnet hat[24].

Nach dieser Begegnung im Haus Standhartner, die somit keine weiteren Folgen hatte und trotz des Vermittlungsversuches der beiden Brahmsfreunde nur von biographischem Interesse geblieben ist, hat sich das persönliche Verhältnis von Brahms zu Cornelius — wie Carl Maria Cornelius meint[25] — wohl aufgrund *„Brahm-*

---

19 Kahlbeck, *Brahms,* S. 68 f.
20 Kahlbeck (Brahms Bd. I/1, S. 69) war es auch, der erstmals auf den *„Tristanschen"* Einfluß auf den ersten Teil von Brahms' *Rinaldo* hingewiesen hat. Vgl. dazu auch Walter Gieseler, *Die Harmonik bei Brahms,* Phil. Diss. Göttingen 1949, S. 119 ff.
21 Nicht zuletzt aufgrund seiner schwärmerischen Beziehung zu dessen Nichte Seraphine Mauro!
22 Schreiben vom 23. September 1869 an Carl Riedel.
23 Hier fand am 23. November 1863 auch jene denkwürdige Lesung Wagners aus seinen *Meistersingern* statt, die schließlich Hanslick die Gesellschaft wutentbrannt verlassen ließ, als er bemerken mußte, daß Wagner ihn als Modell zur Figur des Beckmesser auserwählt hatte. An diesem Abend war übrigens auch Cornelius zugegen, der nicht nur aus persönlichen Gründen sondern auch als einer, dem Musik Ausdruckskunst bedeutet und der sich deshalb mit der vertretenen Ästhetik *Vom Musikalisch Schönen* nicht identifizieren konnte, auf Hanslick schlecht zu sprechen war.
24 Im Gegensatz zu Brahms, der stets anerkennend über Wagner gesprochen und sich selbst nach dessen Tod noch als *„älteren Wagnerianer als alle anderen zusammen"* bezeichnet hat (Heinrich Unger, *Musikgeschichte in Selbstzeugnissen,* München 1928, S. 390)!
25 LW I, 794, Bd. 1, Leipzig 1904, S. 794.

sens kühler Natur, die der seinigen zu sehr widerstrebte, als daß er sie jemals hätte lieben können", zusehends verschlechtert. Um die Mitte des Jahres 1864 scheint es dann auch zum offenen Bruch[26] gekommen zu sein, wenn man in Cornelius' Tagebucheintragung vom 10. Juni 1864 lesen kann: *"Mit einem bin ich jetzt ganz entschieden fertig, das ist Herr Johannes Brahms. Er ist ein ganz eigensüchtiger, selbstschätzender Mensch. Ich habe ihn schon dies Jahr nicht mehr aufgesucht, er kam zu mir. Er möge den Pfad seiner Berühmtheit wandeln. Ich will ihn fürder nicht stören und nicht begleiten"*. Daß sich Brahms und Cornelius schließlich doch noch in relativ gutem Einvernehmen von einander getrennt haben, darauf scheint eine in Brahms' Bibliothek aufgefundene Partitur des *Tannhäuser*[27] hinzuweisen. die die Widmung trägt: *"Zu freundlichem Andenken an Peter Cornelius, Wien 1864"*[28]. Erst nach Cornelius' Abgang nach München scheint dieses „relativ gute" Einvernehmen durch einen nicht sehr erfreulichen Briefwechsel[29] gestört worden zu sein. Dieser betraf eine autographe Szene aus Wagners *Tannhäuser*, die Tausig — von Wagner erhalten — einmal Brahms geschenkt hatte und die nun Cornelius auf Betreiben Wagners von diesem zurückverlangen sollte. Brahms weigerte sich hartnäckig das Manuskript herauszugeben[30] und schickte es erst nach dem Tode von Cornelius an Wagner zurück. Im Frühjahr 1873 kam es in München nochmals zu einer kurzen Begegnung zwischen Brahms und Cornelius, doch scheint ansonsten der persönliche und briefliche Kontakt zwischen ihnen so gut wie erloschen zu sein. Nicht erloschen aber war die gegenseitige Hochachtung vor der künstlerischen Persönlichkeit des anderen und wenn Cornelius noch 1866 — angesichts der *Legende von der heiligen Elisabeth* von Liszt etwas verblendet — Brahms die Fähigkeit *"zu einem selbständigen großen poetischen Musikwerk, das Hand und Fuß hat"*[31] abspricht, so nennt er ihn 1871 aus innerster Überzeugung dennoch einen *"als Einzelerscheinung seiner Zeit unter allen anderen bei einer hervorragenden Ge-*

---

26 Dieser dürfte auch seinen Niederschlag in einer Kritik gefunden haben, die Cornelius anläßlich eines zu dieser Zeit stattgefundenen Brahmskonzertes mit der Wiener Singakademie verfaßte und die für Brahms wenig schmeichelhaft war: *"Wir schlagen das Talent dieses Schülers und Nachbildners von Rob. Schumann nicht gering an, wir erkennen freudig seine gediegene Schule an, seine Richtung auf die höchsten Ziele der Kunst, seine mitunter recht originell gestaltende Phantasie — allein wir vermissen die Einheit in den Gedanken, ihre Stetigkeit und Fülle, vor allem aber den Pulsschlag des Herzens; der Verstand wird befriedigt, aber das Gemüth geht leer aus"*.

27 Auf diese Partitur weist eine Tagebucheintragung vom 10. Juni 1864 hin, wo es heißt: *"Bei Tausig waren Levi, Standhartner, Brahms und ich zu Caffe ... Von letzterem nahm ich an Flatz [?] Thüre Abschied, da er morgen nach Hamburg reist; ich herzlich, er kalt, so daß mirs später leid that ihn geküßt zu haben. — Ich brachte ihm dann noch die Partitur des Tannhäuser zu sr. Hausmeisterin, nachdem ich zu Hause unsre beiden Namen hinein geschrieben hatte"*.

28 Eusebius Mandyczewski, *Die Bibliothek Brahms'*, in: *Musikbuch aus Österreich*, Wien und Leipzig 1904, S. 8.

29 Cornelius an Tausig am 6. September 1865: *"Das ist eine dumme Affäre mit Brahms. Du sollst ihm jene Szene aus Tannhäuser in Wagners Handschrift geschenkt haben? Cosima drang in mich, sie von ihm zurückzuverlangen. Ich habe dies auch brieflich getan, doch hat er mich vornehm keiner Antwort gewürdigt ... "*.

30 Brahms an Cornelius: *" ... schließlich grüße ich Sie herzlich und wünsche, es möge mir das Manuskript in Frieden gegönnt sein ... "*.

31 Brief vom 4. März 1866 an seine Braut Berta Jung.

nialität als auf dem Wege zum momumentalen Kunstwerk" begriffenen jugendlichen Meister[32], wie auch Brahms selbst wiederum nachweislich noch Jahre nach Cornelius' Tod mit Begeisterung zu dessen Liedern greift[33]. So hat Cornelius schließlich mit der Trennung künstlerischer und menschlicher Wertschätzung zu seiner anfänglich unvoreingenommenen Einstellung zu Brahms zurückgefunden und damit wiederum seine Fähigkeit zu objektiver Kritik und emotionsfreier Beurteilung von Künstler und Kunstwerk unter Beweis gestellt, die ihm letzten Endes eine jahrelange Stellung zwischen den ,,Parteien" gestattete und die seine Person trotz der Beschränkung auf eine Mittlerrolle — oder vielleicht gerade deshalb — für das gesamte deutsche Musikleben des mittleren 19. Jahrhunderts bedeutungsvoll erscheinen ließ.

---

[32] Peter Cornelius, *Deutsche Kunst und Richard Wagner*, in: *Deutsche Zeitung*, Wien 31. Dezember 1871.
[33] Vgl. Kahlbeck, *Brahms*, Bd. III, S. 154.

Hans-Josef Irmen
Cornelius und Hector Berlioz

Am 20. März 1852 glückte Peter Cornelius der zweite Versuch, in Weimar auf der Altenburg bei Franz Liszt Visite zu machen.

„Es war der Schicksalstag in seinem Künstlerleben", schreibt der Sohn des Komponisten[1] und Cornelius selbst erklärt in einer autobiographischen Skizze[2]:

„Ich wollte endlich Wagners Werke selbst einmal hören, mit mir selbst darüber ins reine kommen.

Ich wollte sodann von Liszt, als einen über alles Kleinliche erhabenen Künstler und Menschen, mir ein freies Urteil über meine Studien ausbitten ... "

Beides konnte an dem zur Sprache stehenden Tag kaum gelingen, dazu kam aber nach Auskunft des Tagebuches ein Drittes, Nicht-Vorhergesehenes:

„Die erste Bekanntschaft mit Berlioz, dessen A-(Carneval) Ouverture mir Hans von Bülow etwas vorgeritten hatte und von dem ich morgens um 11 Uhr die beiden Ouverturen zu Cellini probieren hörte – abends die ganze Oper – die Lektüre der Brendelschen Zeitschrift seit dem 1. Januar mit den Briefen Wagners und Uhligschen, Bülowschen Artikeln – kurz, daß ich es nur sage: der Kampf um musikalisches Sein oder Nichtsein – diese Furcht Tassos, ‚ein Widerhall, ein Nichts sich zu verlieren', waren wie ein Alpdrücken auf meiner Brust gelagert"[3]. Dieser Alpdruck löste sich bald in eine permanente Faszination, und das Dreigestirn Liszt – Wagner – Berlioz behielt zeitlebens auf den an Goethe und Mozart gebildeten[4] Dichterkomponisten Peter Cornelius bestimmenden Einfluß.

Cornelius' erster wesentlicher Eindruck in Weimar war die Bekanntschaft mit Berlioz' *Benvenuto Cellini,* dessen deutsche Erstaufführung er an dem genannten 20. März 1852 in Weimar unter Liszts Leitung miterlebte, ein Ereignis, das in der *Neuen Zeitschrift für Musik* ein 18 Spalten langes Echo fand[5].

Diese anonyme Rezension unter dem Titel *Aus Weimar* ist wichtig, weil sie aus dem Weimarer Kreis um Liszt stammt und Hans von Bülow zum Autor hat, damit also Aufschluß gibt über die Einschätzung, die Berlioz und seine bis dahin einzige Oper *Benvenuto Cellini* in Weimar selbst erfuhr.

Der Tenor des Artikels ist zusammengefaßt folgender:
1. Die alten Argumente gegen alles Neue, in diesem Fall, die Einstudierung der Oper sei *mit der drohendsten Gefahr eines completten Stimmruins"* der Exekutanten verbunden, werden mit dem Hinweis auf die gewöhnlichen *„Theater-*

---

[1] Carl Maria Cornelius, *Peter Cornelius. Der Wort- und Tondichter,* 2 Bde, (= *Deutsche Musikbücherei* 46/47), Regensburg 1925, Bd. I, S. 122.
[2] *Musikalisches Wochenblatt* 1874, S. 553; ebenfalls in: LW III, 1.
[3] LW I, 120.
[4] LW I, 36 u. 147.
[5] NZfM 36, 1852, S. 156 ff.

schlendrianopern" entkräftet. Liszt studierte das Werk für Weimar in drei Wochen ein.

2. Die *„ziemlich kalte und schweigsame"* Aufnahme des *Cellini* in Weimar wird mit den negativen Voranzeigen in der lokalen Presse motiviert; im übrigen sei der Hauptbestandteil des Weimarschen Opernpublikums *„unfähig jeden Genusses, zu dem es nicht passiv wie das Pferd zur Krippe schreiten kann"*.
3. Dem Einwand, Liszt führe in Weimar eine 15 Jahre zuvor in Paris durchgefallene komische Oper wieder auf, wird das Statement entgegengehalten, *Benvenuto Cellini* sei ein Werk, *„das, trotz vielem Unerbaulichem, mehr künstlerischen Wert, weit mehr Geist, Adel und Originalität enthält, als irgendeines der weltberühmten Produkte"* der Pariser Triarchen.
4. Die Aufführung des *Cellini* in Weimar durch Liszt sei *„ein feierlicher Protest gegen das gänzliche Ignorieren und Verkennen eines dem deutschen Geiste so nah verwandten Künstlers wie Berlioz"*, dem *„der zwingende, innere Schaffensdrang, die Originalität und Neuheit, die Energie und Potenz, die freie, so unabhängig entwickelte Selbstständigkeit des Styles"* den Stempel des Genies aufdrücken.

Nach dieser Grundsatzerklärung meldet Bülow in der Fortsetzung seines Artikels[6] schließlich doch Bedenken an, dem Berliozschen *Cellini* das Prädikat eines *„Kunstwerkes im höheren Sinne"* beizulegen, weil er die Hauptbedingung eines musikalischen Dramas *„das richtige Verhältnis von Dichter und Componist"* im *Cellini* vermisse.

Einschränkend sagt Bülow:
„Das Mißverhältnis der beiden Factoren der Oper zueinander liegt im ‚Cellini' übrigens durchaus nicht so klar auf der Hand, als in einer Menge anderer Opern. Das Libretto des ‚Cellini' – wir haben natürlich das Original, das französische der HH Leon de Wailly und Auguste Barbier im Sinne, denn die Verdeutschung des Hrn. Riccius, mit wieviel Fleiß und Überlegung sie auch gearbeitet und so sehr ihr auch ein relativer Werth zugesprochen werden darf, bleibt eben doch eine matte Übersetzungslimonade, – dieses Libretto hat verschiedene Vorzüge aufzuweisen vor den meisten neueren Exemplaren seiner Gattung, und kann daher nicht so schlechthin verworfen werden, wenn es auch in Erwägung der Unanklagbarkeit der Fatalität und seiner Priorität vor der Composition die Schuld an denjenigen Mißständen vornehmlich wird tragen müssen, welche den ‚Cellini' zu keinem Kunstwerke im höheren Sinne sich erheben lassen".

Cornelius geriet in Weimar auf Seiten der Neudeutschen demnach geradewegs in die prinzipielle Auseinandersetzung um das *musikalische Drama*, eine aktuelle Frage 1852, der Wagner später aus ironischer Distanz seine Definition *„als ersichtlich gewordene Taten der Musik"* gegenüberstellte[7], eine Problematik, die Liszt und seine Jünger zu Beginn der zweiten Jahrhunderthäfte am konkreten Beispiel von Berlioz erster Oper *diskutierten*, während Wagner zur gleichen Zeit die Konzeption seines Nibelungenringes zu *realisieren* begann. Berlioz revidierte seine *Cel-*

---

6 NZfM 36, 1852, S. 204 ff.
7 Richard Wagner, *Sämtliche Schriften und Dichtungen*, Bd. IX, Leipzig o. J., S. 306.

lini-Partitur aus dem Jahre 1836/37[8] für die Weimarer Erstaufführung, hielt jedoch an der ursprünglichen Szenenfolge und der zweiaktigen Anlage fest. Eine endgültige Fassung blieb dem Werk aber auch nach der erneuten Revision versagt; wichtig ist indessen, daß diese vierte Fassung, auf drei Akte verteilt und in den Finalszenen drastisch gekürzt, in Weimar während einer Berlioz-Woche im November 1852 unter Anwesenheit des Komponisten von Liszt neu einstudiert wurde.

Das generell Unvollendete eines Werkes, jenes von Weimar zum Prinzip erhobene Imperfekt als grundsätzliche künstlerische Aussagemöglichkeit, wird am Beispiel Berlioz dokumentiert, wenn Bülow den *Cellini* prinzipiell als *„vielleicht nur die dramatische Studie eines musikalischen Genies"* verteidigt[9] und seine Unvollkommenheit aus dem Evolutionsprozeß des Kunstwerkes als das permanent in statu nascendi Befindliche erklärt. In diesem Fall nimmt Peter Cornelius an jenem Prozeß aktiv teil.

Die deutsche Erstaufführung des *Cellini* bietet indessen Anlaß für einen Exkurs, der die durchaus gegensätzliche Beurteilung des Werkes durch Liszt und Wagner zum Gegenstand hat, wie sie in beider Briefwechsel[10] zum Ausdruck kommt.

Liszt schreibt dazu am 7. April 1852 an Wagner:
„Ueber die Aufführung der Berlioz'schen Oper bringt Hans von Bülow die detailliertesten Nachrichten in der Brendel'schen Zeitschrift. — So viel sei nur noch von mir hinzugefügt, daß sich die Beweggründe, welche mich zu dieser Oper bestimmten, als gänzlich richtige und für das weitere Gedeihen meines hiesigen Wirkens günstig erwiesen haben. Warum Cellini in Weymar? ist eine Frage, die ich nicht Jedem gegenüber zu beantworten brauche, deren factische Lösung sich aber so herausstellen wird, daß wir damit zufrieden sein können. — "

Wagner geht auf diese Frage nicht ein, aus seinem gewundenen Antwortschreiben sind nur zwei Sätze interessant:
„An die Konsequenzen, die Du ... an die Aufführung des Cellini anknüpfest, vermag ich nicht durchaus zu glauben: das ist Alles! ... Daß Du den Lohengrin nicht wieder herausgebracht, tut mir doch recht leid".

Daß es aber um mehr als bloße Konkurrenz beider Werke auf dem Spielplan ging, beweist Liszts Brief vom 23. August 1852:
„Mitte November erwarte ich Berlioz, dessen Cellini (mit einem ziemlich beträchtlichen Schritt) nicht bei Seite gelegt werden darf — denn trotz allen dummen Betisen, die darüber cursiren, ist und bleibt Cellini ein ganz bedeutendes und hochzustellendes Werk. — Sicherlich würde es Dir mannigfaltig zusprechen".

Die hier in Aussicht gestellte dreiaktige Neubearbeitung des Werkes durch den Autor selbst nötigt Wagner nun zu einer grundsätzlichen Stellungnahme. Er schreibt unter dem 8. September 1852 aus Zürich an Liszt:
„Aufrichtig gesagt, es betrübt mich, daß Berlioz noch an die Bearbeitung seines Cellini gehen will oder soll! Wenn ich nicht irre, ist dieses Werk über 12 Jahre alt:

---

8 Jacques-Gabriel Prod'homme, *Les deux Benvenuto Cellini de Berlioz,* in: SIMG 14, 1912/13, S. 449.

9 NZfM 36, 1852, S. 159 u. 206.

10 *Briefwechsel zwischen Wagner und Liszt,* Bd. I, Leipzig 1887, S. 167, 170, 185, 187.

hat sich denn Berlioz seitdem nicht weiter entwickelt, um etwas ganz Anderes zu machen? Welch ärmliches Zutrauen zu sich selbst, auf eine so frühere Arbeit wieder zurückkommen zu müssen. Bülow hat ganz richtig auseinandergesetzt, worin das Verfehlte des Cellini liegt: in der Dichtung, und in der unnatürlichen Stellung, in welche der Musiker dadurch gedrängt wurde, daß er durch rein musikalische Intentionen einen Mangel decken sollte, den eben nur der Dichter ausfüllen kann.

Diesem Cellini wird Berlioz nun und nimmermehr aufhelfen: aber, wer gilt denn mehr, Cellini – oder Berlioz? Laßt doch den ersteren fahren, und helft dem zweiten auf! – Für mich hat es etwas Grauenhaftes, diese galvanischen Wiedererweckungsversuche mit anzusehen! Berlioz soll doch nur um des Himmelswillen eine neue Oper schreiben; es ist sein größtes Unglück, wenn er dies nicht thut, denn nur Eines kann ihn retten: das Drama, und nur Eines muß ihn immer tiefer verderben, sein eigensinniges Umgehen dieses einzigen richtigen Ausweges, – und dies wird nur bestärkt durch neues Befassen mit einem alten Versuche, bei dem ihn eben der Dichter im Stiche ließ, den er nur immer wieder durch seine Musik ersetzen will.

Glaub mir – ich liebe Berlioz, mag er sich auch mißtrauisch und eigensinnig von mir entfernt halten: er kennt mich nicht, – aber ich kenne ihn. Wenn ich mir von Einem etwas erwarte, so ist dies von Berlioz: nicht aber auf dem Wege, auf dem er bis zu den Geschmacklosigkeiten seiner Faustsymphonie gelangte, – denn geht er dort weiter, so kann er nur noch vollständig lächerlich werden. Gebraucht ein Musiker den Dichter, so ist dieß Berlioz, und sein Unglück ist, daß er sich diesen Dichter immer nach seiner musikalischen Laune zurechtlegt, bald Shakesspeare, bald Goethe sich nach seinem Belieben zurichtet. Er braucht den Dichter, der ihn durch und durch erfüllt, der ihn vor Entzücken zwingt, der ihm das ist, was der Mann dem Weibe ist. Ich sehe es mit Jammer, daß dieser über alle Maaßen begabte Künstler an dieser egoistischen Einsamkeit zu Grunde geht, kann ich ihm helfen?? – ''

Wagners Einwünde fruchteten nichts.
Nach einer im November 1855 veranstalteten zweiten Berlioz-Woche in Weimar konnte der Franzose der dortigen dritten Inszenierung seines Werkes im Februar 1856 selbst beiwohnen. Die neue Textfassung und Übertragung ins Deutsche stammte von Peter Cornelius, sie erschien zusammen mit dem Klavierauszug bei Breitkopf und Härtel. Trotz dieses dritten, von Cornelius sekundierten Versuches durch Liszt, Berlioz' Werk für die deutsche Bühne zu retten, behielt Wagner Recht.

Nach der ersten Bekanntschaft mit Liszt und Berliozschen Werken ging Cornelius auf Anraten seines Weimarer Patrons nach Soest/Westfalen, um im katholischen Milieu Kirchenmusik zu komponieren. So verpaßte er im November 1852 in Weimar die erste Berlioz-Woche, die zwei Aufführungen des *Benvenuto Cellini* unter Liszt und ein von Berlioz selbst geleitetes Konzert (*Romeo und Julia* vollständig, sowie die beiden ersten Teile des *Faust*) umfaßte. Sein Eindruck von Berlioz Oper blieb also auf die Erstaufführung beschränkt. *„Ich komme wieder nach Weimar''*, schrieb er später in seinen autobiographischen Skizzen[11]. *„Succès d'estime! Ich*

---

11 *Musikalisches Wochenblatt* 1874, vgl. Anm. 2.

höre von Berlioz, stürze über seine Partituren her, studiere Tag und Nacht darüber – und war ganz verliebt in diesen Benvenuto Cellini, noch eh' ich den ‚Lohengrin' gehört''. Wenn auch in der Rückschau hier die präzise zeitliche Sukzession verlorengeht, so ist der Tenor dieser Aussage umso treffender.

Im September 1853 fuhr Cornelius auf Liszts Drängen zum Karlsruher Musikfest, um zusammen mit allen Liszt-Anhängern an diesem ersten großen Heerlager der Neudeutschen in Süddeutschland teilzunehmen. Dort hörte er neben Beethoven, Schumann, Meyerbeer, Liszt und Wagner, von Berlioz stand im ersten Konzert nur der 2. Teil aus *Romeo und Julia* auf dem Programm.

Daß er auf einer anschließenden Tour in die Schweiz zusammen mit Bülow, Pohl, Joachim, Pruckner und Remenyi Richard Wagner in Basel persönlich kennenlernte, sei nur am Rande erwähnt, wesentlicher sind wohl die Eindrücke gewesen, die Briefe und Tagebücher verschweigen, denn Cornelius plante nichts weniger, als sie in Buchform zu publizieren. Neben den Begebenheiten von Karlsruhe und der Schweizer Reise wollt er darin für Wagner, Liszt und Berlioz eintreten. Am 5. Dezember 1853 schrieb er an seine Schwester Susanne: *,,Bis heute vor 14 Tagen schrieb ich etwa 30 Blätter von meinem Buch. Da kam ich aber an das Kapitel Berlioz, und da mußte ich haltmachen, weil ich mehr von ihm kennenlernen wollte, um Ausführliches über ihn sagen zu können. Liszt versah mich so reichlich mit Partituren von ihm, und ich studierte dieselben so fleißig, daß ich über acht Tage mit dem Schreiben einhielt''*[12].

Die Arbeit blieb unvollendet, denn Richard Pohl kam Cornelius mit der Publikation seiner eigenen Broschüre zum Karlsruher Musikfest zuvor.

Die Beschäftigung mit Hector Berlioz aber ist für Peter Cornelius ein Teil seiner Lebensgeschichte geworden, die Übersetzungsarbeit am *Cellini* bildet darin eine wichtige Etappe.

Die Motive für Cornelius' lebenslange Bemühung um die Förderung des musikalischen Werkes des Franzosen in Deutschland sind vielschichtig.

Zunächst spielte dabei der Stellenwert, den die Zeit selbst dem Schöpfer der *Symphonie phantastique* und des *Harold* beimaß, eine tragende Rolle. Der künstlerische Fortschritt, der durch Berlioz um die Mitte des 19. Jahrhunderts repräsentiert wurde, war im Urteil der Zeitgenossen ein dreifacher: *,,denn Berlioz erstrebte zunächst eine erweiterte Ausbildung der Instrumentalmusik nach der Seite der poetischen Idee, gelangte dadurch naturgemäß zu einer Erweiterung der Form und bedurfte hierzu auch einer Vermehrung und Erweiterung der technischen Mittel''*[13].

Der Stand des Komponierens ließ sich um 1850 an Berlioz Kompositionen ablesen. Eine Auseinandersetzung mit Berlioz Werken war demnach für jeden jungen Komponisten eine conditio sine qua non. So schreibt die *Neue Zeitschrift für Musik* 1853 (I, 261):

---

[12] LW I, 146. Richard Pohls Broschüre *Das Carlsruher Musikfest im October 1853* erschien unter dem Pseudonym Hoplit in Leipzig bei Bruno Hintze 1853. Vgl. dazu: *Peter Cornelius, Ausgewählte Schriften und Briefe*, eingeleitet und mit biographischen und kritischen Erläuterungen versehen von Paul Egert, Berlin (1938), S. 481 f.
[13] NZfM 38, 1853, S. 248.

„Deutschland interessiert sich jetzt mehr denn je für Berlioz. Wenn die deutschen Bühnen dem Beispiel Weimars folgen und ‚Benvenuto Cellini' mit Energie und Consequenz aufrecht erhalten und in ihr Repertoire aufnehmen wollten — die Geschichte der Musik würde diesen Act der Erkenntniß und künstlerischen Einsicht mit ehernem Griffel verzeichnen".

Diesen Appell hat Cornelius mit Sicherheit gehört, sein Engagement für die Sache des Franzosen ist aber nicht nur prinzipiell sondern auch unmittelbar vom Sujet der zur Sprache stehenden Oper her bestimmt.

Der Held, *„der auch bei den gebildeteren Deutschen durch die meisterhafte Uebersetzung seiner Memoiren vom ‚großen Heiden' beinahe populär geworden ist"*[14], muß dem Goethe-Verehrer Peter Cornelius besonders nahe gestanden haben; jedenfalls bot sich Cornelius in der Übertragung des französischen Libretto des *Benvenuto Cellini* die willkommene Gelegenheit, an Berlioz das gleichsam nachzuvollziehen, was Goethe für den Autor-Helden Cellini selbst geleistet hatte. Daß Cornelius dabei in Weimar den genius loci gegen die Prätentionen der Neudeutschen in Schutz nehmen mußte und sein innerlich unbefangenes Verhältnis zu Goethe gegen Liszts und der Fürstin Schiller-Ideale zu behaupten wagte, ist mehrfach belegt[15]. Er schreibt in dem bereits zitierten Brief aus Weimar auf der Altenburg an seine Schwester Susanne:

„Ich halte Schiller sehr hoch, und habe als Knabe die ersten Eindrücke durch ihn empfangen. Dagegen habe ich mich innerlich viel mehr an Goethe gebildet, und mich oft im stillen mit vielem verglichen, was er gesagt hat, und es mir wie einen Spiegel vorgehalten. Wenn ich mich recht besinne und alles in allem nehme, so bin ich mir bewußt, die bestimmendsten poetischen Eindrücke von Goethe und Mozart empfangen zu haben. Entscheidender aber von Goethe. Wäre meinen künstlerischen Bestrebungen auch nur die bescheidenste Blüte vergönnt, so möchte ich seinen Namen auf mein bestes Blatt schreiben".

Die Beschäftigung mit Berlioz' *Benvenuto Cellini* mußte daher für Cornelius doppelt reizvoll sein, konnte er doch dabei seine literarischen und musikalischen Ambitionen gleichermaßen befriedigen. In einer Entwicklungsphase, in der ihm die eigenen produktiven Kräfte erst allmählich im vollen Umfange zuwachsen, bilden die Cornelianischen Übersetzungen für Berlioz *Gelegenheitsarbeiten einer Übergangszeit;* ihr Stellenwert ist daher in der Tat mit dem des Benvenuto Cellini in Goethes Gesamtwerk vergleichbar, denn als Goethe die Autobiographie des Florentiner Goldschmieds 1796/97 für Schillers *Horen* übertrug, füllte er damit nach eigenem Geständnis so manchen nichtschöpferischen Augenblick aus[16].

Cornelius Interesse für das Sujet ist indessen noch unter einem weiteren Aspekt mit Goethes Vorliebe für den Schöpfer des Perseus vergleichbar. Cellini ist für

---

14 NZfM 36, 1852, S. 204.

15 LW I, 147; LW II, 480: *„Das war ein leidenschaftliches Diner, wo ich ... in Weimar gegen Liszt und die beiden Wittgensteins den Tasso von Goethe verteidigte. Das war auch einer von den Zügen, die mein Verhältnis zu Wagner in Gang brachten und befestigten, daß wir in der glühenden Verehrung für Goethe so übereinstimmten ... "*

16 Vgl. den Brief an Schiller vom 15. Oktober 1796, auf den Karl Maurer in Nachwort zu Johann Wolfgang Goethe, *Benvenuto Cellini,* 2. Teil, (= dtv-Gesamtausgabe 36), München 1963, S. 228, hinweist.

Goethe nicht nur „*Repräsentant seines Jahrhunderts"*, sondern auch einer jener „*geistigen Flügelmänner ... , die uns mit heftigen Äußerungen dasjenige andeuten, was durchaus, obgleich oft nur mit schwachen unkenntlichen Zügen, in jeden menschlichen Busen eingeschrieben ist"*[17].

Parallel hierzu läßt sich eine paradigmatische Funktion des Helden für die erste Hälfte des 19. Jahrhunderts aus der französischen Literaturgeschichte ablesen, Cellini nimmt nicht nur eo ipso einen einzigartigen Platz in der Entwicklungsgeschichte des europäischen Romans ein, er wirkt auch als Leitbild auf Stendhals *La Charteuse de Parme* (1839)[18], dient als heimliches Vorbild für den Vautrin in Balzacs *Père Goriot* (1834/35) oder für die Gestalt des Jean Valjean in Victor Hugos *Les misérables* (1845–62)[19] und wenn Goethe über den Chevalier Fontville de Toulouse und dessen *Mémoires historique* (1824) sagt: „*Er ist eine Art von modern-französischem Cellini, ein kühn-tätiger Mensch, der es auf seine Weise treibt, daß er sich immer selbst raten und helfen muß, wenn er durchkommen will"*[20], so läßt sich diese Aussage ohne Substanzverlust auf die Vorstellung übertragen, die Peter Cornelius von Hector Berlioz hegte; der Held der Oper und ihr Schöpfer werden in ihr identisch.

Die Kongruenz von Autor und Titelfigur ist wichtig, weil in ihr exemplarisch jene neudeutsche Interpretation des künstlerischen Selbstverständnisses zum Ausdruck kommt, die Hans von Bülow in seiner Cellini-Rezension artikuliert:
„*Dieses Prinzip ist einfach das der socialen und politischen Ausnahmestellung des Künstlers, erweitert, überhaupt das der Berechtigung einer Geistesaristokratie zu gewissen Privilegien, deren Ausübung eine zeitweilige Suspension des sogenannten Rechtszustandes involvirt, und die daher niemals zu Zunftprivilegien ausgedehnt, sondern jedesmal nur an einzelne Individuen verliehen werden können"*[21].

Der Cellini wird zum Schulbeispiel, um an ihm das Interpretationsmodell für den säkularisierten autonomen Geniebegriff der Neudeutschen Schule zu entwickeln. Bülow erklärt im Detail:
„*Im Cellini stellt sich die Sache so dar: Cellini entführt während des Carnevals seine Geliebte, die Tochter des päpstlichen Schatzmeisters Balducci und tödtet im Gewühl der Menge einen ihm von seinem feigen Rivalen, Fieramoska, der Cellini's Entführungsabsicht durch eine trügerische Verkleidung sich selbst zu Nutze machen will, vorgeschobenen Raufbold (Pompeo). Cellini gelingt es sich nach dieser That zu retten und seine Freunde und Schüler bringen ihm unterdeß die Geliebte in sein Haus. Doch als Beide vereinigt ihre Anstalten zur Flucht zu treffen beginnen, wird diese durch das Eintreten des Vaters der Entführten und des Rivalen, der als Kläger wegen des getödteten Freundes auftritt, vereitelt ... der unerwartete Besuch des Cardinals Salviati in der Werkstätte des Cellini schneidet jeden möglichen Versuch zur Rettung ab. Diesen führt zwar nur das Kunstinteresse zu Cellini, indem er nur um sich nach der Erfüllung des seinem Clienten gegebenen Auf-*

---

17 J. W. Goethe, *Benvenuto Cellini*, Anhang, (= dtv 36), S. 189.
18 K. Maurer, Nachwort zu J. W. Goethe, *B. Cellini*, S. 217.
19 Der Einfluß von *Les vrais memoires de Vidocq*, Paris 1828/29, auf diese literarischen Gestalten beweist die Aktualität des Cellini für das literarische Frankreich im 19. Jahrhundert.
20 J. W. Goethe, (= dtv-Gesamtausgabe Bd. 31), S. 273.
21 NZfM 36, 1852, S. 205.

trags, der Vollendung der vom Papste bestellten Perseusstatue ... , zu erkundigen kommt, aber die heftigen Klagen von Cellinis Feinden ... machen den wohlwollenden Mäcen des Künstlers plötzlich zum rauhen Richter des Menschen Cellini. Da tritt ihm, innerlichst empört über diese Scheidung des Menschen vom Künstler, des Künstlers von seinem Kunstwerke und von der Kunst überhaupt, im Hochgefühle seiner Würde als Priester einer Offenbarung des Göttlichen, die bereits damals anfing, wenigstens ebensoviel Respekt wieder zu beanspruchen als jene andere Offenbarungsreligion, Cellini entgegen, bereit in erhabenem Unwillen sein Kunstwerk mit einem Hammerschlage zu zertrümmern, falls der Cardinal seine Drohung erfüllte, einem Anderen die Vollendung desselben übertragen und den Schöpfer desselben als Verbrecher behandeln zu wollen. Unwillkürliche Ehrfurcht erfaßt den Priester der Religion vor dem Priester der Kunst ... Unter der Bedingung, daß Cellini sein Kunstwerk noch vor dem nächsten Abendroth vollendet habe, schenkt ihm der Cardinal Verzeihung für sein Vergehen ...

Ziehen wir die Moral hieraus, so ist es wohl jedenfalls diese: die Kunst steht über aller Moral, der Künstler, der würdige Priester seiner Kunst, hat, sei er im Uebrigen auch wie er wolle, gerechten Anspruch auf höhere persönliche Geltung als der einfache gute Mensch und Bürger. An dem Leben eines Künstlers ist mehr gelegen als an dem jedwedes anderen Nichtkünstlers; darf man schon sagen, daß die Existenz eines großen Kunstwerkes nicht zu theuer erkauft wäre mit den Existenzen unterschiedlicher menschlicher Monaden, und dürfte dieser Behauptung wohl kein vernünftiger, stichhaltiger Widerspruch entgegenzusetzen sein, so läßt sich um so weniger etwas gegen die Forderung einwenden, daß der Künstler ... gewisse Vorrechte in der menschlichen Gesellschaft genieße ... "

Ohne Zweifel hat sich Peter Cornelius mit diesem offiziellen Manifest aus Liszts „Weimar Laboratory"[22] auseinandergesetzt; wie weit sich diese Darlegungen tatsächlich mit Cornelius Standpunkt im Detail decken, ist schwer nachweisbar, jedenfalls belegen sie die Funktion von Berlioz' Oper als Schlüsselwerk zum Verständnis des ideologischen Hintergrunds der Neudeutschen Schule in eindrucksvoller Weise.

—

Erste persönliche Bekanntschaft mit Hector Berlioz machte Peter Cornelius, als er am 2. Dezember 1853 mit Liszt und acht Weimarer Künstlern nach Leipzig fuhr, wo Berlioz ein Konzert gab.

„Ich lernte ihn auf diese Art persönlich kennen", schrieb Cornelius an seine Schwester[23], *„und hatte einen doppelten Genuß an der Aufführung, da ich ihn gerade in den letzten acht Tagen ausschließlich studiert hatte".*

Berlioz übergab Cornelius in Leipzig seine Komposition *La Fuite en Égypte* zur Übersetzung ins Deutsche, die Cornelius nach seiner Rückkehr in Weimar in metrischer Form sorgfältig mit Skansionszeichen versehen an Berlioz sandte:

---

22 Emil Haraszti, *Franz Liszt — Author despite himself. The History of an Mystification*, in: MQ 33, 1947, S. 508.
23 LW I, 148.

Abschiedsgesang der Hirten beim Scheiden der hl. Familie

Du entfliehst der Heimat Hainen
Entfliehst der dunklen Krippe Hut;
Mag der Eltern Lieb sich einen
Zu schirmen Dich mit frommem Muth.
Wachse, blühe! Sei den Deinen
Vater einst auch Du mild und gut

Droht je Unheil Dir im Lande
Wo falsche Götter blind man ehrt,
Sei Dir fern vom Nilesstrande
Bei uns auf's Neue Glück beschert.
Bleibe hold dem Hirtenstande,
Seine Armuth sei stets Dir werth.

Schirmten doch des Himmels Mächte
Dich, Kind, und Dich, du glücklich Paar,
Daß der Böse, Ungerechte
Euch drei verschone immerdar!
Daß ein Engel Kunde brächte,
Wenn Euch drohend naht einst Gefahr!

Diese Übertragung legte Cornelius nachfolgendem undatierten Brief an Hector Berlioz[24] bei:

"Cher et grand maitre Berlioz!
Voici une traduction de la chanson d'adieu des bergers à la sainte famille. J'ai tâché de rendre exactement le sens des paroles et a reproduire en même temps la forme du poême quant aux bouts rimés. Je regrette de venire post festum avec mon petit travail, mais je m'estimerai bien heureux chaque fois que Vous voudrez avoir la bonté de me donner l'occasion de me rendre utile a Vous en pareil cas.
Nunc et semper et avec mes meilleurs respect à Madame Berlioz votre trés devoué
Cornelius
Reményi qui se met à genoux devant vous — envoit ses saluts au grand maitre".

In der ersten Nummer des Jahrgangs 1854 der Berliner Musikzeitung *Echo* stimmte Cornelius dann eine Eloge für seinen *"modernen Lieblingsmeister, für den stolzen und kühnen Helden Hector, für den vielstimmigen Komponisten und vielseitigen Schriftsteller Berlioz, für den großen Humoristen des 19. Jahrhunderts"* an und schrieb über seine Reiseeindrücke:

"In Leipzig ziemlich erstarrt angekommen, hatten wir den guten Einfall, uns aus dem Waggon in mehrere Droschken zu begeben und so nach dem Hôtel de Bavière zu fahren, wo auch Hector Berlioz einstweilen abgestiegen war, da er in der Pariser Akademie keinen Platz finden konnte. — Ja! keinen Platz finden konnte! Dies leichtsinnig hingesprochene Witzwort hat schwermütigen Ernst genug in sich, und dieser Ernst ist ersichtlich genug in den von bittern Erfahrungen gefurchten Zügen des Meister Berlioz ausgedrückt. Mag augenblickliches Unwohlsein immerhin zu seiner Verstimmung beigetragen haben, ich schiebe dieselbe rücksichtslos und mit dem herzlichsten Ärger auf die ewige alte Komödie, in welcher ein verkanntes Genie die Hauptrolle spielt und ein Haufen feiler Rezensenten den Chor bilden. Wird man diese Künstlertragödie auch in Deutschland, auch bei dem dritten Versuch des französischen Tonkünstlers, seine wohlerworbenen Heimatsrechte bei uns geltend zu machen, ohne weiteres bis zum letzten Akt durchführen, um später, wenn der Vorhang gefallen ist, den Helden hervorzurufen? Lassen wir doch der Pariser Akademie ihren Reber, dem ich ja seinen wohlverdienten Platz von Herzen gönne, aber nehmen wir doch dagegen Berlioz in die grosse unsichtbare Loge unsrer unsterblichen Meister auf, wie er es verdient.

Möge doch endlich auch Berlin (den Städten) Weimar und Braunschweig nachfolgen, möge dem Franzosen Hector ein deutscher Habeneck erstehen, der ungeachtet des Gelächters unwissender Musiker seinen Beethoven durchsetzte. Ihr Berliner Symphonie-Dirigent Taubert sollte sich eine Ehre daraus machen, statt aus altem Partiturenkram Werke, wie den "Beherrscher der Geister" von Weber, oder "Lodoiska" von Cherubini hervorzusuchen, sich mit Fleiss und Aufopferung in

---

24 Die zitierte Übersetzung aus der *Flucht nach Ägypten* und der nachfolgende Brief von Peter Cornelius an Berlioz sind die bisher einzigen Stücke der Seite des Cornelius-Berlioz Briefwechsels. Der Verfasser dankt an dieser Stelle Günter Wagner (Mainz) für die überaus freundliche Kenntnisgabe dieser Dokumente, die in der Universitätsbibliothek in Leipzig liegen. Zu den Berlioz-Briefen an Cornelius vgl. Magda Marx-Weber, *Hector Berlioz: Unbekannte Briefe an Peter Cornelius* in: Mf 26, 1973, S. 235.

Berliozsche Partituren hineinzustudieren, um sie dann nicht etwa mit zwei Proben, sondern mit so vielen, als nötig sind, um auch den unfähigsten Orchesterspieler in das richtige Verständnis derselben einzuweihen, vor das Publikum zu bringen. Sprecht mir nicht von dem Geschmack des Publikums; wenn irgendwo, so wird Berlioz in Berlin verstanden werden, und der Dirigent, welcher dort Berlioz siegreich zur Geltung bringt, wird eine entschiedene Majorität für sich haben. Wo Bach und Beethoven oben auf sind, wird auch das dritte große B am ersten Anerkennung finden. Sputet euch deshalb, ihr Berliner Kapellmeister, heraus mit Berlioz! Stellt ihn mit Fleiss und Beharrlichkeit auf das glänzende Piedestal der Berliner Kapelle, und er wird kühn und ebenbürtig neben euren Herren stehen! Heraus mit Berlioz also, nicht erst warten, bis die Leute tot sind! Munter, Kinder! Munter! Morgen, morgen, nur nicht heute, sagen alle faulen Leute! Also frisch drauf los! B – B – B – ![25]".

Berlioz selbst, der den Artikel zu Gesicht bekam, schrieb am 15. Januar 1854 darüber an Liszt:

„Remercie mille et mille fois Mr. Cornelius ... de son charmant et spirituel article de la gazette musicale de Berlin", und scherzend setzt er hinzu:
„Il me comble; tu communiques tes mauvaises qualités à tout ce qui t'entoure"[26].

Seit der Leipziger Episode wurden die Beziehungen zwischen Berlioz und Cornelius zunehmend enger. Da beider Briefwechsel nicht mehr vollständig vorhanden ist, lassen sich diesbezüglich nur wenige direkte Belege anführen.

Cornelius übertrug 1855, nachdem er schon 1853/54 *La Juite en Égypte*[27] und den *Benvenuto Cellini* für Leipzig bzw. Weimar übersetzt hatte[28], nun noch den Rest der *L'Enfance du Christ*, sowie *Lelio*[29] und *La Captive*, wobei allein schon seine Übersetzung von *La Captive* nach Victor Hugo ein kleines Meisterwerk ist[30].

Berlioz, selbst nicht des Deutschen mächtig, schrieb am 31. März 1854:
„Remercie de ma part Mr. Cornelius pour la peine qu'il s'est donnée et qu'il se donne, je ne sais comment reconnaitre de telles marques d'interet et de sympathie".

Und unter dem 14. November 1854 teilt er Liszt mit:
„On me dit que la traduction allemande est tres bien faite et je te prie de remercier tres particulierement mon exact et spirituel traducteur"[31].

Indem sich Cornelius um die Rehabilitation und gerechte Würdigung Berlioz' müht, artikuliert er den eigenen Standpunkt und den seiner Weimarer Freunde, wie aus dem folgenden Zitat aus dem bereits angeführten Bericht für das Berliner *Echo* hervorgeht. Allerdings muß man der Cornelianischen Hermeneutik zur Berlioz-

---

25 P. Cornelius, *Ausgewählte Schriften*, hrsg. von P. Egert, S. 132 ff.; ebenfalls in: LW III.
26 Zitiert nach Edgar Istel, *Berlioz und Cornelius*, in: *Die Musik* III, 5, S. 367 ff.
27 Erschien mit der Übersetzung von Cornelius bei F. Kistner, Lpz. o. J., VN 2016. Das vollständige Werk *L'Enfance du Christ* brachte Kistner ebenfalls heraus.
28 Die genauen Entstehungsdaten der Übersetzung sind nicht nachweisbar.
29 Die Bezeichnung *Melolog* findet sich in NZfM Bd. 42, 1855, S. 86.
30 Vgl. M. Marx-Weber, *H. Berlioz: Unbekannte Briefe ...*, in: Mf 26, 1973, S. 236, Anm. 16.
31 Vgl. E. Istel, in: *Die Musik* III, 5, 1903/04, S. 367.

schen *Harold*-Symphonie ein Prioritätsrecht zuerkennen, denn Cornelius Artikel erschien ein ganzes Jahr vor Fr. Liszts berühmtem Aufsatz in der Brendelschen *NZfM*[32] zum Thema *Hector Berlioz und seine Harold-Symphonie*, indessen enthält er bereits in nuce die vollständige Darstellung des poetischen Programms des Werkes, das Liszt später allein ausführlicher begründet und entwickelt.

Cornelius schreibt über Berlioz *Harold in Italien*:[33]
Berlioz knüpft hier unmittelbar an Beethoven an, wo er in der Pastoral-Symphonie eine Reihe von Bildern vor die Augen der Seele stellt, in welchen er das empfindende Herz über dem Gegenstand schweben lässt und es mit seligem Jubel durch die von Menschen und Kreaturen belebte Natur leitet. Berlioz aber stellt auf den glutfarbigen Hintergrund italischer Landschaft ein sehnsüchtig aufblickendes Menschenbild. Fühle ich es recht heraus, so ist es der polyphone spezifische Musiker, welcher den Poeten Berlioz zwingt, für die Fülle seines vielstimmigen Ausdrucks eine dramatische Gestalt innerhalb der Symphonie zu schaffen, damit das Weben der Natur und der über ihr waltende Geist nicht mehr allein sei, sondern, daß die fühlende Menschenseele dazutrete, um im Ringen nach dem Verständnis beider beide ergänzend zu verstehen und zu geniessen. Diesem Drange verdankt die Solo-Bratsche dieser Symphonie ihr Dasein.

Es ist nun nicht mehr eine Reihe von Naturbildern, wie sie in ihrer Wirkung auf das Gemüt in der Pastoral-Symphonie dargestellt sind, sondern das Gemüt selbst ist hier der Held und die Beziehungen dieses besonderen Gemütes zu den wechselnden Scenen der Natur sind der Gegenstand dieser Berliozschen Tondichtung. Haben wir also wirklich neben dem spezifischen Musiker einen Dichter vor uns, so erhöhen sich plötzlich die Ansprüche, die wir nun an beide zu machen haben. Wir verlangen von dem Dichter einen logischen Zusammenhang, die Begründung einer innern Notwendigkeit in der Folge der einzelnen Teile seines Gedichts. Wir wünschen, Zeugen einer handelnden Innerlichkeit zu sein, die fortschreitend sich entwickeln, untergehen oder sich verklären zu sehen. Hier aber, wo wir diese erhöhten Anforderungen an Berlioz stellen, die sein eignes Beginnen in uns steigernd hervorrief, befriedigt uns Berlioz nicht, oder nur halb".

Die kritische Bewunderung für Berlioz, dazu die anregende Auseinandersetzung mit Liszt und Wagner boten Cornelius aber auch ein scheinbar unübersteigbares Hindernis vor dem eigenen Schaffen, dies bestätigt eine Tagebuchnotiz vom 21. Oktober 1854. Da heißt es:
„Erst komponierte ich an meinem vierten Lied [„An den Traum" aus dem Zyklus „Trauer und Trost"] *, und es fiel mir auch anfangs was Gutes ein, was ich beibehalten werde, nachher wollte es aber nicht mehr so recht fließen. Dann setzte ich mich ans Klavier und spielte – Liszt, Wagner, Berlioz. Da verstimmte mich denn, wie immer, eigene Kleinheit und Unzulänglichkeit im Pflücken dieses Kleeblatts"*[34].

Vier Tage später berichtet er an der gleichen Stelle über ein Gespräch mit einem Gast [Lefebure] :

---

32 NZfM 43, 1855, S. 26 ff.
33 Ebenfalls in: LW III.
34 LW I, 169.

„*Er setzte Berlioz – Auber, Herold, Halevy entgegen. Ich aber stellte ihn zu Haydn, Mozart, Beethoven – und ich habe recht*"[35].

Vier Monate später, am 23. Februar 1855, schreibt er aus Weimar an seine Mutter:

„*Die letzte Zeit war eine aufgeregte für mich und uns alle. Ich hatte für das grosse Konzert, welches Berlioz hier gab, der augenblicklich noch hier ist, noch ein ganzes Werk zu übersetzen, so daß diesmal der ganze Konzertabend mit meinem Text gegeben wurde, welches ein Büchlein von zirka 50 Seiten ausfüllte. Man hat meiner Arbeit überall und von allen Seiten die unbedingtesten Lobsprüche erteilt. Für Berlioz werde ich auch ähnliche Arbeiten übernehmen, selbst wenn ich ein anerkannter und geachteter Opernkomponist werden sollte, weil er ein großer, bedeutender Geist ist, dessen Freundschaft ich höher anschlage, als wenn ich das große Los gewänne, welches jeder Esel kann*".

An Carl Hestermann berichtet er unter dem 5. März 1855:[37]

„*Ich bin die letzten Wochen anhaltend für Berlioz tätig gewesen, zu dessen hiesigem Konzert am 21. Februar ich vorher noch ein Werk zu übersetzen hatte. Dann war er 14 Tage hier, und später, gerade zur Zeit Ihres Geburtstages war ich mit einem größeren Aufsatz über das Konzert beschäftigt, welchen ich an Herrn von Sacy, Redakteur des Journal des Debats, gesendet und welcher dort in einer französischen Übersetzung erscheinen soll. Ich habe im Laufe des letzten Jahres als Übersetzer von Berlioz 80 Taler verdient, ...*
Meine Cellini-Übersetzung hat sich noch nicht rentiert, wird mir aber irgend einmal später ein hübsches Honorar eintragen".

Dies Honorar blieb mit Sicherheit aus, indessen die andauernde Auseinandersetzung mit Berlioz und seine Oper *Cellini* sind wohl das entscheidende Motiv gewesen, das Cornelius von der Kirchenmusik zur Komposition dramatischer Musik bewog.

Schon im Juli 1855 versicherte der Komponist seiner Schwester, daß er im folgenden Monat nach Bernhardshütte gehe und nicht eher wieder nach Weimar zurückkehre, bis er eine größere Arbeit fertig habe:[38]

„*Vermutlich wird es eine einaktige Oper werden für die nächste Saison*".

Tatsächlich schuf er Ende September/Anfang Oktober 1855 die erste Fassung des Textes zum *Barbier von Bagdad*, dessen ohrenfällige Verwandtschaft mit Berlioz *Cellini* gleich in der Geburtsanzeige Liszt gegenüber entschuldigend eingeräumt wird. Cornelius schreibt unter dem 12. Oktober 1855:

„*Liebster Freund und Meister! Erst gestern bin ich mit der Anlage meines Operntextes fertig geworden, ... Die Oper wird einaktig, komisch, hat sieben kürzere und längere Szenen mit einer sehr breiten Finalszene, die etwa das letzte Drittel der Oper bildet. ... Einige Anklänge an Cellini sind unvermeidlich gewesen, z. B. eine „Gedrängszene!" Das tut aber nichts! Das ganze ist doch eigentümlich und gehört mein*"[39].

---

35 LW I, 177.
36 LW I, 195.
37 LW I, 198 f.
38 LW I, 207.
39 LW I, 212.

Nach einer weiteren Aufführung des *Cellini* in Weimar unter Anwesenheit Berlioz gewinnt der Gedanke, als Bühnenautor zu reüssieren, bei Cornelius nach und nach konkretere Gestalt.

Am 4. November 1856 schreibt der Dichterkomponist an seine Schwester: *„Liebe Suse! Vielleicht werde ich ein Opernkomponist! Wenn auch nur verhältnismäßig ein zweiter Lortzing, nur mit einer nobleren Faktur in jeder Hinsicht. Wenn mir's auch nur einigermaßen glückt, werde ich der erste sein, der mit Courage auf Wagners Bahn vorangeht. Nur möchte ich melodisch pikanter, freier humorvoller sein, und neige mich schon in der ganzen Anlage des Textes mehr zu dem sprudelnden Berlioz".*

Indessen ist auch die rein musikalische Konzeption des *Barbier* Berlioz nicht nur im Instrumentationstechnischen verpflichtet, sondern darüberhinaus liegen formale Entsprechungen bis im Detail vor. Das Duett zwischen Bostana und Nuredin *Wenn zum Gebet* aus dem 1. Akt des *Barbier von Bagdad* (Ziffer 15 der Partitur) ist trotz Max Hasses Widerspruch[41] ohrenfällig in der Satzstruktur der Imitationen, dem Tempo, der dreiteiligen Formanlage und nicht zuletzt in der dramatischen Funktion der Szene (Cellini und Teresa verabreden ihre Flucht, um ungestört vom Vater Teresas ihrer Liebe zu leben. — Nuredin und Bostana verabreden ein Stelldichein ungestört vom Vater Margianas) der vierten Szene des 1. Aktes von Berlioz Oper *Benvenuto Cellini* verpflichtet. Ob die Imitationen hier streng kanonisch oder frei gebildet sind, sind an dieser Stelle nicht das entscheidende satztechnische Vergleichskriterium. Wesentlicher ist, daß Cornelius das zweifellos beste Stücke aus dem 1. Akt des *Cellini* zum Vorbild nahm und es formal präzis in seiner eigenen Partitur dort enden ließ, wo es Berlioz nach dramaturgischen Gesichtspunkten hätte enden lassen sollen und Liszt trotz aller einschneidenden Striche es nicht enden ließ, wie der Klavierauszug des Werkes mit Cornelius Übersetzung beweist[42]. Daneben gibt es eine ganze Anzahl von Detailentsprechungen, wie etwa die witzige Adaption des Kardinalsthemas als sechstaktige Soloposaunenepisode am Schluß der h-moll-Ouvertüre des *Barbier*. Bei Berlioz singen die Violoncelli gerade in den letzten Takten vor Abschluß der Ouvertüre das Thema *„Allen Sünden volle Vergebung"* und dies klingt nach der emphatischen Generalpause ein wenig grotesk. Cornelius hat sich diese überraschende Wendung vor den beiden Schlußakkorden in der *Barbier*-Ouvertüre zu eigen gemacht.

Aber auch den in allen Bühnenwerken vom *Barbier* über den *Cid* bis zur *Gunlöd* nachweisbaren 7/4-Takt[43] fand Cornelius ebenso bei Berlioz vor[44] wie die Kunst des Arrangements kleinster musikalischer Kontraste, die für Berlioz Partitur charakteristisch sind. Avancierte Harmonik, ungeradtaktige Aperiodik und extrover-

---

40 LW I, 242.
41 Max Hasse, *Der Dichtermusiker Peter Cornelius*, Bd. III, Leipzig 1923, S. 23.
42 Anhand der Weimarer Fassung des *Benvenuto Cellini*, die in dem Klavierauszug von Breitkopf & Härtel mit der Übersetzung von Peter Cornelius vorliegt, ließe sich im Vergleich mit den beiden Pariser Fassungen im Detail nachweisen, ob diese Bearbeitung in vielen Punkten tatsächlich eine Verbesserung des Berliozschen ersten Opernwerkes darstellen.
43 Hellmut Federhofer hat in seinem Beitrag zu diesem Sammelband bereits auf den *„latenten 7/4-Takt."* in Cornelius Bühnenwerken hingewiesen.
44 Vgl. Berlioz, *Benvenuto Cellini*, Klavierauszug von Breitkopf & Härtel, S. 150 (5. Szene des 2. Aktes, Allegretto: *„Une, deux, trois*).

tierte Orchesterbehandlung mit gelegentlicher symphonischer Ausweitung bei Berlioz sind im *Barbier* jedoch in ungleich wirkungsvollerer Weise verwendet. So ist Berlioz *Benvenuto Cellini* gleichsam für Cornelius ein ästhetisches und kompositionstechnisches Lehrbuch gewesen, das er für seinen *Barbier* auswertete.

Zur Verwandtschaft beider Werke bemerkte der Komponist selbst in einem Brief zu Beginn der Proben zur Uraufführung:
„Die Fürstin sagt, Liszt habe ihr gesagt, Berlioz (mit dessen Stil im Cellini eine gewisse Ähnlichkeit herrscht) könne mich um das Werk beneiden"[45].

Der Mißerfolg des *Barbier* war schließlich das Ende von Weimar. Freundschaft und Hochachtung vor Berlioz aber bekundete Peter Cornelius bis in seine letzten Lebensjahre[46]. Noch am 5. Februar 1874 schrieb er aus München an Carl Riedel:[47]
„Wir Alten (ich meine Berlioz und mich, ...) wir nahmen es lächerlich ernsthaft mit der Poesie, wir hatten eine kindische Verehrung für unsern Shakespeare, Goethe und Viktor Hugo (nun, ich nehme statt dessen Heinrich Kleist), und wenn wir auch trachteten, schöne oder interessante Musik zu geben, so blieb und doch der Dichter der heiliggehaltene Gegenstand, um den wir nur einen Glorienschein von Tönen zu weben versuchten".

---

45 LW I, 275, ebenso 278.
46 LW I, 196, 198 f., 215, 223, 645; II 200, 273, 460, 463 ff., 482.
47 LW II, 738 f.

Klaus Wolfgang Niemöller
Cornelius und Franz Liszt

Für das Leben und Schaffen von Peter Cornelius hat das Verhältnis zu dem dreizehn Jahre älteren Franz Liszt eine Schlüsselfunktion. Ohne den Einfluß von Liszt würde man heute wohl kaum von Cornelius als dem Komponisten des *Barbiers* und der Kirchenmusik wie des *Stabat mater* sprechen, eher von dem Liederkomponisten. Der Ortswechsel von Berlin nach Weimar markiert die eigentlich entscheidende Station auf seinem künstlerischen Weg. Als Musiker in der soliden Schule des Kontrapunktikers Siegfried Dehn herangebildet, Komponist von mehreren kirchenmusikalischen Werken und auch von Kammermusik weckten Richard Wagners Schriften und die Weimarer *Lohengrin*-Aufführung von 1850 unter Liszt mit ihrem großen und gespaltenen Echo seine künstlerische Neugier. Als seine Schwester mit ihrer Familie in den thüringischen Wald nach der Bernhardshütte umzog, nahm Cornelius die Gelegenheit wahr, am 5. März 1852 im unweiten Weimar den berühmten Meister Liszt aufzusuchen[1]. Nachdem seine kompositorischen Arbeiten nämlich von den Berliner Hofkapellmeistern Taubert und Nicolai aus Animosität gegen Dehn negativ beurteilt worden waren[2], beabsichtigte er, sich „*von Liszt, als einem über alles Kleinliche erhabenen Künstler und Menschen, mir ein freies Urteil über meine Studien auszubitten, was ich in Berlin nicht erlangen konnte*"[3]. Schon Jahre vorher hatte er einmal die Absicht geäußert, „*Liszt in Weimar zu besuchen, von dem ich am ersten auf wirksame, tatsächlichste Unterstützung wie etwa Empfehlung an Verleger, oder zu einer Stelle, oder am besten nach Paris!! hoffe*"[4]. Cornelius kam nicht nur mit Empfehlungen seines Onkels, des Malers Peter von Cornelius, bei dem Liszt 1842/43 in Berlin zu Gast gewesen war[5], sondern brachte auch eine eigene Empfehlung mit, seine Besprechung von Liszts Buch über Chopin, das er kurz zuvor am 29. Februar im Berliner *Echo* besprochen hatte. Hier hatte er auch Liszts Abschied vom Virtuosentum und sein kompositorisches Schaffen in Weimar als Neubeginn gewürdigt[6]. Am ersten Tage schon von Hans von Bülow empfangen und mit der Musik zu *Benvenuto Cellini* von Berlioz bekannt gemacht, berührte Cornelius „*das erhabene Kunstleben und Kunsttreiben wie ein Zauberschlag*"[7]. Nachdem Liszt selbst mit dem Geiger Joseph Joachim und dem Cellisten Bernhard Coßmann kammermusikalische Kompositionen von Cornelius gespielt hatte und ihn dann künstlerisch in eine bestimmte Richtung gewiesen hatte, kehrte Cornelius ohne jeden Abschied nicht mehr nach Berlin zu-

---

1 Vgl. den Bericht über den Empfang im Tagebuch vom 20. März 1852, in: LW I, 119.
2 Vgl. Max Hasse, *Der Dichtermusiker Peter Cornelius*, Bd. I, Leipzig 1922, S. 76.
3 Autobiographische Skizze von 1874, in: LW III, 7.
4 LW I, 75.
5 Vgl. Carl Maria Cornelius, *Peter Cornelius. Der Wort- und Tondichter*, 2 Bde, (= *Deutsche Musikbücherei* 46/47), Regensburg 1925, Bd. I, S. 121; P. Walter Jacob, *Der beschwerliche Weg des Peter Cornelius zu Liszt und Wagner*, (= Kleine Mainzer Bücherei 8), Mainz (1974), S. 29.
6 LW I, 25 ff.
7 LW I, 7.

rück[8]. Die Wende in seiner künstlerischen Laufbahn war eingetreten. Er wollte *„aufs neue anfangen, Kunst zu lernen und womöglich, früher oder später, diesem Kreis angehören".*

Aus dem persönlichen Verhältnis zu Liszt ergaben sich für Cornelius de facto alle anderen Beziehungen, die sein weiteres Leben bestimmen sollten. Rasch wurde er in die Atmosphäre der starken Ausstrahlungskraft von Liszt einbezogen. Daß dieser ihn in seinen Kreis zog, öffnete Cornelius eine ganz neue Künstlerwelt, denn Liszt bedeutete zugleich auch das musikalische Weimar, die Altenburg, die Fürstin Carolyne von Sayn-Wittgenstein. Liszts Bekanntschaft bedeutete auch die seines Kreises von Schülern und Anhängern; Liszt machte Cornelius mit Rubinstein, mit Berlioz und mit Wagner bekannt. So wurde umgekehrt das persönliche Verhältnis zu Liszt auch jeweils von seiner Umgebung mitgeprägt. Peter Raabe schrieb richtig[9]: *„Man kam ja nach Weimar zu Liszt und fand die Altenburg, die Altenburg mit ihren Festen, ihren tausend Gesprächen, ihren Geisteswettkämpfen und die ... Herrschaft der Fürstin"* mit ihrer *„Hast und Unruhe".* Weimar erschien Cornelius als *„kleine Musenstadt"*[10], die zwar später durch die Intrigen um den *Barbier* zum *„großen Dorf"* wurde[11], jedoch durch Liszt einen einzigartigen Rang erhielt. Wie sehr dieser im Mittelpunkt stand, hat Cornelius in seinem Artikel *Weimar* im Berliner *Echo* 1857 selbst geschildert[12]. Ein Jahr vorher hatte er überschwenglich bekannt: *„Hier ist das heilige Grab der Dichter und blühendes Leben der Musik wie nirgendwo, so will ich denn hier leben und sterben"*[13].

Als Liszt dann 1861 fortging, wurde — wie Cornelius es ausdrückte — *„die Bude geschlossen"*[14]. Die Altenburg war Ziel von Musikern, Dichtern, Malern und Schauspielern. Das luxuriös eingerichtete große Haus beherbergte ständig Gäste und vermittelte mit seinem originellen, unkonventionellen Leben[15] überreiche Eindrücke für Cornelius: *„Es kommt einem vor wie eine Völkerwanderung der Ideen und Meinungen"*[16]. Hoffmann von Fallersleben erinnert sich 1869: *„Die Altenburg war für mich ein Eiland voll ... heiterer Geselligkeit, liebender Teilnahme und wohltuender Anerkennung und Anregung",* und 1858 berichtete Hebbel, er könne über Liszts Musik zwar nichts sagen, *„aber einen Kreis hat er um sich gebildet, wie ich auf Erden noch keinen sah",* hier *„floß das individuellste Denken und Empfinden"*[17]. Noch 1867 erinnerte sich Cornelius selbst: *„Welche Kunstgenüsse bot jeder Sonntagmorgen bei Liszt, wo die Meisterwerke der Vergangenheit und Gegenwart in der vollendetsten Darstellung geboten wurden"*[18]. Vor allem entstand

---

8 Vgl. Carl Maria Cornelius, *Peter Cornelius in Weimar,* in: *Die Musik* XVIII, 3, 1924/25, S. 177.
9 *Franz Liszt,* Bd. I, Stuttgart und Berlin 1931, S. 159.
10 LW I, 131.
11 LW I, 358.
12 LW III, 61 ff.
13 LW I, 237.
14 LW I, 609.
15 Vgl. Antoine-Elisee Cherbuliez, *Peter Cornelius,* Zürich 1925, S. 11.
16 LW I, 147.
17 Vgl. Hans Engel, *Franz Liszt,* Potsdam 1936, S. 48.
18 LW III, 111.

für den aus dem konservativen Berlin kommenden Cornelius *„eine neue Welt von Kunstanschauungen, die aus einem Wogengewirr verschiedenartigster Eindrücke nach und nach vor mir auftauchte"*[19].

Liszt gab nun nach Prüfung der von Cornelius vorgelegten Kompositionen den Rat, er solle sich *„mit aller Entschiedenheit auf die Kirchenmusik werfen"*[20]. Liszt stimmte mit Cornelius' Bruder Carl, Geschichtsprofessor in Breslau, in dessen *„vocation pour la composition de musique religieuse-catholique"* überein, die er für Cornelius als ein *„admirable terrain"* ansah[21]. Liszt, der selbst in Weimar mit der Komposition einer Messe für Männerchor und Orgel begann und 1855 Cornelius seinen großen 13. Psalm für Tenor, Chor und Orchester widmete[22], hatte sich selbst der Orchestermusik, den Symphonischen Dichtungen zugewandt. Er erkannte aber in Cornelius einen Komponisten, der seine eigenen Vorstellungen von einer reformierten kirchenmusikalischen Kunst mitvollziehen könne, die Cornelius ihm später (1867) zu recht zuschrieb[23]. Die Fürstin erinnerte sich noch 1879: *„Er (Liszt) war selbst damit beschäftigt und hätte gern einen katholischen Mitbegleiter in ihm gefunden"*[24]. Liszt riet Cornelius auch, sich von den Vorbildern der Vergangenheit zu lösen. Er habe zwar Palestrina und Bach studiert, jetzt solle er jedoch seinen persönlichen, individuellen Stil, ja auch sein subjektives Empfinden zum Ausdruck bringen: *„laissez parler votre coeur"*[25]. Später sprach Cornelius selbst bei Liszts *Elisabeth*-Oratorium von *„erlebten Stellen, die immer tiefe Wirkung machen werden"*[26], auch wenn jetzt das *„gewaltsame Streben nach individueller Besonderheit"* zurückgetreten war[27]. Die ersten kirchenmusikalischen Kompositionen, die Cornelius daraufhin in Bernhardshütte anfertigte, die Messe, *Das große Domine* mit Orchester sowie die Männerchöre, zeigten daher auch *„den fühlbaren Eindruck, den Weimar auf mich gemacht hatte"*[28]. Durch Vermittlung seines Bruders und Liszts war er im Winter 1852/53 in Soest auf kirchenmusikalischem Gebiet tätig und komponierte u. a. zwei Messen: *„Mit vollem Herzen gehe ich an die Arbeit. Wieviel reicher an Begeisterung und Muth bin ich wieder durch Weimar geworden"*[29]. Dann zog es ihn aber wieder in den Bann von Liszts Nähe. Er besuchte mit ihm im Oktober 1853 das Karlsruher Musikfest, von wo aus Liszt mit seinen Schülern Wagner in Basel besuchte[30]. Cornelius entschloß sich, in Wei-

---

19 Tagebuch Frühjahr 1854, in: LW I, 154.
20 LW I, 122.
21 LW I, 135.
22 MW V, Bd. 5.
23 Im Bericht *Lohengrin in München* (NZfM 52, 1867, Nr. 29–32): Liszt habe mit seinen Psalmen und Messen *„den Weg durchgreifender Reform der in Weltlichkeit und Glaubenslosigkeit erschlafften und verkommenen Musik"* gewiesen. Vgl. LW III, 111.
24 LW II, 777.
25 LW I, 135.
26 24. März 1867. LW II, 497.
27 *Augsburger Allgemeine Zeitung* vom 1. März 1866: *Eine Aufführung der Heiligen Elisabeth von Liszt*, in: LW III, 78.
28 LW I, 154.
29 La Mara, *Briefe hervorragender Zeitgenossen an Franz Liszt,* Bd. I, Leipzig 1895, S. 194.
30 Das geplante und begonnene Büchlein über das Musikfest wurde nicht vollendet, zumal da von Pohl eine Brochüre erschien. Vgl. C. M. Cornelius I, 154 u. 183.

mar zu bleiben, nachdem seine Bewerbungen in Mainz nicht zum Erfolg geführt hatten. Er wohnte in der Altenburg und tat, wie schon Bülow seit 1848 und Raff, Dienste als Sekretär von Liszt, wofür ihm 1856 sogar ein Fixum in Aussicht gestellt wurde[31]. Cornelius fühlte sich allerdings in dieser Stellung als Musiker und schöpferischer Künstler verkannt[32]; erst 1857 nahm ihn Liszt unter seine Klavierschüler auf, namentlich für das Partiturspiel[33].

Die Verehrung für Liszt ist um so bemerkenswerter, als hier zwei sehr unterschiedliche Künstler aufeinandertrafen. Auf der einen Seite der Weltmann Liszt, erfolggewohnt, international berühmter Virtuose, selbstbewußt, eitel. Daneben Cornelius, aus den Berliner *„Winkelverhältnissen"* kommend: verwirrt, unsicher, bescheiden, sich unterschätzend — Tagebuch 1854/55: *„wie ich eben ein Nebenmensch bin"*[34] — , als Komponist unbekannt, kein glänzender Pianist, eher ein stiller Dichterlyriker. Und doch sollte die Uraufführung seiner Oper, des *Barbiers,* das Ereignis sein, durch das mit einem Schlage die ganz auf Weimar konzentrierte Ära in Liszts Leben abgeschlossen wurde, die immerhin ein gutes Jahrzehnt gedauert hatte[35]. Cornelius hatte von 1852 bis 1859 diese Ära miterlebt, an ihr teilgehabt, von ihr berichtet. Nun gilt Cornelius in der Liszt-Biographik zwar als Anhänger Liszts[36], jedoch wird seinen Äußerungen, Stellungnahmen und Erinnerungen eine objektivere Bedeutung zugemessen als denen anderer, die mit Liszt zusammenkamen. War doch Cornelius kein Anhänger, der seine eigene Meinung verlor, andererseits schwenkte er auch nicht wie andere in das Lager der Liszt-Gegner um. Dies lag auch an der eigentümlichen Stellung, die Cornelius in dem Weimarer Kreis um Liszt einnahm und ein besonders geartetes Verhältnis zum „Meister" begründete. Zunächst war Cornelius von der Persönlichkeit, dem Menschen und Künstler Liszt einfach fasziniert und begeistert. Als er am zweiten Tag seines Weimar-Aufenthaltes Liszt beim Umblättern eines César-Franck-Trios aus der Nähe beobachten konnte, *„reckte sich mein Enthusiasmus wie ein Efeugewächs um den lieben großen Künstler herum"*[37]. Noch 1860 wirkte in Wien der viertägige Besuch Liszts wie *„ein Rausch für uns alle. — Es gab mir eine kräftige Bejahung meiner selbst"*[38].

Die Verehrung Liszts, die auch in mehreren Gedichten *An Franz Liszt* zum Ausdruck kommt[39], rührte einmal aus der Bewunderung für den großen Künstler, für dessen Gehör und seine dirigentische Ausstrahlung[40], für den Meister der

---

31 LW I, 236. Vgl. auch Jacob, *Der beschwerliche Weg ...* , S. 37.

32 LW I, 256.

33 *„Das tägliche Dejeunieren oben, das Abschreiben für die Fürstin — o wie geniert es mich"* (Tagebuch 1854). Vgl. Barbara Glauert, *Spuren eines bewegten Lebens. Verschollenes und Unveröffentlichtes von Peter Cornelius* (= Kleine Mainzer Bücherei 9), Mainz (1974), S. 39.

34 LW I, 183.

35 Die Fürstin schrieb 1865: *„Ihr Barbier wird einen Abschluß mit dem ganzen bisherigen Weymarischen musikalischen Leben bezeichnen".* Vgl. auch Klara Hamburger, *Franz Liszt,* Budapest 1973, S. 201.

36 Vgl. Engel, *Liszt,* S. 48.

37 Tagebuch vom 22. März 1852, in: LW I, 120.

38 LW I, 521.

39 Gedichte, LW IV, 228, 235 u. 258 f.

40 LW III, 112.

chromatischen Harmonik in der Orgelfantasie über Meyerbeers Prophetenchoral[41], vor allem aber für den Klavierspieler Liszt mit seinen unglaublichen pianistischen Nuancierungen[42]: *„Man glaubt immer jedesmal, man hört ihn zum ersten Mal, oder wenigstens, so habe man ihn doch nie spielen hören"*[43]. Cornelius, der dem brillanten Klavierspiel abhold war — *„Der Teufel hole alles Klavierspiel; es ist etwas schauderhaftes, dies Herumrasen auf den schwarz und weißen Tasten"*[44] —, stellt zwar stolz fest: *„Ja, Liszt der Klavierspieler, der ist unvergleichlich, den besitzen nur wir"*[45], jedoch hob er mit Recht hervor, daß Liszt von der reinen Virtuosität zu den höchsten geistigen Idealen in der Kunst als Tondichter vorgestossen ist[46]. So bewunderte er die Interpretation von Beethoven-Sonaten[47], die Liszt als erster Virtuose in seine Konzertprogramme aufnahm[48]. Angesichts von Liszts h-moll-Sonate entfährt es ihm 1854/55 im Tagebuch: *„Besonders der Liszt ist ein Mordskerl — Herr, wie schwindelt einem vor diesem Gipfel und Abgrund"*[49]. Da er selbst sie klaviertechnisch nicht bewältigte, wollte er sie schriftlich analysieren, um sich *„die innerste Logik ihres Dichtens klar zu machen";* häufig genug stand er jedoch dabei wie *„ein Ochs am Berge"*[50]. Auch zum Musikfest nach Sondershausen fuhr er 1856 mit, um — wie er in seinem Aufsatz *Im Loh* schrieb — *„Liszt und seine Werke besser verstehen zu lernen"*[51].

Während Cornelius 1854/55 noch keine richtigen Freunde fand, mit denen er sich wirklich identifizieren konnte[52], berichtete er 1857 seinem Bruder: *„Wir leben hier im engen Freundschaftsverband, wie du es sonst unter Musikern wohl in der ganzen Welt nicht finden wirst"*[53]. Obwohl Cornelius Mitglied des *Neu Weimar-Vereins* war, zu dem sich der Kreis um Liszt gesellig zusammengeschlossen hatte, und er sogar Redakteur der Vereinszeitung *Die Laterne* war[54], nahm er doch eine Sonderstellung ein. Einmal war er kein Pianist wie Hans von Bülow, Hans von Bronsart, Karl Klindworth und Karl Tausig, dafür verband ihn mit Liszt eine besondere Übereinstimmung in Fragen der Religion, aus der sich auch das gemeinsame Interesse an der Kirchenmusik ergab: *„Unsere Freundschaft gründet sich auf die gleiche Überzeugung in Kunst und Religion. Im letzteren Punkte stimmt keiner von allen übrigen Freunden so mit ihm zusammen wie ich"*[55]. Die distanzierte Einstellung von Liszt gegenüber der offiziellen Amtskirche, ihren Dogmen

---

41 LW II, 222.
42 LW III, 168.
43 LW I, 227.
44 LW I, 224.
45 LW III, 62.
46 LW III, 108 u. 160.
47 LW I, 449.
48 LW III, 159.
49 LW I, 169.
50 LW I, 214.
51 LW III, 50.
52 LW I, 175.
53 LW I, 260.
54 Vgl. LW I, 184 f., 200; P. Raabe, *Liszt*, Bd. I, S. 162 ff.
55 Brief Juni 1860, in: LW I, 461.

und Vertretern wird an anderer Stelle ausführlich im Hinblick auf seine religiöse Musik gewürdigt[56]. Vergleicht man Liszts Äußerungen mit denen von Cornelius, so wird die Übereinstimmung tatsächlich sehr deutlich. Mögliche Anstellungen in Bonn oder Münster scheiterten am „Religionskonflikt": „*Ich will mich äußerlich gern fügen, nur im Innern muß ich frei bleiben. Es wird mir ein Vergnügen sein, in eine schöne gothische Kirche zu gehen. Aber beichten? ich möchte es nicht, darin liegt es!*", vertraut er 1854/55 seinem Tagebuch an[57].

Schließlich stand Cornelius auch durch seine literarischen Aktivitäten im Kreis der Musiker gesondert da, ja er galt zeitweilig mehr als Literat denn als Musiker und Komponist[58]. In seinem Tagebuch beklagte er 1854: „*Was war ich der Außenwelt gegenüber? ein verdorbener Musiker, der bei Liszt wohnt und ein Buch für ihn zu schreiben im Begriff ist*"[59]. Von Weimar aus schrieb Cornelius verschiedene Artikel, vor allem für die *Neue Zeitschrift für Musik,* über die an anderer Stelle eingehend abgehandelt wird. Zumeist steht Liszt mit seinem Wirken und seinen Werken im Mittelpunkt. Hauptsächlich aber war Cornelius als Übersetzer und Nachdichter beschäftigt und verdiente aufgrund der Vermittlung von Liszt durch Übersetzungen von Berlioz-Werken[60] oder der Oper *Die sibirischen Jäger* von Anton Rubinstein[61] zu seinem Lebensunterhalt. Vor allem diente sein Sprachtalent — er sprach bis zu sieben Sprachen — Liszt, der seine Gedanken, Programme und Schriften in Französisch niederlegte[62], mit dem Cornelius sich in Berlin intensiv beschäftigt hatte[63]. Deutlich stechen seine Übersetzungen gegen die von Lisa Ramann ab[64]. Zwar empfand Cornelius „*das leidige Übersetzen*" als unfruchtbar und seinen künstlerischen Zielen abträglich, jedoch war ihm andererseits bewußt, daß mit Liszt auch sein Name in die Welt ging[65], z. B. in den Vorworten und den Nachdichtungen der Symphonischen Dichtungen *Les Préludes, Prometheus, Mazeppa* usw.[66]. Kurz vor seinem Tode schrieb er noch an Liszt: „*So werde ich doch als deutscher Dolmetscher für die Töne unserer drei großen Meister (Liszt, Berlioz, Wagner) später meine Geltung behalten*"[67]. Insbesondere empfand er seine Bearbeitung von Liszts Buch über die *Zigeunermusik,* die ihm jahrelang eine

---

56 Vgl. den Sammelband über nichtliturgisch-religiöse Musik, *Studien zur Musikgeschichte des 19. Jahrhunderts,* Bd. LI, hrsg. von W. Wiora, Regensburg 1977.

57 LW I, 189. Zwar hatte er 1859 in Wien wieder gebeichtet und die Kommunion genommen (LW I, 348), jedoch war er 1863 einem Ruf nach Rom zu Liszt abgeneigt: „*Mag's nicht. Mit der Augenverdreherei und Gepäpstels und Gekardinäsels*" (LW I, 775).

58 Vgl. A.-E. Cherbuliez, *Cornelius,* S. 13.

59 LW I, 157.

60 LW I, 160 f., 195; P. W. Jacob, *Der beschwerliche Weg ...* , S. 37.

61 LW I, 158; *Franz Liszt. Briefe aus ungarischen Sammlungen 1835–1886,* gesammelt und erläutert von Margit Prahács, Kassel 1966, Kassel 1966, S. 79.

62 LW I, 186 ff.

63 Vgl. A.-E. Cherbuliez, *Cornelius,* S. 6 u. 9.

64 Vgl. P. Raabe, *Liszt,* Bd. II, S. 179.

65 LW I, 193 u. 198.

66 Vgl. Franz Liszt, *Musikalische Werke,* hrsg. von der Fr. Liszt-Stiftung durch Ferruccio Busoni, Peter Raabe u. a., 34 Bde, Leipzig 1907–1936, I: Symphonische Dichtungen, Bd. I–III.

67 LW II, 750.

„*Herzenssache*" war, als eine „*geistige Tat*"⁶⁸. Der französischen Fassung von Paris 1859 folgte die deutsche von Cornelius 1861 in Pest⁶⁹.

Die Übersetzungen machten ihn zwar intensiv mit dem Gedankengut von Liszt (und den geschwätzigen Zutaten der Fürstin) vertraut, jedoch traten dadurch seine eigenen Dichtungen in den Hintergrund. Von Cornelius hat Liszt nur zwei Gedichte vertont: 1857 den Männerchor *Weimars Volkslied*⁷⁰ und 1860 das Lied *Wieder möcht ich dir begegnen*⁷¹. Zu dem Verhältnis von Schriftsteller und Komponist bei Liszt fügte Cornelius auch den lyrischen Dichter hinzu. Zwar formulierte er seine Aufgabe in Wien Liszt gegenüber mit: „*Musik und Literatur in all ihren Wechselbeziehungen*"⁷², jedoch ist es in erster Linie die innige Verbindung des „*Dichter-Musikers*", wie er sich selbst nannte⁷³, die er anstrebte. Ganz bewußt geschah sein Ringen um eigene künstlerische Freiheit mit Hilfe der schöpferischen Tätigkeit auf dem Gebiet der Lyrik, in Wort und Ton⁷⁴, was ihn gegen den dramatisch-pathetisch empfindenden und rhetorisch komponierenden Liszt deutlich abhob, aber auch in den Hintergrund drängte. Schon 1854/55 nahm er sich vor: „*Ich bleibe bei meinen Liedern und bei meiner Ausdrucksweise, die ich handhaben kann. Das darf ich mir nun einmal nicht mehr verkümmern lassen. Poesie des Worts mit Musik vereint – das mein Bestreben – und darin unbeirrt fort – Basta!*"⁷⁵. Die neun *Vater Unser*-Lieder wurden 1856 auf Empfehlung Liszts in Berlin gedruckt⁷⁶. In einer handschriftlichen Widmung eines Exemplars nennt Cornelius, einen Ausdruck von Raff übernehmend, Liszt seinen „*Claviersatz-Lehrer*", distanziert sich aber gleichzeitig davon, da er „*keine Clavierstücke à la Liszt schreibe*"⁷⁷.

Voller Dankbarkeit für Liszts Hilfe, Förderung und Unterstützung schrieb Cornelius nach der *Barbier*-Aufführung: „*Liszt handelt unvergleichlich an mir*"⁷⁸. Schon früh hatte er gesehen, daß Liszt seine überragende Stellung benutzte, „*überall, wo fremdes Genie oder Talent es bedarf, hilfreich Hand zu leisten*"⁷⁹. Zugleich empfand Cornelius aber auch die materielle und finanzielle Abhängigkeit von Liszt, die durch seine Überlegenheit und seinen Glanz noch verstärkt wurde. Wie er 1867 rückblickend sagte, fügten sich die jüngeren Künstler halt „*dem leitenden*

---

68 LW I, 469.
69 Vgl. P. Raabe, *Liszt,* Bd. II, S. 195.
70 *Musikalische Werke* VII, Bd. II, Nr. 13, Vgl. LW I, 260; Lina Ramann, *Franz Liszt,* Bd. II, I, Leipzig 1887, S. 143.
71 *Musikalische Werke* VII, Bd. III, Nr. 4. Cornelius hatte es Liszt gesandt auf dessen Wunsch nach einem „*komponalen Gedicht*". Vgl. LW I, 494.
72 LW I, 325.
73 C. M. Cornelius I, 183.
74 Brief vom 13. Oktober 1854: „*Ich habe jetzt durch meine 15 neuen Lieder die Ruhe, die Möglichkeit zum Komponieren wiedergefunden, und werde mich fortan durch nichts mehr irren lassen*". Vgl. LW I, 164.
75 LW I, 170.
76 LW I, 223.
77 *Peter Cornelius und seine Zeit, Dokumente aus Mainzer Besitz. Ausstellungs-Katalog,* hrsg. von Barbara Glauert, Mainz 1974, S. 15, Nr. 73.
78 LW I, 302.
79 LW I, 150.

Geist und Willen des Meisters"[80]. 1855 stellte Cornelius realistisch fest, es gäbe für ihn nur einen Gönner, Liszt, *„von dem ich abhänge, mit dem ich mich aber so gestellt habe, daß die Abhängigkeit eine ehrenhafte ist"*[81]. Zwei Zeilen aus dem Gedicht *An Franz Liszt zu Silvester 1858* offenbaren das Verhältnis: *„Ja von deinem Lied durchdrungen durft auch ich zu singen wagen"*. In Wien wehrte sich Cornelius dann 1863 gegen die Gefahr, bei Wagner ein *„geistiges Möbel"* zu werden: *„Ich habe so was durchgemacht. Mit Liszt. Da tat ich alles naiv aus innerem Lebensdrang"*[82]. Zeitweilig nahm ihm auch Liszts unbestrittene Größe den Mut zum eigenen produktiven Schaffen[83]. Um doch wieder zum Komponieren Ruhe und Konzentration zu finden, entzog er sich dem *„Treiben"* und *„dem täglichen Hofleben auf der Altenburg"*[84] und floh geradezu nach Bernhardshütte und nach Mainz, um zu dichten und zu komponieren.

Gleichzeitig versuchte er, eine gewisse geistige Abhängigkeit abzubauen. Als Joachim und Raff sich später gegen Liszt und seine Kunstanschauungen wandten, bedeutete das, daß auch Cornelius sich von ihnen zurückzog. Dabei hatte Cornelius von Anfang an versucht, sich aus dem erbitterten Hader der Parteien einigermaßen herauszuhalten. Schon in den ersten Weimarer Tagen von 1852 hatte ihm deshalb die Lektüre der *Neuen Zeitschrift für Musik „Alpdrücken"* verursacht[85]. Später suchte er Distanz zu dem *„Cliquen- und Claquenwesen"* in der Stille der Bernhardshütte. 1858 schrieb er sogar der Fürstin, *„wie widerlich mich alle diese unangenehm leidenschaftlichen Parteistimmen berühren. Das liest sich ja, wie sich ein Saal voll weinangetrunkener, heiser kreischender Stimmen anhört"*[87]. Zu dem anhaltenden Streit zwischen Anhängern und Gegnern der „Zukunftsmusik" äußerte er 1861 in Wien: *„Möchte doch das leidige Parteitreiben von beiden Seiten sein Ende finden! Das Schöne, was geleistet und wahrlich auch von Liszt reichlich geleistet wird, wird ja bleiben"*[88].

Die zu Liszt unterschiedliche Auffassung über eine Beethoven-Sonate, wie er sie im Berliner *Echo* formuliert hatte[89], brachte Cornelius auf den Gedanken, wie wesentlich es sei, in einem unwichtigeren Punkte doch eine *„unabhängige, freie Meinung auf eigene Hand zu manifestieren, ohne erst ängstlich zu fragen, wird es dem oder dem auch recht sein. So möchte ich fortfahren"*. Schließlich erlaubte er sich auch der Fürstin gegenüber Kritik an Liszts eigenen Werken, z. B. an den *Festklängen*, die auf ihn einen *„peinlichen Eindruck"* machten: *„Aus einseitiger Bewunderung bin ich erlöst"*[90]. Auch die ausschweifenden und nebulösen Breittretereien der Fürstin in den Artikeln von Liszt bemängelte Cornelius; er empfand

---

80 LW III, 112.
81 LW I, 198.
82 LW I, 775.
83 LW I, 157.
84 LW I, 164 f.
85 LW I, 120.
86 LW I, 186.
87 LW I, 268.
88 LW I, 577.
89 LW I, 178.
90 LW I, 183.

sie in den Artikeln über Wagners *Rheingold* und über R. Schumann als *„Floskelkram", „Zeug"* und *„Schnabbelei"*[91]. Ja, er erlaubte sich sogar, auf die Bemerkung der Fürstin, Liszt instrumentiere besser als Berlioz, mit einem Nein zu antworten[92].

Nachdem im Mai 1860 die Fürstin von Weimar nach Rom gefahren war, litt Liszt, einsam wegen des Todes seines Sohnes und der Krankheit von Cosima, unter schweren Zweifeln und Depressionen. Cornelius schrieb am 23. Juli 1860 an Marie Gärtner über die neue Situation[93]: *„Die Altenburg ist mir ein Rätsel – Doch eines Tages wird sich's ja lösen ... Ich glaube, daß die Fürstin dort ihre Tage beschließen wird, wo sie jetzt ist. Daher Liszts ganzes Wesen und Benehmen nach ihrer Abreise. Geben Sie mal acht, Marie, was ich gesagt habe: Es war eine Trennung. Gott wolle, daß ich mich täusche".* Ein Jahr später wurde unter dem Einfluß Wagners die Distanz zu Liszt noch größer, dagegen bleibt die große Verehrung für die Fürstin erhalten. An seinen Bruder Carl schrieb er 1861[94]: *„Die Fürstin soll in Rom sehr traurig und höchst eingeschränkt leben. – Ich bewahre ihr solange ich lebe meine Freundschaft und Verehrung und würde jedes Opfer bringen, um mich ihr dienstlich erweisen zu können. Weimar sieht mich gewiß nicht wieder, wenn sie nicht auf der Altenburg wohnt. – Liszt, ich fürchte, ist mitten im Aufschwung zerbrochen, denn mit der Fürstin gibt er seinen Lebensnerv auf".* Nicht zufällig steht dann auch in einem Brief an Cornelius, den der Mitschüler Carl Tausig ihm am 25. August 1865 schrieb, das ominöse *„Was sagst Du zu dem klavierspielenden Abbe? Findest Du das alles nicht höchst wunderbar?"*[95]. Zu dieser Zeit war für Cornelius Liszt in seinem *„ganzen Wesen und Wirken nachträglich verkümmert, indem ich es mehr im Lichte der Selbstsucht und Eitelkeit betrachte"*[96]. Er wirft Liszt vor, daß er sich in seinem künstlerischen Wirken aus Deutschland zurückgezogen habe, daß er die Fürstin verlassen habe (was diese in einem Brief bestreitet), *„schließlich ist mir seine Wendung zur geistlichen Laufbahn völlig widerlich, und es sind im ganzen diese drei Punkte seines Verhaltens in Kunst, Liebe und Religion, die mich dem einst verehrten Freund entfremden".*

Nicht zuletzt auch durch seinen Anschluß an Wagner verlor Cornelius weitgehend den Kontakt zu Liszt. Sechs Jahre hatte er ihn nicht gesehen, als Cornelius auf dem Tonkünstlerfest des *Allgemeinen deutschen Musikvereins* in Meiningen 1867 seinen Lehrer wiedertraf, Liszt: ruhiger und abgeklärter, er selbst: *„mit leiser Befangenheit vor dem geistlichen Kleid",* wie er in *der Augsburger Allgemeinen Zeitung* schrieb[97]. Er sagte Liszt in einer Aussprache: *„Wissen Sie, ich seh' an Ihnen nicht das Einzelne; aber das Ganze, das Sie sind, verehr' ich und lieb' ich"*[98]. Trotzdem hatte er den Eindruck: Liszt *„will sich, sich und nochmals sich. – Ist es mit*

---

91 LW I, 188.
92 LW I, 196.
93 LW I, 474.
94 LW I, 605.
95 LW II, 236.
96 LW II, 207.
97 LW III, 115.
98 LW II, 535.

Wagner auch so, mit Berlioz? Dann behüte uns Gott vor Genie, seien wir zufrieden, der kleine Mann zu sein"[99]. Ein Jahr später, 1868, faßte Cornelius seine Stellungnahme zu Liszt als Künstler und Mensch noch einmal zusammen, als er vom Verlag Dunker und Humblot den Auftrag erhalten sollte, eine Lisztbiographie zu schreiben, und ablehnte[100]. Cornelius sah sich nicht in der Lage, Liszts Schaffen und Wesen in allen Teilen positiv zu beurteilen oder gar enthusiastisch zu preisen. Wenn er auch *„im Ganzen"* Liszt geistiges Ringen anerkennt, so *„bin ich doch auf dem Wege meiner künstlerischen Entwicklung auf einen Punkt gelangt, wo ich für die Mehrzahl seiner Werke nicht mehr den Ton des Panegyrikers finden könnte. Um deutlich zu sein, ich rechne dahin seine symphonischen Dichtungen Orpheus, Hamlet, Hunnenschlacht, Mazeppa, ja selbst seinen Faust und Dante, seine Ideale; den größten Teil seiner Gesangslyrik und Anderes".*

Immerhin war das Verhältnis zum Künstler Liszt so gestellt, daß Cornelius 1868 noch einmal wie zwei Jahre zuvor[101] lobend das *Elisabeth*-Oratorium von Liszt besprach[102] und 1869/70 noch einmal für Liszt eine größere Textvorlage übersetzte. Liszt hatte im Oktober 1869 die in Polen erschienene Legende des *Heiligen Stanislaus von Simienski* angefordert; er wollte sie dann seinem *„Freund Peter Cornelius"* (nach München) schicken, der sicherlich *„une parfaite traduction poétique et musicale à la fois en allemand"* anfertigen würde[103]. Das geplante Oratorium wurde jedoch nicht fertiggestellt, Cornelius' Nachdichtung, die von Peter Raabe als *„poesielos"* charakterisiert wurde[104], ergab wohl auch keine vertonungsreife Vorlage[105]. Dagegen hat eine letzte Nachdichtung, die Cornelius kurz vor seinem Tode für Liszt machte, großen Anklang gefunden. Aus Pest hatte Liszt geschrieben[106]: *„Sie allein können mir helfen und die ‚Hymne de l'enfant à son reveil' von Lamartine getreu, poetisch-musikalisch, deutsch dichten".* Cornelius gelang für die Pester Druckausgabe eine hervorragende Adaption an den Notentext, so daß Liszt begeistert schrieb: *„Alles und Jedes trifft, Silbe zu Silbe, mit der Musik so zusammen, als wären Dichtung und Gesang auf einmal entsprungen".*

So blieben Cornelius und sein großer Lehrer und Förderer bis zum Schluß trotz aller Schwankungen ihres persönlichen Verhältnisses im gemeinsamen Ziel des künstlerischen Wirkens verbunden. Liszt hatte schon 1860 in seinem Testament unter den Mitgliedern der „Neudeutschen Schule", die ein persönliches Andenken erhalten sollten, Cornelius an zweiter Stelle genannt[107]. Andererseits hielt auch Cornelius generell an der Hochschätzung von Liszt fest, obwohl er weiterhin z. B. sinfonische Werke wegen des Bruchs von deutschen und französischen Einflüssen *„in meine Kategorie des Übergangs"* verwies (1871)[108]. Auch an Cornelius'

---

[99] LW II, 538.
[100] Vgl. C. M. Cornelius II, 132 ff.
[101] LW II, 77ff.
[102] LW III, 159 f.
[103] M. Prahács, *Liszt*, S. 138.
[104] P. Raabe, *Liszt*, Bd. II, S. 141 ff.
[105] L. Ramann, *Liszt*, Bd. II, 2, S. 459 f.
[106] LW II, 748 f.
[107] Vgl. L. Ramann, *Liszt*, Bd. II, S. 428.
[108] LW III, 190.

Verhältnis zu Liszt erweist sich, wie die sogenannte „Neudeutsche Schule" weniger aus Gründen künstlerischer Divergenzen als aus persönlichen Spannungen, Mißverständnissen, Erfolgstreben und Rivalitäten auseinanderfiel, bis sie nur in der Sicht der Gegner eine Einheit bildete. Die faszinierende Persönlichkeit Liszts und die Ziele der von ihm gegründeten Schule eines *„musikalischen Fortschritts"* haben Cornelius angezogen, mitgerissen, zurückgestoßen und doch wieder gebunden. Er selbst drückte es 1861 in Wien so aus: Man würde vielleicht einst erkennen, *„daß ich ein höchst loyaler Weimaraner bin, der, auf wunderlichen Wegen geführt, alte und neue Traditionen dieses Weltwinkels wie kaum ein anderer zu lebensfähigen Produktionen innerlich zu verwerten wußte"*[109].

---

109 Vgl. Emil Sulger-Gebing, *Peter Cornelius als Mensch und als Dichter,* München 1908, S. 16.

Hans-Joachim Bauer
Cornelius und Richard Wagner

Die Problematik in der Beziehung zwischen Cornelius und Wagner besteht weniger in einer einseitigen Abhängigkeit, als vielmehr in der Vielschichtigkeit eines ambivalenten Lebensprozesses. Die latent vorhandene Freundschaft beider Künstler, vom Zeitpunkt des ersten brüderlichen „Du" bis zum Tode Cornelius', ist nur ein Aspekt. Ein weiterer Gesichtspunkt wäre die Entwicklung der menschlichen und künstlerischen Beziehungen beider Freunde mit dem Schwerpunkt auf der künstlerischen Emanzipation Cornelius' von Wagner. Ein dritter Aspekt wäre die gegenseitige Einschätzung dieser Freundschaft unter den Einflüssen der sie betreffenden Ereignisse. Leider fehlt dafür eine wichtige Quelle. Die Briefe Cornelius' an Wagner gingen verloren und sind möglicherweise im Hause „*Wahnfried*" vernichtet worden[1]. Eine vierte Vergleichsebene böte sich durch eine Analyse der dichterischen, kompositorischen und kompositionstechnischen Zusammenhänge an. Da jedoch spezielle Themen zum Werk Peter Cornelius' in gesonderten Aufsätzen behandelt werden, möchte ich diesen Aspekt ganz ausklammern, um dafür die biographischen Bezugspunkte in den Mittelpunkt zu stellen. Dabei möchte ich die Quellen in zwei Kategorien gliedern. Die Briefe sollen Anhaltspunkte für die Entwicklung der freundschaftlichen Beziehung sein, während am Beispiel der *Meistersinger*-Aufsätze[2] die künstlerische Verbindung beider Dichter-Komponisten erläutert werden soll.

I. Die Entwicklung der freundschaftlichen Beziehung.

Es ist bezeichnend für den jungen Cornelius, daß er zunächst von dem glänzenden Ruhm Liszts — ohne besondere pianistische Begabungen und Absichten zu haben — angezogen und eingefangen wurde, um über ihn die Musik und die Person Wagners kennenzulernen. Cornelius' aufgeschlossener Geist und sein lebhaftes Temperament bedurfte der „*aufjauchzenden Affirmation*" — wie er sich in einem Brief an die Fürstin Wittgenstein einmal ausdrückte[3] — um seine Begabungen sich entfalten zu lassen. Die Persönlichkeit Wagners und besonders seine Wer-

---

[1] In der Diskussion bestätigte Hubert Unverricht diese Vermutung durch eine entsprechende Auskunft, die er aus Bayreuth erhalten hatte, und wonach die Cornelius-Briefe tatsächlich vernichtet worden seien.

[2] Peter Cornelius, *Die Meistersinger,* in: LW III. Diese *Meistersinger*-Aufsätze bestehen aus einem ersten Teil, der am 20. Juni 1868 im Abendblatt der *Süddeutschen Presse* abgedruckt worden war, einem zweiten Teil, der am 7. September 1868 in der Zeitschrift *Die Tonhalle, Organ für Musikfreunde* Nr. 24 teilweise stand und einer Fortsetzung des Aufsatzes über jenen Abbruch in der *Tonhalle* hinaus. Das Manuskript dieser Aufsätze findet sich in einem Tagebuch Cornelius', das zusammen mit dem übrigen Nachlaß im Archiv der Stadtbibliothek Mainz aufbewahrt wird. In diesem Tagebuch findet sich zu den *Meistersinger*-Aufsätzen eine unveröffentlichte Einleitung, die einen Bogen schlägt von Lohengrin, dem Schützer von Brabant, zu König Ludwig II., der in demselben Jahr wie jene Oper geboren, zum Schützer des Wagnerschen Werkes auserkoren war.

[3] LW II, 176.

ke lösten die Begeisterungsfähigkeit aus, die Cornelius brauchte, um sowohl zum Wagnerianer, als auch zum eigenständigen Komponisten zu werden.

Als Liszt mit seinen Schülern zum Musikfest nach Karlsruhe und weiter nach Basel reiste, standen sich dort, am 6. Oktober 1853, Cornelius und Wagner das erste Mal gegenüber[4]. Acht Jahre später, am 9. Mai 1861, trifft Wagner in Wien ein, um dort erstmals seinen *Lohengrin* zu hören, der am 15. Mai 1861 mit großem Erfolg in der Hofoper aufgeführt wurde. In dieser Zeit sammelt Cornelius seine ersten persönlichen Eindrücke im Umgang mit dem bereits berühmten Komponisten. *„Er [Wagner] ist der einfachste und liebenswürdigste Mann von der Welt"*[5], schreibt Cornelius im Mai 1861 an Rosa von Milde; und an die Schwester Susanne heißt es im November desselben Jahres: *„Es ist ein Geschenk, mit ihm zu leben"*[6]. Cornelius war mit Recht stolz auf die Freundschaft der drei großen Zeitgenossen Liszt, Berlioz und Wagner. Aber es wäre falsch, die neue Freundschaft mit Wagner als eine apologetische zu bezeichnen. Die inzwischen überwundene, enge Bindung an Liszt, und die Arbeit an der zweiten Oper *Cid* schärften seine Kritikfähigkeit und sein Unabhängigkeitsgefühl. So ist es zu erklären, daß sich im zuletzt zitierten Brief auch der Wunsch findet, Wagner möge aus Wien abreisen, damit er selber wieder zur Arbeit kommen könne. Diese Ambivalenz von leidenschaftlicher Zuneigung und selbstbehauptender Distanzierung durchzieht die gesamte Freundschaftsbeziehung aus der Sicht Cornelius'. Wagner seinerseits hatte einen sehr sicheren Blick für Menschen, deren Begabungen und Einsatzfreudigkeit für seine eigenen Ideen zu gewinnen waren. Aber auch das wäre falsch, sein Verhalten als bloße Berechnung einzuschätzen. Mit all seinen Launen war Wagner dennoch tiefernst und aufrichtig in seinen menschlichen Bindungen; wenn das auch manchmal etwas theatralisch geschah. In dieser Art verfährt er mit einer Einladung an Cornelius zur *Meistersinger*-Lesung in Mainz: *„Mittwoch, am 5. Februar, abends, lese ich in Mainz bei Schotts die Meistersinger vor. – Du hast keine Ahnung davon, was das ist, was es mir ist, und was es meinen Freunden sein wird! ... Fürchte keine Strapaze: es wird, glaub' mir, ein heiliger Abend, der Dich alles vergessen läßt! Also – Du kommst! Wenn nicht, bist Du auch ein gewöhnlicher Kerl, etwa ein ‚guter Kerl', und ich nenne Dich wieder Sie!"*[7] (Das „Du" hatte Wagner einige Wochen zuvor, in einem Brief vom 11. Dezember 1861 aus Paris[8], dem jungen Freund angeboten). Cornelius' Reaktion steht dem Ultimatum Wagners allerdings kaum nach. Cornelius ist am Abend der Lesung wie zu einem Bühnenauftritt im letzten Augenblick zur Stelle. Und um zu unterstreichen, daß er ausschließlich wegen des künstlerischen Ereignisses gekommen war, lehnt er es ab, am folgenden Abend noch bei Verwandten zu bleiben. Er tritt unverzüglich die beschwerliche Rückreise nach Wien an.

Ein Pendelschlag in die andere Richtung kündigt sich durch Cornelius' Reise zu Tausig an den Genfer See an. Als er von dort nach Wien zurückgekehrt war, schreibt er an seine Schwester Susanne: *„Sein [Wagners] ganzes Leben ist ein Hieb über*

---

4 LW I, 169 ff.
5 LW I, 595.
6 LW I, 621.
7 LW I, 643.
8 LW I, 631.

die Schnur"[9]. Und auf einem Tagebuchblatt stehen die Sätze: *„Wagner! Das ist ein Hauptkapitel! Ach, ich mag nicht ausführlich darüber reden. Ich sag' es kurz: Seine Sittlichkeit ist schwach und ohne rechtes Fundament. Sein ganzer Lebensgang mit seinem egoistischen Hang in Verbindung hat ihn in ethische Labyrinthe verstrickt! ... Er hat sich innerlich zu sehr darauf gerichtet, daß seine geistige Größe alle sittlichen Schwächen decken soll und ich fürchte, die Nachwelt nimmt es genauer"*[10]. Bevor sich jedoch Cornelius heftig dagegen auflehnt, *„ganz Kurvenal"* werden zu sollen[11], kommt die gemeinsame Penzinger Zeit, in der Cornelius Wagners täglicher Gast war und beim gemeinsamen Weihnachtsfest 1863 von Wagner mit Geschenken überhäuft wurde. Aus Dankbarkeit schreibt Cornelius seinen *Trinkspruch* auf Richard Wagner und trägt das Gedicht zur Sylvesterfeier bei Dr. Standhartner vor[12]. Im März beendet Cornelius seinen *Cid* und begeistert sich über den *„Coup mit Wagner"*[13], denn der bot sich an, den *Cid* in Weimar zu dirigieren. Daraus wurde allerdings nichts, denn Wagner wurde als Dirigent in Weimar abgelehnt.

Ein besonders freundschaftliches Vertrauen zeigte Wagner nach seiner Flucht aus Wien in jenem orakelhaften Brief an Cornelius: *„Ein Licht muß sich zeigen: Ein Mensch muß mir erstehen, der jetzt energisch hilft, — dann habe ich noch die Kraft, die Hilfe zu vergelten: sonst nicht"*[14]. Die glückliche Wendung, die durch den König Ludwig II. im Leben Wagners eintrat, veranlaßte ihn sogleich, alle seine ergebenen Freunde wieder um sich zu versammeln. Sein Ruf ging auch nach Wien an den Freund Peter. Aber Wagner kannte eigentlich nur den begeisterungsfähigen Jüngling und das gutgelaunte *„Faktotum"*[15]. Seine Kritik und seine Emanzipationsversuche hat Cornelius kaum jemals dem Meister richtig zu spüren gegeben. Wagner aber übersah nicht nur die innere Entwicklung des Freundes, er wählte außerdem wieder das scheinbar bewährte Mittel eines brieflichen Ultimatums, um Cornelius nach München zu zitieren. Dieses Mal reagierte er aber mit beleidigtem Stolz: *„Ein Höriger schreibt keinen Cid"*[16]. Leider schrieb Cornelius auch diese, wie viele ähnliche Rechtfertigungen seines Standpunktes nicht an Wagner selber. Mit der größten Wahrscheinlichkeit waren auch in den verlorenen Briefen an Wagner keine kritischen Bemerkungen zu finden. Immerhin aber bleibt Cornelius bis zum Abschluß seines *Cid* (Überarbeitung und Ouvertüre) in Wien, schreibt ausweichend auf die dringlichen Einladungen nach München, lädt den Zorn Wagners bewußt auf sich und empfindet selbst sein Verhalten als den ersten Bruch[17] mit dem großen Freund[18]. Diese Beklemmung geht sogar so weit,

---

9 LW I, 674.
10 LW I, 698.
11 LW I, 772 f.
12 LW I, 747.
13 LW I, 754 f.
14 LW I, 762 f.
15 LW I, 625.
16 LW I, 772.
17 LW II, 423: *„ ... die Notwendigkeit meinen Cid zu vollenden war mein erster Bruch mit Wagner".*
18 LW I, 775.

daß er im November 1864 an seinen Bruder Carl schreibt: *„In München käme ich mir wie ein vom Turm gefallener vor"*[19] und die 1.000 Gulden Jahresgehalt seien eine Verlockung des Teufels. Sogar den eigentlichen und überzeugendsten Grund seines Starrsinns benennt er im selben Brief: *„Wagners Atmosphäre hat eine große Schwüle, er verbrennt und nimmt mir die Luft".* Wagner durchschaute offenbar inzwischen die Hintergründe, denn er schreibt am 24. Dezember 1864 an Cornelius: *„Wie sonderbar fremd Du Dich mir doch machen willst! ... Lieber Peter! Nimm es diesmal recht ernst! Von dem, was hier — nicht in ‚München', sondern im Schutze dieses idealen Jünglings, den das Schicksal zum König von Bayern berufen hat, möglich ist, kannst Du Dir in Wien keinen Begriff machen. Alles — das Größte, Idealste! Aber Menschen, tüchtige, hochbegabte Menschen von ernstem Willen bedarf's dazu: allein kann ich nichts. — Hier ist alles gesagt! — Wann sehe ich Dich? — "*[20] Diesem Ton widersteht Cornelius nur noch Tage und übersiedelt am 29. Dezember nach München.

Wieder beginnt das aufregende Hin und Her zwischen Bewunderung für und Befreiung von Wagner. Neu dazu kommt jedoch der tiefe Eindruck, den der König auch auf Cornelius gemacht hat, und die Aussicht auf eine Stelle als Lehrer am Konservatorium. Aber die Zweifel bleiben. Einerseits sieht Cornelius in *„München"* die *„schöne, glänzende Lüge"*[21] und sich selbst als *„eine Art Gemütsdiener für Wagner"*[22], andererseits schreibt er über Wagner, daß er sich *„väterlich und liebenswürdig"* benähme; und: *„Er mißversteht mich nie und hat immer schließlich eine gute Deutung für all mein Verhalten gegen ihn"*[23]. Aus einer anderen Briefstelle wird deutlich, wie klar Cornelius manchmal seine Beziehung zu Wagner analysierend zu beschreiben vermochte. Dieser Brief war an Dr. Standhartner gerichtet: *„Von dem Moment an, wo ich — nachmittags um 2 Uhr — bei ihm [Wagner] esse — ist an kein Loskommen mehr zu denken, das gelingt nur ausnahmsweise, und das ist ein Zustand, der mich umbringt. Und sagen <u>kann</u> ich ihm das nicht. Es wäre ungerecht, grausam — er versteht es nicht — ahnt nicht, wie mir solches Zusammensein Mark aus der Seele saugt, wie ich die Einsamkeit, vor allem aber Freiheit brauche"*[24].

Aber wieder treibt es Cornelius ins Extrem, als er die Intrigen des Münchner Kabinetts gegen Wagner mit seinem Rücktrittsgesuch quittierte, und nur durch die Beschwichtigungen der Freunde den voreiligen Schritt rückgängig machte[25]. Trotzdem geht Cornelius und benützt die Einstudierung seines *Cid* in Weimar als willkommenen Grund zur Flucht aus München. In dieser Zeit reifte in Cornelius die Entscheidung heran, sich nachdrücklich aus dem Einflußbereich Wagners zu befreien. Er schreibt an die Fürstin Wittgenstein: *„V o r dem aufgeführten Cid war vieles anders, ich konnte schwankend, zuwartend bleiben; n a c h demselben ist es mir nur zu entscheiden, daß ich in der Produktion nicht die Wege des Schöpfers*

---

19 LW I, 792 f.
20 LW I, 798.
21 LW II, 19 f.
22 LW II, 22 f.
23 LW II, 31 f.
24 LW II, 23 f.
25 LW II, 32 f.

von Tristan und Isolde nachtreten kann, sondern im Innersten frei meinen eigenen Weg gehen muß"[26]. Und so entsteht zwischen den beiden Freunden die zweite größere und offene Verstimmung, die Hans von Bülow versuchte, als Vermittler zu bereinigen. Denn Wagner warf dem Freund drei grobe Taktlosigkeiten vor. Einmal die bereits erwähnte Reise zu Tausig an den Genfer See, sodann die unentschlossene Haltung zum Angebot nach München[27], sowie die versäumte Uraufführung des *Tristan* in München. Dieses letzte Versäumnis hatte Cornelius selbst als einen *„großen Fehler"* empfunden[28]. Ohne deshalb um Gnade zu flehen, legte er es jedoch nicht darauf an, endgültig zu brechen[29]. Und obgleich Cornelius nunmehr vom engeren Wagnerzirkel wie ein *„Abtrünniger"*[30] behandelt wurde, hatte er sich dennoch durch seinen Stolz eine unabhängige Position, eine von Wagner respektierte Selbständigkeit ertrotzt[31].

Der Höhepunkt der Münchner Intrigen gegen Wagner gipfelte in dessen Ausweisung durch den König auf Verlangen des Kabinetts. Cornelius war nun vor allem deshalb gegen Wagner und Bülow erbittert, weil er selbst es war, der zuerst mit seiner Demission klare Verhältnisse schaffen wollte[32], was die Freunde damals als voreiligen Schritt rügten. Dennoch, oder gerade weil Wagner sich nunmehr wieder verstärkt seiner Haut wehren mußte, konnte er voll auf Cornelius' Unterstützung zählen: *„Ich bin fest entschlossen, unerschütterlich an ihm zu halten, durch Dick und Dünn mit ihm zu gehen, parteiisch bis auf's Blut. Wenn ich sehe, wie andre, wie ein Bülow, Liszt, Berlioz, Tausig, Damrosch an mir handeln, mich links liegen lassen, mich vergessen und wie er, sobald ich ihm nur ein Herz zeige, immer bereit ist, mir seine volle Freundschaft zuzuwenden, so sag' ich mir: das Geschick hat nun einmal unsere Wege ineinander laufen lassen!"*[33] Wie in diesem Brief, so setzt Cornelius seine Beziehung zu Wagner — im Kontrast zur Bindung an Liszt — auch in folgender Briefstelle auseinander: *„ – Liszt, ja – er war recht lieb – aber es ist ein eigen Ding – Wagner ist mir bei all seinen Launen und seiner Stürmerei doch lieber. Bei Liszt hat man immer das unheimliche Gefühl der Weltmaske, die er vornimmt. Er will dennoch sich, sich und nochmals sich; darüber keine Täuschung!"*[34]

Am 14. August 1867 heiratete Cornelius Bertha Jung in Mainz, nachdem die Anstellung als Lehrer der Harmonielehre und Poetik an der Kgl. Musikschule in München endlich erfolgt war. Dieser neue Lebensabschnitt des Cornelius leitete notwendigerweise auch einen andersgearteten Umgang mit Wagner ein. Nun ist er, Cornelius, Gastgeber und *„Hausvater"*. Wagner besucht nunmehr seinen Freund, was früher kaum vorkam, und Wagner wurde bei solch einer Gelegenheit mit einem Gedicht geehrt, das die neue Situation deutlich zum Ausdruck bringt. Es ist über-

---

26 LW II, 177.
27 LW II, 163.
28 LW II, 225 f.
29 LW II, 237.
30 LW II, 253.
31 LW II, 274 ff.
32 LW II, 382 f.
33 LW II, 485.
34 LW II, 537.

schrieben: *An Richard Wagner* und beginnt mit folgenden Versen: *"Tritt ein und laß dir's wohlgefallen / In meinem Haus, an meinem Herd"*[35]. Aber auch die allgemein gestiegene Ehrfurcht vor dem Schöpfer der *Meistersinger*, dessen vertraulicher Umgang mit dem König, und die eingeschworene Clique der Wagnerianer waren Umstände, die Cornelius bewogen, sich etwas abseits zu halten und in den Kries seiner Familie zurückzuziehen. Diesen Ort der Geborgenheit brauchte er um so mehr, als die Anforderungen und das Unbehagen seiner Lehrtätigkeit stiegen. Cornelius fühlte sich nicht zum Schulmeister geboren. Dennoch stürzte er sich aus Pflichtbewußtsein seiner Familie und den Studenten gegenüber tief in diese Tätigkeit. Bei einem der nun spärlichen Besuche bei Wagner — der Cornelius prompt wegen seines langen Fernbleibens rügte und sich schließlich in Wutausbrüche hineinsteigerte — entgegnete Cornelius auf die Ausrufe *"Ha diese Kapellmeister!"* und *"Wer nicht für mich ist, der ist gegen mich!"*[36] erstmals mit einer ganz offenen Erklärung: *"Ich habe in Deinem Benehmen von heute manches auf mich deuten müssen. Erlaube, daß ich Dir meine Stimmung erkläre, wenn Dir diese wunderlich erscheinen sollte. Allerdings war es von Anfang an enthusiastische Verehrung, welche uns Dir entgegenführte, doch aber ließ uns dieselbe noch alle Unbefangenheit des freundschaftlichen Umganges. Nun aber ist durch das Erlebnis eines solchen Werkes wie die Meistersinger die Verehrung um ein Bedenkliches gestiegen, und das macht uns befangen für den Verkehr des Lebens"*[37]. Anschließend gibt ein Wort das andere und Cornelius glaubt schon, den endgültigen Bruch vor Augen zu haben. Deshalb ruft er Wagner wie zum Abschied zu: *"Gott segne Dich für alles Große und Schöne was Du gemacht!"*[38] Es war dennoch kein Abschied für immer, denn Wagner schätzte die Offenheit seiner Freund mehr, als sie oftmals vermuteten.

Die letzte Station der Freundschaft zwischen beiden Künstlern war Bayreuth. Zur Grundsteinlegung des Festspielhauses im Jahre 1872 war Cornelius selbstverständlich dabei. Ein Jahr später dichtete er zum 60. Geburtstag Wagners die *Künstlerweihe*[39]. Dieses von Cosima bestellte Gedicht wurde als verbindender Text in die heimlich vorbereitete Festvorstellung eines Frühwerkes von Wagner eingefügt[40]. Damit hatte Cornelius ein letztes Mal seinen Dank dem großen Freund abgestattet. Umgekehrt finden wir als vorletzte Bemerkung über Cornelius in Wagners Autobiographie *Mein Leben* folgenden Satz: *"Cornelius immer albern und in tiefster Seele verlegen"*[41]. Diese Bemerkung zeigt, daß Wagner zwar stets väterliche und wohlgesonnene Gefühle für den jungen Freund hegte, aber im Grunde zu sehr mit seinem eigenen Schicksal zu kämpfen hatte, um anderen Menschen wirklich gerecht zu werden[42].

---

35 LW II, 545.
36 LW II, 560 f.
37 LW II, 560 f.
38 LW II, 560 f.
39 LW IV, 299 ff.
40 LW II, 720.
41 Richard Wagner, *Mein Leben,* Bd. II, München 1969, S. 766.
42 Zu dieser Feststellung gab Egon Voss in der Diskussion zu bedenken, daß die Bemerkungen in Wagners Autobiographie wegen Cosimas Federführung oftmals mit Vorsicht betrachtet werden müssen.

II. Die künstlerische Beziehung.

Ich möchte, wie gesagt, an dieser Stelle nicht nachweisen, wieviel „Wagner" in den Werken Cornelius' zu entdecken wäre. Dennoch durchzieht die Beschäftigung mit Wagners Werken und deren Beziehung zum eigenen Schaffen fast die gesamte Korrespondenz des jüngeren Freundes, während bei Wagner nur sehr spärliche Bemerkungen über die Werke von Cornelius zu finden sind.

In einem Brief an den Jugendfreund Köhler schreibt Cornelius von seinen intensiven und beschwerlichen Studien am *Tristan*[43] und an Rosa von Milde berichtet er: *„Tristan ist gewiß das größte musikalische Werk, das seit Beethoven geschaffen wurde. Die Partitur ist eine Wonne zu lesen"*[44]. Durch diese musikalische Auseinandersetzung angeregt, unternahm Cornelius besondere Anstrengungen, sein bis dahin ziemlich bescheidenes Klavierspiel zu verbessern. Er übte monatelang am Klavierauszug des *Tristan* und ließ unentwegt Klaviertechnik nebenher laufen.

Meistens geht es jedoch um ästhetische Probleme. In einem Brief an Köhler vom 13. Oktober 1861 berichtet Cornelius von Wagners Kritik am II. Akt des *Cid*: *„Es wird Dich auch interessieren, von meinem zweiten Akt in bezug auf Wagners Kritik etwas zu hören. Ich komponiere die Sache nun ganz so wie sie da ist. Wagner meinte, was ihm vor allem gefehlt habe, sei eine gewisse Spannung in der Handlung. Er schlug mir vor, diese etwa folgendermaßen hineinzubringen. Ximene folgt dem Cid als Knappe in die Schlacht. Es ist alles verloren. Der Cid hält nur noch einen alten Turm als letzte Zuflucht gegen den Feind. Ximene pflegt den Verwundeten. Da erkennt er sie und merkt ihre Liebe, und dies Bewußtsein gibt ihm nun erst so hohe Kraft, daß er sich aufrafft und den höchsten wunderbarsten Sieg erringt. – Alles ganz schön. Aber bis ich das gemacht hätte! und dann hat es doch nicht die überzeugende Kraft, daß ich mir es bis ins Innerste aneignen möchte, um mit Erfolg neu gestalten zu können"*[45]. Umgekehrt übt Cornelius gleich im nächsten Abschnitt des eben zitierten Briefes Kritik an Wagners *„unausstehlichem Stabreim"* im *Rheingold*.

Cornelius' musikalische Auseinandersetzung mit Wagners Kunst war nur in den Werken selbst „sachlich" und wäre deshalb nur durch musikalische Analyse zu bestimmen. Die verbale Kritik war dagegen eher von einem gefühlsmäßigen Erfassen der tatsächlichen oder gewünschten Unterschiede bestimmt. So schreibt Cornelius 1864 an seine Schwester Susanne: *„Du weißt nicht, was mein Cid ist – daß da etwas drin steckt, was in einer tiefen Gesundheit und Gemütsstärke – gerade dem hektischen Nervenreiz Wagners ganz entgegen ist. Da ist keine Verhimmelung und altdeutschelnde Sentimentalität – und sage ich's mit einem Wort – ich selbst möchte ich sein!"*[46] Und in dem Brief vom 24. Juni 1865 an seine Braut heißt es:

„Wagners heißer, schwüler Geist war mir nur ein Irrlicht. Meine Kunst soll eine heitere, einfache, beglückende sein, im Boden des Volkes, der Sitte wurzelnd, nicht die eitle, sinnenkranke Liebe und mit ihr das eitle Selbst, an Gottes Statt setzen"[47].

43 LW I, 592.
44 LW I, 594.
45 LW I, 615 f.
46 LW I, 789.
47 LW II, 166.

Der Zweifel an Wagners Werk ist in einem Brief an seine Schwester Elise noch deutlicher formuliert: *„Künstlerisch habe ich einerseits Bedenken und eine innere Abwehr gegen sein größtes Werk, den Tristan, wenn ich es auch als ein volles Meisterwerk anerkenne – mir, meinem Wesen erscheint der innerste Nerv dieser Sache eine krankhafte, selbstvergötternde, nervenzerrüttende Liebessentimentalität; anderseits fühle ich seit meinem ins Leben getretenen Cid die unabweisbare Notwendigkeit in meinem Kunstschaffen in der vollsten Freiheit zu verfahren, jede Schulfessel, jeden Zwang einer sogenannten Richtung völlig von mir abzustreifen, was ich unmöglich in der Nähe eines Mannes erreichen kann, der, wenn auch mit besseren Absichten oder mit dem Wunsche, daß es anders ein möchte, nur von sich weiß, nur an s i c h denkt, nun und nimmer die alleinige, unbedingte Rücksicht auf sich zum etwaigen Heil eines anderen aus den Augen lassen wird. Das k a n n er nicht; er ist einmal so; er ist ein großer Geist – den muß man einmal nehmen wie er ist, mit dem ist kein Rechten, kein Kapitulieren. -----"*[48] Aus diesen Zitaten wird deutlich, in welchem Zwiespalt sich Cornelius der Kunst Wagners – besonders dem *Tristan* – gegenüber befand. Er bewunderte die musikalische Meisterschaft; er spürte, wie diese Musik unter die Haut geht. Aber eben dagegen sträubte sich sein künstlerisches Empfinden. Der Komponist und Dichter in ihm, die eigene schöpferische Kraft weckte das Mißtrauen gegenüber einer Kunst, die vollständig vereinnahmen will und keinen Rest der eigenen Phantasie mehr zugesteht. Deshalb formulierte er am 10. August 1865 in einem Brief an seine Braut folgendes Postulat: *„Bis hierher und nicht weiter!"* Erläuternd rechtfertigt er sich dazu, daß *„allen jüngeren Geistern"* der *Tristan* eine äußerste Grenze sei[49].

In der aufregenden Münchner Zeit – die Cornelius veranlaßt, Wagner als eine Art Marquis Posa zu sehen[50] – ermahnte Cornelius den erfolgreichen Freund sozusagen in Gedanken (denn die Abwandlung des folgenden Sprichwortes ist wieder einmal nicht an den Gemeinten, sondern an seine Braut geschrieben) *„Dichter, bleib bei deinem Schuster!"*[51] Und um ebenfalls dabei zu bleiben, möchte ich noch am Beispiel der *Meistersinger*-Aufsätze Cornelius' künstlerisches Interesse als Wagner-Rezensent hervorheben. Im zuerst veröffentlichten Aufsatz beginnt Cornelius nach kurzer Einleitung mit der Charakterisierung des Meisters selbst: *„In W a g n e r ist Seele und Körper geistigen Hervorbringens in unvergleichlicher Weise vereint"*[52]. Mit der „Seele geistigen Hervorbringens" ist die kompositorische Tätigkeit gemeint, während der „Körper geistigen Hervorbringens" mit folgendem Zitat veranschaulicht wird: *„Kaum sahen wir ihn eben noch mit Bülow über ein Tempo, mit Betz*[53] *über eine Gebärde verhandeln, so steigt er ins Orchester hinab, um sich mit der Tuba über eine breit vorzutragende Themenvergrößerung zu verständigen; kaum hat er zwei Lichter wieder auslöschen lassen, die ihm in der Straßendekoration des zweiten Aktes zu früh in die Dämmerstimmung der*

---

48 LW II, 170.
49 LW II, 217.
50 LW II, 295.
51 LW II, 296.
52 LW III, 169.
53 Franz Betz war der Hans Sachs der Münchner Uraufführung des Jahres 1868.

ersten Szene hineinleuchten, kaum Herrn Schlosser[54] *es vorgestürzt, wie er aus dem Fenster auf Beckmesser losstürzen muß, und Herrn Hölzel*[55] *eine Malice gegen Hans Sachs vorgestampft, so tröstet er das angestrengte Orchester durch die Aufmunterung: ‚Fräulein Mallinger*[56] *möchte diese Stelle noch einmal! Wer könnte Fräulein Mallinger widerstehen!' Und wenn alle die tausend Mühen im glücklichen Abschluß der Proben ihr Ende finden, dann weiß W a g n e r mit einem Ton und in Worten seinen Dank auszusprechen, dem nur ein begeistertes dreimaliges Hoch die rechte Antwort geben kann"*[57]. Diese ideale Verbindung eines genialen Komponisten mit einem agilen *„Baumeister"* (wie Cornelius sich ausdrückt), ist Vorbild für Cornelius' eigene Künstlerschaft.

Dagegen bewirkten die musikalischen und technischen Schwierigkeiten der *Meistersinger* mehr Staunen und Erstaunen, als den Wunsch zur Nachahmung. *„Wer einen Blick in den Klavierauszug geworfen, wer auch nur annähernd weiß, was es heißt, gut musikalisch zu sein, gut treffen, gut Takt halten, der weiß auch, daß die Forderungen an diesen Fähigkeiten in den Meistersingern weit über alle hinausgehen, welche bis jetzt in irgend einem musikalischen Werke gestellt wurden"*[58]. Cornelius' eigene Werke sollten dagegen unbelastet von dem Schreckgespenst des „Unspielbaren" auf die Bühne gehen. Aber weil er die Gesetze der Bühne aus seiner Lehrzeit als Schauspieler gut kannte, rühmte er auch Wagners Fähigkeiten als Regisseur: *„Alle jene Tugenden sind hier nebenbei, als sich von selbst verstehen, gefordert, wie anständiges Gehen, Bewegen und Sprechen im geselligen Leben. Zu einem Orchester, welches mit aller Fülle ungebrauchter Farbenmischungen jeden leisen Wechsel der Stimmung, jedes Zucken der Brauen, jedes Drohen oder Winken der Hand malt, hat hier die melodische Phrase des Sängers dem lebhaften Dialog eines Lustspiels durch alle Windungen des Humors mit seinem Wiegen zwischen Lust und Wehmut, jeder kleinsten neckischen Falte des Witzes und Spottes zu folgen. Wenn man die vollkommenste Erfüllung dieser künstlerischen Forderungen durch die Münchner Besetzung der Meistersinger als ein erstes derartiges Ereignis in der Kunstwelt mit freudigem Lob anerkennen muß, so erfüllt es mit einer nicht geringeren sittlichen Befriedigung, das aufopfernde Entgegenkommen zu rühmen, mit welchem diese Schar von Künstlern den Meister erfreute, die Selbstlosigkeit, den eifrigen Willen, den reinen Trieb des Schönen hervorzuheben welcher alle zu gleicher Hingebung beseelte und einzig ein so glänzendes Resultat ermöglichte"*[59].

Im zweiten, längeren Aufsatz über die *Meistersinger* beginnt Cornelius in der Art einer erzählerischen Werkbiographie. Er will den Leser damit glauben machen, er (Cornelius) sei sozusagen von Anfang an dabei gewesen und habe dem Meister gleichsam über die Schulter geschaut, als das Werk entstand. Sicherlich war Cornelius relativ gut informiert über die Entwicklungsstadien der *Meistersinger*, aber gerade in dieser Zeit war es seine gesteigerte Emanzipation von Wagner, die die Rolle des

---

54 Carl Schlösser war der Darsteller des David.
55 Gustav Hölzel sang den Beckmesser.
56 Mathilde Mallinger war die Darstellerin der Eva.
57 LW III, 170.
58 LW III, 170.
59 LW III, 170 f.

Lieblingsschülers nicht recht angemessen erscheinen läßt. Das heißt aber vor allem, daß Cornelius der Öffentlichkeit gegenüber ein „linientreues" und durchaus überzeugend positives Bild von Wagner entwarf, das ihm wiederum den Ruf eines „*geistvollen Vertreters der sogenannten Zukunftsmusik*" einbrachte[60].

Cornelius beobachtete die künstlerischen Aktionen und Reaktionen seines Freundes Wagner genau und glaubte deren Gesetzmäßigkeit zu beschreiben, als er zu begründen versuchte, warum dem *Tristan* die *Meistersinger* folgen mußten: „*Nachdem er im ‚Tristan' die tragische Kraft in ihrem höchsten Flug erprobt, seinem Ideal der Liebe die vollendetste Gestaltung gegeben hatte, drängte es ihn, nun endlich seinen innersten Kunstüberzeugungen, seinem Empfinden und Erfassen von dem Wesen des Dichters die dramatische Form zu finden, ja sein ganzes Leben, allen Humor, das Leid und die Lust, die ihm hier so reich widerfahren waren, in poetischen Gestalten fortleben zu lassen*"[61].

Aber gerade weil Cornelius sich all der Konflikte bewußt war — weil er eine offizielle und private Stellungnahme zu Wagners Kunst bezog, sowie deren geschichtliche wie individuelle Aspekte kannte — gelang es ihm, Einsichten in einen Schaffensprozeß zu gewinnen, die dem Gros der zeitgenössischen Rezensenten verschlossen bleiben mußten. Cornelius schreibt z. B.: „*Das vollendete Meisterwerk hat eine erlösende Kraft für den Künstler, es rettet ihn vor dem unseligen Gefühl halben Beifalls für halbes Gelingen, ..., indem hier seinem mannigfachen ‚Warum' ein einziges vollatmiges ‚Weil' entgegentönt ...*"[62]. Es ist der Komponist Cornelius, der die Konflikte des schöpferischen Prozesses kennt und deshalb formuliert, daß das Kunstwerk nicht Fragen zu stellen, sondern Antworten zu geben hat. Cornelius sah auch die künstlerische Ambivalenz einer „*genialen Bewußtlosigkeit*" und der „*klarsten, schärfsten Selbstkritik*", die als formale Bestrebungen von Werk zu Werk immer reiner den Typus des „*musikalischen Dialogs*" hervorbrachte[63]. In dieser Form kommt „*das Ineinander der Stimmungsmotive des Orchesters und der melodischen Phrasen des Sängers zur höchsten plastischen Klarheit und Ruhe*"[64]. Nicht nur, daß eine neue Form geboren wurde, sieht Cornelius, nicht nur, daß diese Form eine Notwendigkeit des musikalischen Dramas war, sondern auch, daß das vollendete Kunstwerk ein unnachahmlicher Organismus ist: „*das können wir nicht nachmachen! ... Diese ‚Meistersinger' sind eben der zum Drama gewordene Ruf Goethes: Greift nur hinein ins volle Menschenleben!*"[65] Cornelius geht sogar so weit, in dem beispielhaften Werk eine künstlerische Konsequenz und einen ästhetischen Maßstab für alle Künste zu sehen: „*Die ‚Meistersinger' sind ein Markstein, an welchem sich die dichterisch Ausübenden aller Künste orientieren können*"[66]. Das Poetische wird geradezu zum Prinzip künstlerischen Schaffens erklärt: „*Die poetische Erfindung, die Wahl des Stoffes und dessen Durchdringung mit dem innersten Inhalt des eigenen Dichtens und Trachtens erscheint uns als der Schwerpunkt in dieser jüngsten und reifsten dichterischen Tat Wagners*"[67]. Und

---

60 LW III, 187.
61 LW III, 176 f.
62 LW III, 174 u. 178.
63 LW III, 176.
64 LW III, 178.
65 – 69 LW III, 179 u. 180.

selbst die Energie, die dieses Prinzip belebt, wird von Cornelius benannt: *„Dichten ist eine Tat der Liebe; Poesie ist der Sprößling erkennender Umarmung von Welt und Gemüt;"*[68] Das *„Dichterisch-Organische"* ist für Cornelius das *„Lebendige"*, während Künstliches mit dem Begriff des *„Abgeschriebenen"* belegt wird. Diese grundsätzliche Unterscheidung künstlerischer Qualität hatte Cornelius durch den Vergleich der *Meistersinger* mit anderen zeitgenössischen Werken gewonnen: *„Aber man bringt uns Gliederpuppen mit den schönsten Flittern behangen, mit gläsernen Augen, die sich rechts und links drehen können, mit dem schönsten Sägemehl in sich oder ausgestopfte Adler, die bei Lebzeiten einmal zur Sonne emporfliegen mochten, und will das für Poesie ausgeben. Es ist, als ob sich der dichterische Genius unseres Volkes vor all diesen Puppen in die ‚Meistersinger' geflüchtet hätte"*[69]. Diese Bemerkungen zeugen nicht nur von begeistertem Engagement, sondern sie sind engagierte Kritik an der zeitgenössischen Kunstproduktion. Die Unterscheidung in *„Lebendiges"* und *„Abgeschriebens"* war für Cornelius keine parteiische Entscheidung, sondern das Ergebnis einer kritischen Auseinandersetzung mit der Kunst seiner Zeit.

Christoph-Hellmut Mahling
„ ... in Dichtung und Komposition auf eigenem Boden gewachsen" Cornelius und sein Verhältnis zur „Neudeutschen Schule"

„In Peter Cornelius ... tritt uns eine bescheidene, aber tiefinnerliche Künstlernatur entgegen, die, unter strengen Studien bei Dehn in Berlin herangereift und durch regen Freundschaftsverkehr mit Wagner und Liszt angeregt, namentlich auf dem Gebiete des à capella-Gesanges und des Liedes ausgezeichnete Erfolge zeitigte ... Von seinen Opern schliessen sich ‚Cid' und ‚Gunlöd' ... eng an Wagner an. Origineller und bedeutender ist sein ‚Barbier von Bagdad', nächst den ‚Meistersingern' wohl die wertvollste, feinsinnigste Darstellung edleren Humors in der Gattung der Oper"[1]. Mit diesen Worten wird Peter Cornelius von Franz Brendel in seiner „Musikgeschichte" charakterisiert. So knapp und in ihrer Kürze sowie in ihrer Wertung des kompositorischen Schaffens ungerecht diese Ausführungen auf den ersten Blick auch erscheinen mögen, so sehr treffen sie das Wesentliche. Die Cornelius eigene Sensibilität, Aufrichtigkeit, Begeisterungsfähigkeit, Bescheidenheit und Hilfsbereitschaft bestimmen sein Verhältnis zur sogenannten Neudeutschen Schule ebenso wie der Verlauf seiner musikalischen Ausbildung. Die Differenziertheit dieses Verhältnisses aber findet ihren Ausdruck in dem ständigen Zwiespalt zwischen bedingungslosem Engagement und kritischer Distanz sowie in den Versuchen, sich aus dem Bannkreis dieser Richtung zu lösen und sich dadurch seine Individualität zu erhalten. Nannte er sich doch selber einen *„blassen Lisztianer bis zum letzten Ton und Hauch, Berlioz-, Wagner-, Weimarianer einen Cornelianer auch"*[2].

I

Als Cornelius im Jahre 1852 nach Weimar kam, war er 28 Jahre alt und hatte vor allem eine sich ganz in traditionellen Bahnen bewegende musikalische Ausbildung bei Dehn in Berlin abgeschlossen. Zusätzlich hatte er sich von Friedrich Schneider in Dessau einen „Lehrbrief" ausstellen lassen. Daß Liszt daher gerade die geistlichen Werke, die ihm Cornelius unter anderen zur Begutachtung vorlegte, als gut gearbeitet empfand, ist vor diesem „Hintergrund" nur zu verständlich. Durch seine Studien und den eher reaktionären Musikbetrieb Berlins geprägt, konnte es Cornelius nicht leicht fallen, sich mit dem Neuen auseinanderzusetzen, obwohl ihm dies ein echtes Bedürfnis war. So sehr ihn Liszt und sein Kreis anzogen, so sehr er sich wünschte, wie es ihm *„auch ergehen möge, aufs neue anzufangen, Kunst zu lernen und womöglich, früher oder später, diesem Kreis anzugehören"*[3], so sehr war er diesem Kreise gegenüber befangen und von der Furcht erfaßt, er könne alles das, was ihm bisher Sicherheit gegeben hatte, verlieren. In diesem Sinne notiert er unter dem 5. März 1852 in sein Tagebuch, sich mit dem „Max" aus dem *Freischütz* vergleichend: *„Du hättest einsehen sollen, daß die schöne Braut Musik nun einmal nicht für Dich geboren ist — aber Du willst es und läßt Dich mit den bösen*

---

1 Franz Brendel, *Geschichte der Musik*, Leipzig 1903, S. 615 f.
2 Zitiert nach Edgar Istel, *Berlioz und Cornelius*, in: *Die Musik* III, 5, 1903/04, S. 367.
3 LW III, 7.

Mächten ein. So gib acht, daß Du nicht aus dem Kreise trittst, welchen alte liebe Gewohnheit, gelungenes und verfehltes Streben um Dich gezogen hat, aus dem Kreise, dessen Segmente so heißen: Dehn, Kontrapunkt, Mozart, Beethoven, Haydn, Liebe und Lieder, wie Dir Herz und Schnabel gewachsen waren; tritt nicht aus dem Kreis, sonst kriegt Dich der Wagner und der Uhlig und Bülow und Brendel – scheue also lieber die bösen Mächte selbst und versuche es mit ihren Freikugeln ... "[4].
Auf das Ansehen, das Cornelius als Musiker in dem Weimarer Kreis genoß, wirkte sich im übrigen nachteilig aus, daß er kein besonders guter Klavierspieler war[5]. Seine literarische Bildung und seine philologischen Kenntnisse, durch die er vielen der Mitglieder des „Neu-Weimar-Vereins" überlegen war, wurden eher als nützlich hingenommen, denn geschätzt und gewürdigt[6]. Aber namentlich diese Überlegenheit und die nicht so enge Verflochtenheit mit der Fortschrittsgruppe ermöglichten es ihm andererseits, nicht einfach unkritisch alles hinzunehmen. Da er sich im übrigen nicht scheute, Bedenken oder Zweifel offen mitzuteilen, mag er zuweilen recht unbequem gewesen sein[7]. So berichtet er 1854 über eine Aufführung der *Festklänge* von Liszt: *„Liszts Festklänge machten mir einen peinlichen Eindruck. Man erkennt einen edlen, unruhigen Geist am Werk, der nach festlicher Freude sich sehnt, aber keinen Klang genügend findet! Und die ewig spannenden Generalpausen! Als ich auf der Altenburg gefragt wurde, sprach ich diese Zweifel in bescheidener Weise aus. Die Fürstin sagte nur: wenn Sie wüßten, wie ich das Stück liebe!"*[8] Die Situation, in der sich Cornelius in Weimar befand, vermag ein Brief an die Schwester Susanne aus Wien vom März 1864 zu beleuchten: *„ ... ich schämte mich oft, praktisch so zurück zu sein, auch gesellschaftlich ... Besonders aber da-*

---

4 Zitiert nach Carl Maria Cornelius, *Peter Cornelius. Der Wort- und Tondichter*, 2 Bde, (= *Deutsche Musikbücherei 46/47*), Regensburg 1925, Bd. I, S. 123.

5 Diese „Schwäche" macht auch ein Tagebucheintrag vom 21. Oktober 1854 deutlich: *„ ... Erst componierte ich an meinem vierten Lied und es fiel mir auch anfangs was Gutes ein, was ich beibehalten werde, nachher wollte es aber nicht mehr recht fließen. Drum setzte ich mich ans Clavier und spielte: Liszt, Wagner und Berlioz. Da verstimmte mich dann, wie immer, eigene Kleinheit und Unzulänglichkeit im Pflücken dieses Kleeblattes. Besonders der Liszt ist ein Mordskerl. Zuletzt spielte ich gar aus seiner Sonate. Da nahm ich mir vor, mir dieselbe einmal schriftlich zu analysieren, um wenigstens g e i s t i g Herr des Materials zu werden, da ich's k ö r p e r l i c h nicht vermag. Herr, wie schwindelt einem vor diesem Gipfel und Abgrund! Aber erdrücken darf mich nichts mehr – ich bleibe bei meinen Liedern und bei meiner Ausdrucksweise, die ich handhaben kann, das darf ich mir nun einmal nicht mehr verkümmern lassen. Poesie des Wortes mit Musik vereinigt – das ist mein Bestreben – und darin unbeirrt fort! Basta!"* Zitiert nach Barbara Glauert, *Spuren eines bewegten Lebens. Verschollenes und Unveröffentlichtes von Peter Cornelius* (= Kleine Mainzer Bücherei 9), Mainz (1974), S. 32.

6 In diesem Sinne schreibt auch der Bruder Carl Cornelius an seinen Oheim Brüggemann: *„Es mag in Weimar recht interessant sein, aber Peter wird bloß zur Unterhaltung oder zum Dienst gebraucht, für ihn geschieht nichts".* Zitiert nach C. M. Cornelius I, 242.

7 Cornelius ist froh, daß es ihm gelungen ist, *„eine unabhängige, freie Meinung auf eigene Hand zu manifestieren, ohne recht ängstlich zu fragen, wird es dem oder dem auch recht sein. So möchte ich fortfahren! Dies Anlehnen an Andere und dies Verkriechen der eigenen Meinung aus Bescheidenheit oder Feigheit hat mir immer nur geschadet, und hinterher habe ich wenigstens eingesehen, daß ich besser gethan hätte, meinem ursprünglichen ersten Gefühl zu folgen ... Ach, daß es so schwerfällt, sich unabhängig und frei geltend zu machen in der Welt ... "* Tagebucheintrag vom 1. November 1854. Zitiert nach B. Glauert, *Spuren ...* , S. 38 f.

8 Zitiert nach Hans Engel, *Liszt*, Potsdam 1936, S. 54.

tiert sich mein Anfang zum ausführenden Musiker von ‚Tristan und Isolde' Wagners her. Da übte ich monatelang an dem schweren Bülowschen Klavierauszug und kriegte ihn doch nicht klein, weil er eben schon für eine vollendet fertige Technik berechnet ist. Da gab ich mich wieder ans Fingerüben ... Jetzt habe ich schon ein Repertoire von zwei Sonaten von Beethoven, sechs Stück von Bach, zehn von Chopin ... auch im Spielen vom Blatt und Partiturspiel übe ich mich ... – auch darin werde ich meinen Herrn Kollegen noch ihren Vorsprung abgewinnen – aber mein bißchen Dichtergenie lernen sie in ihrem Leben nicht. – Ich lerne das Handwerk noch, mit dem sie so groß tun – aber meine K u n s t lernen sie nie, denn mit ihr bin ich geboren, die liegt im Gedanken und im Gemüt – und sie haben beides nicht – oder sehr schwach. – Wien hat mir diesen großen Vorteil der Einsamkeit gebracht – eigentlich zum erstenmal a l l e i n zu stehen – ohne wie in Berlin auf Konnexionen – in Weimar auf Clique mich zu stützen"*[9]*. Und eigens dieses „Cliquen- und Claquenwesen" ist es, das ihn, der sich der neuen „Richtung" durchaus zugehörig fühlt, abstößt;[10] ihn, der zwar auch für „die Vertretung der Neuzeit, die Vertretung des Fortschritts" eintritt, der aber nicht als lautstarker, unkritischer Revolutionär „gegen das Alte und Abgelebte, gegen das Schlechte und Gesinnungslose"[11] „Opposition" betreiben möchte. Vor allem aber fühlt sich Cornelius in der Entfaltung seiner eigenen Persönlichkeit und in dem Bemühen um einen Personalstil behindert. In diesem Sinne schreibt er am 13. Oktober 1854 an seine Schwester aus Bernhardshütte, wohin er sich zum Komponieren zurückgezogen hatte: „Nur ungern begebe ich mich jetzt in das dortige Treiben zurück und wünschte es bald mit einem ruhigeren auf die Dauer oder auf immer vertauschen zu können. Es ist ja unnatürlich, daß ich mich mit aller Gewalt zwei Monate zurückziehen muß, um mich selbst wiederzufinden. Ich werde versuchen, im nächsten halben Jahr, bis in den Sommer hinein, alles mögliche in Weimar zu profitieren, um mich dann in die schönere Stille zurückzuziehen und unbeirrt von allem das Gute, was in mir liegt, herausfördern"[12]. Und ähnlich heißt es in einem Brief aus München vom Juni 1866 an seine Braut, kurz nach Wagners Abreise: „Wie war denn i c h in das alles hineingekommen, wie passe i c h denn dazu? Ja, ... , glaub' mir, erst außerhalb dieses elenden Parteischwindels kann ich wieder aufatmen, kann ich mich selbst wiederfinden. Wo konzipierte ich meinen ‚Barbier'? Auf der Bernhardshütte – völlig befreit von Weimarischen Einflüssen; wo schrieb ich ihn? In Johannisgrund ... Wo schrieb ich meinen ‚Cid'? In Wien und Genf und

---

9 Zitiert nach *Peter Cornelius, Ausgewählte Schriften und Briefe*, eingeleitet und mit biographischen und kritischen Erläuterungen versehen von Paul Egert, Berlin (1938), S. 316 f.
10 In diesem Zusammenhang ist bezeichnend, daß Cornelius der Einladung zu dem vom 5. bis 9. August 1861 in Weimar stattfindenden Tonkünstlerfest erst Folge leistet, nachdem er sicher ist, bei seinem Freund Köhler wohnen zu können. „ ... So komme ich denn, ein freier Mann, auf der Altenburg wohne ich n i c h t". Zitiert nach C. M. Cornelius I, 347. Hier sei noch angemerkt, daß die Neudeutsche Schule keineswegs in sich „einheitlich" und geschlossen war. Neigte sie doch einmal mehr zu Wagner, ein anderes Mal mehr zu Liszt. Bezeichnend hierfür sind auch die Äußerungen, die Cornelius anläßlich seiner Teilnahme am Fest des Allgemeinen Deutschen Musikvereins 1867 in Meiningen über Liszt und die alten Freunde aus der Weimarer Zeit macht. Vgl. hierzu P. Cornelius, *Ausgewählte Schriften*, hrsg. von P. Egert, S. 463 f., und C. M. Cornelius II, 123 f.
11 Fr. Brendel, in: NZfM 36, 1851, Nr. 24, S. 253.
12 Zitiert nach *P. Cornelius, Ausgewählte Schriften*, hrsg. von P. Egert, S. 153.

München — völlig frei von aller Wagnerei und Liszterei! Mit gestern, mit heute wachsen mir auch schon wieder die Schwingen!"[13]

II

Bei aller Begeisterung und Verehrung für Liszt und Wagner sowie bei allem Zugehörigkeitsgefühl zu der Neudeutschen Schule war für Cornelius das Streben nach musikalischer Eigenständigkeit oberstes Gebot. Trotzdem nimmt er dankbar auf, was ihm an Neuem erreichbar ist. *„Das Vaterunser"*, schreibt er an die Schwester, *„ist ein gutes, solides Opus geworden — man wird ihm zugestehen müssen, daß es in Dichtung und Komposition auf eigenem Boden gewachsen"*[14]. Und in einem Brief an die Mutter fügt er hinzu: *„Hier ist am Ende einmal ein Stück von mir selbst, hier ist ein Strich zu der geistigen Physiognomie, welche nach und nach zu einem ganzen, und hoffen wir, edlen Antlitz werden soll ... soviel Aufschwung habe ich genommen, seit ich nach Weimar ging, so vieles verdanke ich vor allem Liszt, aber auch dem Umgang mit so manchen anderen, wie Schöll, Sauppe, Hoffmann v. Fallersleben, Schade, Joachim, Bülow, Raff, Bronsart, Köhler, die Fürstin Wittgenstein nicht zu vergessen"*[15]. Der große Einschnitt aber ist für Cornelius die trotz allem Skandal erfolgreiche Aufführung seines *Barbier*[16]. Jetzt glaubt er sich mündig und die Zeit für gekommen, aus der Enge des Weimarer Kreises auszubrechen. Er sieht sich als *„neuer Mensch"*, der nun seinen Weg gehen muß. In diesem Sinne schreibt er an Reinhold Köhler: *„Mein jetziger Unabhängigkeitskampf ist ein geistiger und ein materieller. Ich erkläre mich mündig: Mein Leben bin ich. Ich will ein Cornelius auf eigne Hand werden. Macht Ihr Euren Kram, ich mache den meinigen. Mein Sonettenkranz war das erste, um das ich niemand gefragt habe, ich hab' ihn gewagt. So auch jetzt poetisch-musikalisch mit meinen Brautliedern. So ist nun einmal mein Schnabel poetisch gewachsen und geschliffen, so seht nun, wie Ihr damit und wie wir miteinander auskommen. Von jetzt an habe ich meine weiteren Studien vor der Öffentlichkeit zu machen"*[17]. Und an Liszt teilt er gleichsam bekenntnishaft sein Programm für die Zukunft mit, ein Programm, das sich im Grunde mit demjenigen der ganzen Richtung deckt: *„Musik und Literatur — in allen ihren Wechselbeziehungen, in Lehre, Theorie, Vertretung, Durchdringung beider, mit ihrer unerschöpflichen Anregung zur Produkti-*

---

13 Ebda, S. 402.
14 Ebda, S. 152. Brief vom 13. Oktober 1854.
15 Ebda, S. 195 f. Brief vom Juni 1856.
16 So schreibt er in einem Brief an seine Schwester Susanne: *„Von nun an bin ich ein Künstler, der auch in weiteren Kreisen genannt werden wird, mit einem kräftigen Ruck ist mein ganzes Wesen erhoben ... "*. Zitiert nach C. M. Cornelius I, 255. Als 1867 auf dem Fest des Allgemeinen Deutschen Musikvereins in Meiningen zwei seiner Duette mit großem Erfolg aufgeführt werden, sieht sich Cornelius endlich als Persönlichkeit bestätigt: *„Ach, wie mich das lustig macht, wie mir das doch Lebensmut gibt, es ist einmal ein fait accompli. Es kann mir's niemand mehr nehmen! Es machte mich zu einer Persönlichkeit auf dem Feste!"* Zitiert nach C. M. Cornelius II, 122 f.
17 P. Cornelius, *Ausgewählte Schriften*, hrsg. von P. Egert, S. 252 f. Vgl. auch den Brief vom Februar 1859, ebda, S. 247: *„Ich arbeite jetzt vor den Augen der Welt, und meine Freunde können und sollen immer alles zuerst wissen"*.

vität, das ist die Fahne, welche ich als ein fester und unermüdlicher Mensch in der Hand halten will"[18].

Die Jahre in Wien und München sind insonderheit bestimmt durch den *„Unabhängigkeitskampf"* von Wagner. Cornelius hatte sich vor allem durch die Übersiedlung nach Wien die so ersehnte „Freiheit" erhofft: *„Dort in Wien will ich ganz frei sein, wenn auch arm, und ohne alle Beeinflussung mein Geschick nach dem Trieb meines Geistes einrichten"*, schreibt er an Feodor von Milde[19]. Zu seinem großen Leidwesen erfüllte sich diese Hoffnung nur zum Teil und als er sich in diesem Kampf um Unabhängigkeit und Freiheit schließlich dazu durchringt, im Jahre 1865 das Angebot Wagners, ganz zu ihm zu kommen, abzuschlagen, teilt er dies voller Freude, Genugtuung und Stolz seiner Schwester mit: *„ ... und bei Wagner hätte ich keine Note geschrieben ... Heil mir, ich bin ein freier Mann ... Und wer steht mir dafür, daß es nicht einst heißt – ich hab doch gern mit dem Liszt Champagner getrunken – und gar jetzt wieder mit dem Wagner. Weiß Gott, ob ich das Bessere suchte und was Tieferes wollte, und ob ich mich mit Mühe von allem geistigen Reiz, aller moralischen Bummelei suchte loszureißen, um meinen Barbier zu schreiben – dann meinen Cid. Dann aber was viel Besseres. Aber das findet man nicht bei Liszt, so freundlich er ist, nicht bei Wagner, so tyrannisch er seine alleinseligmachende Freundschaft anbietet – sondern in sich selber"*[20]. Cornelius gelingt es, sich von einer sklavischen Nachfolge Wagners freizuhalten und als sich dieser mit *Tristan und Isolde* „*auf weite, ferne Wege"*[21] wendet, fühlt er sich als *„der am vollsten berechtigte Prätendent auf eine Nachfolge Wagners, insofern ich vernünftige Poesie in Verbindung mit einer tüchtigen und erfundenen Musik zu einem lebensfähigen dramatischen Werk zu vereinen vermag"*[22]. Er will Opern schreiben, die *„sich in den von Mozart, Weber, Wagner gesteckten Grenzen halten"*[23] und nicht länger als drei Stunden dauern. Der *Cid* ist für Cornelius daher *„das einzige Werk seit dem ‚Lohengrin', das, in die Spuren dieser Oper tretend, ein in Versen und Musik tüchtiges, gesundes Machwerk bietet"*[24]. Und diese Oper ist es auch, die ihn wieder in dem Bestreben, seinen eigenen Weg, unabhängig von Richtungen und Personen zu gehen, bestärkt: *„Vor dem aufgeführten ‚Cid' war vieles anders, ich konnte schwankend, zuwartend bleiben; nach demselben ist es mir nur zu entschieden, daß ich in der Produktion nicht die Wege des Schöpfers von ‚Tristan und Isolde' nachtreten kann, sondern im Innersten frei meinen Weg gehen muß. Heute mögen meine Freunde dies tadeln; nach Jahren werden sie einsehen, daß ich recht gehabt"*[25]. Während er – ein Zeichen von Konsequenz

---

18 Ebda, S. 251. Brief vom 18. Februar 1859.

19 Zitiert nach C. M. Cornelius I, 279. Vgl. hierzu auch den Brief von Carl Cornelius an Brüggemann, in dem er diesem den Entschluß Peter Cornelius' mitteilt: *„Das ist töricht, aber ich halte es für die Hauptsache, daß er definitiv von Weimar loskommt und um seine Selbständigkeit kämpft, sei es, wo es immer sei ... ".* Ebda, S. 279.

20 Ebda, S. 412.

21 *P. Cornelius, Ausgewählte Schriften,* hrsg. von P. Egert, S. 336.

22 Ebda.

23 Ebda.

24 Ebda, S. 339.

25 Ebda, S. 377.

oder von Schwäche? — seine nächste Oper *Gunlöd* 1867 mit dem Vermerk versieht: *„In Wort und Ton Richard Wagner gewidmet"*, ist sein Fernziel aber, eine Oper zu schaffen, die, gleich dem *Barbier*, ein ganz eigenständiges, ja *„persönliches"* Werk werden soll[26].

III

Als Komponist hat Cornelius, vor allem in seinen Bühnen- und Chorwerken, weniger in seinen Liedern, neben Liszt und Wagner die Prinzipien der Neudeutschen Schule wohl am konsequentesten verwirklicht, obwohl er sich ständig darum bemühte, ihnen nicht sklavisch zu verfallen. So war sein Verhältnis im Grunde ein konkret-distanziertes, was aber in keinem Fall dazu führte, daß er die einmal gesetzten Markierungen überschritt.

Als Schriftsteller hat sich Cornelius kaum polemisch an der Auseinandersetzung der verschiedenen Richtungen beteiligt, wie dies etwa Pohl und Brendel als wortgewandte Streiter in der *Neuen Zeitschrift für Musik* taten. Durch seine Aufsätze über *Lohengrin*[27], *Tannhäuser*[28] und *Die Meistersinger*[29] hat er aber sicher der „Zukunftspartei" mehr genützt, als manche andere Kampfschrift. Es ist auch heute noch zu bedauern, daß es Cornelius nicht vergönnt war, die Nachfolge Brendels als Schriftleiter der *Neuen Zeitschrift für Musik* anzutreten. Daß sich Cornelius in Weimar zunächst mehr literarischen Arbeiten zuwandte, war unter anderem in dem Bewußtsein begründet, als Musiker den Anforderungen des Weimarer Kreises nicht oder zumindest noch nicht zu genügen. Entsprechende Äußerungen finden sich mehrfach in seinen Schriften, so etwa in seinem Tagebuch von 1855: *„Liszt wirkte mächtig auf mich. Eine neue Welt von Kunstanschauungen, die aus einem Wogengewirr verschiedenartigster Eindrücke nach und nach vor mir auftauchte, hielt mich von der Rückkehr nach Berlin ab. Ich zog mich nach der Bernhardshütte zurück ... Seitdem blieb ich in gutem Andenken an Weimar. Den Wunsch hier zu bleiben hatte ich, die Unmöglichkeit einsehend, bei einem so gesteigerten Kunsttreiben mich entsprechend nützlich machen zu können, gar nicht auszusprechen gewagt"*[30]. Und in seiner kurzen Autobiographie heißt es: *„Wenn mich auch einen Moment lang die Wonne berauschte, meine Versuche von den größten Repräsentanten ihrer Instrumente gespielt zu hören, darüber konnte ich mich nicht täuschen, wie gering die Stellung war, die ich hier als spezifischer Musiker beanspruchen konnte"*[31]. Als Schriftsteller hingegen hatte er sich einen festen Platz in diesem Kreise erworben, der ihm von niemand streitig gemacht wurde. Doch schon bald stellt er mit Schrecken fest, *„daß er zum Schriftsteller geworden, so ganz in*

---

26 In diesem Sinne schreibt Cornelius Ende 1873 an Adolf Stern, „er träume über die ‚Gunlöd' hinaus, ... von einem Musikdrama, das alles enthalte, was er in ‚Cid' und ‚Gunlöd' gewonnen und daneben *so ganz und allein sein eigen* sei wie der ‚Barbier' ". E. Istel, in: *Die Musik* III, 5, 1903/04, S. 336.
27 NZfM 47, 1867, vom 12. und 19. Juli.
28 Ebda, vom 13. und 20. September.
29 *Tonhalle* vom 7. September 1868, Nr. 24. Hier erschien allerdings nur der Anfang des Aufsatzes, da Cornelius dem Redakteur Oskar Paul in einem Schreiben vom 9. September 1868 den weiteren Abdruck untersagte.
30 Zitiert nach B. Glauert, *Spuren* ..., S. 54.
31 LW III, 8.

den Diensten Anderer aufgehe und sein Ziel, sich selbst zum Ausdruck zu bringen, aus den Augen verloren habe"[32]. So sehr er diesem Ziel näher zu kommen suchte und es schließlich erreicht zu haben glaubte, so wenig scheint seine Um- und Mitwelt davon Notiz genommen zu haben. Ihr war der Schriftsteller und Übersetzer Cornelius ein fester Begriff, der Musiker Cornelius aber mußte sich gleichsam durch ersteren Legitimation und Bekanntheit erwerben. Entsprechend heißt es zum Beispiel 1855 unter der Rubrik *Musikfeste, Aufführungen* in der *Neuen Zeitschrift für Musik:* *„Am Napoleonstag kam in der katholischen Kirche zu Weimar eine Messe für Männerstimmen mit Begleitung von Blasinstrumenten von Peter Cornelius (bekanntlich auch der treffliche Uebersetzer der Lisz'schen [!] Artikel) zur Aufführung. Die Composition wird gerühmt, insbesondere das Agnus Dei hervorgehoben"*[33]. Aber auch als Schriftsteller will Cornelius „er selbst" bleiben, sich seine Freiheit bewahren. Dies führt dazu, daß er sich schließlich von seinen Freunden den Vorwurf gefallen lassen muß, er engagiere sich nicht genügend für die gemeinsame Sache. Bezeichnend hierfür sind etwa die Zeilen, mit denen Bülow ihn 1866 für die *Allgemeine Zeitung* um eine Besprechung der *Legende der heiligen Elisabeth* von Liszt bittet, da er sie in München zur Aufführung bringt. Dort heißt es unter anderem: *„Noch hinzufügen möchte ich, obgleich es eigentlich von Luxus, daß Du Liszt eine große Freude machen würdest; ferner daß auch Parzival* [gemeint ist hiermit der König] *Dir's hoch aufnehmen würde, wenn Du Duch einmal bei einer unserer und seiner Angelegenheiten irgendwie beteiligtest ..."*[34].

+

Peter Cornelius hat es wie kaum ein anderer verstanden, bei aller Verehrung und Sympathie für die Neudeutsche Schule Distanz zu wahren und sich seine Eigenständigkeit weitgehend zu erhalten[35]. Es ist ihm nicht leicht gefallen und er hat dafür manche Unannehmlichkeiten in Kauf nehmen müssen. Andererseits fühlte er sich aber durchaus der „Neuen Richtung" zugehörig. Bezeichnend ist es für ihn, daß er getreu seinem Wahlspruch *„Unabhängige Parteinahme"* durch seine Aufgeschlossenheit und durch das ständige Streben nach Selbständigkeit auch andere musikalische Richtungen der Zeit zu verstehen oder doch wenigstens achtungsvoll zu beurteilen vermochte. Sein freundschaftliches Verhältnis zu Schumann und vor allem zu Brahms mag hierfür als Beweis gelten.

---

32 C. M. Cornelius I, 173.
33 NZfM 43, 1855, vom 31. August, S. 108. Den Hinweis auf diese Stelle verdanke ich Elmar Seidel (Mainz).
34 Zitiert nach C. M. Cornelius II, 77.
35 In der Diskussion hat Egon Voss mit Recht darauf hingewiesen, daß Cornelius bei aller Zuneigung zur Neudeutschen Schule im Grunde doch ein Klassizist gewesen sei. Dies zeige sich insbesondere an seiner Stellung zum *Tristan*.

II. Die Opern von Cornelius

Hellmut Federhofer
Vorgezeichneter und latenter 7/4-Takt in den Opern von Cornelius

Cornelius spricht anläßlich der Komposition des *Cid* einmal von einem *„innerlichen Gesang"*, der *„immer da sein muß, ehe ich Worte finde, und wenn ich einmal arbeite, ohne daß die innere Musik ertönt, so werde ich gleich zaghaft und denke, die Sache wird kalt und glutlos"*.[1] An anderer Stelle sagt er, *„die Musik liegt immer zugrunde und gibt die innerliche Stimmung für den Text"* und *„erst die hinzutretende Musik, die ja schon während und vor dem Dichten innerlich mächtig erklingt, macht die Poesie voll und ganz"*.[2] Max Hasse bezeichnet den „innerlichen Gesang" sicher zu Recht als den Zusammenklang *„des Tones mit dem Stoffe, und dann des Wortes mit dem Tone"*, aber doch, *„daß der Ton in dieser Art des künstlerischen Schaffens das Wort erweckte und gestaltete"*.[3] Hasse weist auf die 1859 in Wien vertonten vier Sonette von Gottfried August Bürger *„als musikalische Keimzellen zum Cid"* hin. So wird im dritten Sonett die Stelle *„Nektarkelch, du warest tief genug"* zum *„Leitmotive der bedeutsamsten Stelle des dritten Aktes, des Duetts zwischen Cid und Chimene, nach dessen Verklingen er ihr ins Auge schaut und sie auf die Stirne küßt. Man trifft hier auf einen starken musikalischen Beweis, daß die Musik später die Worte des Musiktextes gebären mußte: Chimene ,Es ist kein Traum, ist ein erfüllt Gebet ... ' "*.[4]

So sehr dieser Hinweis auf die Übereinstimmung in der Komposition überzeugt, wäre doch zu fragen, ob sich die Priorität der Musik vor dem Wort auf die Übernahme melodisch-harmonischer Wendungen aus einem Werk in ein anderes bei Stellen ausdrucksmäßig ähnlicher dichterischer Konzeption erschöpft. Daß der Ton das Wort erweckt, scheint vielmehr ein allgemeineres Schaffensprinzip von Cornelius zu sein.[5] Ein gutes Beispiel dafür bietet der innere Höhepunkt der Oper *Der Barbier von Bagdad*, nämlich das gegenseitige Liebesgeständnis von Nureddin und Margiana. Die Dichtung besteht aus vier zehnzeiligen Strophen mit dem Reimschema a–b–a–b–c–d–d–c–c–d. Die erste Strophe singt Nureddin, die zweite Margiana, die dritte singen beide gemeinsam in einem hymnischen Unisono,[6] die vierte Nureddin und Margiana wechselweise, nach je zwei Zeilen jeweils unterbrochen vom Gesang Abuls. Die beiden ersten Strophen und die letzte vertont Cornelius so, daß sich ein regelmäßiger Wechsel von Vierviertel- und Dreivierteltakten ergibt, während die dritte Strophe allein im Dreivierteltakt steht. Man möchte zunächst vermuten, daß der regelmäßige Taktwechsel, der zu einem la-

---

[1] Zitiert nach Max Hasse, *Der Dichtermusiker Peter Cornelius*, Bd. I, Leipzig 1922, S. 150.
[2] Ebda, Bd. II, S. 7.
[3] Ebda, S. 7 f.
[4] Ebda, S. 67 f.
[5] Vgl. dazu auch den aufschlußreichen Brief von Peter Cornelius an seinen Bruder Carl vom 9. Februar 1857 über Dichtung und Komposition des *Barbier von Bagdad*, in: LW I, 250 ff.
[6] Rund vierzig Jahre später vereinigt Giacomo Puccini im dritten Akt der Oper *Tosca* die Stimmen von Cavaradossi und Tosca an dramatisch ähnlicher Stelle im Unisono, um die völlige Übereinstimmung der Liebesgefühle beider zum Ausdruck zu bringen.

tenten 7/4-Takt führt, durch das Metrum der Dichtung verursacht wird. Denn tatsächlich wechseln vier- und fünfhebige Verse in den beiden ersten Strophen. Doch läßt dieser Wechsel von Vier- und Fünfhebigkeit keine Regelmäßigkeit erkennen und weicht zudem in beiden Strophen voneinander ab, wie die im folgenden untereinander stehende jeweilige Anzahl der Hebungen beweist:

1. Strophe: 4 5 4 5 4 4 4 5 4 4
2. Strophe: 4 4 4 4 4 5 5 5 4 4

Unabhängig von der verschiedenartigen Aufeinanderfolge der Vier- und Fünfhebigkeit der einzelnen Verse, vollzieht sich der regelmäßige Taktwechsel in den beiden Strophen. Außerdem zeigt sich, daß die letzte Strophe, obwohl sie ebenso wie die dritte nur vierhebige Verse aufweist, ebenfalls einem regelmäßigen Wechsel von 4/4- und 3/4-Takten unterworfen ist. Hier kehrt der lyrische musikalische Gedanke variiert wieder. Dadurch findet zugleich das vierstrophige Liebesduett einen formal überzeugenden Abschluß. So ist es doch primär ein musikalischer Gedanke, der diese Gestaltung bestimmt, die die Dichtung lediglich ermöglicht, auch wenn sie vor der Komposition niedergeschrieben worden ist.

Es wäre zu fragen, was Cornelius mit dem regelmäßigen Wechsel von geradem und ungeradem Taktmetrum beabsichtigte, hat er doch in dem von jeglicher Norm abweichenden metrischen Schema eine seiner schönsten Melodien komponiert. Offenbar suchte er der Gefahr einer monotonen Aneinanderreihung von symmetrischen Viertaktern zu entgehen, indem er sie nicht aus 16, sondern aus 14 Vierteln bzw. aus zweimal 7 Vierteln zusammensetzte, um in Verbindung mit dieser Metrik eine blühende Melodik mit spannungsreicher Harmonik und Rhythmik zu entfalten. Cornelius mag etwas Ähnliches wie die unendliche Melodie Richard Wagners vorgeschwebt haben. Er löste allerdings das Problem auf seine Art, indem er weder der Dichtung noch dem Orchester, sondern der Melodie und der Singstimme den Vorrang einräumte.

Das Wort-Tonverhältnis bestätigt es. Betrachtet man das zu Beginn der ersten Strophe und am Ende sowohl der ersten als auch der zweiten sowie in der vierten Strophe wiederkehrende Hauptmotiv des lyrischen Gedankens im erwähnten Liebesduett zwischen Nureddin und Margiana, so fällt auf, daß das erste Wort des ersten Verses, nämlich die Interjektion „O", auf eine unbetonte Silbe fällt. Bei getreuer Nachbildung des Textmetrums müßte daher das genannte Hauptmotiv auftaktig beginnen. Cornelius aber beugt sich nicht dem Textmetrum, sondern bringt die unbetonte Silbe auf das erste Taktviertel, beginnt also volltaktig. Durch Hervorhebung des Ausrufewortes wird der schwärmerische Ausdruck, der dem Hauptmotiv anhaftet, zweifellos verstärkt, und diesen Ausdruck behält es in allen Wiederholungen bei. Besonders geglückt erscheint diese Gestaltung in der Wiederholung am Ende der ersten Strophe. Der betreffende Vierzeiler lautet: *„Ein Wort nur kann ich wiederfinden"*. Indem hier die unbetonte Silbe „Ein" auf den Taktbeginn fällt und den Sinnakzent erhält, wird der folgende Vierzeiler: *„Das eine Wort, ich liebe Dich"* sinngemäß bestens vorbereitet.

Der Barbier von Bagdad. Zweiter Aufzug, zweite Szene

Nureddin

Ein Wort nur kann ich wie-der-fin-den, Das ei-ne Wort: „Ich lie--be dich!"

Auch an der betreffenden Stelle der zweiten Strophe: *„Ob auch die Schwestern alle schweigen"* mag ein Sinnakzent auf „Ob" wegen des zum Ausdruck gebrachten Gegensatzes — der nächste Vers lautet nämlich: *„Die Rose sagts: ich liebe Dich"* — gerechtfertigt sein. In der letzten Strophe aber, die auf die Melodik der ersten zurückgreift, ist es nur mehr der motivische Parallelismus, also ein musikalischer Grund, der die sinnwidrige Betonung des ersten Wortes „Daß" rechtfertigt. Es ist bezeichnend, daß Cornelius etwas Ähnliches im vorletzten Vers der vierten Strophe vermeidet. Nur mehr das Orchester bringt die erste Viertelnote des Motivs auf dem ersten Taktviertel, während in der Singstimme die Präposition „Zum" zur Achtelnote verkürzt wird. Bei Wiederholung dieser Phrase schließt sich auch das Orchester dieser Verkürzung an. Allein dem Orchester anvertraut, erscheint das Hauptmotiv schließlich als Erinnerungsmotiv in der achten Szene ohne jede Abhängigkeit vom Metrum des von Kadi, Margiana, Chor und Abul dazugesungenen Textes. An diesem Beispiel wird deutlich, wie sich das Dichterwort dem melodischen Einfall unterordnet.

Ein Wechsel zwischen Viervierteltakt und Dreivierteltakt begegnet auch im zweiten Akt des *Cid*, 5. Szene, als Chimene dessen Stimme erkennt (Allegro energico). Cornelius schreibt hier 7/4-Takt ausdrücklich vor. Die Dichtung besteht aus zweihebigen Versen:

Entweihst Du vermessen
Der Schmerzen Asyl
Des Opfers vergessen
Das blutend hier fiel?

Entfliehe den Räumen
Die heilig dem Schmerz
Und laß seinen Träumen
Ein leidendes Herz!

Auch hier bietet das Metrum des Textes keine Erklärung für die unregelmäßige Taktfolge, was sich auch daran erkennen läßt, daß die folgenden Strophen, die ebenfalls aus gereimten zweihebigen Verszeilen bestehen, durchwegs im Viervierteltakt vertont sind, obwohl sie zunächst sogar an derselben Motivik festhalten. Es liegt eine Verkürzung von zwei Vierviertaktakten auf einen Siebenvierteltakt vor. Zunächst wird die zweite Hebung in der ersten Strophe, darnach die erste Hebung in der zweiten Strophe der ungeradzahligen Verse verkürzt, während die Hebungen der geradzahligen Verse unverkürzt bleiben und rhythmisch einander entsprechen. Die rhythmische Struktur des ersten Verses von Strophe 1 lautet daher:

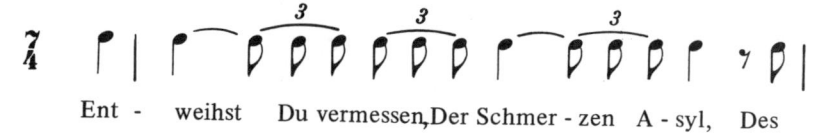

Ent - weihst Du vermessen, Der Schmer - zen A - syl, Des

anstelle von:

Ent - weihst Du ver-mes - sen, Der Schmer - zen A - syl, Des

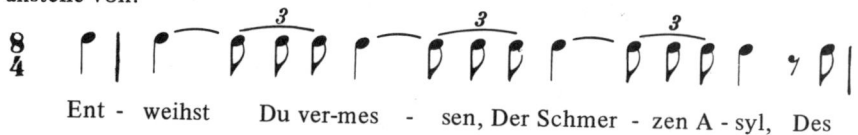

Dagegen wird in der zweiten Strophe die *erste* Hebung der Verkürzung unterworfen:

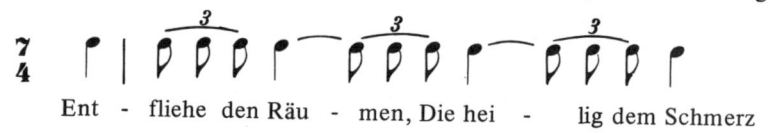

Ent - fliehe den Räu - men, Die hei - lig dem Schmerz

anstelle von:

Ent - flie - he den Räu - men, Die hei - lig dem Schmerz

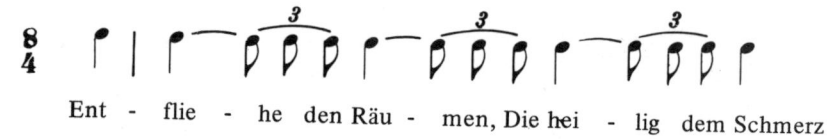

Der Grund für die Verkürzung liegt auch hier wieder im musikalischen Bereich. Durch die Straffung entgeht Cornelius der Gefahr einer rhythmischen Monotonie, wodurch zugleich der Text an dramatischem Ausdrucksgehalt gewinnt. Adolf Sandberger schreibt zu dieser Stelle: *„Wir begegnen einem echt Cornelius'schen, die verhaltene Angst und innere Zweifel an sich selbst* (— gemeint ist Chimene —) *meisterlich charakterisierenden 7/4-Takt".*[7]

Einen 7/4-Takt schreibt Cornelius auch in seiner Oper *Gunlöd*, erster Akt, Ziffer 76 bis 79 der von Waldemar von Bausznern ergänzten und instrumentierten Partitur vor.[8] Es ist jene Stelle, wo Odin die Geister der Tiefe herberuft, ein zwischen taktweise wiederholten Rufformeln und breitem Melodiebogen wechselnder Gesang. Nach achtzehn 7/4-Takten folgen je zwei 3/4- und 4/4-Takte, und dann nochmals ein 7/4-Takt, bevor das Metrum bei Ziffer 79 endgültig in den C-Takt übergeht. Die Dichtung besteht aus nicht gereimten vierhebigen Versen. Auch hier läßt sich der 7/4-Takt nicht vom Textmetrum her motivieren. Die Dichtung hätte einer anderen Taktart ebenfalls angepaßt werden können. Zur Wahl des 7/4-Taktes an dieser Stelle der Oper inspirierte Cornelius offensichtlich die *„flackernde Hülle"*

---

[7] Adolf Sandberger, *Peter Cornelius' Cid,* München 1893, S. 34.
[8] MW V.

bzw. *„flackernde Flammen"* der Erdgeister, die sich auch in der belebten Streicherfiguration offenbaren. Dort, wo die Erdgeister als *„eine Schaar glänzend geschmückter Jünglinge und Jungfrauen hervortreten"*, wechselt (bei Ziffer 79) der 7/4-Takt in den geraden Takt und die bisherigen Viertel werden lebhafter, wie vorher genommen. Die dramatische Idee, die Musik und Dichtung gleichermaßen umschließt, motiviert hier die ungewöhnliche Taktart, ähnlich auch das Vorkommen des rein instrumental konzipierten 5/4-Taktes im ersten Akt, vor Ziffer 47.[9]

Derlei Abweichungen von einem metrischen Normalschema scheint Cornelius für zukunftsträchtig gehalten zu haben. Jedenfalls sagt er selbst einmal humorvoll: *„Ich bin der eigentliche Zukunftsmensch, ich bin der inkarnierte Siebenvierteltakt"*.[10]

Diskussion

Finscher:
Der 7/4-Takt hat in der Musik des 19. Jahrhunderts eine gewisse Geschichte. In frühen Kritiken rügt Robert Schumann Salonkomponisten, daß sie einfache musikalische Sachverhalte durch Verwendung des 7/4-Taktes aufzuputzen und ins Ungewöhnliche zu heben versuchen, um auf diese Weise aus der Takt- und Periodensymmetrie auszubrechen. Ob Zusammenhänge mit Cornelius, der über das Phänomen ziemlich gründlich nachgedacht zu haben scheint, vorliegen, wäre noch zu untersuchen. Ein weiteres Problem ergibt sich aus der Diskrepanz zwischen der theoretischen und praktischen Position. Denn einerseits spielt bei der textlichen Konzeption die musikalische Vorstellung eine Rolle, andererseits wird der Versbau durch irreguläre Taktbildungen überlagert, so daß eine entscheidende Überformung des metrischen Textes durch die Musik entsteht.

Voss:
Zu unterscheiden ist zwischen Idee und technischer Ausführung. Der Text entspringt zwar einer musikalischen Atmosphäre, aber die melodischen Umrisse sind noch nicht mitgeboren. Eine Melodie läßt sich noch nicht konkret notieren. Sie entstammt erst einer späteren Schicht.

Finscher:
Könnte der 7/4-Takt als Ausdruck des Exotischen bzw. Fremdartigen bei Cornelius gemeint sein, was die behandelten Stoffe nahezulegen scheinen?

Riedel:
Verneint diese Frage und macht rein musikalische Gründe geltend.

Federhofer:
Das Bestreben, vom symmetrischen Schema wegzukommen, dürfte den 7/4-Takt am ehesten erklären.

---

9 Einen 5/4-Takt schreibt Cornelius auch im Chor der Diener im 1. Akt des *Barbiers* vor. Der 5/4-Takt entsteht hier im Übergang vom 4/4- zum 3/4-Takt. Hier zu erwähnen ist auch der häufige Taktwechsel, einschließlich 5/4- und 15/8-Taktvorzeichnung in der zweiten Ouvertüre, die Cornelius auf Veranlassung von Franz Liszt entwarf. Über das Schicksal dieser Ouvertüre vgl. M. Hasse, *Der Dichtermusiker*, Bd. II, S. 162 ff.

10 Zitiert nach *Peter Cornelius, Ausgewählte Schriften und Briefe*, eingeleitet und mit biographischen und kritischen Erläuterungen versehen von Paul Egert, Berlin (1938), S. 8.

Koppen:
Jeder gute Rezitator behandelt einen metrischen Text frei. Die interpretatorische Freiheit wird in Analogie zur musikalischen Überformung des metrischen Textes durch den 7/4-Takt gesehen.

Just:
Die zehnzeiligen Strophen des Liebesduetts zwischen Nureddin und Margiana werden als Mischform aus Sonett und Oktave, jedoch als „private Sonderform", gedeutet. Dazu stellt Jörg-Ulrich Fechner (Bochum) brieflich fest, daß im Französischen der ‚dizain' eine oft gewählte Strophe in der Zeit zwischen Ronsard bzw. der Pleiade und Malherbe, aber fast ohne jede Auswirkung auf die deutsche Literatur gewesen sei. Die spanische Dezime wandelt um 1590 Vicente Espinel in den nach ihm benannten ‚Espinelas' mit der Reimanordnung und Gliederung a b a b / a c c d d c ab. Davon weicht Cornelius zwar ab, doch ist seine Strophe eindeutig eine Sonderform der Espinela. In Deutschland wurde die Dezime durch Friedrich Schlegel bekannt gemacht, bei dem sich ein direktes Vorbild für die metrische Form des Zehnzeilers von Cornelius jedoch nicht finden läßt.

Heribert Horst
Zur Textgeschichte des „Barbier von Bagdad"

Die ersten Anfänge des *Barbier von Bagdad* liegen *„gänzlich im Dunkeln".* Diese Feststellung von Carl Maria Cornelius[1] in der Biographie seines Vaters gilt auch heute noch. Die Anregung kam, so fährt der Biograph fort, vielleicht aus dem *„Mummenschanz der Phantasie, den die Lisztianer trieben, indem sie ihren Meister den ‚Padischah' und sich selbst ‚Murls', mit allen möglichen orientalischen Beinamen, nannten. Leider war trotz verschiedener Umfragen nichts darüber zu erfahren".*

Fest steht eines: die Geschichte von dem Barbier von Bagdad ist eine der Erzählungen aus *1001 Nacht*[2], dem in der Welt wohl am besten bekannten Erzeugnis der arabischen Literatur. Die frühe Geschichte[3] auch dieses Werkes liegt noch im Dunkel. Seit Beginn des Studiums dieser Sammlung durch die abendländische Wissenschaft zu Beginn des 19. Jahrhunderts hat es die verschiedensten Meinungen und Theorien über die Entstehung der Sammlung gegeben. Wahrscheinlich wurde die Urfassung etwa im 9. oder 10. Jahrhundert aus der persischen Sammlung der *Tausend Geschichten,* die wiederum indischen Ursprungs sind, ins Arabische übersetzt. Die Geschichten dieser Sammlung wurden im Laufe der Zeit teils ersetzt, teils ergänzt durch echt arabische Erzählungen, bis schließlich etwa im 15. Jahrhundert in Ägypten das Werk das wurde, was es heute ist: die Sammlung der Geschichten aus den 1001 Nächten, von Geschichten, die so verschieden von einander sind, was Alter, Heimat, literarisches Genre und sprachliche Qualität betrifft.

Europa machte die erste Bekanntschaft mit *1001 Nacht* bereits im Mittelalter: Spuren der Rahmenerzählung finden sich um 1400 in einer Novelle von Sercambi und im 16. Jahrhundert im *Orlando Furioso* von Ariost. Das ganze Werk lernte das Abendland durch Jean Antoine Galland (1646–1715) kennen, der es im Geschmack seiner Zeit ins Französische übertrug. Diese erste Übersetzung von *1001 Nacht* erschien 1704–1717[4]. Damit trat das Werk seinen Siegeszug um die Welt an, unzählige Übersetzungen, Bearbeitungen und Textausgaben folgten, und *1001 Nacht* gewann einen Rang in der Weltliteratur, den es in der arabischen Literatur nie errungen hatte, denn dort zählte die Sammlung zur Volksliteratur ohne literarischen Wert.

---

1 Carl Maria Cornelius, *Peter Cornelius. Der Wort- und Tondichter,* 2 Bde., (= *Deutsche Musikbücherei* 46/47), Regensburg 1925, Bd. I, S. 224.

2 So Cornelius selbst in einem Brief vom 6. November 1856 an Hans von Bronsart, vgl. Adolf Sandberger, *Leben und Werke des Dichtermusikers Peter Cornelius,* Phil. Diss. Würzburg 1887, S. 13.

3 Das Folgende nach: *Die Erzählungen aus den tausendundein Nächten.* Vollständige Ausgabe in sechs Bänden zum ersten Mal nach dem arabischen Urtext der Calcuttaer Ausgabe aus dem Jahre 1839 übertragen von Enno Littmann, 6 Bde., Wiesbaden 1953, Bd. VI, S. 655 ff., und *Encyclopaedia of Islam,* New ed. Vol. 1, Leiden und London 1960, S. 358 ff.

4 *Les Mille et Une Nuits. Contes Arabes Traduits en François par Mr Galland.* Vgl. dazu D. B. Macdonald, *A Bibliographical and Literary Study of the First Appearance of the Arabian Nights in Europe,* in: *Library Quarterly* 2, (Chicago) 1932, S. 387 ff.

Die erste deutsche Übersetzung stammt von Maximilian Habicht, Friedrich Heinrich von der Hagen und Carl Schall (Breslau 1825)[5] nach Galland, eine weitere deutsche Version ist von Alexander König (Leipzig 1841)[6], die auch irgendwie von Galland oder seinem Text abhängig ist. Diese beiden Übersetzungen werden von Max Hasse[7] als die Quellen bezeichnet, die Peter Cornelius für seinen *Barbier von Bagdad* benutzt hat. Die Anekdote trägt in den genannten Übersetzungen den Titel *Die Geschichte des Schneiders*. Den Inhalt dieser Geschichte gebe ich im Folgenden kurz wieder, wobei ich voraussetze, daß der Inhalt der Oper bekannt ist:

Der Erzähler – also der Schneider – trifft in der Hauptstadt Chinas bei einem Gastmahl einen hinkenden jungen Mann; dieser will, als er unter den Gästen einen Barbier sieht, sofort Haus und Stadt verlassen, läßt sich aber auf Drängen der Anwesenden herbei, den Grund für sein Verhalten anzugeben und seine Geschichte zu erzählen: Der junge Mann lebte in Bagdad; dort verliebte er sich in die schöne Tochter des Kadi, als er sie zufällig sah, wie sie ihre Blumen goß, und er wurde so krank, daß die Ärzte und seine Angehörigen ihn fast aufgaben, ohne zu wissen, was ihm fehlte. Erst eine betagte Bekannte der Familie erkannte die Ursache seiner Krankheit, brachte ihn dazu, sich ihr anzuvertrauen, und bot ihm ihre Vermittlerdienste an. An den folgenden Tagen versuchte die Alte immer wieder, das Mädchen ihm geneigt zu machen, bis sie schließlich am Dienstag berichten konnte, daß er am Freitag während des Mittagsgebetes, wenn der Kadi in der Moschee sei, seine Angebetete besuchen dürfe. Sofort wurde der junge Mann wieder gesund und schenkte der Alten einen Beutel Geld.

In der Morgenfrühe des Freitag erschien die Alte wieder und schlug ihm vor, das Bad aufzusuchen. Der junge Mann bat sie dagegen, ihm einen Barbier zu holen. Dieser stellte ihm zunächst ein Horoskop: es war Freitag, der 18. Safar 653 islamischer Zeitrechnung – das entspricht dem 29. März 1255 –, ein Tag, gut zum Barbieren, aber für andere Unternehmungen ungünstig, da die Gefahr dauernden Übels bestehe. Der junge Mann wurde immer ungeduldiger, während der Barbier ausführlich seine zahlreichen Vorzüge und Kenntnisse schilderte. Als er ihn daraufhin als Schwätzer bezeichnete, erwiderte der Barbier, er trage den Namen as-Sâmit, der Schweiger, seine sechs Brüder Bakbuk, Bakbarah, Bakbak, Alkous, Alnaschâr und Schakabak seien dagegen in der Tat Schwätzer gewesen. Darauf wollte der junge Mann ihn wegschicken, doch der Barbier weigerte sich, auch Bitten fruchteten nicht. Schließlich begann der Barbier, ihn zu rasieren, aber mit großen Pausen, in denen er weiter schwätzte. Der junge Mann erzählte dem Barbier, er sei zu Mittag eingeladen, was den Barbier daran erinnerte, daß er seinerseits Freunde zum Mittagessen eingeladen, aber noch nicht eingekauft habe. Daraufhin ließ der Jüngling Speisen und Getränke aus seiner eigenen Vorratskammer holen, die der Barbier einzeln genau prüfte; anschließend erzählte er von seinen Freunden und ahmte jeden von ihnen nach; dann lud er ihn ein, doch mit *ihm* zu gehen. Als der junge Mann dies ablehnte, sagte der Barbier, er wolle ihn begleiten. Der junge Mann er-

---

5 *1001 Nacht. Arabische Erzählungen.* Deutsch von M. Habicht, Fr. H. von der Hagen und C. Schall.
6 *1001 Nacht. Arabische Erzählungen.* Deutsch von A. König.
7 Max Hasse, *Der Dichtermusiker Peter Cornelius,* 2 Bde., Leipzig 1922–23, Bd. II, S. 2 f. Siehe dagegen unten S. 127.

klärte sich einverstanden und schickte, als er fertig rasiert war, den Barbier mit seinen Vorräten nach Hause mit dem Versprechen, auf ihn zu warten. Inzwischen war es schon spät geworden. Kaum war der Barbier fort, machte der Jüngling sich auf den Weg, in der Ferne gefolgt von dem Barbier.

Beim Haus des Kadis wartete schon die alte Frau auf den jungen Mann und führte ihn zu dem Mädchen. Kaum waren sie hineingegangen, kehrte der Kadi aus der Moschee zurück, während der Barbier draußen vor der Tür saß. Plötzlich hörte er aus dem Innern des Hauses Schreie von einem Sklaven, der geschlagen wurde, glaubte aber, es seien die Schreie des jungen Mannes, der ertappt worden war, rief die Nachbarschaft zusammen und holte die Sklaven des jungen Mannes herbei. Sie schlugen nun an die Tür, und als der Kadi sich nach dem Grund erkundigte, warfen sie ihm vor, er töte ihren Herrn. Darauf fragte der Kadi, warum er wohl ihren Herrn umbringen solle. Der Barbier erklärte ihm, daß der junge Mann bei seiner Tochter sei. Darauf erlaubte der Kadi ihnen, das Haus zu durchsuchen. Der junge Mann hatte alles vom Fenster her mitgehört und versteckte sich in seiner Verzweiflung in einer Kiste. Dort fand ihn der Barbier, lud sich die Kiste auf die Schulter und trug sie aus dem Hause. Auf der Straße öffnete sich der Deckel der Kiste, der junge Mann sprang heraus, verletzte sich und lief hinkend davon. Der Barbier rannte laut rufend hinter ihm her, und erzählte, wütend, weil er ihn nicht erreichen konnte, allen, was geschehen war. Der junge Mann verließ die Stadt und das Land, um ja den Barbier nie wiederzusehen.

Darauf — so fährt der Erzähler fort — geht der junge Mann fort, und der Barbier erzählt seine Geschichte und die seiner sechs Brüder.

In dieser *Erzählung des Schneiders* finden wir einige typische Züge der arabischen Liebesgeschichte: 1. Die Liebe auf den ersten Blick: ein junger Mann wird beim Anblick eines Mädchens oder nur ihres Bildes oder gar bei der bloßen Schilderung ihrer Schönheit und ihrer sonstigen Vorzüge von heftiger Liebe ergriffen; 2. die unglückliche Liebe, die vor allem in der frühen arabischen Dichtung eine so große Rolle spielte und von dort in andere Literaturen des islamischen Kulturkreises eingedrungen ist: der unglückliche Liebhaber wird krank, fällt dem Wahnsinn anheim oder — wie eine erhaltene Inschrift zeigt — stirbt sogar — man denke an Heinrich Heine, der von den Arabern des Stammes Azra — arabisch 'Udhra — sagt, daß sie „*sterben, wenn sie lieben*"; 3. die Figur der kupplerischen Alten, einer unentbehrlichen Mittelsperson in einem Milieu, in dem strenge Trennung der Geschlechter herrscht, der Kupplerin, die es durch unablässige Bemühungen fertigbringt, den Widerstand der stolzen Schönen zu brechen und sie zu veranlassen, dem unglücklichen Liebhaber wenigstens einen Besuch zu gestatten; 4. die Gestalt des Barbiers, in der man einen Anklang an die arabische Figur des Neiders erkennen kann, der den Liebenden ihr Glück mißgönnt und ihnen alle möglichen Hindernisse in den Weg zu legen versucht; wiederum der Barbier, der den in *1001 Nacht* so häufigen Handwerker verkörpert, der formvollendete Gedichte — wohlgemerkt seine eigenen! — rezitiert — so im Original — oder eine Koryphäe in irgendeiner Wissenschaft ist, denn ein Gelehrter mußte nebenbei einen soliden Beruf haben, weil die Wissenschaft ihn nicht ernähren konnte; der Barbier, der die retardierenden Momente liefert, damit die Geschichte nicht zu schnell auf den Höhepunkt, hier die Katastrophe, zutreibt; 5. das heimliche Stelldichein im Hause der Geliebten zu einer Zeit, da Störungen am wenigsten zu befürchten sind, nämlich am Freitag um die Mittagszeit, wenn die Muslime gehalten sind, dem Freitagsgottesdienst mit Predigt in der Hauptmoschee der Stadt beizuwohnen; schließlich 6. die Gefahr für Leib und Leben, wenn ein unverheiratetes Paar bei einem zärtlichen Tête-à-tête angetroffen wird. Zwei Charakteristika unserer Geschichte sind hingegen nicht typisch: da ist einmal der unglückliche Ausgang der Geschichte und zum andern der Umstand, daß die handelnden Personen keine Namen haben.

Nach einer französischen Übersetzung der Urform der *Geschichte des Schneiders* aus *1001 Nacht* verfaßte der Franzose Charles Palissot de Montenoy[8] auf mehrfachen Wunsch vor 1772 eine sogenannte pièce de société für eine bedeutende Persönlichkeit. Dieses Stück trug bereits den Titel *Le Barbier de Bagdad, Comedie*. Nach den Angaben des Verfassers hat ihm besagte Persönlichkeit das Thema angegeben, das aus *1001 Nacht* genommen sei; er habe nichts geändert, abgesehen von der Figur des Arlequin, die er neu eingeführt habe. Im Gegensatz zu diesen Bemerkungen des Verfassers ist jedoch in dem Stück manches anders als in der Urform, was natürlich an der Vorlage liegen könnte: zum ersten Male erhalten einige der handelnden Personen Namen: der junge Mann heißt Almanzor, das Mädchen Zulime, die kupplerische Alte wird zu einer jungen Sklavin mit Namen Fatme; Arlequin, ein Sklave von Almanzor, eine komische Figur, sowie andere Sklaven Almanzors und das Gefolge des Cadi werden neu eingeführt.

Die Handlung unterscheidet sich in folgenden wesentlichen Punkten von der der Urfassung: 1. spielt die Geschichte an einem einzigen Tag. Es wird nicht erwähnt, wie Almanzor das Mädchen gesehen hat, und komische Szenen mit Arlequin nehmen einen ziemlich breiten Raum ein. 2. Der Barbier wartet vor dem Hause des Cadi auf Almanzor; er merkt, daß dieser zu Zulime gegangen ist, und als der Cadi, der in Geschäften ausgegangen war, zurückkehrt, will er ihn aufhalten. Zu diesem Zweck erzählt er ihm, er sei von Arlequin bestohlen worden. Der Cadi verhört diesen und läßt ihn verprügeln; dann geht er in sein Haus. Der weitere Verlauf der Handlung ist wie im Original, bis auf 3. den Schluß: Almanzor wird bei Zulime angetroffen, beide erklären ihre Liebe, und der Cadi vereinigt das glückliche Paar.

Von dieser ersten französischen Fassung des *Barbier von Bagdad* gibt es eine anonyme getreue deutsche Übersetzung aus dem Jahre 1772[9], die von Johann Heinrich Faber stammen soll. Die weiteren deutschen Fassungen sind Singspiele bzw. Operetten; die 3. Fassung ist von Wilhelm Christhelf Siegmund Mylius mit Gesängen von Schinke, eine „Schnurre" aus dem Jahre 1780[10]. Im Inhalt unterscheidet sich dieses Stück nicht von der anonymen 2. Fassung; die Gesänge sind hinzugekommen, aus Zulime wird Sulamith, aus Harlekin wird Zulip, der Barbier be-

---

[8] Zum Folgenden vgl. auch: *Der Barbier von Bagdad,* Komische Oper in zwei Aufzügen, Text und Musik von Peter Cornelius, Vollständiges Buch, hrsg. und eingeleitet von Georg Richard Kruse *(Reclams Universal-Bibliothek* Nr. 4643*),* Leipzig o. J., S. 35 ff., und Arthur Smolian, *Ein deutscher „Barbier von Bagdad" aus dem Jahre 1780. Unter Bezugnahme auf die gleichnamige Oper von Peter Cornelius geschildert,* in: NZfM 71, 1904, S. 359 ff. u. 375 ff.

[9] *Der Balbier von Bagdad, ein Lustspiel in einem Aufzuge.* Aus dem Französischen des Herrn Palissot de Montenoy. Frankfurth und Leipzig 1772.

[10] *Der Barbier von Bagdad, Schnurre in einem Akte mit Gesang.* Nach Palissot (Von H. Mylius, die Gesänge von H. Schinke), in: *Theater-Journal für Deutschland.* Fünfzehndes Stück, 1., Gotha 1780. Vgl. dazu A. Smolian, in: NZfM 71, 1904.

kommt den Namen Sandrapandraback, und erstmals ist verschiedentlich vom „türkischen Reich" die Rede, was natürlich sachlich falsch ist.

Auch die 4. Fassung, eine Operette von Johann André[11] zwischen 1777 und 1784, stimmt inhaltlich mit den Vorgängern überein; der komische Sklave heißt jetzt Osmin, der Barbier verliert seinen Namen wieder, seine vortrefflichen Eigenschaften schildert nicht er selbst, sondern Osmin, und zum ersten Male finden wir die Einteilung in zwei Akte.

Zwei weitere Fassungen unserer Geschichte habe ich nicht zu Gesicht bekommen, nämlich die von F. Jost, 1971, und von Heinrich Christian Hattasch, 1793. Eine 7. Fassung liegt wohl außerhalb unserer Reihe: die französische Oper *Le Barbier de Bagdad* von Stanislaus Champein, 1800, die aber nie aufgeführt worden zu sein scheint.

Es erhebt sich nun die Frage, in welchem Abhängigkeitsverhältnis der *Barbier von Bagdad* von Peter Cornelius, also die 8. Fassung, zu seinen Vorgängern steht. Cornelius schreibt in seinen Briefen, so weit sie uns erhalten sind, nichts darüber; Tagebücher fehlen für den in Frage kommenden Zeitraum, Oktober 1855 bis November 1856; die Sekundärliteratur kann nur Vermutungen äußern, die manche Verfasser in die Form einer apodiktischen Behauptung kleiden; dabei muß man natürlich an die Möglichkeit denken, daß die früheren Autoren Quellen und Informationen hatten, die uns heute verloren sind; allerdings nennen sie ihre Quellen fast nie.

Carl Maria Cornelius[12] läßt dahingestellt, ob Cornelius einen früheren *Barbier* kannte; Stern[13] findet es *„ungewiß, ob Cornelius wußte, daß der gleiche Märchenstoff ... von ... Palissot ... zu einer Komödie verarbeitet worden war".* Antoine-Elisée Cherbuliez[14] hält es für möglich, daß Cornelius die Anregung durch eine vielleicht 1853 gehörte Türkenoper erhalten hat; Hasse[15] findet *„nichts von Belang, was im Musiktext von Cornelius an seine Vorausgänger erinnert",* und sagt, wie vor ihm Smolian[16] vermutet, daß Cornelius die Schnurre von Mylius gekannt habe. Hans Engel[17] behauptet: *„Cornelius kannte Andrés Singspiel",* Emil Sulger-Gebing[18] hält es für fast unabweisbar, daß er den *Barbier* von André kannte, und Wilhelm Zentner[19] schließlich weiß zu berichten, daß Andrés Singspiel *„zu Cornelius' Zeiten längst wieder vergessen"* war.

So sehr diese Autoren hinsichtlich des Einflusses auf den *Barbier* von Cornelius verschiedener Meinung sind, so einig sind sie sich in der Beurteilung der literari-

---

11 *Der Barbier von Bagdad. Eine Operette in zwey Aufzügen.* In Musik gesetzt von Johann André. Ms. der Königl. Theaterbibliothek / Kgl. Bibliothek Berlin.
12 C. M. Cornelius II, 225.
13 Zitiert bei A. Smolian, in: NZfM 71, 1904, S. 360.
14 *Peter Cornelius*, in: *113. Neujahrsblatt der Allgemeinen Musikgesellschaft in Zürich auf das Jahr 1925*, Zürich o. J., S. 32, Anm. 2.
15 *Der Dichtermusiker*, Bd. II, S. 12 f.
16 NZfM 71, 1904, S. 359.
17 *Peter Cornelius*, in: MGG II, 1952, Sp. 1688.
18 *Peter Cornelius als Mensch und als Dichter*, München 1908, S. 84.
19 Peter Cornelius, *Der Barbier von Bagdad*, Komische Oper in zwei Aufzügen, Vollständiges Buch, Nach der Originalpartitur neu hrsg. und eingeleitet von Wilhelm Zentner (Universal-Bibliothek Nr. 4643), Stuttgart [1958], S. 4.

schen Qualitäten dieses Werkes, wenn auch einige in Einzelheiten über das Ziel hinausschießen; ich erwähne nur die Bemerkung von Cherbuliez[20] über die *„glänzende Beherrschung orientalischer Versmetren (der arabischen Ghasels und Maqamen)":* Cornelius benutzt im *Barbier* keine orientalischen Metren, die für deutsche Dichtung ungeeignet sind, und Maqamen sind Geschichten in gereimter Prosa, also ohne Metrum. Richtig ist, daß Cornelius die Reimform des Ghasels und die rhetorischen Kunstmittel und Spielereien, wie sie vor allem in den Maqamen vorkommen, glänzend beherrscht[21]. Ich nenne das Ghasel des Barbiers in I, 7 *„Laß dir zu Füßen wonnesam mich liegen, o Margiana"* mit der Reimfolge aaxaxaxa mit Wiederholung der Worte *„o Margiana"* nach jedem Reim, ferner das den Regeln nach zu kurz geratene, weil nur 4-zeilige Ghasel (oder Vierzeiler, Rubâ'î: aaxa) Nureddins in I, 1 *„Komm deine Blumen zu begießen, o Margiana",* weiter die durchgereimten Passagen des Barbier, die aber keine Ghaselen sind, in I, 8 *„Was hat euch, Brüder, in den Tod getrieben? Lieben!"* mit Wiederholung desselben, hier ebenfalls reimenden Wortes und *„Heil diesem Hause"* in II, 10 mit Wiederholung der Worte *„Salamaleikum".* Andere Passagen des Barbiers erinnern in der Tat an die Künste der arabischen Maqame: in I, 5 die Grußworte an Nureddin und kurz darauf die Aufzählung seiner Qualitäten, ebenso auch der Chor der Diener in I, 6. Dazu kommen noch paronomastische Wendungen, z. B. die figura etymologica in II, 7: *„Du glaubst mich närrisch, Narr, und willst mich narren, brandschatzen um den unschätzbaren Schatz"* und die Homonyme in II, 10: *„ ... den ihr dein Stahl stahl".* Mehr persischem Einfluß zuzuschreiben sind die Blumensymbolik, z. B. in II, 2, und die Tiervergleiche in I, 3.

Cornelius hat in seinem *Barbier* die anonymen Personen der *Geschichte des Schneiders* mit Namen versehen, und zwar hat er diese Namen eindeutig aus anderen Geschichten aus *1001 Nacht* entnommen, nicht etwa von einem seiner Vorgänger. Die Stellen, an denen er die Namen seiner Personen gefunden hat, lassen sich zum Teil genau feststellen. Das gilt z. B. für den Namen des Barbiers, der nur ein einziges Mal in *1001 Nacht* vorkommt und in dieser Form nur in den Übersetzungen von Galland und seinen Nachfolgern wie Habicht und König. Der Name Margiana, nach italienischer Manier — Mardschâna — auszusprechen und von Cornelius als einem sprachenkundigen Mann sicher auch so gemeint, wie die Partitur zeigt, erscheint in *1001 Nacht* hingegen dreimal. Weniger glücklich war Cornelius in der Wahl der Namen für seine Sklaven: Musta'în (im *Barbier* zweisilbig), Kâ'im und Mutawakkil sind Thronnamen von Abbasidenkalifen; manche der Namen werden falsch auf der ersten Silbe betont. Besonders aufschlußreich sind die Namen der sechs Brüder des Barbier, die in den verschiedenen Ausgaben von *1001 Nacht* verschieden überliefert werden. Cornelius hat diese Namen in einer Form übernommen, wie sie bei Galland und König stehen, nicht jedoch bei Habicht. Übrigens

---

20 *Neujahrsblatt ... Zürich ... 1925,* S. 14

21 Zum Folgenden vgl. auch E. Sulger-Gebing, *Peter Cornelius,* S. 79 ff., und Josef M. H. Lossen, *Peter Cornelius, der Schöpfer des Barbiers von Bagdad, Eine literarhistorische Studie,* in: NZfM 84, 1917, S. 213 ff.

22 Cornelius wurde vielleicht durch seinen Vater mit einer der früheren Fassungen bekanntgemacht (Diskussionsbeitrag von Klaus Günther Just). Außerdem erhebt sich die Frage, wie weit Cornelius mit der französischen Orientoper vertraut war (Diskussionsbeitrag von Christoph-Hellmut Mahling).

bedeuten diese Namen in ihrer richtigen Form alle „Schwätzer", „Aufschneider", „Bramarbas" und dergleichen, – hier ist Cornelius die Pointe entgangen – und die Epitetha der Brüder, sowie die Hinweise auf ihr Schicksal am Anfang von I, 8 sind sicherlich von den *Geschichten des Barbiers und seiner sechs Brüder* angeregt worden, die in *1001 Nacht* der *Geschichte des Schneiders* folgen.

Abschließend ist zu sagen: Die ersten Anfänge des *Barbier von Bagdad* liegen immer noch *„gänzlich im Dunkeln"*. Die bloße Wahrscheinlichkeit allein spricht dafür, daß Cornelius den einen oder anderen seiner Vorgänger gekannt hat und von ihm angeregt worden ist. Ich bin sogar absolut sicher, daß dies so ist: wenn Cornelius nichts anderes von seinem unbekannten Vorgänger übernommen hat, so doch wenigstens den Titel, den glücklichen Ausgang der Geschichte und wohl auch die Figur des Motawackel, und ich neige dazu anzunehmen, daß das hier in Mainz im Cornelius-Nachlaß[23] befindliche Exemplar des *Barbier de Bagdad* von Palissot, von dem man aber nicht weiß, wie und wann es in den Nachlaß geraten ist, von Cornelius benutzt wurde.

Nachdem nun Cornelius irgendwie auf den Stoff aufmerksam gemacht worden war, schrieb er Ende September/Anfang Oktober 1855 die Urskizze[24], die er bis Anfang November 1856 ausarbeitete. Noch während der Komposition, mit der er am 7. November 1956 begann, änderte er den Text mehrmals. Ich kenne vier verschiedene Fassungen: 1. das am Ende unvollständige Autograph des Schott-Verlages, Mainz, mit eigenhändiger Widmung vom 11. Januar 1858, das noch erhebliche Abweichungen von der endgültigen Fassung, auch in der Szenenfolge, enthält; 2. das Manskopfsche Autograph mit Poststempel vom 20. Juni 1858, dessen Abweichungen von der endgültigen Fassung im Nachtrag zu der Textausgabe von Georg Richard Kruse[25] abgedruckt sind; 3. die ursprüngliche Partitur, von Cornelius vor der Uraufführung am 15. Dezember 1858 um 11 Verse gleich achtzehn Takte im Dienerchor I, 1 und den Begrüßungschor für den Kalifen in II, 9 gekürzt[26]; 4. die endgültige Fassung der Originalpartitur, die mit unserem heutigen Text identisch ist und von dem 1858 gedruckten Textbuch nur unwesentlich abweicht[27].

Für seinen Text muß Cornelius nach dem weiter oben gesagten die *1001-Nacht*-Übersetzung von Galland oder Alexander König benutzt haben. Die *arabischen Märchen* aus der *Blauen Bibliothek der Nationen*, die Cornelius im Januar 1856 aus der Großherzoglichen Bibliothek in Weimar entliehen hat[28], enthalten unseren Stoff nicht.

---

23 Dazu vgl. Gunther Stephenson, *Zeugnisse aus dem Leben und Schaffen eines Mainzer Komponisten. Der Peter-Cornelius-Nachlaß der Stadtbibliothek Mainz*, in: *Mainzer Zeitschrift*, 59, 1964, Mainz 1964, S. 103 ff.

24 C. M. Cornelius I, 202 ff.

25 S. 98 ff.

26 G. R. Kruse, S. 97 f.

27 Ebda, S. 97.

28 Freundliche briefliche Mitteilung von Dr. K. Kratzsch, Zentralbibliothek der deutschen Klassik, Weimar, vom 7. November 1974; vgl. auch C. M. Cornelius I, 224 ff; dagegen M. Hasse, *Der Dichtermusiker,* Bd. II, S. 2.

Auch die Frage, woher Cornelius seine Kenntnis arabisch-persischer Dichtungsformen erhalten hat, ist nur mit Vermutungen zu beantworten. Gewiß folgte er einer Mode seiner Zeit; es ist bekannt, daß er Goethe[29] hoch verehrte; allerdings habe ich keinen Hinweis darauf gefunden, daß er Goethes *Westöstlichen Diwan* kannte, wenn ich es auch für wahrscheinlich halte. Wir wissen ferner, daß er Platen liebte, der die persische Sprache und Literatur studiert hatte, und daß er Rückert schätzte[30]. Diese Dichter sind bekanntlich nachhaltig durch den persischen Dichter Hâfis (gest. 1389) beeinflußt worden, dessen Diwan 1812—1813 von Hammer-Purgstall ins Deutsche übersetzt worden war und die orientalisierende Richtung der deutschen romantischen Dichtung erst eigentlich möglich machte. Cornelius lernte mit zwanzig Jahren Rückert in Berlin kennen[31], wo dieser einen Lehrstuhl für orientalische Sprachen innehatte. Später, im Jahre 1856, also zu der Zeit, in der Cornelius seinen *Barbier* dichtete, besuchte er den greisen Rückert in Neuseß[32], und ich kann mir nicht vorstellen, daß bei dieser Gelegenheit nicht über den *Barbier* gesprochen worden ist, zumal Rückert zahlreiche Übersetzungen arabischer und persischer Dichtungen veröffentlicht hatte. Jedoch wird in Rückerts nachgelassenen Briefen und Schriften Peter Cornelius nicht ein einziges Mal erwähnt[33], und auch im Nachlaß von Cornelius finden wir keinen Hinweis auf die orientalistischen Publikationen Rückerts.

Wenn auch diese letzte Frage nicht beantwortet werden kann: Cornelius erweist sich in seinem *Barbier von Bagdad* in der Verwendung orientalischer oder „orientalisierender" Gedicht- und Reimformen, Stilmittel und Klangfiguren als unübertrefflicher Meister.

---

29 C. M. Cornelius I, 165 f.
30 C. M. Cornelius I, 48.
31 C. M. Cornelius I, 71.
32 C. M. Cornelius I, 200.
33 Freundliche briefliche Mitteilung von Dr. R. Rückert, Frankfurt / M., vom 3. Oktober 1974.

Egon Voss
„Der Barbier von Bagdad" als komische Oper

Peter Cornelius hat sich, lange bevor er daran ging, den *Barbier von Bagdad* zu schreiben, mit Plänen zu komischen Opern getragen, ohne diese allerdings zu verwirklichen, und ohne daß wir wüßten, wie diese Pläne ausgesehen haben. So hat er Ende des Jahres 1849 eine einaktige Oper gedichtet, die er bis zum Frühjahr des folgenden Jahres komponieren wollte[1], und 1853 ist wieder von einer Oper die Rede, die „*in nicht zu langer Zeit*"[2] geschrieben werden sollte. In einem Brief schrieb Cornelius im Dezember 1849: „*Schon vor einigen Jahren hatte ich mir auch mehrere Opernsujets im Komischen entworfen, aber das Gefühl, nicht stark genug dazu zu sein, hielt mich wieder ab und ich kehrte zu den rein theoretischen Studien zurück*"[3]. Zweifel an der eigenen Befähigung sind ein charakteristisches Merkmal von Peter Cornelius, und es ist daher wenig verwunderlich, daß aus den genannten Plänen nichts geworden ist. Andererseits war Cornelius — zumindest zeitweise — davon überzeugt, ein besonderes Talent für das Komische zu besitzen[4]. Es lag demnach nahe, komische Opern zu komponieren bzw. ihre Komposition zu planen. Nicht aber dieses angebliche oder tatsächliche Talent war der ausschlaggebende Grund, sondern etwas anderes. In dem bereits zitierten Brief vom 25. Dezember 1849 heißt es: „*Ein Weg ist für uns Komponisten noch offen; unsre drei großen Tragiker haben wir in der Musik gehabt, aber (...) der Aristophanes ist noch nicht dagewesen. Ich kenne keine rein komische Oper unter den deutschen modernen Werken, seit Dittersdorf haben wir keinen eigentlichen Komiker unter den Komponisten gehabt; die Blüte der italienischen Opera buffa ist in Deutschland erst noch zu erleben. Wem es gelänge, die Zeitverhältnisse in ein paar tüchtigen Werken dichterisch und musikalisch aufzufassen und abzuspiegeln, der hätte noch ein Feld, für den wäre noch ein Platz übrig.*"[5] Der junge Komponist, von Selbstzweifeln geplagt und bar eines Selbstbewußtseins Wagnerscher Couleur, suchte nach einem Acker, der noch nicht bestellt war, einem Sektor, der nicht sogleich zur Auseinandersetzung mit etablierten Meisterwerken und Vaterfiguren zwang, einen Bereich der konkurrenzlosen Eroberung von Neuland. An dieser Situation hat sich bis hin zum *Barbier von Bagdad* grundsätzlich nichts geändert. Dann aber verließ Cornelius das Terrain der komischen Oper und zwar plötzlich und total. Den Mißerfolg bei der Uraufführung allein dafür verantwortlich zu machen, hieße, Cornelius' Einsicht in die Hintergründe des Weimarer Thea-

---

1 Brief an Carl Hestermann (Berlin, 25. Dezember 1849), LW I, 109.
2 Brief an Franz Schily (Weimar, 12. Dezember 1853), LW I, 153.
3 wie Anmerkung 1.
4 „*Nun hat mir doch mein Vater auf meine beabsichtigte Schauspielerlaufbahn den Segen mitgegeben, ich würde ein tüchtiger Komiker werden, warum sollte ich nicht in meiner Kunst diesen Grundgedanken festhalten?*" (Brief an Carl Hestermann, 25. Dezember 1849, LW I, 109) — „*Ein gewisser liebevoller Humor, den Gott nun einmal in mich gelegt, muß in einigen runden Werken sich irgendwie nachhaltig ausprägen*" (Brief an Franz Schily, 12. Dezember 1853, LW I, 153).
5 LW I, 108 f.

terskandals, der ein Skandal um die Person Franz Liszts war, verkennen[6]. Die Wahrheit ist, daß sein Ehrgeiz über Rang und Ansehen der komischen Oper weit hinausging, einer Gattung, die immer im Schatten der ernsten, heroischen, grossen Oper gestanden hat und insbesondere in Deutschland, wo das vorherrschende Singspiel den Unterschied in Ansehen und Niveau besonders deutlich hervortreten ließ. Die komische Oper war für Cornelius nur ein zeitweiliges Probefeld, eine Vorstufe zum Eigentlichen, der großen, ernsten Oper. Noch vor der Uraufführung des *Barbier von Bagdad* schrieb Cornelius an seine Schwester Susanne: *„Ich will eine große, schöne deutsche Oper schreiben, voll deutscher Freiheit und Liebe. So etwas, wie Fidelio oder Euryanthe. Ich fühle einen unendlichen Drang in mir, etwas Schönes zu schaffen".*[7] Der *Barbier* war — einmal vollendet — augenscheinlich nicht mehr in der Lage, diesen Ambitionen zu entsprechen.

Cornelius suchte, als er davon sprach, daß der Aristophanes der Musik in Deutschland noch nicht dagewesen sei, nicht nur nach einem brachliegenden Feld für seine kompositorische Arbeit, sondern er erhob damit auch einen besonderen künstlerischen Anspruch. Lortzing und Flotow, von den Singspielkomponisten ganz zu schweigen, genügten diesem Anspruch augenscheinlich nicht; denn er ließ sie unerwähnt, so, als gäbe es sie gar nicht; und aus Äußerungen[8], die Cornelius während der Arbeit am *Barbier* und zur Zeit seiner Einstudierung getan hat, geht — trotz aller Bescheidenheit der Formulierung — unmißverständlich hervor, daß er eine komische Oper im Sinn hatte, die von Lortzing und Flotow klar geschieden war. Es hat den Anschein, als habe Cornelius die von ihm selbst geforderte *„rein komische Oper",* die es seiner Meinung nach in Deutschland nicht gab oder noch nicht gab, mit seinem *Barbier von Bagdad* schaffen wollen. Aus diesem Anspruch, ein neues Genre zu inaugurieren, erklärt sich wohl die eigenartige, paradox anmutende Tatsache, daß hier ganz besonderer Ernst auf die Komposition einer komischen Oper angewendet worden ist, ein Ernst, dessen sich Cornelius übrigens bewußt war, wie ein Brief an seinen Bruder Carl beweist[9]. Cornelius hat nicht mit leichter Hand gedichtet und komponiert[10]; aber das hatte, dem Anspruch gemäß, auch nicht so zu sein. Es ist wohl auch kein Zufall, daß die Vorlage, die Erzählung aus *1001 Nacht,* weder heiter noch komisch ist und nicht mit einem Happy end schließt[11].

Das Sujet und insbesondere der Titel spielen unmißverständlich auf ein Werk an, das als Muster der komischen Oper gelten kann, nämlich Rossinis *Il barbiere di Siviglia.* Cornelius scheint im Sinn gehabt zu haben, das deutsche Gegenstück zu

---

6 Vgl. dazu Carl Maria Cornelius, *Peter Cornelius. Der Wort- und Tondichter,* 2 Bde, (= *Deutsche Musikbücherei* 46/47), Regensburg 1925, Bd. I, S. 251—255.

7 Brief vom 19. Mai 1858 aus Weimar, LW I, 277.

8 Siehe Anmerkungen 16 und 17.

9 *„man wird mir vielleicht später zugestehen, daß ich mit einem guten Ernst und mit einer gewissen Erkenntnis dessen, was die Zeit wollte, aus mir herausgearbeitet habe."* (Weimar, 3. August 1857, LW I, 259).

10 Vgl. z. B. den Brief an den Bruder Carl vom 9. Februar 1857 aus Bernhardshütte, LW I, 252 f.)

11 Daß Cornelius eventuell eines der Singspiele über den gleichen Stoff bekannt gewesen ist, und er den Titel von dorther hat übernehmen können (vgl. den Aufsatz von Heribert Horst in diesem Band), scheint mir daran nichts zu ändern. Vgl. auch den folgenden Absatz.

dieser Opera buffa zu schaffen. Daß die italienische Ausprägung der komischen Oper zu seinen Vorbildern zählte, zeigt der bereits zitierte Brief vom 25. Dezember 1849[12], in dem im übrigen auch von Rossini die Rede ist, den Cornelius bewunderte[13]. Auch die Musik von Cornelius' *Barbier* ist der Opera buffa Rossinis unverkennbar verpflichtet, wie das Parlando und die Sprechvirtuosität, z. B. in Abul Hassans Selbstporträt *„Bin Akademiker, Doktor und Chemiker ... "*, veranschaulichen.

Zu der Absicht, eine deutsche *„rein komische Oper"* zu schaffen, gehörte, daß nicht nur das Niveau der Werke Lortzings und Flotows deutlich überschritten, sondern zugleich der Stand des Komponierens gewahrt werden mußte. Die Errungenschaften der Werke von Berlioz und Wagner und der Komponisten und Musiker des Weimarer Kreises um Franz Liszt durften nicht ausgeklammert bleiben. Zum dritten aber ging es Cornelius um die Entwicklung seines eigenen Stils, seiner eigenen Sprache. Der *Barbier* war schließlich sein erstes großes Werk; es sollte den Durchbruch bringen zur unangefochtenen Komponistenkarriere, es sollte der Emanzipation von Lehrern und übermächtigen Vorbildern dienen[14].

In bewußter Abhebung von den Libretti der Singspiele und komischen Opern hat Cornelius für seinen *Barbier* einen ausgesprochen anspruchsvollen Text geschrieben. Auf Prosa, für Sprechtexte, Rezitative oder Ariosi, wird total verzichtet; der Text ist durchgehend rhythmisiert. Der Verzicht auf den Endreim ist die Ausnahme. Verschiedenartige Reimschemata, in Opernlibretti ungewöhnlich, liegen zugrunde. Sogar komplizierter orientalischer Vers- und Gedichtformen wie des Ghasels bediente sich Cornelius[15]. Der Text ist gekennzeichnet durch die Bemühung um gewählten Ausdruck und Virtuosität der Sprachbehandlung. Cornelius hat sich aller Trivialität, aber auch aller Simplizität enthalten. Der Ehrgeiz ging, so scheint es, auf eine Dichtung, nicht allein auf ein Libretto. Schon daran, daß Cornelius für die komische Oper einen Aristophanes forderte, zeigt sich die literarische Ambition, die literarische Betrachtungsweise.

Die Abgrenzung gegen das Singspiel und die Mehrzahl der komischen Opern liegt äußerlich im Verzicht auf gesprochenen Text. Cornelius setzte indessen keine Rezitative an seine Stelle, wenngleich es nicht schwerfällt, deren Relikte und Rudimente nachzuweisen. Sein Ziel war, den Gegensatz von Rezitativ und kantablem Satz, trete dieser nun als Arie, Duett, Chor oder Ensemblestück auf, abzubauen, deklamierten und gesungenen Text einander näher zu bringen. Das soll nicht heißen, daß der Unterschied total aufgelöst, Rezitativ und Arie überhaupt nicht mehr als solche erkennbar wären, oder daß Cornelius gar das Musikdrama Wagners zum Vorbild ge-

---

12 Siehe Anmerkung 1.
13 Es ist gewiß kein Zufall, wenn Cornelius in einem Brief an Hans von Bronsart (Bernhardshütte, 6. November 1856) die Länge seines *Barbiers* an der Oper Rossinis maß: *„Die Oper hat nun zwei gleich lange Akte und wird etwas länger als der Barbier von Sevilla spielen."* (LW I, 244).
14 Siehe die Briefe an die Mutter vom 23. Februar und 15. November 1855 (LW I, 194 f., 219). Emanzipation war vor allem auch Befreiung von den zahlreichen Hilfsdiensten (Übersetzungen u. a.) für Franz Liszt, die zwar zum Lebensunterhalt notwendig waren, aber der Entfaltung der eigenen Persönlichkeit im Wege standen.
15 Vgl. dazu den Brief an den Bruder Carl vom 9. Februar 1857 aus Bernhardshütte (LW I, 255), in dem sich Cornelius gegen den Vorwurf *„von Hyperkünsteleien im Texte"* wehrt.

nommen hätte, in dem sich im übrigen rezitativische und kantable Teile wohl unterscheiden lassen. Der Beginn der 2. Szene im 1. Akt *„So leb' ich noch!"* ist nichts anderes als ein Akkompagnato-Rezitativ. Aber bereits im 11. Takt („Margiana, der mein Herz gehört") beginnt in der Singstimme eine kantable Phrase von 4 Takten, die – geringfügig verändert – wiederholt wird, so daß der Eindruck rezitativischen Deklamierens des Textes deutlich zurücktritt. Überdies ist dieses Akkompagnato-Rezitativ in untypischer Weise durch ein ständig repetiertes Kurz-Motiv des Orchesters geprägt, das diesem Szenenbeginn eine ungewöhnliche Einheit gibt und in Verbindung mit der ariosen Führung der Singstimme zu Arioso und kantablem Satz vermittelt, für die ein derartiger Orchesteranteil charakteristisch ist. Die kantablen Partien, so oft sie vom Modell der 4- und 8-taktigen Phrase ausgehen, weichen häufig von Symmetrie und Geradtaktigkeit ab und nähern sich dadurch dem nur Ariosen an. Nureddins Arie in der 2. Szene des 1. Aktes *„Vor deinem Fenster die Blumen versengte der Sonne Strahl"* ist dafür ein Beispiel. Die Phrase ist dreitaktig, wenngleich in der Notation auf 4 Takte verteilt, und wird variiert wiederholt, getrennt jedoch durch einen instrumentalen Zwischentakt. Eingelassen sind beide Phrasen in einen Orchesterablauf, der es im Ungewissen läßt, wo genau die Taktstriche liegen, und der durch seine motivischen Imitationen der Singstimme retardierend und den Melodiefluß hemmend wirkt.

Beispiel 1

Auch der regelmäßige Wechsel zwischen 3- und 4-Viertel-Takt zu Beginn der 2. Szene des 2. Aktes *„O holdes Bild in Engelschöne"* verhindert die metrische Geschlossenheit der 8-taktigen Periode, der in diesem Falle zudem der harmonische Verlauf entgegensteht. Vor dem Hintergrund der Angleichung von Rezitativ und kantablem Satz ist auch zu sehen, daß es kaum Textwiederholungen gibt, die zur Auffüllung einer Melodie oder einer Gesangsphrase dienen. Textwiederholungen treten fast nur in Ensemblesätzen und in Schlußabschnitten auf. Auffällig ist, daß fast alle Melodien und Kantilenen aus der Deklamation des Textes entwickelt zu sein scheinen; sie folgen, wenn auch nicht ohne Ausnahme, dem Metrum der Verse. So erklärt sich die Vielzahl von Gesangsphrasen, die aus Reihungen von rhythmisch gleichen Motiven, Takten oder Taktgruppen bestehen. Nureddins *„Bostana kennet meinen Schmerz"* in der 2. Szene des 1. Aktes ist dafür ein Beispiel, *„Vor deinem Fenster die Blumen versengte der Sonne Strahl"* aus der gleichen Szene ein anderes, Abuls *„Mein Sohn sei Allahs Frieden dir"* ein drittes.

Beispiel 2

[Notenbeispiel: Abul. „Mein Sohn, sei Allahs Frieden hier auf Erden stets beschieden dir. Heil dir! Du Krankgewesener, Du glücklich Neugenesener, Du Übelüberwindender, Dich wieder wohl Befindender, Dem Tode froh Entschlüpfender, Durch's Leben rüstig Hüpfender, Du jüngst noch Heiltrank Schlürfender, Nun meiner Kunst Bedürfender, Schwer unter Haarlast Ächzender, Nach meinem Messer Lechzender."]

Die „rein komische Oper" war für Cornelius — wie es scheint — vor allem eine Frage des Niveaus. In einer Situation des Zweifels am Gelingen des eigenen Opernvorhabens schrieb Cornelius 1856: *„Vielleicht werde ich ein Opernkomponist! Wenn auch nur verhältnismäßig ein zweiter Lortzing, nur mit einer nobleren Faktur in jeder Hinsicht"*[16]. Wenn er an dem Opernkomponisten Sobolewski, einem Zeitgenossen, tadelte, *„wo er pikant melodiös wird, klingt es leicht an Flotow an"*[17], so kritisierte er eine Melodik, die skrupellos auf Eingängigkeit setzte und weder Sentimentalität noch Trivialität scheute. Flotows *Martha*, übrigens die erste von Liszt in Weimar aufgeführte Oper, dürfte für Cornelius geradezu ein

---

16 Brief an die Schwester Susanne, Bernhardshütte, 4. November 1856 (LW I, 242).
17 Brief an die Schwester Susanne, Weimar, Ende Oktober 1858 (LW I, 292).

Negativ-Vorbild gewesen sein. Auf Romanzenton, Couplets und die beliebten Tanzrhythmen hat Cornelius generell verzichtet. Er suchte demgegenüber eine Melodik zu verwirklichen, die Einprägsamkeit nicht meidet, wie etwa der *„Salamaleikum"*-Schluß drastisch veranschaulicht, die aber stets bemüht ist, durch Täuschung von Erwartungen zu überraschen, die einprägsamen Wendungen umzubiegen, es dem Hörer schwerfallen zu lassen, sogleich mitsingen zu können. *„Er kommt! Er kommt! o Wonne meiner Brust!"* zu Beginn des 2. Aktes setzt ein, wie in komischen Opern üblich; die Fortsetzung aber, die den plastischen Viertakter ohne korrespondierende Antwort, den Vordersatz ohne Nachsatz läßt, verhindert Trivialität und effektvolle Eingängigkeit. Den Achteln des Beginns folgt eine ruhige, weitgespannte Viertelbewegung, eine Kantilene, die statt über 4 über 6 Takte geht; damit ist die Phrase aber nicht zu Ende: in Takt 9 (vom Anfang der Phrase gerechnet) verlagert sich das melodisch-thematische Geschehen ins Orchester. Dessen Viertakter korrespondiert zwar dem vokalen zu Beginn und rundet die gesamte Phrase auf 12 Takte ab, aber zum einen wird die metrische Eindimensionalität durch die Überlagerung und Überlappung von Vokal- und Instrumentalphrase gestört, so daß sich die 12 Takte weder als 6+6 noch als 4+4+4 Takte begreifen lassen; zum anderen ist der 12. Takt bereits der erste der folgenden Phrase, erscheint also ambivalent in seiner metrischen Bedeutung. Diese folgende Phrase ist eine Variation der ersten; ihre wichtigste Differenz ist, daß die den Achteln folgende Viertelbewegung abermals, um einen Takt, gedehnt wird.

Beispiel 3

Diese anspruchsvolle Melodieführung, die neben den metrischen Abweichungen vom Vertrauten auch ungewohnte Intervalle und Synkopen zum Kennzeichen hat, ist in erster Linie eine Folge der emanzipierten Harmonik bzw. der Tendenz dazu. Hier besonders liegen die Unterschiede zur Oper Flotows oder Lortzings, hier treten zugleich die Bestrebungen zur Integration der Stilelemente der sogenannten Neudeutschen am deutlichsten zutage. Einer Harmonik, für die Modulationen in entfernte Tonarten auf engstem Raum zum Alltäglichen gehören, für die das unvermittelte Nebeneinander von D-dur und Fis-dur, wie im Duett Margianas und Nureddins im 2. Akt, eine Selbstverständlichkeit ist, einer solchen Harmonik vermag die 8-taktige Periode mit Halbschluß in der Mitte und Ganzschluß am Ende nicht mehr zu korrespondieren. Die avancierte Harmonik tendiert dazu, die 4- und 8-taktigen Phrasen in immer neue Tonarten zu führen. Etwas davon veranschaulicht der *Barbier von Bagdad,* etwa, wenn Nureddin in seiner Arie in der 2. Szene des 1. Aktes bei den Worten „*Doch als du die Blumen tränktest"* in F-dur beginnt und sich nach 8 Takten in E-dur befindet, oder einige Takte später die Reprise des Arienbeginns in a-moll singt. Die Bedeutung der Harmonik zeigt ein Vergleich des Einleitungschors mit jenem der Flotowschen *Martha.* Beide stehen in G-dur. Flotow wechselt im Mittelteil, in regelrechter Modulation, nach H-dur, das als Dominante des dann auch eintretenden e-moll, der Tonikaparallele, gerechtfertigt ist. Cornelius dagegen wechselt nach Es-dur und das ohne schulmäßige Modulation; denn er läßt dem Septakkord über G unvermittelt den Septakkord über B folgen. Dann wird aus dem Es-dur ebenso unvermittelt H-dur, das hier aber nichts zu tun hat mit e-moll; vielmehr geht der Weg über h-moll, A-dur und B-dur nach Es-dur zurück. Dann folgt ein B-dur-Abschnitt, von dem aus G-dur, die Ausgangstonart, um die Bezeichnung Grundtonart zu vermeiden, erreicht wird.

So wie in harmonischer Hinsicht scheint der Einleitungssatz insgesamt so etwas wie ein Paradigma für Cornelius' Absichten darzustellen. Gleich zu Beginn wird dem Hörer deutlich gemacht, daß er sich nicht in einer Oper von Flotow befindet, daß hier ein sehr viel höheres Niveau herrscht. Das macht die von vier auf fünf Takte gedehnte Orchestereinleitung der Szene sogleich klar. Paradigmatisch erscheinen dann die zahlreichen Taktwechsel: 12 Takten im 4/4-Takt folgt ein einzelner 5/4-Takt; daran schließen sich 3 3/4-Takte an; 7 4/4-Takte leiten danach zu einer längeren Partie im 3/4-Takt über. Später gibt es noch einen Abschnitt, der 9/8 vorgezeichnet hat, mit einem einzelnen 12/8-Takt darin. Natürlich sind die Taktwechsel, die nicht nur in der 1. Szene vorkommen, nicht Selbstzweck. Sie machen die Musik und ihre Wiedergabe artifizieller, heben sie ab vom gewohnten Gleichmaß beibehaltener Taktvorzeichnungen.

Beispielsetzend ist der erste Chorsatz auch durch die am Ende stehende Kombination zweier Melodien, die zuvor jede für sich exponiert wurden: Nureddins „*Komm deine Blumen zu begießen"* und das „*In Strömen ew'gen Lichts"* des Männerchors.

Beispiel 4

Adolf Sandberger[18] sprach in diesem Zusammenhang von doppeltem Kontrapunkt. Auch wenn es sich bei dieser Formulierung um eine nicht ganz genaue Bezeichnung handelt, so hat Sandberger damit doch Cornelius' Tendenz zu kunstvollem musikalischem Satz, nach Niveau, im richtigen Sinne beschrieben. Das Duett zwischen Bostana und Nureddin „Wenn zum Gebet ... " in der 3. Szene des 1. Aktes ist ein Kanon in der Quinte, „con alcune licenze", und des Kadis „Verruchte Diebe, die ihr offen am hellen Tag beraubt mein Haus" wird im Verlauf der 8. Szene des 2. Aktes mehrfach kanonisch durchgeführt. Bostanas Begrüßung Nureddins, 1. Akt 3. Szene, lebt von kontrapunktischer Stimmführung, zweifellos an dieser

18 Adolf Sandberger, *Leben und Werke des Dichtermusikers Peter Cornelius,* Phil. Diss. Würzburg 1887, S. 72.

Stelle auch im Sinne orientalisch-exotischen Kolorits eingesetzt. Cornelius stellt in der gesamten Partitur unablässig sein gediegenes handwerkliches Können unter Beweis. Die *„noblere Faktur"* gegenüber Lortzing, und erst recht im Verhältnis zu Flotow — hier ist sie vielleicht am deutlichsten.

Deutlich ist sie auch im gesteigerten Anteil des Orchesters am musikalischen Geschehen. Die zitierten Beispiele haben schon einen Eindruck davon vermittelt. Er geht, ähnlich wie die avancierte Harmonik, auf die sogenannten Neudeutschen zurück. In Abul Hassans Selbstdarstellung *„Bin Akademiker ... "* liegt das motivische Geschehen ausschließlich im Orchester, während die Singstimme mehr oder weniger auf einem Ton rezitiert. Motivisch gestaltete Überleitungen wie die zur 4. Szene des 2. Aktes, nach Bostanas *„Ich geh zu lauschen, ob der Kadi kommt"*, sind ohne Wagner kaum denkbar. Die Neigung zu einem Orchestersatz symphonischen Charakters ist unverkennbar, d. h. zu motivischer Durchführungstechnik, durchbrochenem Satz, Emanzipation der Begleitung. Dem entspricht die Instrumentation, die ebenfalls den Neudeutschen verpflichtet ist. Doch gerade in diesem Bereich hat Cornelius am augenfälligsten nach einem eigenen Weg gesucht. Wagners Verschmelzungstechnik, wie Cornelius sie aus dem *Lohengrin* bekannt und vertraut war, gilt nur zu einem kleinen Teil, und es bedürfte einer genauen, ins Detail gehenden Untersuchung an den Quellen, wollte man die nicht unerhebliche Frage beantworten, welchen Einfluß Liszt und die Weimarer Freunde auf die Partitur genommen haben, ob nicht bereits die Uraufführung das Werk in einem Wagner angenäherten Gewande vorgeführt hat. Jedenfalls sprach Cornelius selbst in einem Brief von über 300 Stellen, an denen er geändert habe[19]. Max Hasse[20] hat diese Behauptung als *„albernes Märchen"* zurückgewiesen, weil er in dem Weimarer Aufführungsmaterial sehr viel weniger geänderte Stellen zu entdecken meinte. Wie dem auch sei — sicher ist, daß die Änderungen in der Mehrzahl die Instrumentation betrafen. Gewiß ist es richtig anzunehmen, daß der in der Handhabung des Orchesters ungeübte Cornelius Instrumentationsfehler gemacht hat. Wo diese jedoch nicht die reale Ausführbarkeit betreffen, sondern auf Homogenitätsidealen basieren, wie sie Orchesterpraktiker oft zu Gesetzen erheben zu können meinen, erscheint die Unterstellung von Fehlern äußerst problematisch. Nicht nur, was gut und schön klingt, ist gut instrumentiert. Raffiniert oder auch bloß geschickt hat Cornelius gewiß nicht instrumentiert; aber darum ging es auch gar nicht. Seine Tendenz zur *„nobleren Faktur"* forderte den Verzicht auf Effekt und Eleganz, die ihm als äußerlich und oberflächlich erscheinen mußten. Von daher dürften sich seine Furcht vor kompakten Klängen erklären und die Neigung zu einer Trennung der Instrumentalfarben, um nicht zu sagen, zum Spaltklang, was gewiß eine Übertreibung wäre. So gesehen hat Cornelius' Instrumentation eher ihren Platz in der Nachfolge von Berlioz als in der Wagners. Der extrovertierten Orchesterbehandlung Berlioz' steht

---

19 *„Ich habe alle Stellen geändert, wo Liszt an der Instrumentation Bedenken trug, und bin gewiß, daß diese Änderungen so besser sein werden. (...) Es reichen nicht 2 — 300 Stellen, an denen ich Kleinigkeiten geändert."* (Brief an die Schwester Susanne, München, 5. August 1858, LW I, 287).

20 Max Hasse, *Peter Cornelius und sein Barbier von Bagdad. Die Kritik zweier Partituren*, Leipzig 1904, S. 7.

indessen bei Cornelius eine Zurückhaltung gegenüber, die den Ton lieber zu schwach als zu stark besetzt[21].

Liszts Einfluß auf die fertige Partitur, den wir wie gesagt nicht im Einzelnen kennen, erst recht aber die Bearbeitung[22] von Felix Mottl und Hermann Levi, die das Werk in die Stilsphäre Wagners und seiner Epigonen zieht, zeigen, daß Cornelius' Versuch, einen eigenen Weg zu finden, genau erkannt, aber nicht toleriert worden ist. Dabei ist die Frage gleichgültig, ob dieser Weg richtig war oder falsch.

Die Untersuchung hat gezeigt, daß es Cornelius vor allem um den Kunstcharakter seiner komischen Oper zu tun gewesen ist. Die *„noblere Faktur"* hatte die Aufgabe, das Werk von Boulevard- und Vorstadtbühne, von Posse, Zauberstück und Parodie deutlich abzuheben, die komische Oper zu emanzipieren von der problematischen Situation des Komischen im Bürgertum, die komische Oper gleichsam zu legalisieren und ihren unbedenklichen Genuß als Kunstwerk für das Bürgertum möglich zu machen. Damit hängt zusammen, daß von Cornelius' 1849 entwickelter Vorstellung von einer an Aristophanes orientierten, *„die Zeitverhältnisse abspiegelnden"* komischen Oper im *Barbier von Bagdad* kaum mehr etwas zu finden ist. Die Konzeption von 1849, gewiß auch von modischen Formulierungen und Gedanken der Revolutionszeit geprägt, hätte ein Märchen aus *1001 Nacht,* eine in sagenhafter Vergangenheit und in fremder orientalischer Gesellschaft spielende Handlung wie sie der *Barbier von Bagdad* darstellt, ausgeschlossen. Ihr wären Posse und Parodie oder deren Elemente, von denen sich Cornelius im *Barbier* so klar scheidet, eher angemessen gewesen. Im *Barbier von Bagdad* weichen Gegenwartsbezug, Abspiegelung der Zeitverhältnisse, eventuelle Zeit- und Gesellschaftskritik der Vorstellung von einem noblen Kunstwerk, das sich selbst genug ist.

---

21 *„Ich überlade nicht"* heißt es in einem Brief an die Fürstin Wittgenstein vom 27. Dezember 1857, geschrieben während der Instrumentation der Oper (LW I, 263).

22 Vgl. dazu Hans Paulig, *Peter Cornelius und sein „Barbier von Bagdad". Ein kritischer Vergleich der Opernpartitur mit der Bearbeitung von Felix Mottl,* Phil. Diss. Köln 1923, masch., sowie die unter Anmerkung 20 genannte Abhandlung.

Erwin Koppen
Cornelius' „Cid" in thematologischer Sicht

In diesem Beitrag möchte ich zum *Cid* des Peter Cornelius einige Anmerkungen aus thematologischer Sicht beisteuern, oder, um es in einer etwas altväterisch anmutenden Terminologie auszudrücken, über die „Stoffgeschichte" des *Cid* sprechen. Freilich meidet die moderne Literaturwissenschaft nicht zu Unrecht gerne den Terminus „Stoffgeschichte" und bevorzugt statt seiner den der „Thematologie". Dieser hat nicht nur den Vorteil der internationalen Verständlichkeit und Gültigkeit, sondern die „Thematologie" der modernen Literaturwissenschaft unterscheidet sich von der herkömmlichen Stoffgeschichte auch im Ziel und den Methoden[1]. Kam es jener in erster Linie darauf an, Kausalitäten, Filiationen, gar Entwicklungsgesetze zu entdecken, so sind die neueren thematologischen Untersuchungen wenigstens im Vorsatz — nicht immer in der Ausführung — eher darauf aus, die individuelle ästhetische Realisierung bestimmter Themen im Vergleich mit anderen Realisierungen zu beschreiben und zu analysieren, oder auch das literarische, besser gesagt: poetische Potential eines Stoffes durch den Vergleich aller oder einiger seiner Verarbeitungen zu untersuchen und zu bestimmen. Allerdings läßt sich die neuere von der älteren Zielsetzung nicht so ohne weiteres lösen, so daß ich in meiner folgenden Skizze nicht nur das Problem der individuellen Realisierung eines thematischen Potentials sondern auch das eher traditionelle der Filiation behandeln muß, weil sich nur so verläßliche Anhaltspunkte für die Lösung des Hauptproblems finden lassen.

Der *Cid*-Stoff[2], dessen sich Cornelius für sein Libretto, oder — wie er es selber nannte — seines „*Gedichtes*" — bediente, stellt nämlich kein homogenes Thema dar, sondern er umfaßt von einem bestimmten Zeitpunkt seiner Entwicklung an zwei Themen, die dem Bearbeiter jeweils ganz verschiedene Möglichkeiten eröffnen, Themen, deren Verschiedenheit so weit reicht, daß sie sich gar für die eine oder andere Gattung mehr oder weniger gut eignen. Zusammengehalten werden diese beiden Themen durch die Person des alle Gestaltungen des Stoffes beherrschenden Protagonisten, des stets so genannten „Cid". Er verleiht nicht nur der Oper Cornelius', sondern auch den meisten anderen Realisierungen des Stoffes den Titel bzw. taucht in diesem Titel auf. Dieser Cid ist, wie allgemein bekannt, in die Literatur als Heros eines, *des* spanischen Epos des 12. Jahrhunderts eingeführt worden, unterscheidet sich aber grundsätzlich in einem Punkte von anderen mittelalterlichen Epenfiguren: seine Spur führt auf kürzestem Wege zu einer Per-

---
1 Zum gegenwärtigen Stand der Diskussion vgl. u. a.: Manfred Beller, *Von der Stoffgeschichte zur Thematologie*, in: *arcadia* 5, 1970, S. 1 ff.; Helmut Bisanz, *Zwischen Stoffgeschichte und Thematologie*, in: *Deutsche Vierteljahresschrift für Literaturwissenschaft und Geistesgeschichte* 46, 1973, S. 148 ff.
2 Hierzu vgl. Etienne Gros, *Le Cid après Corneille*, in: *Revue d'Hist. Littéraire de la France* 30, 1923, S. 433 ff., 31, 1924, S. 1 ff.; Barbara Matulka, *The Cid as a Courtly Hero from Amadis to Corneille*, New York 1928; Elisabeth Frenzel, *Cid*, in: *Stoffe der Weltliteratur*, Stuttgart 1962, S. 106 ff. Der Cid von Cornelius wird in keiner dieser Darstellungen auch nur erwähnt.

sönlichkeit, die vor nicht allzu langer Zeit gelebt hatte, d. h. sie war schon für die damaligen Zeitgenossen exakt historisch bestimmbar und ist dem Historiker von heute dank der detaillierten Forschungen von Menéndez Pidal[3] hundertmal besser bekannt als die historischen Vorbilder Rolands, Siegfrieds, Hildebrands, Beowulfs oder Achilles'. Dementsprechend sind seine Lebensdaten und die wechselvollen Umstände seiner Biographie mehr oder weniger detailliert in jedem guten Nachschlagewerk nachzulesen, so daß ich mich hier mit einer ganz knappen Rekapitulation des Wissenswerten begnügen kann: Ruy Díaz war ein spanischer Feudalherr des 11. Jahrhunderts, der sich bei der damaligen Phase der allmählichen, sich über mehrere Jahrhunderte erstreckenden Rückeroberung der im 8. Jahrhundert unter maurische Herrschaft gefallenen iberischen Halbinsel besonders auszeichnete. Indessen handelte es sich keinesfalls um einen Mann, dessen Tapferkeit und Kreuzfahrergesinnung mit Zelotismus oder politischer Einfalt zu verwechseln wären, sondern um einen zwar militanten und gefürchteten, aber gleichzeitig auch in politischer Hinsicht geschickt lavierenden Condottiere, dem es in erster Linie auf die Vermehrung der eigenen Hausmacht und auf die des eigenen Reichtums ankam, und der auch bei Gelegenheit nicht davor zurückscheute, sein Schwert dem maurischen Gegner zu leihen, wenn nur etwas dabei für ihn heraussprang. Dennoch galt er nach den damaligen Maßstäben keinesfalls als Judas: die verworrene politische Situation im Spanien des 11. Jahrhunderts, die nicht nur durch den Gegensatz zwischen Christentum und Islam, sondern auch durch die Existenz zahlreicher souveräner politischer Einheiten auf beiden Seiten gekennzeichnet war, die ihrerseits einander nach Herzenslust befehdeten und diese Gegensätze oft ernster nahmen als den Kampf gegen den ideologischen Erbfeind, — diese Situation bot genug Anlaß zu einer Politik der Winkelzüge und der alliances renversées, so daß sich sogar gemischte christlich-muselmanische Heere einander gegenüberstehen konnten, die für die Sonderinteressen eines maurischen Teilkönigs oder eines christlichen Feudalherren fochten. So ist auch die Tatsache, daß der Cid zeitweilig vom damaligen kastilischen König, Alfons VI., verbannt wurde, wohl weniger darauf zurückzuführen, daß er Tribute unterschlagen hatte (was man ihm aber ohne weiteres hätte zutrauen können) als vielmehr auf die Tatsache, daß er bei einem Angriff auf Toledo mit dortigen maurischen Verbündeten seines Souveräns übel umgesprungen war.

Diese knappen Informationen dürften bereits zur Genüge zeigen, daß der Cid, der bei Cornelius die Bühne betritt, der *„von Sieg und Glorien triefende Held",* wie ihn Cornelius in einem Brief an seine Schwester Susanne (27. Juli 1863) selbst genannt hat, mit dem historischen Cid überhaupt nichts gemein hat. Aber dieser historische Cid ist ja noch nicht das literarische Thema selbst, sondern bot nur den Anlaß zu diesem Thema, oder, wie schon erwähnt, zu zwei Themen. Das eine ist das Thema des tapferen, unerschrockenen christlichen Kreuzfahrers gegen die Mauren. Die erste große literarische Gestaltung des Stoffes, das altspanische *Poema del Cid* oder *Cantar de mío Cid,* das vermutlich um 1140, nach einer neueren umstrittenen Theorie um 1200 verfaßt worden ist, also zwei, höchstens vier Generationen nach den Ereignissen, zeigt den edlen christlichen Helden in einer für ein mittelalterliches Epos noch verblüffend differenzierten und realistischen Wei-

---

3 Vgl. vor allem: Ramón Menéndez Pidal, *El Cid Campeador,* Madrid ³1955.

se. Zwar verfügt er in hinreichendem Maße über den Kampfesmut, die Ritterlichkeit, das heroische Charisma eines mittelalterlichen Epenhelden, zeigt aber dazu noch eine Verschlagenheit und Gewandtheit, die an Odysseus als episches Vorbild denken ließe, wüßte man nicht, daß hier noch recht frische historische Reminiszenzen in das Epos eingegangen sind. Auch dieser Cid steht fest mit beiden Beinen auf dem Boden dieser Welt und hat insbesondere ein intensives und realistisches Verhältnis zu Geld und Gut. Insgesamt aber paßt der historische Ruy Díaz im *Cantar de mío Cid* doch recht gut in das zeitgenössische Klischee des epischen Helden: christlich, tapfer und von einer Vasallentreue, die auch dann nicht ins Wanken gerät, als er vom Lehnsherrn ungerechterweise verbannt wird. So geht er dann auch in die späteren Fassungen des Stoffes ein. Die menschlich-allzumenschlichen Züge traten in den Hintergrund, verschwanden schließlich vollständig und es blieb nur noch das bunte historische Abziehbild des tapferen Reconquistadors, wie wir es aus Cornelius, aber auch aus Herder kennen. Allerdings wurde der Charakter des Cid später nicht nur geglättet und idealisiert, es ist noch ein weiterer entscheidender Unterschied zum altspanischen Epos festzustellen: treffen wir dort auf einen Helden, der bei aller heroischen Vitalität doch schon gesetzteren Alters ist und sich nicht nur mit den Mauren herumschlagen muß, sondern auch mit der Frage, wie er seine beiden erwachsenen Töchter an den Mann bringt, so begegnen wir bei Cornelius wie überhaupt in allen wichtigen nachmittelalterlichen Bearbeitungen des *Cid*-Stoffes einem *jungen* Mann, dessen Problem darin besteht, daß er selbst Schwierigkeiten hat, zu der gewünschten Lebensgefährtin zu kommen. Diese, Jimene, auch sie eine historische Gestalt, spielt zwar schon im altspanischen Epos eine Rolle, dort aber nur die der um das Wohl ihres schon seit Jahrzehnten angetrauten Mannes und das ihrer Töchter bangenden Matrone. Bei Cornelius aber und in vielen anderen Bearbeitungen des *Cid*-Stoffes tritt sie als junges Edelfräulein auf, dessen Vater vom Cid in einem ritterlichen Ehrenhandel getötet worden ist. Und dies ist also das zweite Grundthema des *Cid*-Stoffes, das mit dem Reconquistadorenthema nur mittelbar und beinahe zufällig zu tun hat: es ist das Motiv des Mädchens, das den Mörder ihres Vaters liebt und das sich nun im Zwiespalt zwischen ihrer Familienpflicht zur Feudalvendetta und ihrer Liebe zum Objekt dieser Vendetta aufreibt, bis sich zum Schluß dann doch noch alles zum Guten wendet. Dieses Jimenen-Thema entstand zunächst aus dem Bedürfnis des spätmittelalterlichen spanischen Publikums, etwas mehr über das Vorleben des ritterlichen Helden des Epos und späterer daran anschließenden Romanzen zu erfahren, den es bis dato nur als gereiften Mann kennengelernt hatte und von dessen Jugenderlebnissen es sich zweifellos noch mancherlei abenteuerliche Verwicklungen versprach. So mußte also der Cid gleichsam nachträglich um Jimenen werben, eine Episode, die dann in der eben beschriebenen Weise kompliziert und dramatisiert wurde, bis sie mit einem Male ganz im Vordergrund stand, während der Cid vom dramatischen Subjekt zum Objekt wurde. Ganz in den Hintergrund trat weiterhin auch das Thema der Reconquista, bis es schließlich bei Pierre Corneille, dessen *Cid*-Drama unter dem Einfluß eines spanischen Stückes aus dem siglo de oro, Guillén de Castros *Las mocedades del Cid* (Die Jugend des Cid), entstanden war, zum belanglosen Hintergrundgeschehen reduziert wird. Im Drama Pierre Corneilles, das Peter Cornelius wohl kannte und während der Arbeit am *Cid* noch einmal las, wird hingegen das Motiv des Racheverlangens wider Willen zur eigentlichen dramatischen Triebkraft. Wohl ist auch hier viel von Tapferkeit und Ritterehre die Rede, aber die Tapferkeit des Cid erweist sich weniger in der Schlacht als in den Duellen, die er im Zusammenhang mit dem Jimenen-Thema auszufechten hat, seine Ritterlichkeit in der Großzügigkeit, die er dem geschlagenen Gegner erweist. Als Maurenbezwinger wird er nur in einer einzigen Szene dargestellt.

Ziehen wir eine Zwischenbilanz: der *Cid*-Stoff präsentiert sich als die Verbindung zweier verschiedener Themen: 1. das des christlichen Ritters und Maurenbezwingers (wozu bestimmte Unterthemen gehören, wie das des Konflikts mit dem Lehnsherrn und die mit der Verheiratung der Töchter zusammenhängenden Probleme) und 2. das Thema der Tochter, die sich in der Zwangslage befindet, den Tod ihres Vaters an jemandem rächen zu müssen, den sie liebt, wobei dann dieser „Jemand" eben der Cid ist (obwohl an seine Stelle theoretisch auch eine andere Figur treten könnte, vorausgesetzt, sie sei männlich, jung und adelig). Beide Themen waren zu der Zeit, als sich Cornelius dem *Cid* zuwandte, in zahlreichen Fassungen bearbeitet worden, teils voneinander so gut wie isoliert, (so etwa im *Poema del Cid* einerseits, bei Corneille andererseits), teils aber auch kombiniert, so etwa in Herders *Cid*, der sich indirekt, nämlich auf dem Umwege über eine französische Übersetzung, auf spanische Romanzen stützte. Daß es sich auch bei Cornelius' *Cid* um den Versuch einer Integration beider Motivkreise handelt, steht außer Zweifel. Der Cid, der hier unter seinem historischen Namen Ruy Díaz auftritt, erscheint einerseits als Held der Reconquista und wird als solcher auch in mehreren Chören angesungen, so vor allem in dem besonders prägnanten der 3. Szene des 1. Akts: „*Campeador, kampfbereit! / Held zur guten Zeit geboren! / Stahlbewehrt zur guten Zeit / Held Castiliens auserkoren / Campeador, siegbereit!*", übrigens eine für den Philologen aus bestimmten Gründen, wie noch zu zeigen sein wird, besonders interessante Stelle. Als sieggeweihter Campeador, der die Mauren bezwingt und am Ende den Ehrentitel Cid erhält, ist er, wie im Epos, handelndes Subjekt, andererseits aber ist er hier wie bei Corneille Objekt, nämlich das der Rachepflichten und gleichzeitig der innigen Liebe der Jimene, deren innerer Konflikt einen nicht geringen Teil der Handlung einnimmt. Übrigens ist es Cornelius gelungen, das Jimenen-Thema mit dem Reconquista-Thema nicht ganz ungeschickt zu verknüpfen, so daß sich beide letztlich als ein Ganzes präsentieren, Historiendrama und Seelendrama fast nahtlos ineinander übergehen. So etwa muß Jimene zu Ende des 1. Aktes in dem Augenblick, als ein neuer, überaus gefährlicher Maureneinfall gemeldet wird, ihre kurz vor der Erfüllung stehenden Racheansprüche stornieren, was bildkräftig durch die vorläufige Rückgabe des Wunderschwertes Tizona an den Cid in Szene gesetzt wird. Auch in Jimenens großem Gebet im 2. Akt offenbart sich ihre Zerrissenheit darin, daß sie einerseits den Sieg des Campeadors in der Reconquista-Schlacht wünscht, andererseits aber auch seinen Tod ersehnt. Dementsprechend klingt die Oper dann auch in einem doppelten Happy End aus, wo sich beide Grundmotive des *Cid*-Themas noch einmal eng ineinander verzahnen: dem triumphierend aus der Schlacht heimkehrenden Cid wird nicht nur kriegerischer Ruhm und Lohn, sondern auch die Vergebung und gar die Hand Jimenens zuteil.

In diesem Zusammenhang ist es interessant zu wissen, daß Cornelius in der Originalpartitur jedem Akt ein Motto vorangestellt hat. Diese Motti zeigen, wie übrigens auch einige Stellen aus der Korrespondenz des Autors, daß sich Cornelius der Probleme, welche die thematische Heterogenität des von ihm gewählten Stoffes implizierte, durchaus bewußt war. Das Motto des 1. Aktes lautet: „*Justicia, justicia pido*" (Gerechtigkeit, Gerechtigkeit fordere ich) und ist Guillén de Castros

Mocedades del Cid entnommen; das des 2. Aktes *„Unendlich ist der Liebe Macht"* und entstammt Herders *Cid,* das des 3. Aktes *„El mío Cid l he llamado"* (Meinen Cid habe ich ihn genannt) und ist wiederum Guillén de Castro entnommen. Die ersten beiden Motti heben das Jimenen-Thema hervor, das letzte das des Maurenbezwingers. Allerdings sind diese Motti auch dazu angetan, den Philologen in die Irre zu führen. Und zwar in doppelter Hinsicht: einmal suggerieren sie, daß – ähnlich wie bei Corneille – das Jimenen-Thema dominiere, zumindest in den ersten beiden Akten, während das Conquistadoren-Thema erst im letzten Akt auftauche. Wir wissen, daß dem nicht so ist, sondern daß die motivlichen Elemente beider Themenkreise von Cornelius ausgewogen und aufeinander abgestimmt worden sind. Zweitens aber erweckt die Auswahl der Motti den Eindruck, als seien Guillén de Castro und Herder die eigentlichen Gewährsleute, denen sich Cornelius bei der Bearbeitung des Stoffes anvertraut habe. Wir hörten aber, und dies ist durch Cornelius' Korrespondenz verbürgt, daß der Komponist Corneilles *Cid* wohl gekannt hat, und so trägt auch seine Jimene teilweise Züge der Corneilleschen Chimène, etwa was ihre dem Cid gegenüber zur Schau getragene Unerbittlichkeit angeht. Indessen steckt hinter dem *Cid* von Cornelius noch mehr als die Beschäftigung mit Herder, Corneille und Guillén de Castro. Bereits die Bezeichnung des Titelhelden als „Campeador" machte mich schon bei der ersten Begegnung mit dem Libretto stutzig, jenes Wort, das Cornelius immer wieder verwendet, in das er auch musikalisch geradezu verliebt ist, ähnlich wie später Bizet in das ähnlich klingende *„toreador".* „Campeador", der „Streiter", heißt der Cid aber weder bei Herder noch bei Corneille noch bei de Castro, und er konnte bei ihnen auch gar nicht so heißen, weil diesen Autoren die einzige literarische Quelle, wo er so genannt wird, nicht zur Verfügung stand: das altspanische Epos. Sollte Cornelius also das 1779 neu entdeckte, zunächst aber von der Öffentlichkeit kaum beachtete, erst 1850 in voller Länge ins Deutsche übersetzte *Poema del Cid* gekannt haben? Die Verwendung des Wortes „Campeador" allein will freilich noch nicht viel besagen: 1. ist der philologische Befund etwas dürftig; 2. weiß man aus der Korrespondenz von Cornelius, daß er eine Biographie des *„geschichtlichen Cid"* kannte, dessen Verfasser er nur mit dessen Nachnamen Huber nennt. Obwohl nähere bibliographische Angaben fehlen, ließ sich das benutzte Werk nach kurzen Recherchen identifizieren: es handelt sich um das 1829 in Bremen erschienene Werk von Victor Aymé Huber: *Geschichte des Cid Ruy Díaz Campeador von Bivar.* Über dieses Buch und seinen Verfasser, einen der frühesten deutschen Hispanisten, wäre sehr viel zu sagen; in diesem Zusammenhang genüge der Hinweis, daß das Buch längere Ausschnitte aus dem altspanischen *Cid*-Epos in deutscher Übersetzung enthält und daß das Wort „Campeador" von dort her Cornelius bekannt sein konnte. Übrigens enthält der Chor in der 3. Szene des 1. Aktes, wo das Wort vom Campeador zum ersten Male auftaucht, noch ein anderes interessantes und schlagkräftiges Indiz in Gestalt zweier regelrechter Zitate aus dem „*Cantar de mio Cid*": V. 2: *„Held zur guten Zeit geboren",* V. 3: *„Stahlbewehrt zur guten Zeit".* Im ersten Fall haben wir eine fast wörtliche deutsche Übersetzung des spanischen *„en buen ora nacido",* einer feststehenden epischen Formel, die in dieser oder leicht variierter Form Dutzende von Malen im Laufe des Epos auf den Helden angewandt wird. Der andere Vers stellt eine etwas freiere Übersetzung des in ähnlicher Weise verschiedene Male verwandten *„en buena cinxiestes espada"* („zu guter Zeit gürtestest Du das Schwert"). Die beiden Verse sind also unbezweifelbar auf das altspanische Epos zurückzuführen, von dem Cornelius mithin auf *direktem* oder *indirektem* Wege Kenntnis haben mußte, wenngleich sich Dokumente und Biographien darüber ausschweigen. Der *direkte* Weg, ja die „direttissima" durch Lektüre des altspanischen Originals scheidet meiner Ansicht nach nicht aus. Cornelius, ein Mensch von hoher Sprachbegabung, ist nicht nur als Übersetzer französischer und italienischer, sondern gelegentlich auch spanischer Lyrik hervorgetreten, und auch die fehlerlose Verwendung spanischer Originalzitate in den bereits erwähnten Motti deutet darauf hin, daß er des Spanischen hinreichend mächtig war, möglicherweise gar auch altspanische Texte lesen konnte, da deren Sprache vom Neukastilischen nicht allzu stark abweicht. Im übrigen darf daran erinnert werden, daß die Wiener Hofbibliothek jener Jahrzehnte als wahres Eldorado der Freunde der spanischen Literatur galt, wie wir von einem der eifrigsten Benutzer jener Schätze wissen, dem pensionierten Hofrat Franz Grillparzer. Als wahrscheinlichste Quelle bietet sich freilich das erwähnte Buch Victor Aymé Hubers an[4]. Wie dem auch sei — Cornelius kannte das *Cantar de mío Cid,* und er kannte durch Hubers Buch auch in Umrissen die historische Gestalt des Cid. Das spricht für seine Belesenheit und die Sorgfalt seiner Vorbereitungen, es spricht freilich gegen seine Originalität als Librettist. Entweder hat er nicht erkannt, daß sowohl der historische Cid wie auch der Held des altspanischen Epos weitaus farbigere und faszinierendere Charaktere waren als jener doch etwas stereotype Jüngling, den er bei de Castro und Corneille fand. Oder aber, und das ist wahrscheinlicher, Cornelius ließ sich bei seiner Bearbeitung des Stoffes und der Auswahl der Quellen von den Notwendigkeiten der Opernbühne leiten. Der historische Cid und der des Epos sind epische Gestalten, d. h. sie durchlaufen Konflikte, aber nicht den Konflikt schlechthin. Diesen aber brauchte Cornelius, wenn sein Historienstück mehr sein wollte als ein Bilderbogen, nämlich ein Drama, und diesen Konflikt bot das Jimenen-Thema an, das sich bis dato ja nicht zufällig vor allem in dramatischen Gestaltungen bewährt hatte. Außerdem stellte es die nun einmal unverzichtbare weibliche Hauptrolle bereit. Allerdings trug dann auch das Reconquista-Thema das seine zur Opernhaftigkeit bei, es bot Gelegenheit zu triumphalen Aufmärschen und mächtigen Chören und verführte Cornelius letztlich doch dazu, seinem mit den traditionellen und gattungstypischen Gewürzen angerichteten Werk eine unmerkliche leichte Prise altspanischen Pfeffers beizugeben. Wäre er hier nur etwas weniger zaghaft gewesen! Ein Libretto, das die wahrhaft abenteuerliche und zwielichtige Gestalt des historischen Cid bzw. die des Campeador aus dem *Poema* auf die Bühne gebracht hätte, wäre nicht minder originell gewesen als das zum *Barbier von Bagdad* und hätte möglicherweise die Textgrundlage zu einer großen Oper abgeben können.

---

[4] Daß Cornelius, wie Klaus Günther Just in der Diskussion zu meinem Vortrag vermutete, durch die Vermittlung Reinhold Köhlers auf das altspanische Epos aufmerksam gemacht worden sein könnte, ist nicht auszuschließen, aber auch nicht zu beweisen. Köhler hat sich in der Tat intensiv mit dem *Cid*-Stoff auseinandergesetzt, wie seine 1867 in Leipzig erschienene Schrift *Herders Cid und seine französische Quelle* beweist. Anderseits ist in dieser Schrift ausschließlich von den spanischen *Cid*-Romanzen die Rede, das *Poema del Cid* bleibt unerwähnt.

Anna Amalie Abert
Zu Cornelius' Oper „Gunlöd"

Peter Cornelius hatte auf die komische Oper *Der Barbier von Bagdad* die große heroische Oper *Der Cid* folgen lassen. Nach deren Uraufführung (21. Mai 1865) begann er alsbald die Suche nach einem neuen Opernstoff. Da ging nun, wie er selbst schreibt[1], *„die wilde Jagd über alle Felder und Wälder der Romantik und Geschichte"* — der Rahmen in Frage kommender Gegenstände war ja durch die beiden Pole von *Barbier* und *Cid* weit genug gespannt.[2] Die Wahl fiel ihm schwer, einmal wegen der Fülle der Möglichkeiten, dann aber auch wegen Wagners Schatten, der im Grunde Cornelius' gesamtes Opernschaffen wo nicht verdunkelt, so doch bestimmt hat. Denn auch wo er glaubte, die schwer umkämpfte Freiheit von Wagner errungen zu haben, und wo er sie vielleicht vorübergehend auch wirklich errungen hatte, spielte doch die Auseinandersetzung mit ihm stets bewußt oder unbewußt auch bereits bei der Stoffwahl eine wesentliche Rolle. Wie *Barbier* und *Cid* gezeigt haben, war diese ja weitgehend für die Stellung zu Wagner maßgebend.

Der Cornelius des *Cid* bekannte sich hundertprozentig zu ihm, aber nicht zum Wagner jenes Jahres 1865, d. h. zu dem des *Tristan*, sondern zum Wagner des *Lohengrin*. Noch vor der Vollendung der *Cid*-Partitur, im Januar 1865, schreibt er an seinen Freund, den Sänger Feodor von Milde[3]: *„Mein „Cid" ist das einzige Werk seit dem „Lohengrin", das, in die Spuren dieser Oper tretend, ein in Versen und Musik tüchtiges, gesundes Machwerk bietet, welches ohne Firlefanz, Ballett und Elfen den Kampf um Liebe zweier Seelen der Welt und ihren Gesetzen entgegen zum Ausdruck zu bringen sucht, sich dabei in den Grenzen der Möglichkeit hält, wie Wagner meint: noch die alte Opernschablone verrät — kurz, es ist die achtenswerte Arbeit eines Talentes auf dem Boden, den ein Genius urbar gemacht."* Auf diesem Boden wollte er weiterarbeiten, am *Lohengrin* festhalten und, wie er wenig später schreibt[4], *„der deutschen Bühne eine Reihe von Opern (zu) geben, die zwischen 7 und 10 Uhr abends spielen, die sich in den von Mozart, Weber, Wagner gesteckten Grenzen halten!"* Wenn es vorher in demselben Brief heißt: *„Wagner aber wendet sich auf weite ferne Wege seit Lohengrin",* so hat man geradezu den Eindruck, als wolle Cornelius Wagner gegen Wagner selbst verteidigen.

Für eine solche Oper der *Lohengrin*-Nachfolge schien Cornelius zunächst alles recht, vom deutschen Sagenstoff (allerdings noch ohne die *Edda* zu kennen) bis

---

1 Brief an die Braut vom 30. Juni 1866, in: LW II, 404.
2 Bei seiner Äußerung, er habe mehr als 200 Bücher durchgelesen, drängt sich die Parallele zu Mozart auf, der zwischen *Entführung* und *Figaro* *„100 — ja wohl mehr Bücheln"* durchgesehen hatte. Freilich verstand er, der gänzlich unliterarische Komponist des 18. Jahrhunderts, darunter nur Libretti, d. h. im Großen und Ganzen fertige Operntexte, während der Literat und Dichterkomponist des 19. Jahrhunderts in Werken der Literatur lediglich nach stofflichen Anregungen zu eigener dichterisch-librettistischer Betätigung suchte.
3 LW II, 11.
4 Brief an Carl Hestermann vom 17. Januar 1865, in: LW II, 21.

zum „*allerliebsten*" romantisch-komischen Sujet. Unter den unendlich vielen in Betracht gezogenen literarischen Ausgangspunkten deutscher und französischer Zunge waren Immermanns *Cardenio und Celinde* und E. T. A. Hoffmanns *Zinnober*, mit dem die Beschäftigung verhältnismäßig weit gedieh. Aber bereits einen Monat später, im Juni 1866, ist der Dichter Feuer und Flamme für einen zwei-, später dreiteilig geplanten Opernzyklus *Tiroler Treue*, wozu er durch einen Aufenthalt in Tirol angeregt wurde. *Friedl mit der leeren Tasche* sollte das erste Stück der Trilogie heißen, *Andreas Hofer* das zweite, und das dritte würde, wie Cornelius am 15. Juni 1866 an seine Braut schreibt, „*eine ganz zügellose phantastische komische Oper werden, ein Nachspiel, worin das heutige Tirol vorkäme, seine Kriegsbereitschaft für Österreich, seine Wut gegen Bismarck und Garibaldi, welches alles zu einem bunten Lebensbild um mein Abenteuer in Hochgallmik* (er wurde dort als Spion verdächtigt) *sich schlänge. Ich wollte das schönste lustigste Zeug, mit Jodlern vermischt, da hineinbringen, während der Hofer eine hochernste Tragödie würde, das Beste, was ich leisten kann, und die vorliegende (der erste Teil) eine buntromantische mit Scherz und Ernst gemischt.*"[5] Dieser Plan bedeutete sicherlich ein besonders weites Abweichen von der bisher eingehaltenen Linie. Cornelius, der dies offenbar empfand, begründet es mit einem Bekenntnis zum Realismus, wie er sich – dies ein nicht recht überzeugendes Argument – schon im *Cid* zeige, und betont, daß „*diese eiserne Zeit*" kein Interesse „*für einen Zinnober und dergleichen*" habe. Noch im gleichen Brief distanziert er sich allerdings schon etwas von der Skizze, doch hält er sie nach wie vor für ausführbar, und noch acht Tage später bekennt er sich dazu, wenn er sie auch als unvollkommen bezeichnet und ihr Hauptverdienst darin sieht, daß sie ihn seinem eigentlichen Beruf, dem Dichten, wiedergegeben habe.

Offenbar war es auch die Auseinandersetzung mit diesem ihm so absolut nicht adäquaten Stoff, die ihn für den Reiz der *Edda* besonders empfänglich machte und innerhalb der letzten Juniwoche 1866 eine Wendung um 180 Grad hervorrief: Der angebliche Realist wurde zum glühenden Idealisten. „*Mein Trost ist die Edda, das schöne heilige Buch, strotzend von allem Nektar der Poesie*", heißt es am 30 Juni[6]. So endete der verzweifelte Kampf um künstlerische Selbständigkeit zumindest geistig wieder im Hafen des „Meisters". „*Das macht mich wieder völlig zum Wagnerianer*", schreibt er in demselben Brief. Allerdings war er sich der Gefahr, in die er sich hier begab, bewußt, denn er fügt gleich hinzu: „*Keine Angst, daß ich zum eitlen Nachbeter Wagners werde.*"

Diese Vorgeschichte von *Gunlöd*, das merkwürdig ziellose Herumirren in dem dem hochgebildeten Cornelius offenstehenden unendlich weiten Raum der Literatur scheint mir für ihn als Opernkomponist äußerst charakteristisch. Er schätzte sich zwar, mit dem „*Genius*" Wagner verglichen, bescheiden als blosses „*Talent*" ein, aber innerhalb dieses Rahmens überschätzte er seine Fähigkeiten. Er besaß im Grunde kein dramatisches Gespür. Eben darum traute er sich zu, alles, was ihn interessierte – und das war viel – in einen musikdramatischen Text verwandeln

---

5 LW II, 392.
6 LW II, 403.

zu können. Das war ihm aber im Grunde schon beim *Cid* nicht recht gelungen. Die deutlich erkennbar am *Lohengrin* orientierte Handlung und die sie tragenden Gestalten bleiben blaß, weil die entscheidenden Ereignisse, die sich in ihrem Innern vollziehen, nicht entsprechend nach außen projiziert werden.

In *Gunlöd* liegen nun die Dinge nicht anders. Für die wachsende Neigung des Dichters, sich in menschliche Probleme zu vertiefen, ohne ihre dramatische Wirksamkeit zu beachten, spricht hier schon die Wahl des Textes.

Seine Quelle ist die jüngere *Edda*. Dort findet sich im Kapitel *Bragis Gespräche* folgende Legende von der Entstehung der Dichtkunst: Der von den Asen geschaffene weise Dichter Kwasir war von zwei Zwergen getötet worden. Sie bereiteten aus seinem Blut mit Honig einen Met, der Weisheit und die Gabe des Dichtens verlieh. Ihn gaben sie dem Riesen Suttung als Sühne für den Mord an einem seiner Verwandten, und dieser machte seine Tochter Gunlöd zur Hüterin des Trankes. Danach kam Odin zu Suttungs Bruder Baugi, diente ihm unter dem Namen Bölwerk als Knecht und verlangte als Lohn einen Trunk von dem Met. Suttung lehnte dies ab. Da bohrte Baugi auf Odins Geheiß ein Loch in den Berg, worin Suttung hauste, und der Gott schlüpfte als Schlange hindurch. In der Höhle war er drei Nächte bei Gunlöd, dann erlaubte sie ihm, dreimal von dem Met zu trinken. Er trank den ganzen Met aus und flog als Adler davon. Suttung verfolgte ihn gleichfalls in Adlergestalt, erreichte ihn aber nicht. In Asgard spie Odin den Met in verschiedene Gefäße und gab ihn den Asen und, wie es in der Simrockschen Übersetzung heißt, *„denen, die da schaffen können"*.[7]

Was Cornelius an diesem Stoff vor allem angezogen haben dürfte, war der Gedanke von der Dichtkunst als göttliche Gabe und die Vorstellung, daß sie durch die Liebe eines Weibes in die Hand des obersten Gottes gelangt sei. Dadurch rückte Gunlöd, die in der Sage wenig mehr als eine Randfigur ist, neben Odin in den Mittelpunkt des Geschehens. Die gleichfalls nur blasse Nebenfigur des Suttung erscheint bei Cornelius als finsterer Gegenpol Odins, als Verkörperung roher Gewalt und zerstörerischer Naturkräfte. Gunlöd ist nicht seine Tochter, vielmehr hat er ihre Eltern getötet und sie geraubt; auch den *„wandernden Wanen"* Kwasir, der als Gast in sein Haus gekommen war, hat er erschlagen. Dies alles erfährt man aus Gunlöds großem Monolog, der den 1. Akt eröffnet. Zugleich wird hier mit den Worten des sterbenden Sehers, die Gunlöd wiederholt, der Grundgedanke der Oper ausgesprochen: Der Dichtertrank aus Kwasirs Blut und Gunlöds Tränen, der zugleich Unsterblichkeit verleiht, ist allein für Odin, den höchsten Gott, bestimmt; für diesen soll Gunlöd ihn und sich selbst bewahren, Odins Liebe wird sie lohnen. Die Handlung des 1. Aktes folgt dann weitgehend der Sage: Odin dient als Knecht Bölwerk nicht dem Bruder Suttungs, sondern diesem selbst. Er fordert als bedungenen Lohn einen Trunk von dem Met, was Suttung höhnisch verweigert. Bei dem nun ausbrechenden Streit verbirgt Gunlöd den vermeintlichen Bölwerk in einem Nebengemach. Aus Suttungs anschließender ausgedehnter Rede geht hervor, daß auch für ihn Trank und Liebe verbunden sind: er will sich durch den Met

---

[7] Ohne die Vorgeschichte erscheint die Sage vom Raub des Trankes durch Odin stark zusammengedrängt und in Versen auch in der älteren *Edda* im Rahmen von Erzählungen Odins.

nicht die Dichtergabe, aber die Weltherrschaft erringen, und Gunlöd soll sie als seine Gemahlin mit ihm teilen. Während er davoneilt, um seine Sippen zur Hochzeit zu laden, gesteht Gunlöd Odin, den sie für Bölwerk hält, ihre Liebe und klagt sich an, den Gott verraten zu haben. Dieser aber beschwört die Erdgeister, die ihn nun mit seinem Namen grüßen. Begeistert stimmt das Paar dann im Wechselgesang die Prophezeiung Kwasirs gleichsam als Liebesduett an.

Die Gegenüberstellung von Göttlichem und Untermenschlichem, Geist und roher Gewalt, Walhall und Hel, Licht und Finsternis dieses Anfangs wiederholt sich in den beiden folgenden Akten immer wieder, nur daß die drei Personen der Oper jeweils von anderen Geistern umgeben sind. In der Liebesszene, die den 2. Akt eröffnet, nehmen Gunlöd und Odin Abschied voneinander. Um mit dem Gott in Walhall ewig vereint zu werden, muß sie auf Erden um ihn den Tod leiden. Vor seinem Scheiden aber singt Odin sie in eine Art Zauberschlaf, in dem ihr alles, was sie noch erdulden muß, wie ein Traum vorkommen werde. Nachdem Odin mit dem Trank verschwunden ist, stürmt Suttung mit seinen Sippen, personifizierten Naturgewalten, herein; sie wecken Gunlöd und verlangen von ihr den Trank. Als sie ihn verweigert und sich als Braut Odins zu erkennen gibt, fordern die Sippen voller Wut statt Kwasirs nun Gunlöds Blut, aber Suttung treibt sie aus dem Haus und weiht Gunlöd der Hela.

Der 3. Akt zeigt die Beiden an den Pforten von Helheim. Suttung bezeichnet ihren Weg dahin sarkastisch als schöne Brautfahrt und würzt ihn mit höhnischen Brautgesängen. Er bringt Gunlöd Giftblumen, deren Saft sie trinkt. Vor ihrem Tod aber ruft sie noch mit dem von Odin genannten Zauberwort *„Alfadur"* die Lichtalfen herbei, und nun entwickelt sich ein nordischer Abklatsch der Szene an Fausts Grab: Hela und ihr Gesinde streiten sich mit den Lichtalfen um die tote Gunlöd. Schließlich tragen die Alfen sie *„ins siegende Licht empor"*. In Walhall wird sie von Odin zu ewigem Leben erweckt und bietet ihm noch einmal die Schale mit dem Trank dar.

Diesen 1866/67 entstandenen Text, das einzige von der Oper, was vollständig vorliegt, hatte Cornelius auch Wagner vorgelesen und berichtet seiner Frau darüber am 11. August 1868: *„Er ist nicht dafür, daß ich sie* (Gunlöd) *komponiere."*[8] Warum wohl? Wagner dürfte sich doch an mehr als einer Stelle, bei der symbolischen Bedeutung des Trankes, bei dem Raub der Frau und ihrem Verweilen bei dem rohen, ungeliebten Mann, bei der durch den Gott in Schlaf versenkten Heldin selbst wiedererkannt haben. Eben darum aber wird ihm die Spannungslosigkeit der Handlung besonders stark aufgefallen sein. Eine große Oper für nur drei Personen mutet an sich schon merkwürdig an. Wenn aber diese Drei auch noch nur in einer einzigen Szene zusammenkommen, wenn außerdem der Ausgang der Oper bereits in der ersten Szene vorweggenommen und zwischendrin auch nicht *ein*mal in Frage gestellt wird, weil von den drei Trägern der Handlung zwei als reine Vertreter entgegengesetzter Welten abgestempelt sind und der dritte zwar von beiden begehrt wird, aber vorbehaltlos zu dem einen neigt, wenn der einzige innere Konflikt, der Gunlöds zwischen ihrer Treue zu Odin und ihrer Liebe zu Bölwerk, nur sporadisch im 1. Akt auftaucht und sofort gelöst wird, und wenn

8 LW II, 565.

ihre einzige Tat, die Hingabe ihres Lebens für Odin, dadurch abgeschwächt wird, daß sie sie gleichsam im Traum vollbringt, dann kann man sich vorstellen, daß ein Bühnenpraktiker wie Wagner es für seine Pflicht hielt, dem Freund von der Komposition dieses mehr episch-lyrischen als dramatischen Gebildes abzuraten.[9]

Die gleiche Haltung offenbart auch die Form der Dichtung. Es wimmelt darin von Strophen- und Refrainbildungen. Rhythmisch freie (rezitativische) Zeilen kommen kaum vor; es herrscht allein der freie vierhebige Vers. Auf den Reim und den Wagnerschen Stabreim hat Cornelius bewußt verzichtet, denn sie stellten nach seiner Meinung *„eine formelle Musik"* für sich dar, *„die mit der eigentlichen gesungenen einen Widerspruch bildet, wie so manchmal im Tristan und in den Nibelungen"*[10]. Als Beispiel sei die Prophezeiung Kwasirs aus der Szene I,1 angeführt: *Ströme, mein Blut, aus der Todeswunde, / Funkle, du Welle, jauchze, mein Herz! / Weine nur, Mädchen, mische nur Tränen, / Balsam der Liebe dem Trank des Gesangs. / Unversiegbar schufen ihn Wanen, / Schaffensgewalt verlieh'n ihm die Asen, / Ewig hat ihn die Wala genannt. / Blut des Sanges ist Gottbegeist'rung, / Kuß der Liebe, Sieg in der Schlacht, / Wonne in Weh, erlösende Schönheit, / Lenzesblüte und Heimatlust. / Traumesweben, Reigen der Freude, / Heldenehre und Frauenpreis! / Funkle, du Welle, jauchze, mein Herz! / Weihe mit Tränen, Mädchen, den Trank! / Odin allein darfst die Schale du reichen, / Odin allein weiß die Runen des Mets; / Odins Liebe wird Gunlöd lohnen, / Hüte den Trank und die Seele dem Gott! / Rauscht, ihr ewigen Sangeswellen! / Brich, mein Herz, vor ahnender Lust! / Siegendes Blut! Frohlockende Tränen! / Tönendes Sterben! Leuchtender Tod!* — Den Endreim hat Cornelius in der Tat vermieden, beim Stabreim ist ihm das nicht immer gelungen, und bei den Schlußworten *„Tönendes Sterben, leuchtender Tod"* ist es wohl kaum möglich, nicht an die Schlußwortes des *Siegfried: „Leuchtende Liebe, lachender Tod"* zu denken.

Die *Gunlöd*-Musik ist Fragment geblieben und als solches dem Schicksal verschiedener Ergänzungen nicht entgangen. In der Cornelius-Gesamtausgabe findet sie sich im 5. Band als umfangreiche Partitur von Waldemar von Bausznern, jedoch führt diese Ausgabe, so einfühlsam die Bearbeitung immer sein mag, den Benutzer absolut irre, schon allein deswegen, weil kein einziger Abschnitt der Oper von Cornelius instrumentiert worden ist. Hingegen gibt der von Max Hasse nach den Originalmanuskripten bei Breitkopf & Härtel herausgegebene Klavierauszug einen guten Überblick über das Vorhandene. Danach liegt der Gesangspart des 1. Aktes mit Ausnahme von zehn nicht komponierten Zeilen in der ersten und sechs in der zweiten Szene vollständig vor. Der Instrumentalpart ist im Klavierauszug notiert; er fehlt jedoch auf weite Strecken in der Prophezeiung Kwasirs und gegen Ende der zweiten Szene. Von der 1. Szene des 2. Aktes ist das ganze Liebesgespräch Odin/ Gunlöd vertont, aber der Schluß, Gunlöds Aufforderung an Odin zu fliehen und dessen langer Abschiedsgesang mit dem zauberischen Schlaflied, fehlt. Von der 2. Szene zwischen Suttung, seinen Sippen und

---

[9] Etwa 20 Jahre früher hatte er schon einmal, ebenfalls vergeblich, versucht, einen Komponisten mit wenig Theatergespür, Robert Schumann, von der Komposition eines ungeeigneten Operntextes, *Genoveva,* abzuhalten.
[10] Brief an die Braut vom November 1866, in: LW II, 451.

Gunlöd aber liegen nur die Chöre der Sippen und ein Aufruf Suttungs mit Chorrefrain vor, aus dem 3. Akt endlich nur Suttungs beide teuflische Brautlieder.

Alle diese Fragmente stammen aus den Jahren 1869–74 und sind nicht ganz in der Reihenfolge der Dichtung entstanden. Trotz dieser lückenhaften und etwas verworrenen Quellenlage ist jedoch ein Versuch, zu einem Urteil über die Oper zu gelangen, nicht unberechtigt. Hat doch Cornelius selbst verschiedentlich die Wichtigkeit der Gesangslinie in seinen Opern betont. Schon kurz vor der Vollendung des *Cid,* im Januar 1865, schreibt er in dem zitierten Brief an Feodor von Milde, in seinem Werk sei *„durchgehend die wirkende Melodie in den Mund des Sängers gelegt – nicht die uferlose Allmelodie aus Tristan, die ich nimmer nachahmen werde"*[11], und für die Komposition von *Gunlöd* prophezeit er: *„Das wird alles fassliche, gesungene, einfache, melodiöse Musik".*[12] Diese *„gesungene Musik"* aber liegt in dem Fragment zu etwa zwei Dritteln vor, größtenteils harmonisiert bzw. sogar mit einem stimmig ausgearbeiteten Klaviersatz versehen. Man kann also m. E. gut feststellen, wie ungefähr die Oper geworden wäre.

Die zuletzt zitierte Äußerung läßt klar erkennen, daß der Dichterkomponist den Text schon auf eine ganz bestimmte Kompositionsweise hin geformt, daß er mit der Dichtung bereits die allgemeine Haltung der Musik festgelegt hatte. In der Tat werden die Gesangslinien völlig vom Versmetrum des Textes bestimmt, und die Zeileneinschnitte dabei deutlich hervorgehoben, gleichgültig, ob es sich um feste strophische oder um lockerer geformte Bildungen handelt. Gunlöds dreistophige Ballade, die die Oper eröffnet, beginnt z. B. folgendermaßen:

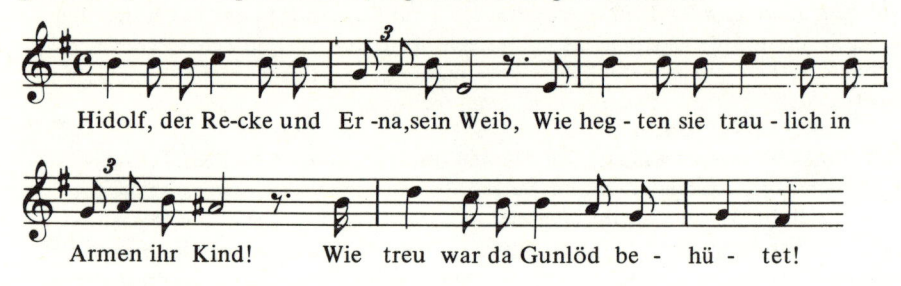

Hidolf, der Recke und Erna, sein Weib, Wie hegten sie traulich in Armen ihr Kind! Wie treu war da Gunlöd behütet!

In gleicher Weise an das Versmetrum gebunden, nur dem Inhalt entsprechend mehr volkstümlich gehalten ist das ebenfalls variiert strophische erste der beiden höhnischen Brautlieder Suttungs aus dem 3. Akt:

Ich hab ein Lieb, ein Kleinod schön, das leuchtet heller als Sonnen, Die Wänglein so zart, wie

11 LW II, 12.
12 Brief an die Braut vom 30. Juni 1866, in: LW II, 405.

[Notenzeile] Ro-sen ihr Herz, Ihr Haar gleicht fal-len-den Ster-nen.

Aber auch die Komposition von Gunlöds nicht strophischer Erzählung von Kwasirs Prophezeiung ist scharf am Textmetrum orientiert:

[Notenzeilen]
O-din al-lein darfst die Scha-le du rei-chen,
O-din al-lein weiss die Ru-nen des Mets;
O-dins Lie-be wird Gun-löd loh-nen,
Hü-te den Trank und die See-le dem Gott!

Und ebenso etwa Odins Beschwörung der Erdgeister:

[Notenzeilen]
Kennt ihr den Ton, der ins Leben euch rief? Kennt ihr den Hauch, der die
Glut euch ver-lieh? Kennt ihr den Ton - -?
Kennt ihr den Hauch - -?

und:

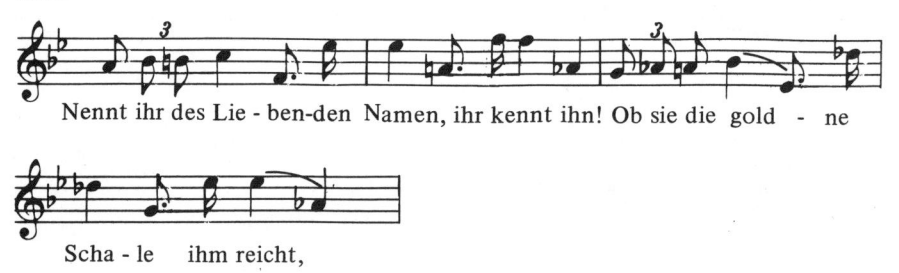

Nennt ihr des Lie-ben-den Namen, ihr kennt ihn! Ob sie die gold-ne Scha-le ihm reicht,

oder der Anfang von Odins Liebesgesang im 2. Akt:

Was mich in Ewigkeit ver-jüngt, Ist es dein Au-ge, Ist es der Trank? Dass ich mein Selbst wie stö-ren-de Ha-be Warf in die stür-mi-sche Wo-ge der Lust, Dass ich dich haltend Wel-ten ver-ges-se

Endlich sei noch die sachliche Forderung Bölwerks nach seinem Lohn angeführt:

Dient ich dir diesen Winter lang, Schaffte dir Werk für neun deiner Knechte, Gib mir nun Lohn und lass mich ziehn

In dieser Weise von Zeilengliederung und Versmetrum geformt ist die gesamte vorhandene *Gunlöd*-Musik. Sie erhält dadurch im Einklang mit dem Text einen bald mehr balladesk-liedhaften, bald mehr hymnischen, auf jeden Fall aber ausgesprochen lyrischen Charakter, der noch durch einen auffallend häufigen Gebrauch von Sequenzen, wie ihn auch die Beispiele zeigen, unterstrichen wird. Diese Grundhaltung macht natürlich auch das Aufkommen nennenswerter Gegensätze unmöglich. Nur einmal, in dem Chor, mit dem die Sippen die schlafende Gunlöd wecken, schlägt Cornelius einen nicht von des Gedankens Blässe angekränkelten, unbeschwert fröhlichen Ton an:

(Dich ruft, was da wallt zwischen Himmel und Erd)

Innerhalb dieses selbst gesteckten Rahmens aber zeigt sich, auch im Fragment erkennbar, auf Schritt und Tritt eine solide Satztechnik und das Streben, die Orchesterbegleitung intensiv an der Motivik der Singstimmen zu beteiligen. In den beiden einzigen Terzetten der Oper in der 2. Szene des 1. Aktes wird Suttung teils konzertierend dem Liebespaar gegenübergestellt, teils vereinigen sich die Stimmen zu einem lockeren dreistimmigen Satz. In den Sologesängen aber kommt es häufig zu einem imitierenden oder konzertierenden Motivspiel zwischen der Singstimme und einem Instrument. Auf diese Weise werden mitunter Phrasen hervorgehoben, die leitmotivische Bedeutung haben, so etwa das Anfangsmotiv von Gunlöds Ballade. Wichtiger aber als diese vom Text unabhängige Wiederkehr sind die vielen textlich-musikalischen Zitate innerhalb der Oper, deren hervorragendstes die wörtliche und notengetreue Wiederaufnahme von Kwasirs Prophezeiung am Ende des 1. Aktes ist; sie wird lediglich beim zweiten Mal auf Gunlöds und Odins Stimmen verteilt und zuletzt zum Zwiegesang erweitert. Diese Rückgriffe unterstreichen inhaltlich wie musikalisch die Geschlossenheit des Werkes, betonen aber zugleich auch seinen episch-liedhaften Charakter.

Seine Begeisterung über den Fund der *Edda* trieb Cornelius zu seinem kühnsten Experiment, dem Versuch, seine künstlerische Selbständigkeit, die er im *Barbier* stofflich weit von Wagner entfernt erprobt hatte, nun in unmittelbarer Nähe des Meisters zu beweisen. Obwohl Wagner den Text abgelehnt hatte, wagte es Cornelius, die darin schon vorgeahnte Musik herauszukomponieren und zwar, trotz eines *Tristan*-Zitats in Gunlöds Anfangsmonolog, in einer Weise, die von Wagner gleich weit entfernt ist wie von anderen großen Opern der Zeit. Der nordische Stoff machte ihn also nicht zum Wagner-Epigonen, sondern führte zu einem letzten höchstmöglichen Grad von Selbstbesinnung.

Kurz vor Cornelius hatte auch Heinrich Marschner für seine letzte Oper *Sangeskönig Hiarne oder das Tyrsingschwert* zu einem nordischen Text gegriffen, hatte aber damit (nach Köhler, *Heinrich Marschners Bühnenwerke*)[13] den von ihm eingeschlagenen Weg der großen deutschen Oper nicht verlassen. Der Text von Wilhelm Grothe trägt den von der Partitur etwas abweichenden Titel *König Hiarne*

---

13 Volkmar Köhler, Heinrich Marschners Bühnenwerke, und Verzeichnis der bis zu Marschners Tod 1861 im Druck erschienenen Werke des Komponisten, Phil. Diss. Göttingen 1955.

und das Tyrfingschwert und hat mit der *Edda* nichts zu tun. Für seine „dichterische" Qualität seien zwei unfreiwillig Wilhelm-Buschische Verse aus einer Geisterbeschwörung zitiert: *„Auf, Asamund! Ich rufe dreist / bei seinem Namen deinen Geist!"* Die Lektüre eines solchen Machwerks läßt die trotz eines manchmal übertrieben anmutenden Pathos hohe dichterische Qualität des *Gunlöd*-Textes klar hervortreten.

Doch das Schicksal der Oper, wenn sie vollendet und aufgeführt worden wäre, kann man sich — auch ohne den Schatten Wagners — unschwer vorstellen, wenn man das große deutsche Erfolgswerk aus der unmittelbaren zeitlichen Nachbarschaft von *Gunlöd*, die 1875 uraufgeführte *Königin von Saba* von Goldmark zum Vergleich heranzieht. Diese Oper besitzt alles, was *Gunlöd* nicht hat, ja, charakteristischerweise gar nicht haben sollte: eine reiche Ausstattung, eine spannungs- und kontrastreiche Handlung, deren Konflikt sich handgreiflich auf der Bühne abspielt, und eine Musik, die im Wechsel von dramatischem Rezitativ und sicher manchmal reisserischen, aber stets wirkungsvollen Arien die Atmosphäre des Textes in mitunter glühenden Farben nachzeichnet.

Zwischen Opern dieser Art und den Werken Wagners dürfte *Gunlöd* wie ein feines, aber blasses Pastellbild gewirkt haben, wie ein gleichsam nur der Not gehorchend auf verschiedene Personen verteilter Hymnus auf den Sieg des Geistes über den Ungeist. Mit dieser Oper hätte Cornelius das getan, was er über den Wagner des *Tristan* einmal schrieb: er hätte sich *„auf weite ferne Wege"* gewandt, Wege allerdings, die ihn weit von den Forderungen der Opernbühne weggeführt hatten. Wahrscheinlich ist ihm durch die Nichtvollendung und Nicht-Aufführung des mit so viel innerster Anteilnahme konzipierten Werkes eine schwere Enttäuschung erspart geblieben.

Diskussionsbeiträge

Just: Ich glaube, der sogenannte „Weg zu Wagner" bei *Gunlöd* ist eine ganz eigene Sache. Man läßt sich da zu leicht von der rein stofflichen Grundlage der *Edda* leiten. Cornelius wollte mit *Gunlöd* doch etwas ganz anderes. Das zeigt sich beispielsweise in einer Bemerkung über die mögliche künftige Ausstattung. Er will wohl eine außerordentlich prunkvolle Ausstattung, aber er will nicht eine Opernausstattung der üblichen Art, etwa wie bei der *Königin von Saba,* sondern er äußert in einem Brief oder einem Tagebuch, daß der Bühnenbildner der *Gunlöd* ein echter „Dichter" sein müsse. Er legt also Wert darauf, daß das, was auf der Bühne geschieht, nun auch den ästhetischen Kriterien der Kunstkritik standzuhalten habe. Mir scheint, daß das — wenn wir uns einmal optisch verdeutlichen, was dort geschehen sollte — auf der einen Seite weit zurückgreift, etwa zu einem reinen Literaturprodukt wie dem Goetheschen „Märchen", also auf eine ganz und gar symbolistische Gewandung, auf der anderen Seite aber vorausweist auf gewisse Werke des frühen Pfitzner wie *Die Rose vom Liebesgarten*. Die Nähe zu Wagner ist eine rein stoffliche, denn das Werk schöpft auf der einen Seite, literarhistorisch gesehen, aus tieferen Schichten und weist auf der anderen Seite noch auf die Musiktheaterpraxis einer kommenden Zeit, womit dann auch das ganz und gar Undramatische der *Gunlöd* zusammenhängt. Cornelius will gar nicht irgendetwas Dramatisches machen, sondern *Gunlöd* soll auf der lebendigen Bühne eine optische, eine gesamtkunstwerkhafte Verkörperung innerer Befindlichkeiten sein, und darum ist das, was Cornelius hier beginnt, nicht von der Oper, sondern von der reinen Literatur um 1900 in der gesamten Breite verwirklicht worden.

Abert: Wenn Cornelius schreibt: *„Das macht mich wieder ganz zum Wagnerianer",* muß er doch irgendeine gewisse Nähe zu Wagner dabei empfunden haben, gewiß in erster Linie im Hinblick auf den nordischen Sagenstoff. Er ist dann ja auch gar nicht im Wagnerschen Sinne vorgegangen.

Just: Das ist ja das Problem, dem wir uns alle gegenübersehen, wenn wir Cornelius' Briefe und Tagebücher zitieren: wieweit ist das unmittelbar gemeint, und wieweit ist nicht immer jede briefliche und tagebuchartige Äußerung schon wieder Korrektur von Gesagtem und Gemeintem und möglicherweise Korrektur von Künftigem. Die Äußerung, daß er Wagnerianer gewesen wäre, muß mit sehr vielen Körnern Salz genommen werden wie eben jede briefliche, jede theoretische Äußerung eines schaffenden Künstlers. Wir haben uns in der Literaturwissenschaft und überhaupt in allen Geisteswissenschaften doch sehr häufig viel zu sehr verlassen auf das, was der Dichter selber, oder der Komponist, äußert, ohne dabei zu berücksichtigen, was er sozusagen — sei es als Polemiker, sei es als Selbstinterpret, sei es als Propagandist seiner selbst — mit diesen Äußerungen bezweckt. Die stoffliche Nähe streite ich keineswegs ab, ich sage nur, *Gunlöd* ist weiter von Wagner entfernt als man auf Grund des Basierens auf der *Edda* zunächst annimmt.

Abert: Ich halte es gerade für die Größe dieses Werkes, daß sich der Komponist darin trotz der Stoffnähe in der Ausführung so weit von Wagner entfernt hat.

Riedel: Ist nicht gerade beim *Parsifal,* der ja nun noch acht Jahre später liegt als *Gunlöd,* auch dieses Symbolistische schon dabei?

Just: Ja, es gibt zeitgenössische Kritiken, die *Parsifal* und den *Gunlöd*-Text als die großen Dichtungen des Musiktheaters in dieser Zeit sehen. Da ist es sozusagen Wagner, der sich in seiner Texttechnik dem von Cornelius Angedeuteten und nicht zu Ende Geführten annähert. Ich würde das von Ihnen zitierte Wort von Cornelius, daß er wieder ganz zum Wagnerianer geworden sei, sehr ernst nehmen, aber gerade das ermöglicht ja erst, daß er sich dann doch in eine sehr große Ferne zu Wagner begeben kann. Der innovatorische Grad der *Gunlöd* ist also wirklich außerordentlich hoch zu veranschlagen.

Finscher

Wenn ich an die Bemerkung da anknüpfen darf, die einerseits dieses merkwürdig in die Zukunft Weisende aufgreift und andererseits ja doch diese spezifische Art von „wieder Wagnerianer werden oder vorübergehend Wagner wieder zum Anstoß und Ausgangspunkt zu nehmen" — Sie haben ja hingewiesen, und das hat mir sehr eingeleuchtet, auf die Zeilenstruktur, diese geradezu penetrante Zeilenstruktur der Komposition, wo also der Zeilenfall und die Zeilenzäsuren des Textes nachgeahmt werden. Hängt das vielleicht zusammen mit zeitgenössischen Vorstellungen über Epenvortrag, mit der Wiederbelebung der nordischen Epik, an die ja Wagner nun direkt angeknüpft hat? Die ersten Eddaübersetzungen sind ja in den späten dreißiger und frühen vierziger Jahren in Wagners unmittelbarer Nähe entstanden und er hat offensichtlich zitiert. Eine Frage an die Literaturwissenschaftler: Haben sich daran also Theorien über Epenvortrag angeknüpft, dergestalt, daß man von solchen Theorien her begreifen könnte, warum Cornelius hier seine eigene Musikalität, etwa die Differenziertheit der Deklamation des *Barbiers* geradezu vergewaltigt, in ein Schema von Zeilenvortrag hineinpreßt?

Just: Darf ich da eine reine Sachinformation geben: In der Zeit, in der Cornelius an *Gunlöd* arbeitet, reist Wilhelm Jordan mit einer neuen Fassung des Nibelungen-Stoffes in Stabreimen durch Deutschland und bietet also schon vor Bayreuth, aber auch nach Bayreuth, denjenigen, die sich Bayreuth nicht leisten können, in diesem Ein-Mann-Unternehmen eine auch im Sinne der Psychologie gegenwartsnahe, wenn auch in höchst altertümlich angereicherter Sprachform bearbeitete *Edda*. Das geht also bis in die Deklamationspraxis hinein. Ich glaube, daß da natürlich, wie Frau Abert sehr richtig gesagt hat, außerordentliche Schlingen und Fallstricke für eine künftige Komposition lagen. Mein Enthusiasmus für das Literaturprodukt und dessen Stellung innerhalb der deutschen Literatur der frühen Gründerzeit — es reicht ja bis in die Zeit nach der Reichsgründung — soll also nicht bedeuten, daß ich nicht auch die schwierigen Probleme sehe, denen sich Cornelius, der Komponist, hier zum dritten Male gegenübergesehen hätte und an denen er vielleicht noch stärker gescheitert wäre als partiell in seinen früheren Opern, vor allem an dem vollkommen undramatischen Charakter des Werkes.

# III. Cornelius als Komponist geistlicher und weltlicher Vokalmusik

Günther Massenkeil
Cornelius als Liederkomponist

Die durch das Jubiläumsjahr veranlaßte Besinnung läßt es nachgerade als selbstverständlich erscheinen, auch über das Liedschaffen von Peter Cornelius nachzudenken, auf dem nun schon mehr als hundert Jahre ein wesentlicher Teil seines Nachruhms beruht. Gleichwohl ist seitdem das Interesse der musikwissenschaftlichen Forschung an diesem Schaffensbereich nicht eben groß gewesen. Außer seiner Behandlung in den bekannten älteren Monographien von Adolf Sandberger, Max Hasse und Carl Maria Cornelius und in einer ungedruckten Wiener Dissertation[1] gibt es über die Lieder von Cornelius in neuerer Zeit lediglich eine größere Spezialstudie von Karlheinz Pricken[2], die jedoch ebenfalls ungedruckt blieb. Zu nennen ist hier ferner eine Studie von Wulf Konold über *Peter Cornelius und die Liedästhetik der Neudeutschen Schule*[3], die sich aber nicht direkt mit den Liedern beschäftig. Trotz der in diesen Arbeiten gewonnenen Einsichten in Einzelheiten des Corneliusschen Liedstils bezüglich der Melodik, der Rhythmik, des Wort-Tonverhältnisses scheint es doch nicht müßig zu sein, mit den folgenden Bemerkungen eine umfassendere Frage anzuschneiden: ich möchte versuchen, den historischen Ort der Lieder von Cornelius insgesamt zu bestimmen. Mithin geht es darum, diese Lieder zum einen im Kontext des gesamten Oeuvres von Cornelius, zum anderen in der Geschichte des deutschen Klavierlieds des 19. Jahrhundert zu betrachten: vielleicht ein gar unbescheidenes Unterfangen. Aber wann und wo wäre es eher angebracht als heute und hier?

1

Was zunächst die Stellung der annähernd hundert Lieder und Duette im Gesamtschaffen unseres Komponisten angeht, so ist deren Ortsbestimmung hier keine schwierige Sache. Bekanntlich bilden die Lieder mit den Opern gewissermaßen die Brennpunkte im kompositorischen Schaffen von Cornelius (einem Schaffen übrigens, das für sein Jahrhundert zahlenmäßig erstaunlich klein ist). Demgegenüber haben die anderen Vokalwerke, die geistlichen wie die weltlichen, nur einen akzessorischen Charakter, während Cornelius rein instrumentale Werke ja nahezu total ausspart.

Im Blick auf das Gesamtoeuvre ist weiter die Tatsache bemerkenswert, daß Cornelius sich zu bestimmten Zeiten seines Lebens auf eines der genannten Hauptgebiete konzentriert. Mehr als die Hälfte aller Lieder ist in nur drei bis vier Jahren entstanden, 1853 bis 1856, und in dieser Zeit bilden diese auch das Hauptergebnis kompositorischen Bemühens, wohingegen in der darauffolgenden Zeit das Ringen um die Oper für Cornelius im Zentrum steht — und das Lied an die Peri-

---

1 Kurt Roger, *Peter Cornelius als Liederkomponist,* Phil. Diss. Wien, 1921, masch.; diese Arbeit war mir nicht zugänglich.
2 *Peter Cornelius als Dichter und Musiker in seinem Liedschaffen (eine Stiluntersuchung),* Phil. Diss. Köln 1951, masch. .
3 In: The international review of music aesthetics and sociology 1, 1970, S. 187 ff.

pherie rückt. Und bemerkenswert scheint mir auch zu sein, daß es die Lieder sind, an denen Cornelius sich seiner Befähigung als Komponist erst recht und zutiefst bewußt wird, und die dafür auch nach außen hin den Prüfstein darstellen sollen. Voller Stolz und Selbstgefühl schreibt er der Mutter in einem Brief aus Weimar (Juni 1856) über die „Vaterunser"-Lieder *„Ich habe den großen Vorteil, daß ich nicht mit unreifen Erstlingswerken vor das Publikum trete"*[4]. So hat denn auch die Bezeichnung der Liederserie von 1853 als Opus 1 mehr als nur numerische Bedeutung.

Nun wird aber die Stellung der Lieder innerhalb des genannten kompositorischen Oeuvre bei Cornelius entscheidend relativiert durch die Tatsache, daß sein musikalisches Schaffen ja selbst nur ein Teilbereich ist. Er kontrapunktiert sozusagen den anderen Teilbereich, den des Dichters und Schriftstellers (einschließlich des Übersetzers von Abhandlungen und Libretti und auch des Briefeschreibers) Cornelius, der zeitweise gegenüber dem Komponisten Cornelius dominierte.

In den Zusammenhang dieser Überlegungen über das Verhältnis der beiden musikalischen Hauptbereiche bei Cornelius gehört schließlich noch die Frage nach einer gegenseitigen Beeinflussung von Lied und Oper. Soweit ich sehe, geht diese im wesentlichen vom Lied zur Oper und nicht umgekehrt. Denn der lyrische Grundzug ist nicht nur textlich, sondern auch musikalisch ein unüberhörbares Charakteristikum des *Barbier* – neben dem Buffonesken, versteht sich – wie auch des *Cid*. Ich meine damit die kompositorische Orientierung am Textmetrum und dessen Umsetzung in entsprechende melodische Phrasen. Cornelius ist offenbar ein Komponist, der sich in der musikalischen Prosa nicht so recht wohlfühlt und stattdessen, von den Liedern ausgehend, auch in den Opern stets zur Korrespondenzmelodik hin tendiert.

2

Die Frage nach der Stellung der Lieder von Cornelius in der Geschichte des Sololieds des 19. Jahrhunderts ist ungleich schwieriger zu beantworten als unsere erste Frage. Sie führt leicht ins Unermeßliche und ebenso leicht ins Unverbindliche. Ich beschränke mich hier darauf, einige Eigentümlichkeiten in der textlichen und musikalischen Gestaltung der Lieder aufzuzeigen, wobei es sich sowohl um generelle als auch um Einzelerscheinungen handeln wird.

Zum Text: Cornelius bevorzugt generell eigene Gedichte als Vorlagen zu Liedkompositionen, und wo er andere Dichtungen vertont, sind es solche, die den seinigen poetologisch nahestehen. Dies ist ein Unikum in der Geschichte der Gattung. Hinzukommt, daß die vertonten Gedichte in ihrer Gesamtheit sprachlich-formal und inhaltlich ein überaus einheitliches Gepräge aufweisen. In der sprachlichen Formung haben wir es – um hier nur eines ihrer deutlichsten Momente zu nennen – stets mit regelmäßigem Versbau und mit unkomplizierten Reimen zu tun; inhaltlich herrscht die gemütvolle Liebeslyrik vor, die auch teilweise in den geistlichen Bereich übergreift. Der Eindruck der Einheitlichkeit ergibt sich andererseits dadurch, daß Cornelius nahezu konsequent auf Sujets aus Historie und Mythos verzichtet, die sonst ja bei Liederkomponisten seiner Generation eine nicht unbeträchtliche Rolle spielen, und daß sich in den von ihm vertonten Texten nirgends

---

4 LW I, 234.

starke Kontraste oder gar Konflikte finden. Dafür ist dann gelegentlich eine Tendenz zum Niedlichen zu verzeichnen. Als symptomatisch können hier die vielen sprachlichen Diminutivbildungen gelten. Einige Beispiele aus den Liedern op. 1: „*Teilchen*", „*Zeilchen*", „*Weilchen*" (Nr. 2, als Reimwörter zu „*Veilchen*"); „*Vöglein fliegt dem Nestchen zu / hat sich müd' geflogen; / Schifflein sucht im Hafen Ruh' / vor den wankenden Wogen*" (Nr. 3); „*Ein Blümchen du*" (Nr. 4); „*Sprich auch der Liebe Wörtlein du*" (Nr. 5); „*Ein grünes Spinnchen gaukelte mir um die Schläfe luftig / und wiegte sich und schaukelte / sich an dem Fädchen duftig*" (Nr. 6).

Solche Wortbildungen erscheinen hier dem miniaturhaften Gesamtcharakter der Op. 1-Lieder angepaßt. Das gilt aber sicher nicht für die „Vaterunser-Lieder", in denen z. B. von den „*Vöglein*", die Gottes Huld preisen, die Rede ist, und für manche andere Gedichte wie besonders für die *Weihnachtslieder*. Hier ist aus dem Jesuskind, dem biblischen „puer", konsequent ein „Knäblein" oder „Kindlein" geworden, ganz in der Tradition älterer deutscher volkstümlicher Weihnachtslyrik, aber doch auffallend genug für einen Zyklus von Sololiedern im 19. Jahrhundert.

Generell charakteristisch für die von Cornelius zur Vertonung ausgewählten Gedichte ist schließlich der weitgehende Verzicht auf „Naturlyrik". Das hat bereits Pricken in seiner Dissertation festgestellt[5], läßt sich aber wohl noch genauer fassen. Die Natur nämlich, die sich Cornelius dichtend vorstellt, ist nicht das Requisit der deutschen Romantik, jene geheimnisvolle, zauberische Macht, bei deren Anblick sich die Phantasie in grenzenlose Ferne verliert. Cornelius betrachtet vielmehr die Natur, obwohl er sonst gern ins Schwärmen gerät, nüchtern, gleichsam bei hellem Tag. Eine Probe aufs Exempel bieten die *Rheinischen Lieder* op. 5. Ihr Text hat nicht das geringste mit jener Rheinromantik des 19. Jahrhunderts zu tun, die sich an dem Düsteren, Geheimnisvollen, Bizarren dieses sagenumwobenen Flusses immer von neuem entzündete. Für Cornelius dagegen ist dieser Rhein allen romantischen Zaubers entkleidet, ein Strom wie jeder andere, vielleicht deswegen, weil Cornelius in Mainz, an einem weniger düsteren Abschnitt des Mittelrheins geboren wurde[5a]. Keiner der deutschen Romantiker hätte einen Text wie den folgenden gedichtet (Beginn von Nr. 3 der *Rheinischen Lieder*): „*O Lust am Rheine, / am heimischen Strande! / Im sonnigen Scheine / erglühen die Lande, / es lachen die Haine, / die Felsengesteine / im Strahlengewande*".

Das möge genügen, um darzutun, daß Cornelius als Dichter m. E. generell nicht viel von der Geisteshaltung der deutschen literarischen Romantik beeinflußt ist. Freilich gibt es gelegentlich auch bei ihm Berührungen mit der romantischen Gedanken- und Vorstellungswelt, merkwürdigerweise gerade in dem frühesten erhaltenen gedichteten und komponierten Lied *Am See*: „*An dem Seegestade düster / steht der hohe Tannenbaum, / lauscht, versenkt in tiefen Traum, / melancholischem Geflüster ...*"

---

5 *P. Cornelius als Dichter und Musiker*, S. 8.

5a In diesem Eindruck fühle ich mich übrigens auch durch Cornelius' Landsmann Carl Zuckmayer bestätigt, der in seinen Erinnerungen schreibt: „*Meine Heimat ist Rheinhessen, und das heißt, daß sie landschaftlich nichts mit dem zu tun hat, was man unter ‚Rhein-Romantik' versteht*" (*Als wär's ein Stück von mir*, hier zitiert nach der Ausgabe in der Fischer-Bücherei Nr. 1049, 1969, S. 109).

Wenn man einmal auf die starke Einheitlichkeit in den dichterischen Vorlagen der Corneliusschen Lieder aufmerksam geworden ist, dann läßt sich auch in deren musikalischer Gestaltung bei aller Vielfalt in Einzelzügen eine ähnliche Einheitlichkeit[6] nicht verkennen. Sie beruht auf kompositorischen Sachverhalten, die generell zu beobachten sind: einfache musikalische Strophenbildung, Vorherrschen der Form des variierten Strophenlieds, einheitliche Rolle des Klavierparts als meist einfache Begleitung ohne große motivische und/oder ausdruckshafte Eigenständigkeit – eine Ausnahme bilden vor allem die „Vaterunser"-Lieder –, harmonische Einfachheit, fast konsequenter Verzicht auf starke melodische und rhythmische Kontraste innerhalb einzelner Lieder und von Lied zu Lied. Es mag erlaubt sein, überhaupt als charakteristisch für das gesamte Liedschaffen von Cornelius nicht so sehr die Verwendung bestimmter kompositorischer Mittel als den Verzicht auf ihre Verwendung zu sehen. Man kann dann in den Liedern beobachten, daß Cornelius sich offenbar sein Leben lang nach drei Richtungen, nach drei stilistischen Einflußbereichen hin abzugrenzen bemüht. Es sind dies der Einfluß Richard Wagners in Harmonik und Melodik, der Einfluß Robert Schumanns insbesondere in der Poesie und im Klangzauber der Klavierbegleitung sowie der Einfluß des italienischen und französischen Opernmelos in der Führung der Singstimme.

Besonders in der Abwehr des Schumannschen Einflusses zeigt sich die gleiche unromantische Haltung, wie wir sie auch für den Dichter Cornelius konstatieren. Wobei sich die nicht unwichtige Frage stellt, ob auf dem Weg zu dieser dreifachen Abgrenzung der Dichter den Komponisten oder der Komponist den Dichter bei der Hand nimmt (um ein Bild Richard Wagners frei zu verwenden). Ist, mit anderen Worten, die dichterische Begabung von Cornelius so beschaffen, daß ihm als Komponisten nichts anderes übrig bleibt, als auf diese dreifache Distanz zu komponieren, um keinen ästhetischen Bruch zwischen Wort und Ton zu riskieren? Oder ist umgekehrt das Bedürfnis nach Abgrenzung als Komponist – zumal gegen Wagner – so stark, daß es Auswirkungen auf die Beschaffenheit und Kundgebungen seiner literarischen Persönlichkeit hat? Zwei Fragen, die gewiß nicht alternativ beantwortet werden können, sondern eher den zwei Seiten einer Medaille gleichen[7]. Viel-

---

[6] Vgl. hierzu auch die Passagen in dem oben (Anm. 4) genannten Brief des Komponisten von 1856: „er wird finden, daß diese Gesänge" – d. h. die Lieder op. 2 – „*Kundgebungen eines einheitlichen Gemütes und Geistes sind*".

[7] In der bei dem Mainzer Symposium vorgetragenen Fassung dieses Beitrags hatte ich mir mehr beiläufig an dieser Stelle die Frage gestellt, welchen Typ des „Dichtermusikers" Cornelius vertritt. Ist er in dieser Hinsicht mit Wagner zu vergleichen? Ein wesentlicher Unterschied besteht m. E. darin, daß Wagner ja im Prinzip nur dichtet im Hinblick auf die spätere Einheit von Wort, Ton und dramatischer Gestaltung. Demgegenüber sehe ich Cornelius in der Rolle dessen, der einerseits dichtet, auch ohne eine spätere Vertonung zu intendieren, und der andererseits eigene und fremde Dichtungen vertont, ohne daß ein entscheidender Unterschied in dem jeweiligen Verhältnis von Wort und Ton zu beobachten wäre. Ich halte trotz des Widerspruchs, der beim Symposium gegen diese Erwägungen laut wurde, und der auf eine größere Gemeinsamkeit Cornelius-Wagner abzielte, an dieser Position fest, **werde aber bei anderer Gelegenheit darauf näher eingehen.**

leicht ist aber noch etwas anderes zu bedenken. Ist etwa, worauf manche Briefstellen hinzudeuten scheinen, das Bewußtsein einer gewissen kompositorischen Begrenztheit bei Cornelius so ausgeprägt, daß er in den Liedern darauf bedacht ist, bestimmte Grenzen nicht zu überschreiten?

4

Unbeschadet der generellen Einheitlichkeit und Geschlossenheit der Lieder von Cornelius gibt es unter ihnen einige, die in ihrer Art aus der immensen Fülle des deutschen Klavierlieds herausragen. Am entschiedensten gilt dies für die „Vater unser"-Lieder op. 2 und die *Weihnachtslieder* op. 8.

Den „Vaterunser"-Liedern (komponiert 1854/55), liegen in der textlichen und musikalischen Gestaltung ähnliche Prinzipien zugrunde. Im Text paraphrasiert Cornelius in neuen Gedichten die einzelnen Bitten des Vaterunsers. Musikalisch sind die Lieder so konzipiert, daß in jedem Lied der entsprechende Melodieabschnitt des gregorianischen *Pater noster* (der jeweils am Kopf des Liedes in Choralnotenschrift erscheint) verarbeitet wird. Dieses Verfahren zielt einerseits auf zyklische Geschlossenheit der ganzen Liedergruppe und erinnert von ferne an eine ähnliche Gestaltung in cantus firmus-Messen des 15./16. Jahrhunderts, steht aber in der Geschichte des Sololiedes vereinzelt da. Andererseits läßt sich diese Art der Choralbegleitung als eine Form der Programmusik identifizieren, die unmittelbar auf Liszt und Berlioz verweist, die beide ja auch zu Choralmelodien als Träger eines Programms gegriffen haben: Liszt u. a. im *Christus*, Berlioz in der *Sinfonie fantastique*. Cornelius dürfte der einzige Komponist sein, der dieses Prinzip in einem größeren Ausmaß im Sololied angewendet hat.

5

Eine wichtige Besonderheit der *Weihnachtslieder* (komponiert in der Hauptsache 1856) ist in ihrer rezeptionsgeschichtlichen Stellung zu suchen. Ursprünglich als reine Gebrauchsmusik konzipiert, gehören sie ihrem Wesen nach in den Bereich der Hausmusik des 19. Jahrhunderts, jener typisch deutschen bürgerlichen Idylle, die in Cornelius engerem Landsmann, dem in Biebrich geborenen Kulturhistoriker Wilhelm Heinrich Riehl, einen beredten Apologeten hat[8]. Riehl hat seine Auffassungen von Hausmusik auch in einer Sammlung eigener Klavierlieder mit dem Titel *Hausmusik*[9] illustriert. Was in dieser Sammlung, die seinerzeit sehr

---

[8] Vgl. besonders *Die Familie*, Stuttgart 1855 u. ö.

[9] *Hausmusik. Fünfzig Lieder deutscher Dichter in Musik gesetzt von W. H. R.*, Stuttgart und Augsburg 1855, ²1859. Wie Riehl in seiner Einleitung betont, verhält sich dieses Liederbuch zur Schrift über die Familie „wie etwa ein Bilderatlas zu einem naturwissenschaftlichen Werke: was ich dort in Worten untersucht und dem Verstande vorgelegt, das wollte ich hier im Tonbilde veranschaulichen (S. III).

verbreitet gewesen sein muß, und wohl generell in der geistlichen Hausmusik des 19. Jahrhunderts als unüberbrückbarer Widerspruch erscheint oder in Trivialität ausartet, die ästhetische Antinomie von naivem religiösen Gefühl und von anspruchsvoller künstlerischer Gestaltung, ist in den *Weihnachtsliedern* von Cornelius weitgehend aufgehoben. Cornelius selbst ist sich dieser Problematik — sie stellt sich ihm in den ästhetischen Kategorien von Form und Inhalt dar — bewußt. Dies geht aus einem Brief an die Mutter aus Weimar (17. Januar 1860) hervor, in dem auch die Nähe zu den Gedanken Riehls unverkennbar ist: *„(ich habe) hier ein ganz dankbares kleines Werk zuwege gebracht ... Diese Lieder sind sinnig und eigentümlich, sie sind dem schönen deutschen Familienleben abgelauscht, sie haben ihren Grund in einer ungezierten Frömmigkeit; ohne überall schön und vollkommen zu sein, haben sie dennoch in einer edlen, kunstgerechten Form fast immer einen Inhalt, der aus dem Herzen dringend auch zum Herzen gehen mag. Wie gewissenhaft und künstlerisch bin ich dabei zu Werke gegangen. Drei Jahre blieben sie liegen und dann habe ich sie mit Berücksichtigung aller Ausstellungen, die mir daran gemacht worden waren, neu ausgearbeitet, und darf mit dem besten Gewissen glauben, dem Verleger und Publikum ein annehmbares Kunstwerk zu bieten".* [10]

Die Rezeptionsgeschichte der *Weihnachtslieder*, die zu den populärsten Werken von Cornelius und zum festen Repertoire von Konzert und Schallplatte zählen, hat den Glauben des Komponisten nicht enttäuscht, denn diese Lieder sind tatsächlich als Kunstwerke angenommen worden. Damit gehören sie zu den ganz wenigen Stücken der geistlichen Hausmusik des 19. Jahrhunderts, die über den Rahmen der Gebrauchsmusik hinausgewachsen sind.

Unser Hinweis auf Riehl mag indessen erstaunen. Denn dieser hatte im Kreise der Neudeutschen Schule, der Cornelius in Weimar zur Zeit der Komposition der Weihnachtslieder doch nahestand, offenbar keine sonderlich gute Presse, wenn man etwa an die ziemlich sarkastischen „Censuren" denkt, die Wagner Riehl erteilt hat[11], übrigens auch ausdrücklich im Hinblick auf die *Hausmusik*. Es ist aber letztlich doch wieder ein Beweis geistiger Selbständigkeit, wenn Cornelius in den *Weihnachtsliedern* — und nicht nur in ihnen — eine Sprache spricht, die so gar nicht den künstlerischen und ästhetischen Maximen der Neudeutschen entspricht.

Nun führt in den *Weihnachtsliedern* sogar eine konkrete Spur zu Riehl. Die Verwendung des Chorals *Wie schön leucht uns der Morgenstern* in Nr. 3 *(Die Könige)* hat eine gewisse Entsprechung in dem ersten Lied von Riehls *Hausmusik (Komm Trost der Nacht* — Text aus Grimmelshausens *Simplizissimus),* wo im zweiten Teil der Schluß der gleichen Choralmelodie erscheint:

10 LW I, 441
11 Richard Wagner, *W. H. Riehl („Neues Novellenbuch"), (= Censuren I, 1867)* in: *Gesammelte Schriften und Dichtungen,* Band VIII, Leipzig ³1898, S. 205—213.

Notenbeispiel 1

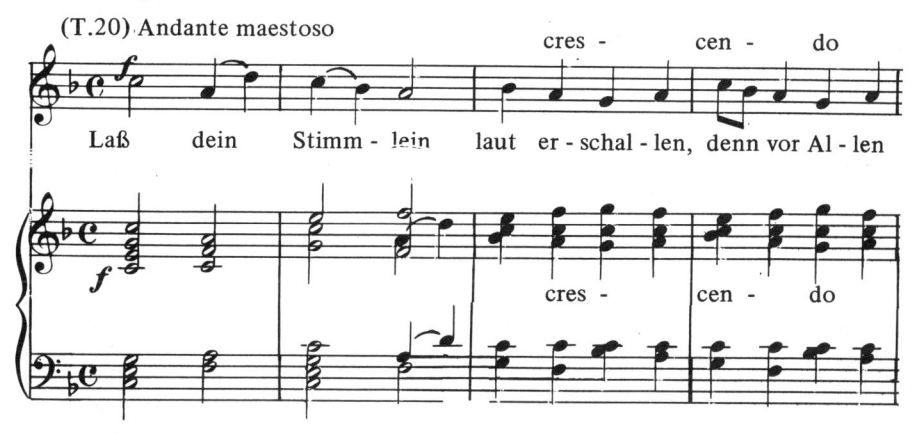

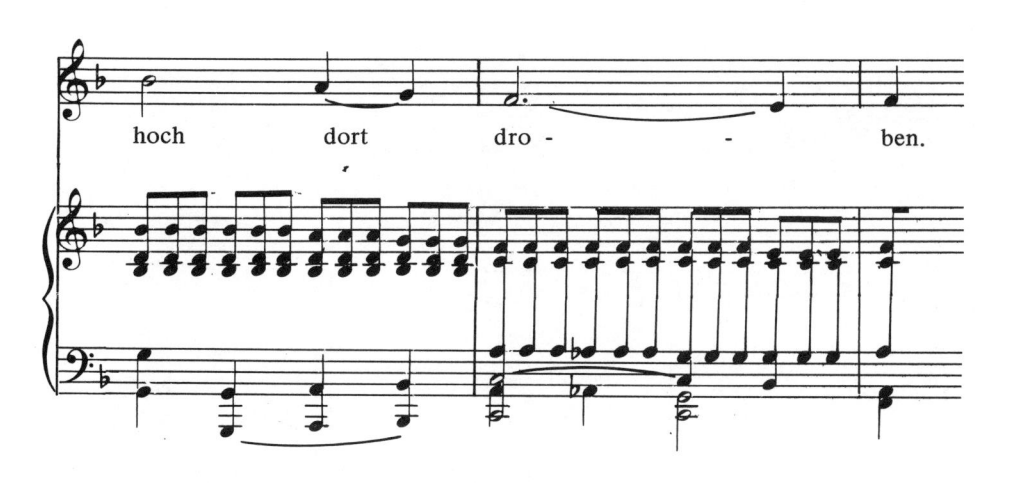

(T.20) Andante maestoso

Laß dein Stimm-lein laut er-schal-len, denn vor Al-len kannst du lo- - -ben Gott im Him-mel hoch dort dro- - -ben.

Zudem zeigt der erste Teil dieses Liedes von Riehl in seinem rhythmischen und melodischen Duktus wie auch im Verhältnis von Singstimme und Klavierbegleitung eine bestimmte Ähnlichkeit mit dem Anfang von Nr. 6 *der Weihnachtslieder* von Cornelius *(Christkind)*

Notenbeispiel 2

Gewiß geht es nicht an, hier von einem entscheidendem Einfluß zu sprechen, wie denn auch der künstlerische Rangunterschied der Lieder von Riehl und Cornelius offenkundig ist. Der Zusammenhang bleibt aber vor dem Hintergrund des Hausmusik-Charakters der *Weihnachtslieder* bezeichnend genug. Er erstaunt nicht zuletzt auch deswegen, weil Cornelius nach eigener Angabe durch Liszt zur Verarbeitung des Chorals in der zweiten, endgültigen Fassung des Liedes *Die Könige* veranlaßt wurde, wohingegen es keinen direkten Hinweis auf Riehl gibt.

Ohne daß es möglich wäre, die eingangs gestellte Frage nach dem historischen Ort der Lieder von Cornelius mit einer griffigen Formel zu beantworten, versuchten wir diesen Ort doch näher zu bestimmen. Es erweist sich auch nach diesen kurzen Überlegungen immer mehr, daß auch der Liederkomponist Cornelius einen eigenständigen Platz inmitten der großen künstlerischen Bestrebungen seiner Zeit behauptet. Er ist einer der wenigen, die es sich leisten konnten, in seinen Liedern eine — damals wie heute — unzeitgemäße, aber vielleicht doch zeitlose Kategorie wie das „Gemüt" zur Sprache und zum Klingen zu bringen. Und wenn manche seiner Lieder ihren festen Platz in unserer Gegenwart haben, dann hat die Geschichte dem Komponisten bestätigt, was er in dem schon genannten Brief aus dem Jahre 1856 seiner Mutter schreibt: *„daß ich einstens ein Dichter genannt werde, dem es gegeben war, in sein eigenes Herz zu greifen und ein Stück aus dem unverwüstlichen tiefen Gemütsleben des deutschen Volkes ans Licht zu geben in Wort und Klang."*[12]

---

12 LW I, 235.

Magda Marx-Weber
Cornelius' Kritik des Liedes

Peter Cornelius, der Liederkomponist, ist heute vor allem bekannt durch die Vertonungen eigener Texte, obwohl diese nur etwa die Hälfte seines Liedschaffens ausmachen. Seine Eigenschaft als Dichtermusiker war für Cornelius' Selbstbewußtsein sehr wichtig. *„Der Dichter in mir war ... unter großen Wehen geboren; der Musiker war ein Angstkind von jeher; da kam nun aber das Glückskind, das von beiden das beste hatte und mit freiem künstlerischen Gebahren in die Welt lachte. Das war der Dichter-Musiker. Mein Opus 1 war da."*[1] Mit diesen Sätzen schließt ein kurzer Bericht über die spontane, scheinbar mühelose Entstehung von Cornelius' erster Liedersammlung auf eigene Texte. Die Ausdrücke *„Glückskind"* und *„freies künstlerisches Gebahren"* dürfen aber nicht darüber hinwegtäuschen, daß auch Cornelius, wie alle anspruchsvollen Liederkomponisten seiner Zeit, mit Problemen zu kämpfen hatte, die mit der Tradition und dem damaligen Zustand der Gattung Lied zusammenhingen. Zahlreiche Äußerungen in den Briefen und Aufsätzen von Cornelius zeugen von einer Auseinandersetzung mit diesen Problemen. Sie sollen hier zusammengestellt und mit Äußerungen anderer wichtiger Zeitgenossen in Beziehung gesetzt werden.

Das klavierbegleitete Sololied hatte um die Mitte des 19. Jahrhunderts längst den Charakter einer Massenware angenommen. Auf dem Gebiete des Liedes betätigten sich nämlich neben anspruchsvollen Komponisten auch *„Talentlose, Dutzendtalente, talentvolle Vielschreiber"*[2], daneben Dilletanten und Anfänger, denn es war üblich, mit drei oder sechs Liedern op. 1 zu debütieren. Der verliebte junge Mann, der seinen Gefühlen in einem Heft Lieder op. 1 Ausdruck gab, wurde gerne verspottet[3]. Jedes Jahr erschienen ganze Stöße neuer Liederhefte, die die Rezensenten der Musikzeitschriften zwangen, streng zu sortieren. Liederhefte wurden daher unter den verschiedensten Rubriken besprochen. Sie lauteten in den Jahren 1850 bis 1870 in der *Neuen Zeitschrift für Musik: Lieder und Gesänge für eine Singstimme und Pianoforte, Kammer- und Hausmusik für eine Singstimme, Kammer- und Salonmusik, Salonmusik, Unterhaltungsmusik, Instructive- und Unterhaltungsmusik, Pädagogisches, Pädagogische Werke.* Solche Einteilungen empfahlen sich, *„da man hierdurch ein für allemal eine Wertskala erhielte, welche unter Umständen viel überflüssige Worte ersparen und für jedermann eine allgemeine Verständigung erzielen könnte."*[4] Eine von Wilhelm Tappert stammende Klassifizierung unterscheidet vier Klassen von Liedern: *„1) den Bänkelgesang, vulgo, Volkslied'..., 2) die Klavier-Etüde mit Gesang..., 3) das eigentliche Lied...,*

---

1 LW III, 6 (Autobiographische Skizze aus dem Jahre 1874).
2 Ausdrücke Robert Schumanns, vgl. Robert Schumann, *Gesammelte Schriften über Musik und Musiker,* 5. Aufl. hrsg. von Martin Kreisig, 2 Bde., Leipzig 1914, unveränderter Nachdruck Farnborough 1969, Bd. I, S. 38.
3 Vgl. z. B. *Deutsche Musikzeitung* 1, 1860, S. 164 u. S. 268 ff. *Humoreske.*
4 Richard Pohl, *Franz Liszt. Studien und Erinnerungen,* (= *Gesammelte Schriften über Musik und Musiker* Bd. II), Leipzig 1883, S. 393 f.

*4) den deklamatorischen Gesang ... "*⁵. Die meisten Rezensionen von Liedern beginnen darum mit einer groben Einordnung, die meist so ähnlich lautet wie der folgende Satz aus einer Rezension Hans von Bülows: *„Die Gesänge zeichnen sich durchweg durch eine edle Haltung, durch echte poetische Intention aus."*⁶ Allgemein zeigen die Liederrezensionen der Zeit eine Tendenz zum Schematismus, es sind oft die schon von Robert Schumann angedrohten *„Stereotyprezensionen"*⁷.

Cornelius' einzige Rezension, die sich mit Liedern befaßt, ist freilich keine Stereotyprezension. Die Balladen von Gustav Adolf Heinze werden in einer für Cornelius auffallend scharfen Weise verurteilt. *„Der Komponist kann unmöglich jemals andere Muster gehört oder gesehen haben als das Maurische Ständchen von Kükken, die Fahnenwacht von Lindpaintner, die Lotosblume von Lachner, das Schweizerheimweh von Proch, die drei Liebchen von Speyer, das Vaterhaus von Gumbert. Denn hätte er je ein Lied von Schubert, Franz, Mendelssohn oder Schumann kennen gelernt, so würde er wenigstens vielleicht einseitig Sinniges schreiben statt elfseitig Sinnloses."*⁸ Cornelius beklagt sich über die Verwendung von *„längst ermatteten Liedformen"*, von *„abgelebten tänzelnden Melodien"*, er tadelt *„flüchtige Fabrikarbeiten"* in der Manier eines Reißiger⁹. An den jungen Musiker Theodor Ratzenberger schreibt Cornelius in einer Stellungnahme zu dessen Liedern: *„Sei doch nicht so eilig, Knabe! Warum denn alles gleich drucken lassen? Du kennst doch die Geschichte von jenem Verleger, der seine Sprechstunde für alle auf eine bestimmte Zeit ansetzt, n u r nicht für Liederkomponisten. Schwindelt Dir nicht auch, wenn Du die tausend Namen liest, womit die bekannten ,drei Lieder' in den Zeitungsannoncen sich ewig frisch und neu wieder schmükken? Heute Müller – morgen Schmidt – aber es bleiben ewig die drei selben alten Lieder. Ich kann mir nicht helfen, aber wenn ich Lied sage, so denk' ich an Schubert, Schumann, Franz, und wenn ich dann in meinem Machwerk nicht irgend etwas sehe, was neben und trotz diesen Gewaltigen sich selbständig zu behaupten vermöchte, so lass' ich's lieber dabei bewenden."*¹⁰

Sich neben den großen Meistern des Liedes zu behaupten, war eine herausfordernde Aufgabe für jeden anspruchsvollen Liederkomponisten, der der Versuchung des Bänkelgesangs widerstand¹¹. Schon Robert Franz hatte große Mühe, sich von den Vorbildern Schubert und Schumann abzusetzen¹²; umso drückender war die Last der Tradition für die noch später Schaffenden. Man diskutierte ernstlich die Frage, ob man überhaupt noch Lieder schreiben könne, oder ob das Lied *„als Genre für die Gegenwart seinen Abschluß erreicht habe, und keine neuere Be-*

---

5 Zitiert nach R. Pohl, *Liszt.*

6 Hans von Bülow, *Ausgewählte Schriften 1850–1892,* (= Hans von Bülow, *Briefe und Schriften,* Bd. III), Bd. I, Leipzig 1911, S. 236.

7 R. Schumann, *Gesammelte Schriften,* Bd. I, S. 38.

8 LW III, 47.

9 LW III, 48.

10 LW II, 646.

11 LW I, 36.

12 Vgl. Robert Franz und Arnold Freiherr Senfft von Pilsach, *Ein Briefwechsel 1861–1888,* Berlin 1907, S. 114; Robert Franz, *Gespräche aus zehn Jahren,* veröffentlicht von Wilhelm Waldmann, Leipzig 1895, S. 52, 104, 143.

reicherung mehr zulasse."[13] Für Hans von Bülow, der hier zitiert wird, ist die Frage jedoch müßig vor einer reichen, nicht nachlassenden Produktion neuer Lieder. So versuchte man, vorsichtig zu formulieren, wodurch sich das neuere Lied von dem Lied Schuberts und Schumanns unterscheiden solle. Dabei begnügte man sich zunächst damit, die als Schwächen der beiden Meister angesehenen Eigenarten zu vermeiden. *„Unsere musikalischen Nerven verfeinern sich zusehends: Franz componirt für feinere Ohren als Schubert",* so schreibt Hans von Bülow.[14] Die feineren musikalischen Nerven wurden auch kritischer gegenüber den Liedern Schuberts und Schumanns.

Robert Franz, der in seiner Zeit wohl am intensivsten über das Lied nachgedacht hat, kritisiert bei Schubert die Textwahl[15] sowie *„eine Unmasse kleiner melodischer Floskeln, die gar nichts besagen, ganz inhaltlos sind, aber den Ohren des Publikums ungemein schmeicheln ... "*[16]. Diese Floskeln könnten nach der Meinung von Franz *„den Anlaß zu der Bänkelsängerei von Proch und Anderen gegeben"* haben[17]. Von Schumann schätzt Franz durchaus nicht alle Lieder, vor allem hat er eine Abneigung gegen *Frauenliebe und -leben*[18]; ganz allgemein tadelt er das – wie er es nennt – *„Mystisch-Paradoxe"* in Schumanns Liedern[19]. In dieselbe Richtung geht wohl auch Theodor Uhligs Vorwurf, Schumann habe einen *„Hang zur Grübelei"* und allzustarke *„subjektive Neigungen"*[20]. Dieser allzu subjektiven Manier Schumanns stellt Hans von Bülow die objektivere von Robert Franz gegenüber[21]. Die der *Neuen Zeitschrift für Musik* nahestehenden *Anregungen* werfen Schumann ein *„unsicheres Schwanken"* in der Behandlung der Singstimme vor, die bald *„überwiegend declamatorisch, bald melodisch, bald weder das Eine noch das Andere"* sei[22].

Schwieriger noch als die Distanzierung von den großen Vorbildern war die Befreiung von einer allzugroßen Sentimentalität, wie sie vor allem an Adolf Jensen getadelt wurde[23]. Hermann Kretzschmar, dessen aufschlußreichen Artikel über das deutsche Lied seit Robert Schumann aus dem Jahre 1881 wir hier wohl als Quelle ansehen dürfen, führt diesen *„Hang zur Sentimentalität"* unter anderem auf *„technisches*

---

13 H. v. Bülow, *Ausgewählte Schriften,* Bd. I, S. 347.
14 H. v. Bülow, *Ausgewählte Schriften,* Bd. I, S. 335; auf den hier zitierten wichtigen Aufsatz Bülows über Lieder und Gesänge von Louis Ehlert hat auch Wulf Konold aufmerksam gemacht in seinem Aufsatz: *Peter Cornelius und die Liedästhetik der Neudeutschen Schule,* in: *The international review of music aesthetics and sociology* 1, 1970, S. 187 ff.
15 R. Franz, *Gespräche,* S. 52 u. 104.
16 Ebda, S. 143.
17 Ebda, S. 85.
18 Ebda, S. 111 u. 122 f.
19 Ebda, S. 52.
20 Theodor Uhlig, *Musikalische Schriften,* hrsg. von Ludwig Frankenstein (= *Deutsche Musikbücherei* 14), Regensburg 1913, S. 232.
21 H. v. Bülow, *Ausgewählte Schriften,* Bd. II, S. 37; Bd. I, S. 334; Bd. II, S. 36.
22 *Anregungen für Kunst, Leben und Wissenschaft* 1, 1856, S. 19; vgl. Imogen Fellinger, *Verzeichnis der Musikzeitschriften des 19. Jahrhunderts,* (= *Studien zur Musikgeschichte des 19. Jahrhunderts* 10), Regensburg 1968, Nr. 360.
23 Hermann Kretzschmar, *Gesammelte Aufsätze über Musik und Anderes aus den Grenzboten,* Leipzig 1910, S. 21.

Ungeschick", auf den Mißbrauch der verminderten und mit Vorhalten gewürzten Septimenakkorde zurück[24]. Ob ein Lied sentimental wird oder nicht, darüber entscheidet freilich zu allererst die Wahl des Textes. In einer Kritik der Lieder Alexander Winterbergers aus dem Jahre 1862 heißt es: *„Seine Muse ist von der elegischen Art, leider auch ... kränklich genug angehaucht ... Und da wollen wir denn nicht läugnen, daß wir die Komponisten lieber sich für das menschliche, für das schöne und heroische im Menschenleben sich begeistern sehen, als für die Klosternelken, Wasserlilien und Frühlingsaugen. Soll den die immer allgemeinere Erkenntnis von der geheimen Lüge, dem tiefen, ja fürchterlich verzehrenden Egoismus der sensuellen Romantik allein für die Künstler verloren sein, daß sie sich ihren Netzen nicht zu entwinden bestrebt sein müßten?"*[25] Zwanzig Jahre später hatte sich die Lage offensichtlich noch nicht entscheidend geändert, denn Hermann Kretzschmar klagt 1881: *„Es wird einem zuweilen zuviel von den blauen Augen, von den prangenden Wangen, von den rosenroten Lippen, von dem Sehnen und den Tränen ... und erstaunt fragt man sich ... , ob es nicht Heimat, Vaterland, Heldentaten und andere Weltbegebenheiten gibt, die einen Mann auch zum Gesange begeistern können."*[26] Diese Äußerungen zielen vor allem auf Gedichte Heinrich Heines, die sich unverminderter Beliebtheit bei den Komponisten erfreuten[27].

Bekanntlich hat auch Robert Franz Heinrich Heine den ersten Platz zugewiesen unter den Dichtern, deren Lyrik sich zur Vertonung eigne[28]. An Heines Gedichten schätzt Franz *„größte Einfachheit und Natürlichkeit"*, hier findet er die von ihm stets gesuchten *„Naturlaute";* ironische und sentimentale Züge nimmt er nicht zur Kenntnis. *„Dem Reinen ist alles rein",* so lautet der Kommentar hierzu in dem unter Liszts Namen veröffentlichten Aufsatz über Robert Franz, und dieser Satz deutet schon an, daß nicht alle Heine so verstanden wie Franz[29]. Cornelius jedenfalls distanzierte sich schon in jüngeren Jahren von Heine und vor allem von seinen Nachahmern. *„Es ist auch gar nicht mehr die Zeit zu mattherzigen Ergüssen unglücklicher Liebe, verkümmerter Triebe in der Poesie. Von dieser Sauce haben wir längst genug. Von diesem Herzbrechen und dieser unheilbaren Schwermut haben Heine und Lenau und ein entsetzlicher Schwarm von Nachbetern das Beste und Schlechteste geliefert. Mir ist aber selbst das Beste derart zuwider."*[30] Und in dem schon zitierten Brief an Theodor Ratzenberger aus dem Jahre 1870 heißt es: *„Ist nicht die Lyrik Heines bereits etwas tempo passato? Welch*

---

24 H. Kretzschmar, *Gesammelte Aufsätze,* S. 1 ff., *Das deutsche Lied seit Robert Schumann.*
25 *Deutsche Musikzeitung* (Selmar Bagge) 3, 1862, S. 364.
26 H. Kretzschmar, *Gesammelte Aufsätze,* S. 2.
27 *„Er ist nicht verliebt, aber er nimmt H e i n e 's schöne Liebesseufzer zur Hand, und bald sitzt in seinem Herzen ein erträglicher Liebesschmerz."* (Humoreske *Ueber Liedercomposition,* in: *Deutsche Musikzeitung,* 1, 1860, S. 269).
28 R. Franz, *Gespräche,* S. 11 u. 69.
29 Franz Liszt, *Gesammelte Schriften,* hrsg. von Lina Ramann, Bd. IV, *Aus den Annalen des Fortschritts,* Leipzig 1882, S. 217; wie schon P. Raabe herausgestellt hat, stammt der Aufsatz über Robert Franz von diesem selber und von seinem Schwager Hinrichs; vgl. Peter Raabe, *Liszts Schaffen* (= *Franz Liszt. Zweites Buch*), 2. ergänzte Aufl. (hrsg. von Felix Raabe), Tutzing 1968, S. 187 f. Der Satz *Dem Reinen ist alles rein* könnte jedoch von Liszt stammen.
30 LW I, 205 f.

ein schönes Gedicht sind die ‚blassen Leichen', und dennoch! — So empfand der beste, der dichterische Genius, in den erschlafften Jahren nach den Freiheitskriegen. Aber heute? Heute, mein' ich, muß ein gesündres, auch etwas dem Materiellen Rechnung tragendes Element in der Lyrik geboten werden, etwas Goethe-Bürgerartiges, etwas, dem man anfühlt, daß man doch a u c h weiß, wie die Kinder auf die Welt kommen."[31] Hier trifft sich Cornelius mit Kretzschmar, der klagt: *„Wo merkt man im Liede etwas von den neuen Ideen, von der realistischen Geistesrichtung, die von Hamerling, Lingg und Scheffel ausgehen sollte?"*[32]

Bevor Cornelius sich so deutlich von Heine distanzierte, war er als junger Mensch stark dessen Einfluß ausgesetzt. Davon zeugen einige spätere Äußerungen[33] sowie zwei Lieder aus dem Jahre 1848: die Vertonung von Heines *Heimkehr* („Was will die einsame Träne?") und das Lied *Am See* nach einem eigenen Text, der stark Heines berühmtem *Fichtenbaum* nachempfunden ist. Die von ihm gesuchte „gesündere Richtung" findet Cornelius nicht in den Gedichten der von Kretzschmar genannten, bei seinen Zeitgenossen in Mode kommenden Dichter, sondern in den Werken des Grafen August von Platen. *„ ... er heult nicht wie Heine, hat auch keinen Weltschmerz wie dieser; das kommt aber daher, weil er ein kräftiger, selbständiger Geist, ein kerngesundes Gemüt ist, der uns zu sich hinaufhebt, nicht in den Kot herabziehen will, wie der gute Heine ... seine Wahrheit begeistert und erhebt uns; sein Schmerz, seine Wehmut sind gerecht, und ergreifen uns, aber sie machen nicht zerknirscht."*[34] So schrieb Cornelius schon 1843; aber erst in den sechziger Jahren wagt er die Vertonung Platenscher Gedichte[35] und 1865 müht er sich lange mit der Vertonung von Platens *Vision*. Die Briefe aus dem Jahr 1865 zeugen von einer so intensiven Auseinandersetzung mit dem Gedicht, wie sie von keinem andern Lied von Cornelius, schon gar nicht von Liedern nach eigenen Texten bekannt ist[36]. Was Cornelius an dem Gedicht irritierte, war die *„falsche Pointe"*[37], die unerwartete Wendung des Schlusses, die ihn auch an manchen Gedichten Heines störte. Das Problem der unerwarteten Pointen von Gedichten hat Robert Franz auf eine eigene Art gelöst, die er das *„Zurückbiegen der Pointe"* nannte, und die darin bestand, daß die Vertonung der Schlußwendung von Anfang an Rechnung trug[38]. Die Lösung, die Cornelius für dieses Lied findet, kann hier nur kurz angedeutet werden. Das Lied ist gebaut als variiertes Strophenlied; die Strophen, die von der Verlassenheit des einsamen Wanderers handeln, bilden einen Gegensatz zu denen, die die fröhlichen jungen Leute schildern. Die überraschende Entrückung des Einsamen in den Himmel am Schluß des Gedichts vertont Cornelius mit den Elementen der heiteren, tänzerischen Strophen. Das Beispiel des Gedichtes *Vision* zeigt, wie sorgfältig, ja skrupulös Cornelius mit den Gedichtvorlagen umging. Gedichte,

---

31 LW II, 646.
32 H. Kretzschmar, *Gesammelte Aufsätze*, S. 2.
33 LW II, 293 u. 718.
34 LW I, 39.
35 *Lange begehrten wir ruhig allein zu sein* Op. 5 Nr. 4 sowie das verschollene Lied *Wer die Schönheit angeschaut mit Augen* (*Tristan*, vgl. LW II, 291 u. 294).
36 LW II, 280 ff., 306.
37 LW II, 283.
38 R. Franz, *Gespräche*, S. 38.

die ihm gefielen, schrieb sich der junge Cornelius in ein eigenes Heft[39]. Viele dieser Gedichte — es sind solche von Eichendorff, Rückert, Lenau, Strachwitz, Anastasius Grün — hat er erst viele Jahre später oder überhaupt nicht vertont. Eine derart sorgfältige Textwahl war im Kreis der Neudeutschen und auch bei Liszt selbst[40] durchaus nicht üblich. Nur drei Dichter aus Cornelius' persönlichem Bekanntenkreis sind mit Texten in seinem Liedschaffen vertreten: Hebbel, Heyse und Emil Kuh. Die Romantik meidet er weitgehend und verzichtet ganz auf die Vertonung von damals hochaktuellen, von den meisten Komponisten aufgegriffenen Zyklen wie Lenaus *Schilflieder,* Friedrich von Bodenstedts *Lieder des Mirza Schaffy* oder Joseph Victor von Scheffels Liedern aus dem *Trompeter von Säckingen.* Die beiden letztgenannten Werke erlebten zu Cornelius' Lebzeiten etwa fünfzig Auflagen. Für seine Lieder nach Texten anderer Dichter wählte Cornelius in erster Linie solche, die *„noch keine zu ausgedehnte musikalische Garderobe besassen"*[41]. Hierin ist er durchaus originell; denn ein Blick in Challiers großen Liederkatalog[42] zeigt, daß sich die meisten Komponisten von häufig vertonten Texten nicht nur nicht abgestoßen, sondern besonders angezogen fühlten. Auch für seine eigenen Gedichte wünschte Cornelius offensichtlich keine Doppelvertonungen. Die Gedichte, die 1861 in einer Sammlung bei Gustav Heckenast in Pesth erschienen, hat er selbst nicht vertont. Das überließ er seinen Freunden, die eine große Anzahl dieser Lieder komponierten: vor allem Eduard Lassen und Alexander Ritter, aber auch Leopold Damrosch, Felix Draeseke und Franz Liszt[43].

Der neuen, *„gesünderen"* Textwahl müßte auch eine neue Art der musikalischen Gestaltung entsprechen. Das erklärte, jedoch nicht immer erreichte Ideal der Zeit war das einfache, naive Lied, das aus der unmittelbaren Empfindung hervorging. Diesen Typus nannte man das *„eigentliche Lied",* das sich auszeichnete durch *„fließende, edle, ausdrucksvolle Melodie und eine Begleitung, die mehr zurücktritt als sich vordrängt."*[44] Dieses Ideal hat Franz mit Nachdruck vertreten und, nach dem Urteil Kretzschmars, *„an edler Volkstümlichkeit das Höchste geleistet, was sich im strophischen Lied vielleicht erreichen läßt ... "*[45]. Franz will seine Lieder der Natur und den alten Liedformen abgelauscht haben; darum sucht er in den Textvorlagen nach den von ihm so genannten *„Naturlauten"*[46]. Franz will seine Lieder als unmittelbaren Ausdruck des Empfindens und nicht als Ergebnis

---

39 Nachlaß Peter Cornelius in der Stadtbibliothek Mainz, Notizbuch 33.
40 P. Raabe, *Liszts Schaffen,* S. 130.
41 Felix Draeseke in: NZfM, 46. Bd., 1857, S. 186 f., über Hans von Bülows Lieder op. 5.
42 Ernst Challier, *Großer Lieder-Katalog. Ein alphabetisch geordnetes Verzeichnis sämtlicher einstimmiger Lieder mit Begleitung des Pianoforte,* mit Nachträgen, Berlin 1885—1914.
43 Lange nach dem Tod von Cornelius hat Alexander Ritter zwei von dessen Liedern noch einmal vertont: *In Lust und Schmerzen* op. 7, 3 (vgl. Cornelius op. 4, 1) und *Treue* op. 16, 3 (vgl. Cornelius op. 3, 5). In diesem Zusammenhang sei auch der Titel von Felix Draesekes Liederzyklus op. 24, *Trauer und Trost* nach Texten von Eichendorff und anderen genannt, der wohl von Cornelius' op. 4 angeregt ist.
44 R. Pohl, *Liszt,* S. 394.
45 H. Kretzschmar, *Gesammelte Aufsätze,* S. 23.
46 R. Franz und Arnold Freiherr von Senfft von Pilsach, *Briefwechsel,* S. 33 u. 60; R. Franz, *Gespräche,* S. 11.

der Reflexion aufgefaßt wissen. *„Kann nachgewiesen werden, daß jenes Verhältnis* [=der Musik zum Text] *bei mir auf Reflexion und nicht auf Unmittelbarkeit beruht, so ist mein ganzer Kram keinen Schuß Pulver werth. ..."*[47]. Franz muß freilich einräumen, daß es unmöglich sei, *„die Gränzen zu ziehen, wo die Unmittelbarkeit aufhört und die Reflexion beginnt."* Sich selbst hält er für eine glückliche Mischung aus *„unmittelbarem Wesen"* und *„einem hübschen Quantum kritischen Verstandes"*[48]. Auch bei Cornelius durchdringen sich Intuition und kritischer Verstand, wenngleich wohl nicht immer in einer für den Schaffensprozeß glücklichen Weise. Auch Cornelius bekennt sich zum Ideal des einfachen, naiven Liedes. In einer Konzertkritik vergleicht er die Lieder zweier Komponisten des Liszt-Kreises, Eduard Lassen und Leopold Damrosch. *„Wir besinnen uns keinen Augenblick, Lassen hier den ersten Preis zuzugestehen. Damrosch ist der sentimentale, Lassen der naive Lyriker. Bei Damrosch wird das Bestreben noch zu fühlbar, sich abzusondern...Lassen wird sie* [die Hörer] *immer gewinnen durch den Zauber der Natürlichkeit, Unmittelbarkeit gezwungen. Bei ihm ist kein Grübeln, kein Spekulieren; wenn die schöne Form des Gedichts im rechten Moment vor seine Seele tritt, erhält sie augenblicklich ihr volles Spiegelbild in Tönen zurück. ... Wir räumen diesem Lyriker, sowohl der Breite als Tiefe seines Schaffens nach, einen Platz neben Schumann und Franz ein."*[49] Über ein eigenes Lied schreibt Cornelius an seine Braut:*„Die ‚Vöglein im Hage'* [gemeint ist das Lied ‚Die Blümlein auf der Heide' op. 15,3] *klingen herrlich. Mit ihnen beginnt meine neue Richtung: alles Melodie, leichte Begleitung, lauter goldne Ware für Schott."*[50] Mehrfach berichtet Cornelius in seinen Briefen von der spontanen Entstehung eines Liedes[51]; nicht minder häufig aber betont er das mühevolle Feilen und Ausgestalten[52]. Denn die ersehnte Unmittelbarkeit und Naivität steht selbstverständlich in einer gewissen Spannung zu den künstlerischen Ansprüchen, die trotzdem an ein Lied gestellt wurden. Wer mühelos produzierte, mußte sich den Vorwurf der Leichtfertigkeit gefallen lassen. Diesen Vorwurf erhob zum Beispiel Hermann Kretzschmar gegen einige Lieder Eduard Lassens: *„Etwas Stimmung, etwas Klang — voilà le tableau. Eine Skala für die Singstimme, eine andere in Gegenbewegung für das Klavier, und ein Lied von vier Seiten ist fertig."*[53] Es genügte nicht, sich nur von der Stimmung des Gedichts tragen zu lassen, man sollte sich durchringen zu *„bewußterer Auffassung, zu innigerer Durchdringung des Textes, zu geistvollerer, denkender Reproduction desselben."*[54] Verlangt wurde *„die höchste Bestimmtheit des Ausdrucks, die charakteristische Ausarbeitung aller Einzelheiten bei strengster Wahrung einer Gesammtstimmung, damit im Verein die möglichste Präcision in der Behandlung des Textes, die Gleichstellung von Dichtung und Musik ..."*[55]. Peter Lohmann, der diese Ziele in der *Neuen Zeitschrift für Musik* formuliert

---

47 R. Franz und Arnold Freiherr Senfft von Pilsach, *Briefwechsel*, S. 124.
48 Ebda, S. 220.
49 LW III, 122 f. Cornelius hat später sein Urteil über Lassen etwas revidiert.
50 LW II, 274.
51 LW II, 648; II, 279.
52 LW I, 441; II, 280 ff.
53 H. Kretzschmar, *Gesammelte Aufsätze*, S. 7 f.
54 F. B. (Franz Brendel ?), in: *Anregungen* 1, 1856, S. 19.
55 NZfM, 53. Bd., 1860, S. 99.

sieht sie bei Robert Franz, Franz Liszt, Felix Dräseke und Eduard Lassen schon angestrebt und zum Teil verwirklicht; er nennt sie die Ziele für die Liederkomponisten der Zukunft. In ihrer Gesamtheit konnten sie wohl kaum verwirklicht werden, ohne den Eindruck der Unmittelbarkeit zu stören. Eine Betrachtung der Lieder von Cornelius könnte danach fragen, ob Cornelius diese Ziele angestrebt oder verwirklicht hat.

Die Diskussion über das Lied geriet nach der Jahrhundertmitte zunehmend in das Fahrwasser der Auseinandersetzung um Wagner und die Neudeutsche Schule. Lieder wurden gelobt oder verworfen nach dem Parteistandpunkt des Autors und der Rezensenten und oft ohne Ansehen ihrer musikalischen Faktur. Nicht ohne Grund klagt Cornelius in einem Brief an Franz Liszt: *„Im Grunde meinen doch die Leute alle, wir machen lauter ungenießbares wirres Zeug! ... Und den schönen überschwänglichen Zug melodiösester Lieder, den wir unserm Meister abgelauscht haben und der besonders in Damrosch und Lassen so schön vorwaltet, daß ich mich an ihren Liedern nicht sattsingen kann – für den will man die langen Ohren nicht auftun."*[56] Ein Beispiel solch parteigebundener Liedrezensionen sei angeführt: *„Wir gelangen schließlich zu einigen Producten der ‚neudeutschen Schule', denn als solche werden wir wohl die Lieder von Lassen und Damrosch anzusehen haben. Wir erklären beide für würdig, in den neuen Orden aufgenommen und von K ü h n in Weimar verlegt zu werden. Hochfliegende Intentionen, schwindsüchtige Sentimentalität, hinter welcher sich nur Unvermögen und grasse Unnatur verbergen, barbarische Behandlung der Singstimme und Vorliebe für widersinnige Harmonien sind die Vorzüge, welche beide Autoren gemeinsam besitzen ... "*[57]. Die Frage, ob man auch im Hinblick auf die Gattung Lied von einer Neudeutschen Schule sprechen kann, verdient, heute neu untersucht zu werden[58]. Kretzschmar will nicht von einer *„eigentlichen Schule"* sprechen, sieht aber einen großen Einfluß Liszts und Wagners auf die Liedproduktion ihrer Zeit[59]. Beim täglichen Musizieren auf der Altenburg räumte Liszt dem Sololied mit Klavier einen breiten Raum ein. Auf den von Liszts Freunden geschilderten Sonntags-Matineen[60] spielte er selbst seine zahlreichen Transkriptionen berühmter Lieder von Beethoven über Schubert und Schumann bis Meyerbeer und Lassen. Die Sänger Rosa und Feodor von Milde und Emilie Genast wurden von Liszt selbst oder von einem seiner Schüler begleitet. In den offiziellen Soireen bei Hof erklangen neue Lieder, auch solche von Cornelius[61]. Das Spektrum der aufgeführten Lieder war ziemlich breit; neben den Klassikern des Liedes umfaßte es auch Jensen und die jüngeren

---

56 LW I, 351.
57 *Deutsche Musikzeitung* 1, 1860, S. 52.
58 Dieser Frage will die Referentin in einer größeren Studie nachgehen.
59 H. Kretzschmar, *Gesammelte Aufsätze*, S. 27 u. 31.
60 Vgl. Wendelin Weißheimer, *Erlebnisse mit Richard Wagner, Franz Listz und vielen anderen Zeitgenossen nebst deren Briefen*, 2. Aufl. Stuttgart und Leipzig 1898, S. 43; Adelheid von Schorn, *Zwei Menschenalter. Erinnerungen und Briefe*, Berlin 1901, S. 177, La Mara, *Durch Musik und Leben im Dienste des Ideals*, 2 Bde., Leipzig 1917, Bd. I, S. 83 u. 157; August Wilhelm Gottschalg, *Franz Liszt in Weimar und seine letzten Lebensjahre. Erinnerungen und Tagebuchnotizen nebst Briefen des Meisters*, hrsg. von Carl Alfred René, Berlin 1910, passim.
61 LW I, 202.

Komponisten des Weimarer Kreises wie Dräseke, Ritter, Damrosch und vor allem den von Liszt besonders geschätzten Lassen. Widmungen, Briefe, Gelegenheitswerke und die Textwahl mancher Komponisten lassen außerdem erkennen, welche Bedeutung die Gattung Lied für den freundschaftlichen Verkehr auf der Altenburg hatte[62]. Eine eigene „Liedästhetik" hat Liszt jedoch nicht entwickelt[63]. Auch konnte sein lyrisches Oeuvre, in sich uneinheitlich,[64] nicht als Ganzes vorbildhaft wirken. Der Weg des Liederkomponisten Liszt „*vom Verwickelten zum Einfachen*"[65] aber wurde beispielhaft für seine Schüler Cornelius und Bülow. Während man in Deutschland allgemein der Meinung war, Liszt könne als Ausländer kein echtes Lied schreiben[66], haben die beiden Genannten dessen lyrische Begabung hoch eingeschätzt und auch detaillierte Ratschläge zu ihren eigenen Liedern bereitwillig angenommen[67]. Cornelius hat Liszts Streben nach Einfachheit bei der Neufassung von dessen Liedern aus nächster Nähe miterlebt, da er für die meisten dieser Lieder neue Übersetzungen geliefert hat[68]. Von daher wäre ein engerer Zusammenhang zwischen den Liedern Liszts und Cornelius' nicht erstaunlich. Immerhin schreibt Kretzschmar: „*Der Zyklus ,Trauer und Trost' enthält zwei Nummern: ,Ein Ton' und ,An den Traum', die von Liszt selbst geschrieben sein könnten.*"[69]. Eine neue Betrachtung des Einflusses der Lieder Liszts auf die Lieder seiner Schüler könnte diese These Kretzschmars überprüfen. Dieses Referat konnte nur einige Voraussetzungen nennen, die für ein Verständnis all dieser Lieder nötig sind und die ein genaueres Verstehen erlauben als die bisher in der Liedgeschichtsschreibung übliche „Gipfelwanderung" von Schubert über Schumann zu Brahms und Wolf, bei der schon Robert Franz und Franz Liszt nicht gebührend beachtet wurden. Eine neue Betrachtung der Lieder Liszts und seiner Schüler könnte wohl auch die Frage nach Cornelius' Originalität, nach seinem eigenen Beitrag zur Gattung Lied beantworten.

---

62 Vgl. *Ein ideales Künstlerpaar. Rosa und Feodor von Milde. Ihre Kunst und ihre Zeit*, hrsg. von Franz von Milde, 2 Bde., Leipzig 1918, passim.

63 Wulf Konold, in: *The international review*, 1, 1970, S. 191 übersieht die seit Raabe bekannte Tatsache, daß der Aufsatz über Robert Franz nicht von Liszt stammt. Schon darum ist es sinnlos, Franz Liszt *Chauvinismus* vorzuwerfen, weil in diesem Aufsatz das Lied als eine in erster Linie deutsche Gattung bezeichnet wird.

64 P. Raabe, *Liszts Schaffen*, S. 129.

65 Ebda, S. 112.

66 Vgl. NZfM, 51. Bd., 1859, S. 171: „Liszt, ein Ausländer, wird nie Schöpfungen wie Schubert, Schumann, Franz ... schaffen ... "; Peter Lohmann, *Franz Liszt als Liederkomponist*, 1895 (= *Briefe und Schriften*, hrsg. von Marie von Bülow, Bd.1), S. 466; Bd. III, Leipzig 1898, S. 323.

67 LW I, 485, 270, 333, 611; II, 497, 640; H. v. Bülow, *Briefe*, Bd. I, 1847–1853, Leipzig 1895 (= *Briefe und Schriften*, hrsg. von Marie von Bülow, Bd. I.), S. 466; Bd. III, Leipzig 1898, S. 323.

68 Vgl. die Bemerkungen Peter Raabes in: *Franz Liszts Musikalische Werke*, hrsg. von der Liszt-Stiftung, VII, *Lieder und Gesänge*, Bd. I–III, Leipzig und Berlin 1917–1922, Bd II, S. XIV f., Bd III, S. X; Bd. I, S. V u. VII.

69 H. Kretzschmar, *Gesammelte Aufsätze*, S. 27.

Elmar Seidel
Zur Kirchenmusik von Cornelius

Peter Cornelius schrieb seine Kirchenmusik in den Jahren zwischen 1846 bis 1855. Ein Teil dieser Arbeiten entstand noch in Berlin, anderes in Bernhardshütte in Thüringen, in Soest in Westfalen sowie in Weimar. Cornelius hat seine Kirchenmusik nicht mit Opuszahlen versehen. Daraus ist aber nicht zu folgern, daß er sie gering geachtet hat.

Im Frühjahr 1852 reiste Peter Cornelius nach Weimar, wo er Liszt einige seiner Kompositionen vorlegte. Wir wissen nicht genau, was er ihm im einzelnen vorlegte. Daß sich unter den Vorlagen auch Kirchenmusik befand, dürfte kaum zweifelhaft sein. Liszt hat diesen Arbeiten, wie Cornelius am 30. März desselben Jahres aus Weimar seinem Bruder Carl mitteilte, *„anhaltende und tief eingehende Aufmerksamkeit geschenkt, hat sie mit seinen musikalischen Freunden zu wiederholten Malen exekutiert usw., usw. – Sein Endurteil und Rat war, daß ich mich mit aller Entschiedenheit auf die Kirchenmusik zu werfen habe".*[1] Dieser Rat mag aus heutiger Sicht befremden, verbindet sich doch uns der Name Cornelius vor allem mit der Oper, allenfalls noch mit dem Lied und nur am Rande mit Kirchenmusik. Liszts Urteil wird jedoch sogleich verständlich, wenn man bedenkt, was Cornelius damals überhaupt an Kompositionen hatte vorweisen können. Denn läßt man die frühen, noch sehr unbeholfenen Kompositionsversuche der späteren 30er Jahre außer Betracht – Cornelius dürfte sie ebensowenig gezeigt haben wie seine Studienarbeiten bei Esser oder bei Dehn – so lag im Jahr 1852 außer Liedern und etwas Kammermusik nur Kirchenmusik vor. Unter diesen Kompositionen weist einzig die Kirchenmusik Profil auf, vor allem das 1848–49 entstandene *Stabat Mater*. Kein Wunder, daß Liszt, der etwa zur gleichen Zeit damit begonnen hatte, Kirchenmusik zu schreiben, auch Cornelius dazu ermunterte. Liszt erstrebte schon damals eine Erneuerung der katholischen Kirchenmusik und hätte gern in Cornelius *„einen katholischen Mitbegleiter ... gefunden",* wie die Fürstin Carolyne von Sayn-Wittgenstein nach dem Tode von Peter Cornelius an dessen Witwe schreiben sollte.[2]

Die früheste kirchliche Komposition von Cornelius entstand 1846 in Berlin. Der Komponist bezeichnete diese Vertonung des *50. Psalmes* (Zählung nach der Vulgata) *Miserere mei Deus secundum magnam misericordiam tuam* als seine *„erste größere Komposition."*[3] Ist von diesem 10teiligen Stück auch nur der erste Teil und auch dieser nur fragmentarisch erhalten,[4] so verdient das Erhaltene dennoch einige Beachtung. Denn es zeigt die ersten tastenden Schritte des Komponisten von einer schulmäßigen zu einer freieren Schreibweise, vor allem in harmonischer

---

[1] LW I, 122.
[2] LW II, 777.
[3] LW I, 73.
[4] Wien, Österreichische Nationalbibliothek, S. m. 4751, 94 r – 99 v.

Hinsicht.[5] Mit dem *50. Psalm* beschloß Cornelius nämlich den ersten Teil seiner mehrjährigen strengen Lehrzeit bei Siegfried Wilhelm Dehn, dem damaligen Kustos der Musiksammlung der königlichen Bibliothek in Berlin. Dehn, zwar selbst kein Komponist, jedoch ein ausgezeichneter Lehrer, aus dessen Schule namhafte Komponisten und Musiker hervorgegangen sind — man denke nur an Michail Iwanowitsch Glinka — baute seinen Unterricht auf der Analyse von Werken großer Meister auf.[6] Das meinte Cornelius, als er in einem Brief vom 20. August 1852 aus Bernhardshütte in Thüringen an seinen Bruder Carl schrieb, er sei *„in der Dehnschen Schule erzogen, und mit guten Mustern genährt"* worden.[7] Dehns Muster im Kontrapunktunterricht reichten zurück bis ins 16. Jahrhundert, d. h. bis zu Palestrina und Lasso. Das war damals trotz der einsetzenden Palestrina-Renaissance noch keine Selbstverständlichkeit im Kompositionsunterricht. Wie ich noch genauer zeigen werde, hat sich Cornelius entweder während dieser Studien bei Dehn oder wenig später auch sehr intensiv mit Palestrinas Messe *Assumpta est Maria* beschäftigt.

Die nächste erhalten gebliebene,[8] kirchliche Komposition von Peter Cornelius ist sein *Stabat Mater* für Chöre, Soli und Orchester. In dieser 10sätzigen Kantate haben wir das bedeutendste Werk der Berliner Jahre zu sehen. Es fand Dehns uneingeschränktes Lob. Zum Kapellmeister Esser, der Cornelius in seinen Wiesbadener Jahren unterrichtet hatte, äußerte er — in Gegenwart von Cornelius — *„Da hat der Cornelius jetzt ein Werk für Eure Kirche geschrieben, worauf Ihr stolz sein könnt."*[9] Ganz offensichtlich sah Dehn das *Stabat Mater* von Cornelius als Kirchenmusik an und nicht nur als geistliche Musik. Diese Feststellung ist nicht unwesentlich in unserem Zusammenhang. Denn nicht selten wurde die Sequenz vom Fest der Sieben Schmerzen Mariä (15. September) im 19. Jahrhundert als konzertante geistliche Musik vertont, so z. B. von Rossini oder Antonín Dvořák. Auch Liszt mag das *Stabat Mater* von Cornelius als Kirchenmusik verstanden haben. Zweifellos lernte er es kennen, als ihn Cornelius im Jahre 1852 zum erstenmal in Weimar aufsuchte. Es ist nicht ausgeschlossen, daß Liszt gerade unter dem Eindruck dieses Werkes Cornelius riet, sich der Kirchenmusik zu widmen.

Musikalisch besticht das *Stabat Mater* durch seine stilistische Einheitlichkeit, so unterschiedlich auch die einzelnen Nummern der Kantate in Form und Besetzung

---

5 vgl. Max Hasse, *Der Dichtermusiker Peter Cornelius*, 2 Bde., Leipzig 1922–23, Bd. I, S. 59 f.
6 vgl. Siegfried Wilhelm Dehn, *Lehre vom Contrapunct, dem Canon und der Fuge nebst Analysen von Duetten, Terzetten etc. von Orlando di Lasso, Marcello, Palestrina u. A. ... aus den hinterlassenen Manuscripten bearbeitet und geordnet von Bernhard Scholz*, Berlin 1859, S. V.
7 LW I, 132.
8 Ein Magnificat aus dem Jahre 1846 gilt als verschollen; vgl. Carl Maria Cornelius, *Peter Cornelius. Der Wort- und Tondichter*, 2 Bde., (= Deutsche Musikbücherei 46/47) Regensburg 1925, Bd. I, S. 85.
9 LW I, 76

sein mögen. Dagegen vermißt man einen einheitlichen Stil in der *Messe* (in d-moll) *für Sopran und Alt mit Clavier-Begleitung,* die wenig später, im Juli 1849, ebenfalls in Berlin entstand. Cornelius schrieb sie, wie er selbst sagte, für die Kapelle der „*Barmherzigen Schwestern.*"[10] Gemeint ist die Kapelle im Schwesternhaus der Borromäerinnen der Trierer Congregation, die 1846 als erste Ordensschwestern nach der Reformation nach Berlin gekommen waren.[11] Dort wurde das Stück am 15. August 1849 uraufgeführt. Das Manuskript hat sich erhalten. Es befindet sich heute in der Musiksammlung der Nationalbibliothek in Wien.[12] Veröffentlicht wurde die Messe nie. Es wäre auch zu bezweifeln, ob sich eine Veröffentlichung außerhalb einer Gesamtausgabe — lediglich zu Aufführungszwecken — lohnen würde. Ihrer Besetzung nach für kleinste Verhältnisse bestimmt,[13] schwankt die Messe zwischen schlichtem Liedstil, etwa im Kyrie, und dem pompösen Gebaren der spätklassizistischen Orchestermesse, die damals bereits veraltete, etwa in Teilen des Gloria und Credo; man vergleiche den Anfang des Kyrie mit dem *Qui tollis* im Goria:

Beispiel I

[sheet music: Moderato, S, A, Kyrie eleison e-]

10 LW I, 101 u. 110
11 Vgl. *Lexikon für Theologie und Kirche,* Bd. II, Freiburg i. Br. ²1958, S. 231.
12 Signatur S. m. 4770.
13 Berlin war damals katholische Diaspora. Offensichtlich konnte Cornelius daher in der Kapelle der Borromäerinnen weder mit einer Orgel noch mit einem Harmonium rechnen. Das mag erklären, weshalb er sich mit einem Klavier als Begleitinstrument seiner Messe begnügte. Im übrigen wurde das Klavier im 19. Jahrhundert vielerorts — so in Frankreich — in katholischen Kirchen noch toleriert. Erst durch das Motu Proprio *Inter pastoralis officii* Pius X. von 1903 wurde das Instrument offiziell aus dem Kirchenraum verbannt.

Ky - ri - e e - lei - son e - lei -
lei - - - son
son Ky - ri - e Ky-ri - e e -
Ky-ri - e e - lei - son Ky - ri - e e -
lei - son Ky - ri - e e -
lei - - son Ky - ri - e e -
p
fp

lei - son Kyrie e - lei - son e-
lei - son Kyrie e - lei - son e-

lei - son Christe
lei - son Christe

Qui tollis

Moderato

Qui tollis peccata mundi mi - se-
Qui tollis peccata mundi miserere

f
re - - re no - - bis Qui -
mi - se - re - re no - - bis Qui -
[f]
p
tol - lis pecca - ta mun - di mi - - se
tol - lis pecca - ta mun - di mi - se - re - re
[p]
re - - re no - - - bis
mi - se - re - re no - - - bis

sus - ci - pe De - pre - ca - ti -
sus - ci - pe de - pre - ca - ti -
o - nem - no - stram sus - ci - pe
o - nem - no - stram sus - ci - pe
de - pre - ca - ti - o - nem no - - stram
de - pre - ca - ti - o - nem no - - stram

f
Qui - se - des ad dex - te - ram pa - tris
f
Qui - se - des ad dex - te - ram pa - tris
[♯]
p
cresc.
mi - se - re - re mi - se - re - re mi - se - re - re
p
mi - se - re re mi - se -
[p]
mi - se - re - re no - bis mi - se - re - re no - bis
re - re no - bis mi - se - re re no - bis

So geschickt, ja anspruchsvoll die Vokalstimmen geführt werden — schon das schlichte Kyrie enthält gegen Ende sehr feine Partien im doppelten Kontrapunkt (vgl. T. 35—46) — so dürftig ist der Klavierpart ausgefallen. Über längere Strecken hinweg macht er den Eindruck eines eilig angefertigten Klavierauszuges, so bei *Et ascendit in coelum* im Credo der Messe.

Beispiel II

Fraglos erinnert das Unisono aller Stimmen mit dem anschließenden Akkordtremolo an ein Orchestertutti.

Im ganzen gesehen hat diese erste Messe von Cornelius lediglich biographische Bedeutung. Sie bildet den Abschluß der kirchlichen Kompositionen der Berliner Jahre. Bereits mit seiner nächsten Messe (für 4 unbegleitete Männerstimmen) hoffte Cornelius, wie er schrieb, *„den Standpunkt* [seiner] *ersten Messe ... " „in Hinsicht auf geschlossene Form und Behandlung des Textes"* weit hinter sich gelassen zu haben.[14] Diese zweite Messe wurde am 12. Mai 1852 — also nach dem ersten Besuch bei Liszt in Weimar — in Bernhardshütte in Thüringen beendet. Dorthin hatte sich Cornelius von Weimar aus zurückgezogen, um einige Zeit ungestört arbeiten zu können. Wie ich feststellen konnte, war der äußere Anlaß für die Entstehung der Messe ein Preisausschreiben des Wiener Männer-Gesangvereins, an dem sich der Komponist erfolglos beteiligte. Der Preis, 10 Dukaten in Gold, wurde nicht vergeben.[15] Immerhin sah Cornelius in dieser Messe *„den ersten kräftigen Schritt"* ... *„auf der neu betretenen Bahn",*[16] d. h. auf der Bahn eines Kirchenkomponisten. Leider läßt sich heute nicht mehr feststellen, ob die Einschätzung des Stückes durch seinen Autor einem unvoreingenommenen Urteil standhalten würde. Die Messe ist verschollen.

Erhalten dagegen hat sich eine ebenfalls im Mai 1852 in Bernhardshütte komponierte lateinische Motette *Domine, salvum fac regem.*[17] Auch sie ist für 4 Männerstimmen a cappella geschrieben. Im Unterschied zu der wenig später entstandenen Vertonung desselben Textes für gemischten Chor, Tenor-Solo und Orchester, dem sogenannten *Großen Domine,* nennt man sie auch das *Kleine Domine.* Cornelius schrieb das *Kleine Domine,* wie er selbst sagte, für Liegnitz. Aus der Korrespondenz geht hervor, daß es auch für ein Preisausschreiben bestimmt war.[18] Ich konnte feststellen, daß es sich dabei um das Preisausschreiben vom *Comitee des ersten Liegnitzer Musik- und Gesangfestes* handelte, das am 27. und 28. Juli 1852 stattfand.[19] Preisgekrönt werden sollten die drei besten *„Compositionen, vierstimmiger, auf Massen berechneter Männerchöre, ohne Begleitung."* Aber die Motette, die Cornelius zu diesem Zwecke einsandte, war eben nicht auf Massenwirkung berechnet. Sie ist eher ein harmonisch wie rhythmisch differenziertes Kammerstück, das gerade deswegen der Hauptbedingung des Preisausschreibens nicht entsprach. Von daher gesehen, ist es nicht verwunderlich, daß Cornelius keinen der ausgesetzten drei Preise errang.

Zwei wenig später in Bernhardshütte entstandene kirchliche bzw. geistliche Kompositionen werden in der Korrespondenz erwähnt.[20] Es handelt sich um *„eine kirchliche Feier"* über einen Cantus firmus aus dem Graduale Romanum für 4 Männerstimmen a cappella und um ein geistliches Lied *Die Seligkeiten* (Gedicht von P. Cornelius), allem Anschein nach auch für 4 Männerstimmen a cappella.

14 LW I, 123
15 Vgl. *Neue Wiener Musikzeitung,* hrsg. von Franz Glöggl, 1. Jg., Nr. 11, vom 11. März 1852, S. 54, Nr. 31, vom 29. Juli 1852, S. 138 und Nr. 40, vom 30. September 1852, S. 174. Übrigens irrte sich Cornelius in der Höhe des ausgesetzten Preises: er schrieb von 100 (!) Goldgulden; vgl. LW I, 124. Demselben Irrtum verfiel auch die NZfM (vgl. Bd. 36, Nr. 12, vom 19. März 1852, S. 139), die sich deswegen wenig später korrigieren mußte (vgl. ebda Nr. 15, vom 9. April 1852, S. 174).
16 LW I, 123
17 Das Manuskript befindet sich in der Musiksammlung der Österreichischen Nationalbibliothek in Wien, Signatur S. m. 4766.
18 Vgl. LW I, 124.
19 Vgl. NZfM, 36. Bd., Nr. 18, vom 30. April 1852, S. 212.
20 Vgl. LW I, 127.

Beide galten bisher als verschollen. Es dürfte kaum bekannt sein, daß sich der vollständige Bleistiftentwurf zu den *Seligkeiten* im Cornelius-Nachlaß der Mainzer Stadtbibliothek erhalten hat.[21] Skizzen zu dem anderen Werk befinden sich am gleichen Ort.[22] Bei dieser „*kirchlichen Feier*" handelt es sich um eine Komposition für eine Trauung (oder Brautmesse?) in der Verwandtschaft. Als Thema bearbeitet Cornelius in diesem Introitus der Missa pro sponso et sponsa (Deus Israel conjungat vos) den Anfang der entsprechenden Melodie der Editio Medicaea. Über ein *Tu es Petrus* für gemischten Chor a cappella in B-dur[23] aus derselben Zeit wird im Zusammenhang mit der sogenannten *Dorischen Messe* zu sprechen sein.

Cornelius blieb den ganzen Sommer 1852 über in Bernhardshütte, wo er „*das nötige Material*" für eine große Messe mit Orchester sammelte,[24] die nie geschrieben werden sollte. Außerdem beendete er — im September desselben Jahres — seine zweite kirchliche Komposition für Chor und Orchester, das schon erwähnte *Große Domine.* Er dachte daran, es König Friedrich Wilhelm IV. von Preußen zu widmen,[25] woraus jedoch nichts wurde. Beide Vertonungen dieses letzten Verses des 19. Psalmes (nach der Zählung der Vulgata) der Männerchor wie der Chor mit Tenor-Solo und Orchester, bedeuten kompositorisch einen großen Fortschritt gegenüber den Arbeiten der Berliner Jahre, das *Stabat Mater* nicht ausgenommen. Man spürt deutlich, wie mächtig die neuen Eindrücke gewesen sein müssen, die Cornelius in Weimar empfangen hatte. Er war sich auch dessen bewußt.[26] Nicht weniger deutlich spürt man — namentlich in der Motette — wie sehr der *Tannhäuser,* den Cornelius damals eingehend studierte, seinen musikalischen Horizont erweiterte.

---

21 Notizbuch 13, S. 97—98. Dies hat Günter Wagner (Mainz) festgestellt. Ich danke ihm, daß er mich darüber informiert hat.

22 Nb 13, S. 81 ff, 117 f.

23 Das Manuskript befindet sich in der Musiksammlung der Österreichischen Nationalbilbiothek in Wien, Signatur S. m. 4775.
In einem Brief vom 21. Juli 1852 an Bruder Carl (vgl. LW I, 127) ist die Rede von einem *Tu es Petrus* nach einer Melodie aus dem Graduale Romanum. Cornelius schrieb es für seinen Onkel, den Maler Peter von Cornelius. Ob es sich dabei um das vorliegende *Tu es Petrus* handelt, ist jedoch fraglich. Denn Beziehungen dieser Komposition zu irgendeiner der gregorianischen Melodien, auf die dieser Text um die Mitte des 19. Jahrhunderts gesungen wurde, bestehen nicht. Die geringfügige Ähnlichkeit der ersten vier Noten des Soprans mit dem Anfang des Alleluia-Verses *Tu es Petrus* der Messe vom 29. Juni (Fest Peter und Paul) kann zufällig sein. Auf keinen Fall reicht sie aus, um die Angabe c. f. (cantus firmus) zu rechtfertigen, die Max Hasse seiner Ausgabe des Stückes — zusammen mit der *Dorischen Messe* (Mainz 1930) — an dieser Stelle hinzufügte.
Dagegen finden sich im Notizbuch 13 [Nb 13], S. 99 ff. des Cornelius-Nachlasses der Mainzer Stadtbibliothek Skizzen zu einem anderen *Tu es Petrus* (für vier Männerstimmen). Der Anfang erinnert stark an den Beginn der gregorianischen Communio *Tu es Petrus,* ebenfalls vom Feste Peter und Paul. Leider ist nicht bekannt, ob Cornelius diese Vertonung von Matthäus 16, 18 ausgeführt hat. Wäre es der Fall, so ist auch diese Komposition verschollen.

24 LW I, 130 u. 133.

25 Vgl. LW I, 130.

26 Vgl. LW I, 155.

Herbst 1852 sowie Winter 1852/53 verbrachte Cornelius in Soest i. W. Dort entstanden neben kleineren kirchlichen Stücken geringerer Bedeutung[27] zwei weitere Messen. Beide waren für ein Preisausschreiben in England (London?) bestimmt. Nach der in der *Süddeutschen Musik-Zeitung* vom 6. September 1852 abgedruckten Anzeige waren „*£. St. 60 (1500 frs. oder 750 Gulden) auf die beste Composition zweier Messen für Männer- und Kinderstimmen, jede von zwei Offertorien (als Motetten) begleitet, [aus] gesetzt"* worden.[28] Die eine der Messen sollte *„in dem sog.[enannten] Vocalstyle"* d. h. mit Orgel ad libitum, die andere mit obligater Orgel komponiert sein. Cornelius bezeichnete die Bedingungen der Ausschreibung mit Recht als *„in einzelnen Punkten etwas stark philiströs."*[29] Hatte man sich doch nicht gescheut, sowohl die Länge von Kyrie, Sanctus, Benedictus und Agnus Dei mit — wenn auch ungefähren — Taktzahlen vorzuschreiben, als auch stilistische Vorbilder zu nennen: Mendelssohn, Hauptmann, Rinck.

Nur die erste der beiden „Londoner Messen" von Cornelius ist erhalten geblieben: die Messe in d-moll, die sogenannte *Dorische Messe* für gemischten Chor und Orgel ad libitum. Der Komponist bezeichnete sie als *„Versuch einer Messe über den Cantus firmus in der dorischen Tonart."* Mit dem Cantus firmus ist die Missa Regia im 1. Ton von Henry Du Mont (1610–1684) gemeint. Als Motette fügt Cornelius das bereits in Bernhardshütte entstandene *Tu es Petrus* in B-dur hinzu, das er nach G-dur transponierte und mit einer Orgelbegleitung versah. Bei der dem Original gegenüber leicht retouschierten Transposition ergab sich hie und da Stimmentausch.[30]

Die *„Dorische Messe"* ist das eigentümlichste Werk unter der Kirchenmusik, die wir von Cornelius noch haben. Aber auch in der Geschichte ihrer Gattung steht diese Messe einzig da. Sie ist nicht bloß ein *„hochbedeutender Abschluß der lan-*

---

27 Es handelt sich um ein *Requiem aeternam* und um ein *Absolve Domine* für vier unbegleitete Männerstimmen. Beide Stücke sind in MW (Bd. II, Nr. 11 und 12). Die Autographe befinden sich in der Musiksammlung der Österreichischen Nationalbibliothek in Wien, Signaturen S. m. 4764 und 4765.

28 Vgl. *Süddeutsche Musik-Zeitung* (hrsg. von Johann Joseph Schott; Eduard Föckerer), 1. Jg. Nr. 23, S. 92; vgl. auch NZfM, 38. Bd., Nr. 10, vom 4. März 1853, S. 108 bzw. *Neue Berliner Musikzeitung* (hrsg. von Gustav Bock) 7. Jg., Nr. 9, vom 14. März 1853, S. 72.
Über den Ausgang des englischen Preisausschreibens konnte leider nichts ermittelt werden. Ebensowenig war der Veranstalter festzustellen. Die von mir angeführten deutschen Musikzeitschriften teilen ihn nicht mit. Zirkulare mit den ausführlichen Angaben über die Bedingungen des Preisausschreibens waren — wie aus den Annoncen hervorgeht — u. a. beim Musikverlag B. Schott's Söhne Mainz zu haben. Von dorther hatte auch Cornelius ein solches Zirkular erhalten. Eine von Frau Dr. Gertrud Marbach im Archiv des Verlages dankenswerterweise unternommene Nachforschung nach einem eventuell noch vorhandenen Exemplar des Rundschreibens verlief ergebnislos. In den englischen Musikzeitschriften der Zeit soll sich das Preisausschreiben nach Auskunft, die ich von der British Library/London bekommen habe, nicht nachweisen lassen. Das ist, bedenkt man die Höhe des ausgesetzten Preises, recht verwunderlich.

29 Vgl. LW I, 136.

30 Das Autograph der *Dorischen Messe* (Messe in d-moll) mit der 2. Version der als Offertorium fungierenden Motette *Tu es Petrus* befindet sich in der Musiksammlung der Österreichischen Nationalbibliothek — Signatur S. m. 4769.

gen Periode der Cantus firmus-Messen,"[31] sondern einer der bemerkenswertesten Versuche einer neuen Art katholischer Kirchenmusik im 19. Jahrhundert. Da ist nichts von einer Restauration alter Stile, auf die andere Komponisten bei einer Cantus firmus-Messe vielleicht verfallen wären. Fern steht Cornelius aber auch den bisweilen schroffen stilistischen Spannungen zwischen alt und neu, die in Liszts Kirchenmusik oft so erregend wirken; man denke nur an dessen *Missa choralis*. Mehr noch als schon im *Stabat Mater* sieht Cornelius auf stilistische Einheitlichkeit des Werkes. Dabei ergeben sich doch feinste Nuancen: in der Harmonik, trotzdem sie auf chromatische Verbindungen meist verzichtet; in der formalen Gestaltung, die — sieht man vom Benedictus ab — allem Liedhaften zu entgehen weiß; in einer kunstvollen kontrapunktischen Arbeit, die niemals aufdringlich wird. Eine solche Musik stand freilich neben den Zeitströmungen und stieß wohl darum auf taube Ohren.

Die andere der für London bestimmten Messen ist ebenso verschollen wie die für Wien bestimmte Männerchormesse.[32] Das muß hier mit allem Nachdruck gesagt werden. Denn dem Cornelius-Biographen Max Hasse ist bezüglich der zweiten in Soest entstandenen Messe ein Irrtum unterlaufen, den ich hier berichtigen möchte. Wie bereits erwähnt, hatte Cornelius eingehend die sechsstimmige Missa *Assumpta est Maria* von Palestrina studiert. Das schreibt er an seinen Bruder Carl in dem Brief aus Bernhardshütte vom 20. August 1852. Ja, er hatte sich sogar vom ganzen Werk eine Kopie angefertigt.[33] Diese nicht ganz fehlerfreie Abschrift ist dem Original gegenüber um eine kleine Terz tiefer transponiert. Sie steht also in E-Mixolydisch. Vorgezeichnet sind 3 ♯. Ob Cornelius die Transposition selbst vornahm oder ob seine Vorlage bereits transponiert war, läßt sich heute nicht mehr mit Sicherheit sagen. Übrigens hat sich Cornelius im Laufe seines Lebens von so manchen Werken großer Meister Abschriften angefertigt, vollständige oder Auszüge.[34] In der Regel vergaß er nicht, bei vollständigen Kopien den Namen des Autors anzugeben. Leider fehlt gerade bei der Abschrift der Missa *Assumpta est Maria* von Palestrina die Verfasserangabe. Deshalb hielt Max Hasse die Abschrift versehentlich für eine Originalkomposition von Peter Cornelius, nämlich für eine vier- bis sechsstimmige Messe — angeblich in A-dur — „*im Palestrinastil.*"[35] Hasses Fehlzuweisung wurde, so weit mir bekannt, bis heute nicht angezweifelt, geschweige denn korrigiert. Noch in der 12. Auflage des Riemann-Lexikons wird die vier- bis sechsstimmige Messe a cappella in A-dur zu den Werken von Cornelius

---

31 So Max Hasse im *Begleitwort* zu seiner Ausgabe des Werkes (Mainz 1930).

32 P. Walter Jacob (*Der beschwerliche Weg des Peter Cornelius zu Liszt und Wagner*, 8 Kleine Mainzer Bücherei Mainz [1974], S. 84) sieht ohne nähere Begründung die oben erwähnten kleinen Männerchöre *Requiem aeternam* und *Absolve, Domine* als die erhaltenen Teile der Londoner Messen an. Beides sind jedoch A-cappella-Stücke, während die Messen und Motetten für das englische Preisausschreiben mit Orgelbegleitung geschrieben werden sollten.

33 Die Abschrift befindet sich in der Musiksammlung der Österreichischen Nationalbibliothek — Signatur S. m. 4768.

34 Die Musiksammlung der Österreichischen Nationalbibliothek bewahrt unter den Signaturen S. m. 4762 und S. m. 4763 weitere Abschriften geistlicher und weltlicher Komponisten verschiedener Meister von der Hand des Peter Cornelius.

35 Vgl. M. Hasse, *Der Dichtermusiker*, Bd I, S. 93 und 112 f.

gezählt.[36] Daß ich den wahren Sachverhalt erst bei der Ausarbeitung dieses Aufsatzes durch genauen Vergleich aller Sätze der Kopie mit einer der berühmtesten Messen Palestrinas erkannt habe, beweist, wie wenig man sich bis heute um die Kirchenmusik von Cornelius gekümmert hat.

In der Pariser Nationalbibliothek wird das Manuskript einer vierchörigen Komposition über den Text *Cum sanctis tuis in aeternum: quia pius es* (aus der Communio des Requiems) aufbewahrt; Bibl. Nat, coté Ms. 4699. Auf dem kartonierten Einbanddeckel ist ein (von fremder Hand) mit „*Peter Cornelius Cum Sanctis*" beschrifteter Zettel aufgeklebt.[37] In der Handschrift selbst ist kein Autor genannt. Der Notenschrift nach könnte Cornelius das Manuskript angefertigt haben. Einzelheiten der Schreibweise, z. B. des Baßschlüssels und der Notenhälse, könnten auf Cornelius als Schreiber hinweisen. Damit ist allerdings die Autorschaft des Stückes noch keineswegs geklärt. Ähnlich wie bei der Palestrinamesse könnte es sich um die Abschrift eines älteren Stückes handeln. Es könnte aber auch sein, daß Cornelius diese kunstvolle kontrapunktische Arbeit während seiner späteren Studienzeit bei Dehn angefertigt hat. Über den wirklichen Sachverhalt kann ich z. Zt. noch keine näheren Angaben machen.

Nach den beiden sogenannten Londoner Messen hat Cornelius noch eine weitere Messe für vier Männerstimmen geschrieben, diesmal mit Begleitung von Blasinstrumenten. Den Auftrag dazu erhielt er am 28. Juli 1855 in Weimar von Liszt.[38] Dort komponierte er sie in der kurzen Zeit von vierzehn Tagen. Denn bereits am 16. August desselben Jahres wurde die Messe unter Liszts Leitung in der katholischen Kirche zu Weimar uraufgeführt. Wenige Tage später, am 31. August, erschien in der *Neuen Zeitschrift für Musik* eine sicher gut gemeinte, aber nichtssagende Notiz über die Aufführung. Aus dieser Notiz geht übrigens hervor, daß man selbst unter den Anhängern der Neudeutschen Schule den Literaten Peter Cornelius damals besser kannte als den Komponisten und Musiker.[39] Das Werk selbst ist verschollen.

Danach scheint Cornelius keine Kirchenmusik mehr geschrieben zu haben.[40] Seine Messen und Motetten brachten ihm nicht die erhoffte Anerkennung gerade von katholischer Seite. Alle seine Bemühungen um ein geeignetes Wirkungsfeld als katholischer Kirchenmusiker blieben erfolglos. So wurde ihm in Breslau, als er sich um die Nachfolge des am 22. November 1852 verstorbenen Domkapellmei-

---

36 *Riemann Musiklexikon,* hrsg. von Wilibald Gurlitt, Personenteil A—K, Mainz [12]1959, S. 340.

37 Den Hinweis auf diese Handschrift verdanke ich Günter Wagner (Mainz). Auskunft über die Art der Aufbewahrung erhielt ich dankenswerterweise von Frau Simone Wallon (Bibliothèque Nationale in Paris) und von Herrn Volkhard Stepp (z. Zt. Sèvres (Seine-et-Oise). Eine Fotokopie der Handschrift befindet sich in meiner Hand. Nach Mitteilung von Frau Wallon gehörte die Handschrift zur Sammlung Charles Malherbe, dem Herausgeber der alten Berliozgesamtausgabe und ehemaligen Bibliothekar der Grand Opera de Paris.

38 Ursprünglich sollte Liszt selbst diese Messe schreiben. Die französische Gesandtschaft in Weimar hatte sie aus Anlaß des Napoléonstages beim Meister bestellt. Dieser gab die Bestellung an Cornelius weiter; vgl. C. M. Cornelius, I. 199 f.

39 Vgl. NZfM, 43. Bd., Nr. 10, vom 31. August 1855, S. 108.

40 Das *Ave Maria* für eine Singstimme mit Klavierbegleitung aus dem Jahre 1862 gehört als Klavierlied nicht hierher. Es ist ein geistliches Lied wie auch der vierstimmige Männerchor *Mitten wir im Leben sind* op. 9, Nr. 3 vom Jahre 1869.

sters Bernard Hahn bewarb, Moritz Brosig vorgezogen, der durch sein kirchenmusikalisches Schaffen damals allerdings bekannter war als Cornelius.[41]

Immerhin scheint Cornelius den Gedanken an das Komponieren von Kirchenmusik auch nach 1855 nicht gänzlich aufgegeben zu haben. Das bekundet noch der Brief, den er am Ostermontag 1871, knapp drei Jahre vor seinem Tode, an seinen Bruder Carl schrieb. Hier spricht Cornelius davon, daß es zu einer neuen Ära der Kirchenmusik kommen werde. Er werde sie zwar nicht mehr erleben. Aber er sei gewiß, es werde ihm noch gegeben sein, *„eins oder einige Werke hinzustellen, in welchen schon eine Dämmerung jenes neuen Morgens erglimmt."*[42]

In einem Brief an Rosa von Milde von Anfang Februar 1859 heißt es, *„Jetzt ist die schöne Zeit der roten Hefte, das ist die Mappe und der Cid und vieles andere! – In die schwarzen kommt mein Stabat Mater, Te Deum und Requiem und große Messe. Das ist nachher die Zeit, wo man mit dem Leben abschließt."*[43] Diese schwarzen Hefte sind ein Wunschtraum geblieben.

---

41 Etwas anders sieht Waldemar Matysiak den Fall. Als Grund dafür, daß Cornelius in Breslau nicht einmal in die engere Wahl kam, führt er die *„traditionelle Einstellung der kirchlichen Behörde zu Breslau"* an, *„die sicher nur geborene Schlesier auf diesen Posten berufen wollte"* (W. Matysiak, *Breslauer Domkapellmeister von 1831–1925,* Düsseldorf 1934, S. 30).

42 LW II, 662.

43 LW I, 321.

IV. Cornelius als Kritiker und Essayist

Hubert Unverricht

Randbemerkungen zum künstlerischen Anliegen von Cornelius in seinen Musikkritiken und -essays

Zunächst darf bei dem Thema *Cornelius als Musikkritiker und -essayist* gefragt werden, was denn Peter Cornelius bewogen haben könnte, sich als Schriftsteller in das musikjournalistische Tagesgeschäft einzuschalten, um das es hier vornehmlich geht. Die Beiträge von Peter Cornelius über Werke und Meister der Bildenden Kunst, zu denen er sich hingezogen fühlte und über die er bis zu einem erheblichen Grade fachmännisch zu urteilen verstand, sollen dabei weitgehend unberücksichtigt bleiben. Diese Neigung schlägt sich allerdings gelegentlich auch in seinen musikkritischen Arbeiten nieder.

Die gerade gestellte Frage nach dem ,,Warum" seines musikschriftstellerischen Wirkens wird nicht leicht zu beantworten sein, aber es ist vielleicht erlaubt anzudeuten, in welcher Richtung die Antwort zu suchen und zu finden sein dürfte. Besonders das Berliner musikalische Tagebuch von 1851/52, das in der Mainzer Stadtbibliothek aufbewahrt wird,[1] erweist sich als ergiebig. Neben der eigenen gediegenen journalistischen Begabung ist es sein — wohl unbedingt erforderlicher — Wunsch, sich mit der musikalischen Situation seiner Zeit, wie sie sich damals in seinen Studienjahren in Berlin ergab, kritisch auseinanderzusetzen. Als Ziel schwebt ihm vor, einen eigenen Weg und einen eigenständigen Auftrag als Komponist zu entdecken. Bereits 1852 in Weimar angekommen, vermerkt er am Ende seines Berliner musikalischen Tagebuchs:[2] *,,Nur noch wenige Blätter enthält dies Buch, in welchem ich bis jetzt gesucht habe [,] zerstreute[3] Gedanken über musikalisches zusammen zu binden, um sie mir und andern klar zu machen."* In der Besprechung der Münchener *Lohengrin*-Aufführung führt er dieses Anliegen weiter aus:[4] *,,Der frisch empfangene Eindruck, den uns die jüngst erlebte, wol vollendetste Aufführung dieses Werkes unter H a n s v . B ü l o w 's Leitung hinterließ, regt uns im Innersten an, den Ursachen nachzuspüren, welche die tiefe geistige Befriedigung erzeugen, die es uns gewährt, uns selbst darüber klar zu werden, warum diese Schöpfung einer in stetem Wachsen begriffenen Schaar von denkenden Künstlern gleichsam ein Banner, ein Glaubenssatz geworden ist. Wir thun es, ohne uns der Befürchtung hinzugeben, über ein so viel besprochenes Werk nur längst Gesagtes zu wiederholen, da wir den reinen Willen und das Bedürfniß in uns fühlen, unbeirrt von allen Rücksichten nach rechts und links, ohne Schönthuerei und Eitelkeit nur dem geistigen Trieb nach Wahrheit zu folgen, den wallenden Nebel des Enthusiasmus zur plastischen Wolke des Erkennens zu verdichten, die vom Monde des Kunstwerks ihr Licht erhält."* Ein weiteres Motiv für die musikschriftstellerische Tätigkeit scheint darin zu liegen, seine eigene, bis zur Hochzeit mit Bertha

---

[1] Nb 12 der Rubrik A, 2 Notizbücher in Gunther Stephenson, *Zeugnisse aus dem Leben und Schaffen eines Mainzer Komponisten. Der Peter-Cornelius-Nachlaß der Stadtbibliothek Mainz*, in: *Mainzer Zeitschrift* 59, 1964, S. 103–117; speziell S. 113.
[2] ,,Notizbuch 12" von 1851–1852, S. 142.
[3] Das Wort ‚musika' gestrichen.
[4] NZfM 63, 1867, S. 249.

Jung in Mainz am 14. September 1867 immer wieder stark aufbrechende Selbstunsicherheit überwinden zu können, ferner aber ebenso darin, daß er sich für die Werke der ihm nahestehenden Komponisten, vor allem für die von Berlioz, Liszt und Wagner, einsetzen will.

Betrachtungen, wie die Musikkritik sowohl im Grundsätzlichen wie in Einzelheiten angelegt sein solle, enthalten das bereits angeführte Berliner Tagebuch, aber gelegentlich auch noch spätere Beiträge. Im Berliner Tagebuch, das meist aus Musikkritiken besteht, heißt es:[5] *"Ich habe gesucht, die einzelnen Werke aus sich selbst zu beurtheilen, indem ich von der allgemeinen Frage ausging, ob sie blos*[6] *dem Bestreben*[7] *ihr Dasein verdanken, für vorhandne geläufig gewordne Formen dies nöthige geistige Material zusammen zu schaffen, oder ob sie das Kundgeben eines bewußten Innern sind, welches in der Form sich klar zu machen sucht."* Neben dieser Bemerkung, die prinzipielle Aufgaben der Musikkritik, zumindest der damaligen Musikkritik berührt, wie er sie sah, gibt es in demselben Tagebuch auch humorvolle Notizen wie diese:[8] *"Ich soll kurz sein, und möchte lang sein. Göthe sagt [,] das Leben ist kurz, die Kunst ist lang. Schlesinger aber sagt [,] die Oper ist lang – die Recension sei kurz."* Für Schlesinger, den Verleger und Herausgeber der Berliner Musikzeitung Echo, schrieb Cornelius Musikkritiken. – Er sieht die Aufgabe des Rezensenten nicht darin,[9] musikalische Werke als *"abstracter Theoretiker"*, als den er möglicherweise seinen Lehrer Siegfried Dehn erlebt hatte, zu besprechen, als Theoretiker, der – wie Cornelius selbst schreibt[9] – *"in dem er mit seiner eisernen Genielichtscheere die verdunkelnden Fäden wegschneiden will [,] nur gar zu leicht das ganze Licht mit wegputzt – "*.

Er wendet sich gegen den Eklektizismus, er fordert das Individuelle, Eigenständige in den Musikwerken, das allein – und hier zeigt sich ein romantisches Paradoxon, vielleicht aber ein Paradoxon der Kunst überhaupt – dem Ewig-Gültigen, also Überzeitlichen der Musik zugehören könne. Dieses Einmalige könne nur in einem steten Prozeß des Werdens, Wachsens und Reifens verwirklicht werden. So leitet Cornelius seinen Bericht über das Fest des Allgemeinen deutschen Musikvereins in Meiningen 1867 ein:[10] *"Ueber den vergänglichen Erscheinungen des Lebens steht die bleibende, ewige der Kunst. An ihr vergleichen, an ihr messen wir, was uns der Tag, was uns der Augenblick bietet, und wir fragen uns daher auch zunächst: Dienen diese Feste überhaupt und das jüngst erlebte insbesondere zum Heil, zur Förderung der Kunst? Gehen sie darauf aus, tragen sie dazu bei, die reine Idee der Kunst mehr und mehr von umhüllenden Nebeln zu befreien, ihr zur befruchtenden Einwirkung auf das Leben zu verhelfen, ihre Fülle des Reichthums mehr und mehr allen, dem Volke, der Welt, zu erschließen, die Künstler zum Wirken, die Hörer zur Theilnahme anzueifern?"* – Diese eigens von Peter Cor-

---

5 „Notizbuch 12" von 1851–1852, S. 40.
6 Das Wort ‚aus' gestrichen.
7 Das Wort ‚hervorgingen' gestrichen.
8 Ebda S. 1.
9 Ebda S. 118.
10 Beilage zur *Allgemeinen Zeitung Augsburg* 1867 Nr. 249 vom 6. September, S. 4005; abgedruckt ferner im *Almanach des Allgemeinen deutschen Musikvereins*, 1, 1868, S. 178. Fehlende Zeichensetzung in der *Allgemeinen Zeitung* ist nach dem *Almanach* ergänzt.

nelius aufgeworfene Frage könnte im übrigen gegenüber den Cornelius-Zentenarfeierlichkeiten, nicht nur gegenüber denen in Mainz, sondern in verschiedenen deutschen Orten, im Rundfunk und im Fernsehen gestellt werden. Es ist zu prüfen, ob diese Frage hinsichtlich des Werkes von Peter Cornelius ohne weiteres bejaht werden kann.

Wiederholt betont Cornelius, daß das Werden der Kunst und des Künstlers als das Wichtige und Interessante anzusehen sei. Um das Eigenständige darin zu entdecken, müsse sich der Musiker nach Cornelius in sein eigenes Innere hinweinversenken. Emil Naumann erteilt er im Anschluß an die Bemerkung, er solle sich in Italien weiter als Komponist ausbilden lassen, den Rat:[11] *„Es giebt aber auch noch einen nähern Weg, der nur manchmal schwerer zu finden ist als der über die Alpen — es ist der Weg in's eigne Herz, und die bleibende Station am Studirtisch."* Cornelius' Unsicherheit liegt gerade darin begründet, daß er sich immer wieder neu bewußt zu machen hat, ob er selbst diese eigenständige innere Gestaltungskraft habe. Im Verkehr mit Liszt und Wagner gewinnt bei ihm leicht das Gefühl die Oberhand, daß es ihm daran fehle. In diesem sprudelnden inneren Quell sieht er die Chance, *„Schönheit um der Schönheit"* willen hervorzubringen, oder wie er es in eigenen Worten seines Neujahrsbeitrags 1868 für die *Neue Zeitschrift für Musik* als Möglichkeit für das damalige Münchener Musikleben formuliert:[12] *„der Kunst um der Kunst willen, des Schönen dem Schönen zu Liebe, zu ewigen, nicht zu eitlen, vergänglichen Zwecken".* Der Mode und dem Modegeschmack zu dienen, lehnt er ab.

Das macht den Gewinn beim Lesen der musikkritischen und musikschriftstellerischen Beiträge von Cornelius aus: er zieht bei seinen Beobachtungen, Bemerkungen, Argumenten und Urteilen die großen Werke seiner Zeitgenossen und der Meister vor ihm, und zwar bis hin zu Johann Sebastian Bach und Palestrina, zum Vergleich heran und mißt sie an grundsätzlichen, auch bei ihnen gefundenen Beobachtungen. Er findet dadurch als Musikkritiker, -essayist und -ästhetiker, so weit er als solcher in den Rezensionen zu erkennen ist, eine wohlbegründete Richtschnur und Wegweisung durch und für das Geschehen und die Tendenzen seiner Zeit. Diese Haltung macht ihn fähig, das zukunftsträchtige Genie und geniale Werke sofort zu erfassen, zumal dann, wenn sie seiner eigenen Begabung, Poesie und Musik zu verbinden, entgegenkommen. Durch Nachdenken und Verinnerlichung vermag er die musikalische und künstlerische Situation seiner Umgebung durch treffliche Bemerkungen zu verdeutlichen, weil Wesentliches anklingt oder berührt wird, selbst wenn er — etwa 1867 — romantische Überbegriffe[13] wie ‚Alldrang', ‚Allweisheit' und ‚Allgüte' in seiner Besprechung der Münchener Aufführung des *Lohengrin* anwendet. Seine musikästhetische Grundhaltung und musikästhetischen Urteile sind nicht logisch erfaßt und abgeklärt; eine derartige Begründung überläßt Cornelius den

---

11 „Notizbuch 12" von 1851–1852 S. 119. Siehe auch Günter Wagner, *Ein unbekannter Konzertbericht von Peter Cornelius*, in: *Mitteilungen der Arbeitsgemeinschaft für mittelrheinische Musikgeschichte* Nr. 32 April 1976, S. 148–152, speziell S. 151; ferner Herbert Schneider, *Unbekannte Opernbesprechungen von Peter Cornelius (I und II)*, in: ebda Nr. 32 April 1976, S. 152–160 und S. 169–171 sowie in Nr. 34 Mai 1977, S. 246–257.

12 NZfM 64, 1868, S. 2.

13 NZfM 63, 1867, S. 249 f. u. 261 ff; speziell S. 262.

Philosophen, wie er selbst an gleicher Stelle bekennt:[14] *„so wollen wir versuchen, deutlich zu machen, was wir denn damit meinen, und wenn uns das philosophische Geschick fehlt, unsere Gedanken als allgemeinen Lehrsatz zu construiren, so wollen wir zu concreten Beispielen greifen, die zugleich dazu dienen können, unsere künstlerischen Sympathien und Antipathien ehrlich auszusprechen."* Bei aller wahrhaftigen, feinsinnigen und treffenden Beleuchtung des Kunstwerks, des Künstlers, der musikalischen Situation und musikalischer Grundanliegen seiner Zeit und vielleicht der Musik überhaupt, zumindest seit Palestrina, bleibt deshalb in den Musikkritiken und musikalischen Essays von Cornelius ein Rest Unklarheit, der sich aus seiner romantischen poetisch-musikalischen Anschauung ergibt. Diese Unklarheit bedingt gelegentlich eine geistige Unschärfe, wie sie sich etwa in seiner Deutschtümelei[15] — seiner Zeit entsprechend — breitmacht; sie führt aber zu keiner im moralischen Sinne ‚destruktiven' Zielrichtung; diese kann dem lauteren Cornelius weder unterschoben noch vorgeworfen werden. Die beiden folgenden Beiträge werden weitere Überlegungen zu den Motiven, Anliegen und Darstellungsmitteln des Peter Cornelius in seinen musikkritischen Essays beibringen; sie werden auch ebenso seine Einschätzungen einzelner Werke und der künstlerischen Einstellung etlicher zeitgenössischer Komponisten verständlicher erscheinen lassen.

---

14 Ebda S. 250.

15 Im „Notizbuch 12" von 1851—1852 bemerkt er zur Frage der komischen Oper in Deutschland, er wünsche sich ein Werk, in welchem *„das deutsche Wesen sein hellklingendes Lachen für alle Zeiten ausprägen wird"* (S. 128). Ursprünglich hatte Cornelius geschrieben: ‚deutsches Wesen'; später hat er den Artikel ‚das' ergänzt, ohne das ‚s' im Wort ‚deutsches' zu streichen. Er führt dann aber nicht aus, was er unter d e m deutschen Wesen versteht. Allgemeine Bestrebungen der Zeit sind hier mehr unbewußt als klar ausgedrückt zusammengefaßt.

Magda Marx-Weber
Cornelius — ein Außenseiter unter den Musikschriftstellern der Neudeutschen Schule

Wenn man heute die musikalischen Aufsätze und Rezensionen von Peter Cornelius liest — und man liest sie mit Vergnügen — kann man sich kaum vorstellen, mit welch ambivalenten Gefühlen sich Cornelius seiner musikschriftstellerischen Tätigkeit hingab. Er schrieb leicht, mühelos, fand sehr früh seinen persönlichen Stil und hatte doch immer beim Schreiben ein schlechtes Gewissen, weil er wußte, daß er hierbei etwas Wichtigeres vernachlässigte, die Komposition. In einem Brief an seinen Bruder Carl begründet er, warum er den Plan, mit Emil Kuh eine Zeitschrift zu gründen, wieder fallen läßt: *„Und das läßt mich wieder so ganz fühlen, daß ich nur d a z u da bin, größere, poetisch-musikalische Werke zu erstreben und fertig zu bringen. Es ist dies mein innerster Beruf ... "*[1].

Cornelius, der so lange ohne feste Anstellung und ohne nennenswertes Einkommen war, hat mit insgesamt acht Zeitungen und Zeitschriften verhandelt; es ging um ständige Mitarbeit, Leitung der Musikredaktion oder ähnliches; alle Verhandlungen zerschlugen sich, hauptsächlich deshalb, weil Cornelius sich nicht zu einer festen Verpflichtung entschließen konnte.

> 1859 wollte er, wie schon gesagt, mit Emil Kuh, einem Freunde Friedrich Hebbels, eine musikalisch-literarische Zeitschrift gründen[2],
> 1861/62 ging es um die Stelle eines Korrespondenten für die *Ostdeutsche Post*[3],
> 1863 arbeitete er vorübergehend für die *Wiener Neuesten Nachrichten*[4];
> 1866 schrieb Cornelius drei Aufsätze für die *Augsburger Allgemeine Zeitung,* um sich als ständiger Mitarbeiter zu qualifizieren. Liszt hatte schon vor Jahren auf dieses Ziel hingedeutet. Die von Liszt und Bülow erwartete Wende in den Musikkritiken der *Allgemeinen Zeitung* zur Sache der „Zukunftsmusik" fand jedoch nicht statt[5].
> 1867 wurde Cornelius um ständige Mitarbeit bei der *Süddeutschen Presse* gebeten. Bevor diese Mitarbeit jedoch einen größeren Umfang annahm, überwarf sich der Chefredakteur Julius Fröbel mit Wagner, was auch das Ende von Cornelius' Mitarbeit bedeutete[6].
> 1869 erhielt Cornelius als Musikschriftsteller das verlockendste Angebot seines Lebens, er sollte Nachfolger Brendels als Chefredakteur der *Neuen*

---

1 LW I, 426.
2 LW I, 423 ff.
3 LW I, 565 u. 682.
4 LW III, XII; Carl Maria Cornelius, *Peter Cornelius. Der Wort- und Tondichter,* 2 Bde., (= *Deutsche Musikbücherei* 46/47), Regensburg 1925, Bd. I, 402.
5 LW II, 366 u. 374; vgl. dazu den Brief Hans von Bülows an Gille in: Hans von Bülow, *Briefe,* Bd. IV, Leipzig 1900, S. 96 f.; in einem Brief vom 27. Januar 1859 an Cornelius hatte Franz Liszt schon seine Absicht bekundet, Cornelius für die *Augsburger Allgemeine* schreiben zu lassen. Dieser Brief ist unveröffentlicht und gehört zum Nachlaß Cornelius in der Stadtbibliothek Mainz.
6 LW II, 547; C. M. Cornelius II, 134.

Zeitschrift für Musik werden[7].

Gleichzeitig bat ihn der Verleger seiner Kompositionen, Ernst Wilhelm Fritzsch, bei ihm eine neue Zeitschrift zu gründen — das spätere *Musikalische Wochenblatt*[8].

Im gleichen Jahr ging es außerdem noch um eine Korrespondentenstelle bei der *Berliner Post,* eine Sache, die Richard Wagner besonders wichtig war[9].

Vielfältige äußere Schwierigkeiten haben jeweils zum Scheitern aller Verhandlungen beigetragen. Entscheidend aber waren die Bedenken von Cornelius selbst. An seinen Bruder Carl schrieb er: *,,Aber ich tauge gar nicht dazu, mich aufs kritische Pferd zu schwingen. Ich habe nur die beiden Extreme, Enthusiasmus für das Schöne wie ich es empfinde, und entschiedenen Widerwillen gegen alles wo keine Poesie drin steckt, sei es noch so hübsch und süperb gemacht."*[10]

An den Verleger der *Neuen Zeitschrift für Musik,* Kahnt, schrieb er in gleichem Sinne: *,,Gesinnung und Begeisterung sind bei mir größer und entschiedener als die Befähigung."*[11]

In einem Brief an seinen Bruder Carl schreibt er: *,, ... aber es wäre mir dann ... peinlich, sogleich von Anfang an wieder auf den Parteistandpunkt angewiesen zu sein — ich habe Angst davor ... "*[12], und an seine Braut: *,, ... aber ich bin so unbehilflich und träge zu einem solchen offiziellen Artikel, wie ich ihn mit Bülow verabredet habe, so etwas, das so gar keine poetische Aufgabe ist, nur eine nützliche, diplomatische, ist mir ganz fremd und zuwider ... "*[13].

Wenn Cornelius seine Musikrezensionen als *,,poetische Aufgabe"* betrachtete, so war er freilich zur kämpferischen Parteinahme nur bedingt geeignet. Kämpferische Parteinahme wurde aber von ihm erwartet, seit er sich dem Liszt-Kreis angeschlossen hatte. Sie wurde eigentlich von jedem Musikschriftsteller erwartet, seit sich von 1848 an eine immer schärfere Polarisierung herausgebildet hatte zwischen den sogenannten konservativen Kräften und den sogenannten ,,Zukunftsmusikern". Reinhold Sietz betont zurecht, daß die Zukunftsmusiker die Konservativen an Durchschlagskraft übertrafen[14]. Das war vor allem eine Folge ihrer gut organisierten journalistischen Tätigkeit. In seinem Leitartikel zum Neuen Jahr 1852 in

---

7 C. M. Cornelius II, 169; LW II, 594 ff., 604—624.

8 C. M. Cornelius II, 171 f.

9 C. M. Cornelius II, 171; LW II, 600, 607 u. 691.

10 LW I, 426.

11 LW II, 604.
  Zu Cornelius' Abneigung gegen die Arbeit als Rezensent brachte Günter Wagner noch folgende Ergänzung, ein Zitat aus einem unveröffentlichten Brief von Cornelius an den Feuilletonisten Ludwig Seidel: *,,Das Schreiben für Fachblätter hat durchaus nichts Anziehendes für mich. Es ist, als wenn ein Staatsbürger seiner armen Familie die Reden hielte, die er sich für den Gemeinderat oder die Abgeordnetenkammer ausgedacht hat, leider aber in beide nicht gewählt wurde ... "* (Der Brief befindet sich im Besitz der Stadtbibliothek Wien.)

12 LW I, 682.

13 LW II, 367.

14 Reinhold Sietz, *Das 35. Niederrheinische Musikfest 1857 unter dem Dirigenten Franz Liszt,* in: *Zeitschrift des Aachener Geschichtsvereins* 69, 1957, S. 81.

der *Neuen Zeitschrift für Musik* hatte Brendel seine *"entschiedene Parteinahme"* für Wagner und die *"Ideale der Zukunft"* bekannt. Nun mußten auch die übrigen Zeitschriften ihr *"Glaubensbekenntnis über Richard Wagner"*[15] ablegen. Es war nicht mehr möglich, neutral zu sein. *"Wir befinden uns mitten im Kampf der Parteien"*[16], so schrieb man 1855. In den sechziger Jahren, als das Werk Wagners an Boden gewonnen hatte, kühlte sich die Atmosphäre etwas ab.

Seinen Einsatz für das Werk Wagners, Berlioz' und anderer unterstützte Franz Liszt in Weimar durch umfangreiche Propaganda in der Presse. Denn er war wie seinerzeit Schumann überzeugt, daß der schaffende Künstler selbst sich auch um die Berichterstattung in den Zeitschriften kümmern müsse[17]. Für diese Aufgabe hatte sich Liszt eine Reihe jüngerer schreibgewandter Leute nach Weimar geholt. Joachim Raff war seit 1850, Hans von Bülow seit 1851, Richard Pohl seit 1854 in Weimar. Ab 1856 schrieb Felix Draeseke seine Artikel über Liszt und Wagner in der *Neuen Zeitschrift für Musik*. Auch Hans von Bronsart und Alexander Ritter sind hier noch zu nennen. In den Jahren 1856 bis 1861 stand diesem Kreis in der Zeitschrift *Anregungen* noch ein zweites Organ zur Verfügung[18]. Mit Recht hat Emile Haraszti die Altenburg in Weimar ein *"Laboratory"*, eine Werkstatt genannt[19]. Für diese Werkstatt war Cornelius, als er im Jahre 1852 nach Weimar kam, gewiß eine willkommene Bereicherung. Man konnte um so mehr von ihm erwarten, als er schon in Berlin, ganz aus eigenem Antrieb, einen Artikel über das Chopinbuch von Liszt verfaßt hatte. Wieviel sich Liszt von Cornelius als Musikschriftsteller versprach, geht aus einem unveröffentlichten Brief vom 27. Januar 1859 an Cornelius hervor: *" ... Wahrscheinlich wird es Ihnen nicht schwerfallen mit den Herrn der Augsburger Allgemeinen Zeitung allmälig in Verbindung zu treten. Natürlich aber müssen Sie hierin behutsam und klug zu Werke gehen. Recogniscieren Sie zuerst richtig den terrain um ihn späterhin zu behaupten. Die Allg: Zeit: wird binnen nicht zu lange einen charaktervollen, einsichtigen musikalischen Correspondenten bedürfen – und dazu qualifiziert sich niemand so vortrefflich als Sie – halten Sie dieses Ziel vor Augen. Es kann u n s a l l e n von sehr wesentlichen Nutzen sein."*[20]

Wie hartnäckig Liszt auf seinen journalistischen Aufträgen bestand, mögen ein paar Zeilen aus einem – ebenfalls unveröffentlichten – Brief an Cornelius beleuchten: *"Erlauben Sie mir nochmals auf den einen Punkt der Carlsruher Musikfest Broschüre zurückzukommen, und darauf zu insistieren. Ich bin überzeugt daß Sie mit diesem Stoff eine ganz vorzügliche und trefflich einwirkende Schrift hervorbringen – versagen Sie mir nicht diese Satisfaction und freundschaftliche*

---

15 Selmar Bagge im 1. Jg. seiner *Deutschen Musikzeitung,* 1860, S. 49.
16 *Fliegende Blätter für Musik,* 1, (Leipzig) 1855, S. 61.
17 Man vgl. hierzu Franz Liszts Aufsatz über Robert Schumann in: *Gesammelte Schriften von Franz Liszt,* hrsg. von Lina Ramann, Bd. IV, *Aus den Annalen des Fortschritts,* Leipzig 1882, S. 117.
18 *Anregungen für Kunst, Leben und Wissenschaft;* vgl. Imogen Fellinger, *Verzeichnis der Musikzeitschriften des 19. Jahrhunderts,* (= Studien zur Musikgeschichte des 19. Jahrhunderts 10), Regensburg 1968, Nr. 360.
19 Emile Haraszti, *Franz Liszt – Author despite himself. The History of a Mystification,* in: MQ 33, 1947, S. 507.
20 Vgl. Anmerkung 5.

Verpflichtung – und womöglich verlieren Sie keine Zeit. In einigen Tagen können Sie das kleine Opus creiert haben – der Druck wird höchstens 14 Tage dauern so daß bis Ende November die Auflage erfolgt ist – Die geringen Druckkosten übernehme ich mit Vergnügen und bitte Sie nur mir die Chiffre anzugeben – ... "[21]. Die geplante Broschüre von Cornelius über das Karlsruher Musikfest 1853 wurde übrigens nicht fertiggestellt[22]. Wie Liszt glaubten auch andere, über Cornelius verfügen zu können. Ein Brief Henry Litolffs an Liszt ist aufschlußreich für die Arbeitsweise der Weimarer Werkstatt. *"Lass von Cornelius eine vollständige Critique (Résumé) über Dein 1stes Concerto schreiben und schicke es mir; ich werde es bearbeiten und meinen Pudelskern hineinbringen und unter meinem Namen veröffentlichen ...* "[23]. Zu derartigen Gefälligkeitsartikeln aber war Cornelius nicht so schnell zu bewegen wie etwa Hans von Bülow, der ihm einen Bericht über Liszts Oratorium *Die Heilige Elisabeth* aufdrängte[24]. Cornelius wollte immer den Spielraum behalten, *"frei die eigene Meinung auszusprechen"*[25]. Auch an der oft übertrieben scharfen Polemik der Lisztschüler und ihrer Gegner hat er sich nicht beteiligt[26]. Diese eigenständige Haltung erregte noch nach Jahrzehnten den Widerspruch der Liszt-Jüngerin La Mara. In ihren Memoiren wirft sie Cornelius allen Ernstes einen Mangel an *"festem Freundesglauben"* vor[27]. Anderen war Cornelius in seiner Begeisterung für Wagner wieder zu überschwenglich, so dem Chefredakteur der *Süddeutschen Presse,* Julius Fröbel. Über einen *Meistersinger-*Aufsatz von Cornelius schrieb Fröbel an den Autor: *"Wenn ich eingeladen gewesen wäre, dabei zu sein als Gott die Welt erschuf, mein journalistischer Bericht über das doch immerhin beachtenswerte Ereignis würde kühler abgefaßt gewesen sein, als der Ihrige schon über die bloße Generalprobe der Oper."*[28] Wer Cornelius vielleicht am gerechtesten beurteilte, war ein Gegner, Eduard Hanslick. Nachdem Hanslick den *Barbier* hart verurteilt hatte, bringt er eine zusammenfassende Würdigung von Cornelius' schriftstellerischer Arbeit: *"Er war eine wahrhaft liebenswürdige Persönlichkeit und trotz seines unbedingten Wagner-Enthusiasmus so wohlwollend und tolerant, daß er keineswegs jeden Andersgläubigen für wahnsinnig oder lasterhaft hielt. Ein weißer Rabe, mit dem gut zu verkehren war. Gerne gedenke ich der Stunden, die ich in Wien und Salzburg mit Cornelius verbrachte, wie ich denn auch seine Aufsätze, deren Ansichten ich selten geteilt, mit Vergnügen las. Um eine echte jugendliche Begeisterung ist's immer ein schönes Ding,*

---

21 Brief vom 29. Oktober 1853, Peter-Cornelius-Nachlaß Stadtbibliothek Mainz.
22 LW I, 185 f.
23 *Briefe hervorragender Zeitgenossen an Franz Liszt,* hrsg. von La Mara, Bd. II, Leipzig 1895, S. 131, Nr. 78 (Braunschweig, 24. Juni 1857).
24 LW II, 353.
25 LW I, 183.
26 H. v. Bülow, *Briefe,* Bd. II, S. 104.
   Die Sammlung Rosenthal in der Library of Congress besitzt von der Hand Hans von Bülows die Reinschrift eines Aufsatzes, der unter Liszts Namen erschien. Die Vermutung, daß Bülow – und nicht Liszt – der Autor dieses Aufsatzes ist, hat einiges für sich. Vgl. Edward N. Waters, *Harvest of the year. Selected acquisitions of the Music-Division,* in: *The Quarterly Journal of the Library of Congress* 24, 1967, S. 64.
27 La Mara, *Durch Musik und Leben im Dienste des Ideals,* Bd. II, Leipzig 1917, S. 383 f.
28 Julius Fröbel, *Ein Lebenslauf, Aufzeichnungen, Erinnerungen und Bekenntnisse,* 2 Bde., Stuttgart 1890–91, Bd. II, S. 498 f.; vgl. auch C. M. Cornelius II, 146.

mag sie sich nun diesem oder jenem Ideale hingeben; sie gefällt uns, gleichviel ob das Ideal selbst uns gefalle. Wie ferne lag diesem ehrlichen Zukunftsschwärmer die gemeine Beißwuth der jungen Herren, die heute die „Bayreuther Blätter" schreiben!"[29]

Aus alledem geht hervor, daß Cornelius zwar ein ehrlich begeisterter, aber schwer steuerbarer Parteigänger war.

Im Vergleich zu der großen Anzahl von Schriften Hans von Bülows oder Richard Pohls könnte das musikschriftstellerische Oeuvre von Peter Cornelius relativ schmal erscheinen. Man muß jedoch berücksichtigen, daß durchaus nicht alle seine Aufsätze in den *Literarischen Werken* abgedruckt sind. Vieles war dem Herausgeber des Bandes *Aufsätze über Musik und Kunst,* Edgar Istel, nicht erreichbar, manches auch unbekannt. Es folgt nun ein Überblick über die Aufsätze von Cornelius, die zu seinen Lebzeiten in Zeitungen oder Zeitschriften gedruckt wurden, jedoch nicht in der Ausgabe von Istel stehen.

1) Von den zahlreichen Aufsätzen aus den Berliner Jahren 1850–1852 sind in den *Literarischen Werken* nur diejenigen abgedruckt, die in der Musikzeitschrift *Echo* erschienen. Die für die Zeitschrift *Modenspiegel* verfaßten sind in ihrer Druckfassung immer noch verschollen[30]. Es handelt sich um sechs Kritiken aus den Jahren 1850 und 1851, die nach dem Zeugnis von Carl Maria Cornelius folgende Opern zum Gegenstand hatten: *Oberon, Freischütz, Don Juan, Martha, Romeo und Julia* von Bellini und *Die Schöffen von Paris* von Dorn[31]. Cornelius hat diese Aufsätze in ihren handschriftlichen Entwürfen gesammelt und im Jahre 1866 seiner Braut zugesandt[32]. Dieses „Berliner Tagebuch" hat sich inzwischen im Nachlaß Peter Cornelius in der Stadtbibliothek Mainz gefunden[33]. Nur einen der bisher verschollenen Aufsätze aus der Berliner Zeit konnte ich in seiner Druckfassung auffinden. Es ist die Besprechung eines Konzerts in der Singakademie Berlin mit Werken von Taubert und Naumann, auf die Cornelius selbst in einem Brief hinweist[34]. Dieses reizvolle, den späteren Aufsätzen nicht nachstehende Stück ist im Anhang dieses Beitrags wiedergegeben.

2) Am 5. Juni 1855 erschien in der *Revue et Gazette musicale de Paris* ein längerer Aufsatz von Cornelius über Hector Berlioz. Dieser Aufsatz wurde nach Drucklegung der *Literarischen Werke* von Prod'homme gefunden und von Edgar Istel ins Deutsche zurückübersetzt[35].

---

29 Eduard Hanslick, *Componisten und Virtuosen der letzten fünfzehn Jahre,* Kritiken, Berlin 1886, S. 222.
30 Nach freundlicher Auskunft der Deutschen Staatsbibliothek Berlin sind die betreffenden Jahrgänge des Berliner *Modenspiegel* in deutschen Bibliotheken nicht nachweisbar.
31 LW III, VI; C. M. Cornelius I, 116; LW I, 116.
32 LW II, 360.
33 Vgl. die Beiträge von Hubert Unverricht und Herbert Schneider in diesem Band.
34 LW I, 115. Es handelt sich um den von Istel im Vorwort zu: Peter Cornelius, *Aufsätze über Musik und Kunst* (LW III) auf Seite VI unter 1) genannten Aufsatz. Er erschien am 1. Februar 1852 (morgens) in der *Constitutionellen Zeitung*.
35 Jacques-Gabriel Prod'homme, *Hector Berlioz (1803–1869). Leben und Werke,* aut. Übersetzung von Ludwig Frankenstein, Leipzig 1906, S. 337, Anmerkung 606; Edgar Istel, *Hector Berlioz in Weimar,* in: *Die Musik* IV, 1904/05, S. 159 ff. Vgl. meinen Beitrag: *Hector Berlioz: Unbekannte Briefe an Peter Cornelius,* in: Mf 26, 1973, S. 235 ff.

3) Von den drei Aufsätzen, die Cornelius im Jahre 1866 für die *Allgemeine Zeitung Augsburg* schrieb, wurde einer von der Redaktion nicht angenommen[36], einer steht in der Ausgabe von Istel[37], den dritten konnte ich auffinden. Dieser dritte Aufsatz handelt von der Aufführung dreier symphonischer Dichtungen Franz Liszts unter der Leitung Hans von Bülows[38]. Aus taktischen Gründen erschien er anonym — wie auch der bei Istel abgedruckte über Liszts *Heilige Elisabeth*. Die Hinweise in Cornelius' Briefen sowie ein verräterischer Satz, der seinerzeit Widerspruch erregte, lassen jedoch keinen Zweifel an der Autorschaft von Cornelius aufkommen[39].

4) Gänzlich unbekannt war bisher die kurze Rezension einer Mozart-Matinee, die, mit vollem Namen signiert, am 17. März 1868 im Morgenblatt der *Süddeutschen Presse* erschien.

5) Zu erwähnen bleibt noch der erste Teil der Folge *Aus meiner Erinnerungsmappe*, den schon Istel vergeblich gesucht hat und der auch mir nicht erreichbar war[40].

Vermutlich hat Cornelius, um der Sache der Zukunftsmusik zu dienen, noch den einen oder anderen weiteren Artikel anonym veröffentlicht. Mit Sicherheit hat er sich dann stilistisch getarnt, wie in den beiden erhaltenen Aufsätzen für die *Allgemeine Zeitung Augsburg*. Es ist unter diesen Umständen nahezu unmöglich, bestimmte Stücke Cornelius zweifelsfrei zuzuschreiben. Einige Berichte in der *Süddeutschen Presse* glaube ich dennoch mit mehr oder weniger großer Sicherheit für Cornelius beanspruchen zu können. In erster Linie sind hier zwei ausführliche Berichte über Hans von Bülows Beethoven-Klavierabende 1867 in München zu nennen. Cornelius nahm in seinen ersten Münchener Jahren leidenschaftlich Partei für den Menschen und Künstler Bülow. Auch die Diktion der Rezensionen und einige originelle Sätze sprechen für einen Verfasser Cornelius[41]. Noch zwei weitere Stücke könnten von Cornelius stammen, nämlich eine Rezension von Rheinbergers Oper *Die sieben Raben* und eine Aufsatzfolge mit dem Titel *In Meister Schwinds Werkstätte*[42].

Um den Umfang von Cornelius' musikschriftstellerischer Tätigkeit voll zu ermessen, muß man noch die Aufsätze berücksichtigen, die zur Veröffentlichung fertig-

---

36 LW II, 374.

37 *Eine Aufführung der „heiligen Elisabeth" von Liszt,* LW III, 77 ff.

38 *Allgemeine Zeitung Augsburg,* 12. April 1866, Beilage.

39 Der verräterische Satz lautet: *„Wir dürfen diese Concerte als musikalische Studien unseres Monarchen betrachten, an welchen allen die Theilnahme vergönnt ist."* Vgl. C. M. Cornelius II, 77.

40 LW III, 233; LW II, 581.

41 *Süddeutsche Presse,* 29. November 1867, Abendblatt, und 24. Dezember 1867, Abendblatt; *„Bülow steht der Aufgabe, die er zu gestalten hat mit der Ruhe gegenüber, mit der der bildende Künstler seinen Stoff formt."* — *„Die Thatsache, daß gerade von der Liszt'schen Schule das Verständnis der letzten Beethoven'schen Klavierwerke ausgegangen ist, steht im innigsten Zusammenhange mit der Entwickelung des Styles wie er sich in den Schöpfungen der großen Meister der Gegenwart ausgebildet hat ... "*

42 *Süddeutsche Presse,* 1. Juli 1868, Abendblatt mit Fortsetzung am nächsten Tage (Schwind); 27. Mai 1869 (Rheinberger).

gestellt, aber von den betreffenden Organen unterdrückt wurden. Neben dem schon genannten Aufsatz für die *Allgemeine Zeitung* sind hier noch zwei Arbeiten für Schlesingers Musikzeitschrift *Echo* zu nennen[43]. Drei Artikel über das Karlsruher Musikfest 1853 hat Cornelius zwar entworfen, jedoch nicht zum Druck gegeben[44].

Zusammenfassend ist zu sagen, daß Cornelius' musikschriftstellerisches Werk weit umfangreicher ist, als der eher schmale Band der *Literarischen Werke* vermuten läßt. Die Zahl der erhaltenen und bekannten Druckfassungen hat sich seit Erscheinen dieses Bandes um vier erhöht.

*

Um sich einen Überblick über den Inhalt der Aufsätze von Cornelius zu machen, könnte man versuchen, sie in Gruppen zu ordnen. Hierzu bietet sich die Einteilung an, die schon Robert Schumann 1834 im Prospektus zu seiner *Neuen Zeitschrift für Musik* gegeben hat[45]. Schumann unterscheidet folgende Gattungen von Artikeln: 1. Theoretische und praktische Aufsätze, 2. Belletristisches, 3. Kritiken (von Kompositionen), 4. Miszellen (eine Rubrik, die wir hier vernachlässigen), 5. Korrespondenzartikel (das sind v. a. Berichte aus wichtigen Orten), 6. Chronik (v. a. Aufführungsberichte). Diese Einteilung galt auch noch in den fünfziger Jahren, wenngleich die politischen, programmatischen Artikel das Belletristische etwas verdrängten. Die Aufsätze von Cornelius lassen sich nach dieser Einteilung zwar grob gruppieren; jedoch paßt nicht ein einziges Stück ganz und gar in die jeweilige Gattung oder erfüllt alle Anforderungen, die man an die Gattung stellen könnte. Häufig läßt auch der Titel etwas ganz anderes erwarten, als tatsächlich geboten wird. Ich möchte das an einigen Beispielen belegen. Zunächst an der ersten Kategorie, den theoretisch-praktischen Aufsätzen, zu denen in den fünfziger Jahren auch die programmatischen, in den Kampf der Parteien eingreifenden Artikel gehören, wie etwa Franz Brendels Neujahrsartikel[46] oder Felix Draesekes in der *Neuen Zeitschrift für Musik* abgedruckter Vortrag über *Die sogenannte Zukunftsmusik und ihre Gegner*[47]. Artikel dieser Art lagen Cornelius nicht; dem Titel nach zu urteilen, hat er nur einen derartigen Aufsatz geschrieben, nämlich *Deutsche Kunst und Richard Wagner;* seine Überzeugungen formulierte er lieber an solchen Stellen, wo man es nicht vermutete, z. B. in der Rezension einer preisgekrönten Symphonie von Richard Würst[48] aus dem Jahre 1854. Hier bekennt sich Cornelius zur Partei der „Tondichter". Er setzt sich mit der damals gerade erschienenen Schrift Eduard Hanslicks *Vom Musikalisch-Schönen*

---

43 LW I, 237.
44 LW I, 185 f.; C. M. Cornelius I, 138; LW III, VI.
45 Abgedruckt in: Robert Schumann, *Gesammelte Schriften über Musik und Musiker*, 5. Aufl. hrsg. von Martin Kreisig, 2 Bde., Leipzig 1914, unveränderter Nachdruck Farnborough 1969, Bd. II, S. 272 f.
46 Brendels Neujahrsartikel der NZfM gaben den jeweiligen Stand der Auseinandersetzung über die „Zukunftsmusik" an; vgl. v. a. 1852, 1854, 1859, auch *Zur Situation* (1. Juli 1868) u. 1863. In dieser Tradition ist Cornelius' Artikel *Beim Jahreswechsel* für die NZfM 1868 zu verstehen.
47 NZfM 54, 1861, S. 69 ff. u. 77 ff.
48 LW III, 41 ff.

auseinander und umreißt in einer sehr klaren, einfachen Sprache, worum es ihm geht: daß die Musik eine poetisch ausgebildete Sprache sei, mit der ein poetischer Gedanke ausgedrückt werden soll. Daß dieser Gedanke die Form des Werkes bedingt. Daß der poetische Gedanke — wie der Stoff einer Dichtung — dem Schatz von Mythos, Literatur, Geschichte und den *„innerlichen Begebenheiten des Herzens"* entnommen wird. Daß der echte Tondichter aus innerer Notwendigkeit komponiert und nicht, um eine überkommene Form zu erfüllen. In anderen Aufsätzen umreißt Cornelius noch seine Anschauungen über das Zusammenwirken von Dichter und Komponisten im Musikdrama und über die Aufgabe der Sänger im Musikdrama[49]. Die von den Zeitgenossen schon als „Zeitphrasen" gefürchteten Begriffe wie „spezifischer Musiker — Tondichter" oder „überwundener Standpunkt"[50] kommen auch bei Cornelius immer wieder vor, werden aber nicht in dem Maße strapaziert wie von Hans von Bülow. Obwohl sich Cornelius in seinen Aufsätzen nicht — wie etwa Bülow — auf Wagners oder Liszts Schriften beruft, sind seine hier angedeuteten Anschauungen ohne den Einfluß von Liszt und Wagner nicht denkbar. Liszts Einfluß auf die Musikauffassung seiner Schüler wird sehr treffend von Hans von Bülow beschrieben. Ich zitiere aus einem Aufsatz Bülows über Rudolf Viole[51] : *„Liszt's Schule ist eben keine Schule im alten Wortsinne: Liszt's Schule will nicht blos, sie l e h r t die künstlerische Emancipirung des individuellen Inhaltes vom Schematismus. Wo anderwärts Erstarrung, ist hier Leben, wo anderwärts Eintönigkeit, ist hier Mannichfaltigkeit. In Liszt's neuen Formen — die kleinste bis zur größten zeigt uns die unantastbarste Logik, die bewundernswertheste architektonische Oekonomie — herrschen, trotz der Läugner, wohl Gesetze, aber Gesetze des Geistes, nicht des Buchstabens, Gesetze unwandelbar in ihrem Wesen, aber wechselnd in ihrer Anwendung zur Erscheinung kommend. Liszt giebt Muster für die freie, nicht für die sclavische Nachbildung."*

Liszt wirkte auf seine Schüler wohl mehr durch sein Beispiel als durch seine Schriften. Cornelius war als Übersetzer dieser Schriften Zeuge ihrer Entstehung und Zeuge des maßgebenden Einflusses der Fürstin Wittgenstein, deren Stil der keineswegs schätzte[52]. Was die Schriften Wagners angeht, so haben wohl auch sie keine überragende Rolle für Cornelius gespielt. In den Aufsätzen von Cornelius werden sie nicht zitiert, in den Briefen kaum genannt. Cornelius teilte natürlich die gemeinsamen Anschauungen der Jünger Liszts und Wagners, ohne ihnen neue Gesichtspunkte hinzuzufügen[53]. Sicher kannte er die Zürcher Schriften Wagners, zumindest aber Theodor Uhligs Kommentar zu diesen Schriften, der in den Jahren

---

49 LW II, 104 ff.
50 Vgl. *Fliegende Blätter für Musik* 2, 1857, *Revue der Zeitphrasen auf dem Gebiete der Musik,* S. 20, 178, 213, 345, 458; auch abgedruckt in: Johann Christian Lobe, *Consonanzen und Dissonanzen. Gesammelte Schriften aus älterer und neuerer Zeit,* Leipzig 1869, S. 417 ff.
51 Hans von Bülow, *Ausgewählte Schriften 1850—1892,* 2. vermehrte Auflage, 2 Abteilungen in einem Bande, Leipzig 1911 (Hans von Bülow, *Briefe und Schriften,* hrsg. von Marie von Bülow, Bd. III), Bd. I, S. 195.
52 Vgl. LW I, 182 u. 187 f.; dazu E. Haraszti, in: MQ 33, 1947, S. 508, sowie Léon Guichard, *Liszt et la littérature française,* in: *Revue de Musicologie* 56, 1970, S. 3 ff., vor allem S. 15.
53 Max Hasse, *Der Dichtermusiker Peter Cornelius,* 2 Bde., Leipzig 1922)23, Bd. I, S. 144 ff. Hasse schätzt Cornelius' musikästhetische Interessen wohl etwas zu gering ein.

1850—1852 in der *Neuen Zeitschrift für Musik* erschien[54] und dessen spätere
Fortsetzungsfolgen Cornelius nach seinem eigenen Zeugnis gelesen hat[55].

Seine kritische Stellung zu Schopenhauer hat Cornelius wohl den Zugang zu Wagners späteren Schriften erschwert; so war er mit der Schrift *Beethoven* von Wagner nicht ganz einverstanden[56]. Cornelius' erster großer Wagner-Aufsatz ist *Der Lohengrin in München* von 1867, kein Aufführungsbericht, wie der Titel vermuten läßt, sondern eine Auseinandersetzung mit Wagners Ideen vom Musikdrama. Als solche ist dieser Artikel zweifellos von *Oper und Drama* beeinflußt, besonders in den operngeschichtlichen Exkursen. Cornelius spricht von dem „*heiligen Ernst*", aus dem ein Kunstwerk geschaffen sein muß; er verfolgt die Entwicklung der Oper von Weber über Spontini bis Wagner, dann Wagners Entwicklungsgang vom *Rienzi* bis zum *Lohengrin*. Zuletzt entwirft er ein Programm zur Förderung des neu gewachsenen deutschen Musikdramas. Ein ernster Artikel, wie diese kurze Inhaltsangabe zeigt. Es gelingt Cornelius jedoch nicht, den für derartige Artikel verlangten ernsten, ja fordernden Ton durchzuhalten. Er bricht immer wieder aus seinem Text aus, erlaubt sich humorvolle Abschweifungen, am häufigsten dort, wo von ganz ernsten Dingen die Rede ist, vom Zusammenhang zwischen Kunst und Religion. So schwer es ist, diese Einsprengsel aus dem Zusammenhang zu lösen, will ich doch versuchen, ein paar Beispiele zu bringen. „*Warum hat Gott die Welt geschaffen? Hat er sie komponiert wie eine gangbare Weltsonate für die Leipziger Messe? Hat er sie geschaffen, um sie mit einer guten Empfehlung selbst zu Rieter-Biedermann zu bringen und sie ihm vorzuspielen? ... Nein! er hat die Welt geschaffen aus Allgüte ... denn er bedurfte dessen nicht, er war derselbe unteilbare große Gott seit Ewigkeit, er bedurfte nicht eures Lobes, am wenigsten eurer meist sehr schlechten Kirchenmusik!*"[57]. So „*erhaben notwendig*" wie die Erschaffung der Welt ist für Cornelius das Libretto des *Lohengrin*. Es ist Cornelius durchaus ernst mit seiner Sache, aber er ist trotzdem noch in der Lage, sie aus der Distanz zu sehen. Diese Fähigkeit, sich zeitweise von seiner Sache zu distanzieren, zeichnet ihn vor den meisten Beteiligten der damaligen Auseinandersetzung um Wagner aus[58], ein Vorzug, den auch Hanslick anerkannt hat. Als literarisches Vorbild für die humorvollen Ausbrüche aus dem Text käme E. T. A. Hoffmann in Frage, den Cornelius bekanntlich sehr verehrt hat. Beispiele für diese distanzierte Haltung des Autors zu seinem Text finden sich auch in Hoffmanns *Klein Zaches genannt Zinnober,* den Cornelius in die engere Wahl für ein Opernbuch gezogen hat[59]. In dem späten Aufsatz *Deutsche Kunst und Richard Wagner* aus dem Jahre 1871 fehlt diese Distanz; und das läßt uns diesen Aufsatz heute als weniger gut lesbar erscheinen.

---

54 Diese Aufsatzfolge ist in der Ausgabe der *Musikalischen Schriften* Theodor Uhligs nicht abgedruckt; vgl. Theodor Uhlig, *Musikalische Schriften,* hrsg. von Ludwig Frankenstein, (= *Deutsche Musikbücherei* 14), Regensburg 1913, Einleitung S. 21 f.

55 LW I, 120, Tagebuchblatt vom 22. März 1852: „ *... die Lektüre der Brendelschen Zeitschrift seit dem 1. Januar mit den Briefen Wagners und Uhligschen, Bülowschen Artikeln — ...* "

56 LW I, 563; II, 648.

57 LW III, 86 f.

58 Es ist bemerkenswert, daß der *Lohengrin*-Artikel großen Anklang bei Wagner und Cosima fand. Vgl. C. M. Cornelius, II, 117.

59 LW II, 369 u. 510; E. T. A. Hoffmann, *Werke* Bd II, Frankfurt/M. (Insel-Verlag) 1967, S. 188 als Beispiel die Rede des Prosper Alpanus an seinen Schützling Balthasar.

Der Titel des letztgenannten Aufsatzes ist wohl inspiriert von Wagners Aufsatzfolge *Deutsche Kunst und deutsche Politik,* die 1867 in der *Süddeutschen Presse* begann und nach dem Zerwürfnis Wagners mit Fröbel, zu dem sie beigetragen hatte, abgebrochen wurde[60].

Soweit diese kurzen Bemerkungen über die Partien in Cornelius' Aufsätzen, die Grundsätzliches behandeln. Die nächste Kategorie von Aufsätzen nennt Robert Schumann *Belletristisches;* ich verstehe hierunter die Aufsätze von Cornelius, in denen er — losgelöst vom aktuellen Anlaß des Aufsatzes — seiner Phantasie freieren Lauf läßt. Cornelius hätte gewiß mehr Artikel dieser Art geschrieben, wenn es nicht so schwer gewesen wäre, sie zu plazieren. In einem Brief an die Fürstin Wittgenstein beklagt er sich bitter über Schlesinger, den Verleger der Musikzeitschrift *Echo,* der seine Aufsätze verspätet oder gar nicht abdruckte. *„Es ist nur für einen so indolenten Menschen wie mich, ein zu schlechter Impuls, Dinge, die man mit Liebe und Humor für die Öffentlichkeit bestimmt hat, so im Bureau des Verlegers verduften zu fühlen."*[61] Gemeint ist hier der von Cornelius selbst hochgeschätzte Aufsatz *Im Loh.* Dieses vielleicht reizvollste und originellste Stück Prosa von Cornelius hat einen Vorläufer in der *Kunstfahrt nach Leipzig.* Beides sind Konzertberichte, bei denen die Konzertberichterstattung zu kurz kommt. Will man sich über das Lohkonzert in Sondershausen im August 1856 informieren, so liest man besser den Bericht *Ein Lohkonzert* von Hans von Bülow in der *Neuen Zeitschrift für Musik*[62]. Dieser Tatsache ist sich Cornelius durchaus bewußt. Er spielt genüßlich mit der Verwirrung und getäuschten Erwartung des Lesers. Der Leser wird, ganz in der Manier E. T. A. Hoffmanns, teils als Figur in die Geschichte integriert, teils wieder aus dem Text herausgeworfen[63]. Sondershausen war damals nur mit der Postkutsche erreichbar. Das inspiriert Cornelius dazu, das Programm von Liszts symphonischer Dichtung *Mazeppa,* die dort aufgeführt wurde, und das Gedicht *Schwager Kronos* von Goethe zu einer Reisenovelle mit eingestreuten Erzählungen zu verarbeiten. Der Text bezeugt die enorme Belesenheit des Autors, sowohl in klassischer und romantischer Dichtung wie auch in aktuellen musikalischen Streitfragen[64]. Ich glaube übrigens, daß diese *Geschichte* — so nennt sie Cornelius — Jahre später Hans von Bülow zu seiner humorvollen Artikelfolge *Lohengrin in Bologna* in Form eines Gesprächs mit dem Leser angeregt hat[65]. Eine Rezension der aufgeführten Werke — wir erfahren nicht einmal alle Titel — lehnt Cornelius ab; er weigert sich, *Mazeppa* und die *Préludes „auf die spitzfindigste Weise langsam zu Tode (zu) martern."*[66] *„Hören! Hören muß man das ... ",* läßt er seinen Leser begeistert aus-

---

60 Freundlicher Hinweis in der Diskussion durch Egon Voss.
61 LW I, 237 f.
62 H. v. Bülow, *Ausgewählte Schriften,* Bd. I, S. 231 ff.
63 LW III, 52 u. 57.
64 Angespielt wird u. a. auf: Joachim Raff, *Die Wagnerfrage,* Braunschweig 1854 (S. 53), auf die Angriffe der *Niederrheinischen Musikzeitung* gegen Liszts Art zu dirigieren (*„keine Windmühle des Orchesters",* S. 59, vgl. R. Sietz, in: *Zs. des Aachener Geschichtsvereins* 69, 1957).
65 H. v. Bülow, *Ausgewählte Schriften,* Bd. II, S. 118 ff.
66 LW III, 53.

rufen[67] — und hiermit kommen wir zu einem wichtigen Punkt, nämlich zu der
Art und Weise, wie Cornelius ein musikalisches Kunstwerk „bespricht".

*

Selbst schaffender Künstler, wäre Cornelius im Sinne Schumanns und Liszts
durchaus dazu berufen, sich über ein Kunstwerk kritisch zu äußern[68]. Wir beobachten jedoch an Cornelius eine eigenartige Hemmung, über die Musik selbst
zu sprechen. Beredt ist er nur in der Aburteilung von Nichtigkeiten wie z. B. den
Balladen von Heinze[69]; vor den Werken, die er bewundert, wird er stumm. Zünftige Beschreibungen des musikalischen Ablaufs, die sich am Periodenbau oder an
der Themenbildung orientieren, wie sie allgemein üblich waren, liefert er nur bei
Werken geringeren Ranges[70]; hierbei zeigt sich übrigens, daß er die Technik dieser Beschreibungen beherrscht. Bei wichtigeren Werken sucht er nach eigenwilligen Lösungen; so beschreibt er z. B. das Oratorium *Die heilige Elisabeth* von
Liszt als eine Folge von Tafelbildern[71]. In wenigen Worten weiß er das Wesentliche über das ganze Werk zu sagen. Es liegt ihm nicht, mißlungene Details zu
tadeln[72], im Sinne Jean Pauls käme er nur für das goldene Buch der Kritik in
Frage. Auch daß er immer das Werk als Ganzes sieht, nichts Einzelnes behandelt,
erweist ihn als Schüler von Jean Pauls Vorschule der Ästhetik[73]. Und das Ganze
des Kunstwerks glaubt er am ehesten zu fassen, indem er in romantischer Weise
den Eindruck schildert, den es in ihm hervorgerufen hat. Für die Schilderung des
Eindrucks, den eine Komposition auf den Hörer macht, nennt Cornelius selbst
zwei berühmte Vorbilder: Jean Paul und Wilhelm Heinse[74]. In seiner *Auffassungsstudie zu Beethovens Cis-moll-Sonate*[75] zeigt Cornelius, daß er sich die Technik
angeeignet hat *„für musikalische Eindrücke das optische Äquivalent zu geben"*.
Arnold Schmitz, den ich hier zitiert habe, nennt unter den romantischen Dichtern,
die diese Technik ausgebildet haben, in erster Linie E. T. A. Hoffmann[76]. Es ist
wohl auch E. T. A. Hoffmann, der eine Stelle wie die folgende bei Cornelius inspiriert haben könnte. *„Hier schweben alle Schmerzen deines Lebens nur noch
wie Staubatome in den mildgefärbten dämmernden Strahlen. Auch die leiseste
Dissonanz deines Innern wandelt sich enharmonisch in frohes Flehen um eine*

---

67 LW III, 55.
68 Vgl. R. Schumann, *Gesammelte Schriften,* Bd. II, S. 260; Fr. Liszt, *Gesammelte Schriften,*
  hrsg. von L. Ramann, Bd. IV, *Aus den Annalen des Fortschritts,* S. 117.
69 LW III, 47 ff.
70 Z. B. über eine Ouvertüre Henry Litolffs, LW III, 36 ff.
71 LW III, 164;
72 Jean Paul, *Werke,* Bd. V hrsg. von Norbert Müller, München (Hanser) 1963, S. 361.
73 Jean Paul, *Werke,* S. 374: „Mein letzter Wink ist: beurteilt, aber vierteilt nicht ein Kunstwerk; zieht aus demselben weder einen Plan ... , noch einzelne Schönheiten ... , noch
  einzelne Fehler ... , überhaupt nichts einzelnes."
74 LW III, 24.
75 LW III, 39 ff.
76 Arnold Schmitz, *Die ästhetischen Anschauungen Robert Schumanns in ihren Beziehungen
  zur romantischen Literatur,* in: Zeitschrift für Musikwissenschaft 3, 1920/21, S. 118.

selige, erlöste Geisterwelt."[77] (Auch hier konnte Cornelius auf einen kleinen Bruch im Text — enharmonisch — nicht verzichten.) ,,Schweben", ,,Strahlen", ,,selig", ,,Geisterwelt", diese Ausdrücke finden wir z. B. in E. T. A. Hoffmanns Partien über Beethovens Instrumentalmusik in den *Fantasiestücken* wieder[78]. In einem späteren Beispiel solcher Eindrucksschilderung hat Cornelius seine Wagnererfahrungen mit dem Erlebnis der Hammerklaviersonate Beethovens in Zusammenhang gebracht. *,,Wir meinten nun auch, in dieser Hammerklaviersonate den Hammer Thors zu vernehmen und den grimmigen Gott sich neigen zu sehen vor Freias Kosen, glaubten Loge im Scherzo lachen zu hören und lauschten dann im Adagio der Klage um Baldurs Tod und sahen dann in der Fuge die Zwerge sich plagen, einen neuen Baldur zu machen und mit allen Künsten sich mühen und doch keinen zustande bringen."*[79] Diese Art der Werkbesprechung war schon zu Schumanns Zeiten nicht die allein übliche; nach den fünfziger Jahren aber trat sie immer mehr zurück[80].

Als letzte Gruppe von Aufsätzen sollen uns noch die Konzert- und Aufführungsberichte beschäftigen. Das Beispiel *Im Loh* hat schon gezeigt, daß Cornelius ungerne ,,ordentliche" Konzertberichte schrieb, die gewissenhaft alle erforderlichen Informationen gaben. Er erwartete auch von einem Konzertprogramm, daß es ein *,,poetisches Ganzes"* sei[81] und befaßte sich nicht gerne mit Nebensächlichem, Zufälligem. Ein kunstvoller Kompromiß zwischen den genannten Auffassungen von Cornelius und den Erfordernissen eines normalen Konzertberichts ist der Münchner *Musikbericht* aus dem Jahre 1867[82]. Cornelius berichtet hier in mehreren Abschnitten über eine ganze Konzertsaison; die einzelnen Abschnitte beginnen jedesmal leitmotivisch mit einem Satz über den Mond, z. B. *,,der Mond nimmt bedeutend zu", ,,der Mond ist im Wachsen", ,,es ist Vollmond".* War die beschriebene Konzertsaison auch kein poetisches Ganzes, so wurde es wenigstens der Bericht über sie.

Schon der frühe, neuaufgefundene Konzertbericht in der *Constitutionellen Zeitung* von 1852 zeigt uns, aus welcher Distanz Cornelius das offizielle Musikleben betrachtete. Ich zitiere den Anfang dieses Berichts über ein Konzert, das mit der Neubesetzung der Stelle eines Direktors der Singakademie in Berlin in Zusammenhang stand: *,,Wäre ich einer der Herren im schwarzen Frack und steifer, weißer Halsbinde, welche über das nächste Schicksal der Singakademie durch die Wahl eines Direktors zu entscheiden haben, oder hätte mir die höchste Instanz selbst eine solche weiße Cravatte mit gestickten Zipfeln als Zeichen eines obersten Schiedsrichters überreicht; ich hätte das letzte Concert nicht eifriger anhören ... können ... Hinterher weiß ich nun freilich nicht, welch ein Dämon mich treibt, Mund und*

---

77 LW III, 39.
78 E. T. A. Hoffmann, *Werke,* Bd. I, Frankfurt/M. (Insel-Verlag) 1967, S. 38.
79 LW III, 154.
80 Rudolf Schäfke, *Geschichte der Musikästhetik in Umrissen,* 2. Auflage mit einem Vorwort von Werner Korte, Tutzing 1964, S. 364 u. 372. Man vgl. z. B. den Aufsatz *Wie muß die Recension eines musikalischen Werkes beschaffen sein?"* in den *Fliegenden Blättern für Musik* 1, 1855, S. 105 ff.
81 LW III, 240.
82 LW III, 147 ff.

Finger zu verbrennen, und unberufen mein Votum in einer Sache abgeben zu wollen, welche von so vollwichtigen Männern entschieden wird".

Der schwarze Frack, getragen von vollwichtigen Männern, der hier gleich im ersten Satz genannt wird, ist für Cornelius ein oft erwähntes Symbol für das offizielle, selbstzufriedene Musikleben[83]. Seine Sympathie gilt den Musikern, die vom Geist dieses Musiklebens unberührt sind. Das Orchester Benjamin Bilses rühmt er mit folgenden Worten: *„Es klingt etwas Unbezahlbares, Unpensionierbares aus dem feurigen energischen Strich dieser jugendlichen Quartettschar."*[84] Wichtiger als eine etablierte Stellung im Musikleben ist für den Künstler der Kontakt mit dem *„vollen Menschenleben"*, mit dem wirklichen Leben. Vom Quartett der Gebrüder Müller sagt Cornelius: *„Die Leute haben wohl nicht ihr Lebenlang hinterm Ofen gehockt und philisterhafte Pläne ausgesonnen, die haben wohl viel in der Welt herummusiziert und lustige Streiche und Abenteuer erlebt."*[85] Wichtiger als alle Virtuosität ist für Cornelius beim ausübenden Künstler, daß er sich als Mensch ausspricht; das ist besonders bedeutend für einen Sänger. An dem Sänger Tichatschek rühmt er: *„Hinter diesem Ton steckt ein Mensch, ein Mann, der ein Herz im Leibe hat, und das fehlt heute bei so manchen Künstlern, man hört's wenigstens nicht mitschwingen im Gesang."*[86] Solche Qualitäten wiegen für Cornelius schwerer als das handwerkliche Können. Er, der die Lücken seiner musikalischen Ausbildung deutlich empfand, hatte zeitlebens ein schwieriges Verhältnis zum musikalischen Handwerk. Eine Tagebuchstelle gibt uns hier Aufschluß. Cornelius vergleicht sich mit Josef Rheinberger, seinem Kollegen an der Königlichen Musikschule München: *„Er ist der geschickte, tüchtige, durchgebildete Musiker, er sieht mit Geringschätzung auf mich als den Ungründlichen, Ungeschickten herab. Was ich geistig ihm voraushabe, wie ich ihn im innersten Triebe einer poetischen Natur überrage ... ihm gern alle seine Geschicklichkeit lasse, mit der er es nie zu einer poetischen Tat bringen wird – das weiß er nicht, versteht er nicht."*[87]

Immer wieder wurden wir im Laufe dieser Darstellung auf Robert Schumann verwiesen; es ist deshalb an der Zeit, das Verhältnis von Cornelius zu Schumann zu-

---

83 LW III, 39, 50, 58.
84 LW III, 150.
85 LW III, 23; dieser Satz klingt, als sei er von Joseph von Eichendorff inspiriert.
86 LW III, 140; hier wird man an Schumann erinnert, der Menschen hören wollte, die den Zusammenhang mit dem Leben nicht verloren haben. Vgl. R. Schumann, *Gesammelte Schriften*, Bd. I, S. 161, dazu A. Schmitz, in: *Zeitschrift für Musikwissenschaft* 3, 1920/21, S. 115.
87 LW II, 557; vgl. auch ebendort S. 72, wo Cornelius sich mit Eduard Lassen vergleicht. Zu dem etwas schwierigen Verhältnis zwischen Cornelius und Joseph Gabriel von Rheinberger brachte Hans-Josef Irmen in der Diskussion noch eine Ergänzung. Er zitierte aus dem Tagebuch der Franziska Rheinberger (November 1871): *„Zu den Mitteln, aus Peter Cornelius einen berühmten Mann zu machen, gehört auch das, daß in einem Brief über die Königliche Musikschule in München steht, Peter Cornelius sei der Erste gewesen, der den Mut gehabt, das Lehrsystem nach Hauptmann einzuführen. (Cornelius hatte, als er angestellt wurde, Rheinberger dringend gebeten, ihm zu zeigen, wie man überhaupt unterrichte). Ich brachte diese Zeitung von der Staatsbibliothek heim und war froh, daß Kurt alsogleich eine Berichtigung an die Redaktion der Neuen Zeitschrift für Musik schickte, worin er erklärt, daß er das Buch eingeführt. Diese Unverschämtheit geht zu weit ..."*

sammenzufassen. Ausgehend vom Grundverständnis der Musik als poetischer Sprache teilt Cornelius alle wichtigen Ansichten Schumanns über die Musikkritik. Wie Schumann versucht er, in Bildern einen Eindruck hervorzurufen, „*dem gleich, den das Original hervorbringt*".[88] Wie Schumann vermeidet er die Besprechung der Details, weil sie den Blick auf das Ganze verstellen könnten[89]. Die Abneigung gegen technische Analysen hängt mit einem gespaltenen Verhältnis zum musikalischen Handwerk zusammen — auch dies teilt Cornelius mit Robert Schumann[90]. Cornelius verschmäht es, „*hinter der Maske des ästhetischen Kritikers den enthusiastischen Künstler zu verbergen*"[91] und ist dadurch ein Beispiel auch für die Grenzen der Schumannschen Konzeption, daß die Komponisten selbst die Musikkritik in die Hand nehmen sollten[92].

Cornelius verehrte nicht nur den Kritiker sondern auch den Komponisten Schumann[93]; er unterscheidet sich darin von der übrigen Neudeutschen Schule, die doch von Schumann immer mehr abrückte[94]. Schon 1851 hatte Theodor Uhlig geschrieben, Schumann schreibe keinen Stil mehr sondern eine Manier[95]; dem schließt sich Draesekes berühmtes Urteil an, Schumann habe sich „*vom Genie zum Talent heruntergearbeitet*"[96]. Cornelius aber nahm Schumann stets in Schutz, auch gegen den Spott Wagners[97].

Cornelius lebte mit Schumann, lebte aus den gleichen Quellen wie Schumann. Diese Quellen waren die Dichter Jean Paul[98], E. T. A. Hoffmann, Eichendorff, Tieck, Novalis, die Cornelius gut kannte[99] und wohl nicht erst durch Schumann

---

[88] R. Schumann, *Gesammelte Schriften*, Bd. I, S. 44.

[89] Ebda, Bd. II, S. 264.

[90] Vgl. Wilibald Gurlitt, *Robert Schumann und die Romantik in der Musik* (1950), in: *Musikgeschichte und Gegenwart. Eine Aufsatzfolge*, hrsg. von Hans Heinrich Eggebrecht, (= *Beihefte zum Archiv für Musikwissenschaft* 1), Wiesbaden 1966, S. 188 f.

[91] LW III, 178.

[92] R. Schumann, *Gesammelte Schriften*, Bd. II, S. 260.

[93] LW I, 170; 399; 467.

[94] Vgl. Arthur Seidl, *Schumann und die Neudeutschen*, in: *Von Palestrina zu Wagner, Bekenntnisse eines musikalischen „Wagnerianers*", (= *Wagneriana* II), Berlin und Leipzig 1901, S. 218 ff.

[95] Th. Uhlig, *Musikalische Schriften*, S. 229 f.

[96] Vgl. Erich Röder, *Felix Draeseke. Der Lebens- und Leidensweg eines deutschen Musikers*, 2 Bde., Berlin (1932—1937), Bd. I, S. 61.

[97] LW I, 686.

[98] Vgl. z. B. LW II, 5: „*Die Silvesternacht im tiefsten unglücklich, ganz nach Jean Paul verlebt.*" Hier spielt Cornelius an auf „*Die wunderbare Gesellschaft in der Neujahrsnacht*" (Jean Paul, Werke, Bd. IV, 1121 ff.) und auf die „*Neujahrsnacht eines Unglücklichen*" aus „*Briefe und bevorstehender Lebenslauf*" (Jean Paul, Werke, Bd. IV, 965 ff.).

[99] Ob nicht auch Heinrich Heine zu Cornelius' literarischen Vorbildern gehört habe — diese Frage stellte Egon Voss in der Diskussion. Es ist bekannt, daß Heine auf Schumanns, Liszts und Berlioz' Musikfeuilletons und auf Wagners Pariser Artikel gewirkt hat. (Vgl. dazu Michael Mann, *Heinrich Heines Musikkritiken, Heine-Studien*, hrsg. von Manfred Windfuhr, Hamburg 1971, S. 155 f.) Cornelius hat sich sein Leben lang kritisch mit Heines Werken befaßt (vgl. LW II, 293; II, 646). Er distanzierte sich jedoch von dessen „*verletzender Frivolität*" (LW I, 590). Heines Musiker-Berichterstattung, die nicht tiefer in das Kunstwerk eindrang, konnte für Cornelius' Erfassung des Musikwerkes kein Vorbild sein.

kennengelernt hatte. In dieser Verehrung der romantischen Dichter, in der Verehrung Schumanns und in der damals nicht mehr ganz üblichen Art und Weise der Werkkritik erscheint mir Cornelius im Kreise der kämpferischen Neudeutschen wie ein verspäteter Romantiker.

*

Anhang[100]

Concert in der Singakademie.
Grell. Taubert. Naumann.

Wäre ich einer der Herren im schwarzen Frack und steifer, weißer Halsbinde, welche über das nächste Schicksal der Singakademie durch die Wahl eines Direktors zu entscheiden haben, oder hätte mir die höchste Instanz selbst eine solche weiße Cravatte mit gestickten Zipfeln als Zeichen eines obersten Schiedsrichters überreicht; ich hätte das letzte Concert nicht eifriger anhören, mir die Hauptmotive nicht emsiger notiren können, als ich es aus freien Stücken gethan. Hinterher weiß ich nun freilich nicht, welch ein Dämon mich treibt, Mund und Finger zu verbrennen, und unberufen mein Votum in einer Sache abgeben zu wollen, welche von so vollwichtigen Männern entschieden wird. Ich habe die starke Vermuthung, daß der Thaler daran schuld ist, den ich armer sündiger Jünger der heiligen Tonkunst erlegen mußte, um in die geweihten Räume der Singakademie zu dringen, und dieser gewagte Schritt veranlaßt mich nun zu noch leichtsinnigeren, denn soviel steht fest: Ein Mensch und Musiker, der für ein Lauda Sion von M e n - d e l s s o h n , ein Vaterunser von T a u b e r t und eine Missa solemnis von N a u - m a n n einen Thaler ausgibt, ist zu allem fähig. Auch befindet sich mein Nervensystem dadurch in so gereizter Stimmung, daß ich schlechterdings keinem andern Director meine Wahl angedeihen lassen kann, als einem solchen, der sich bei seinem Antritt durch Eidesleistung verpflichtet, allen strebsamen jungen Musikern freien Eintritt auf den Balcon zu gestatten, und sollten sie selbst manches von Rossini ganz hübsch finden. Diesmal war der B a l c o n leider l e e r ; unter den hervorragenden Gönnern der Kunst, die sich in dieser Region aufhielten, bemerkte ich nur den ehemaligen Diener des Prof. R u n g e n h a g e n , von „jüngeren Künstlern" aber nur die Herren G r e l l und Taubert, welche sich nach gethaner Arbeit auf diese höhere Zufluchtsstätte zurückzogen.

Noch schwebt M e n d e l s s o h n ' s Geist grämlich blickend über diesem Hause, in welchem ihm der ersehnte Wirkungskreis versagt wurde. Zum zweiten Male ist es diesem Institut nicht vergönnt, einen Mendelssohn w ä h l e n oder v e r s c h m ä - h e n zu können, möge es den Commandostab, welcher durch Zelter und Rungenhagen von achtungswerthen, aber dilletantischen Händen geschwungen wurde, nun

---

[100] Der hier wiedergegebene Aufsatz erschien am 1. Februar 1852 morgens in der *Constitutionellen Zeitung*. Die originale Rechtschreibung wurde beibehalten. Der handschriftliche Entwurf zu diesem Aufsatz fand sich im „Berliner Tagebuch" im Nachlaß Peter Cornelius in der Stadtbibliothek Mainz. Vgl. hierzu die Beiträge von Hubert Unverricht und Herbert Schneider in diesem Band.

endlich einmal einem Musiker von Schrot und Korn anvertrauen. Man rühmt als solchen G r e l l und führt zu seiner Entschuldigung an, daß derselbe bis jetzt sein Licht meist unter den Scheffel gestellt, sein feines Ohr verschlossen hätte für Manches, was es unmöglich angenehm berühren konnte. Er soll jetzt, wie man hört, mit großer Energie das Heft in die Hand nehmen, und lange gehemmte Kräfte ungehindert entwickeln. Es wäre zu wünschen gewesen, auch ihn eine eigne größere Composition leiten zu sehen. Seine Führung des ohnehin schwächeren M e n d e l s s o h n ' schen Werkes bekundete ihn n i c h t als festen, selbständigen Dirigenten. Unreinheiten und Unsicherheiten in Chor, Soli's und Instrumentalbegleitung brachten einen zerfahrnen, unerquicklichen Eindruck hervor.

In Ta u b e r t ' s Vaterunser und unter der Leitung des Componisten zeigten dieselben Kräfte, wie glänzend sie unter geübter Hand zu wirken im Stande sind. Und grade dieser Umstand machte es zweifelhaft, ob das vorteilhafte Hervortreten dieses Werks auf der Folie des vorhergehenden und folgenden mehr der Composition oder der Ausführung zu danken ist. Taubert drückt hier in seiner eigenen Weise aus, was „alle Wesen unter dem himmlischen Tag" sagen, und sie erschien mir schlicht und fromm diese Weise, weniger ein Flehen aus der innerlich bewegten Tiefe des Gemüths als ein ergebenes Aufblicken zum Schöpfer, von Herzen kommend und zum Herzen redend. Und wenn zuletzt, nachdem die einzelnen Bitten zu interessanten Zwischensätzen ausgesponnen sind, in welchen die Damen K ö s t e r und M a r s c h a l k und der im Oratoriengesang e i n z i g e Bassist K r a u s e ihr Bestes gaben, M a n t i u s mit der edelsten biblischen Einfalt dieselben zum einfachen Ganzen vereinigt vortrug, so war die Wirkung eine erhebende und ergreifende. Und so knüpfe ich denn hier, wie ein verlornes Perlchen am Rosenkranz, den frommen **Wunsch an, daß man Taubert mit einem, seiner jetzigen Stellung entsprechenden Gehalt die Leitung der Singakademie übertragen möge und damit die Autorität über die zu bildenden musikalischen Schüler der Academie.** Damit wäre dem Kapellmeister D o r n , der die unmittelbaren scenischen Erfordernisse gewaltiger und derber anpackt und befriedigt (seine Oper wird nächsten Sonntag erwartet) auch die Herrschaft im Opernhause und ein eifriges Wirken seines Talents für die Scene anzuweisen, während man von Taubert erwarten dürfte, daß er dann das Coquettiren mit den modernen instrumentalen Richtungen der Zeit, welches ihm doch meist nur halbe Erfolge eingetragen, mit einem kräftigen Schritt hinter sich ließe, und sich rücksichtslos und ganz dem Zweige hingäbe, dessen Ergreifen in seinem neusten Werk ihm ein Ziel dauernder innerer Befriedigung seiner selbst und der Kunstverständigen verheißt. Für die heranwachsenden Talente erwüchse dann aus Taubert's Persönlichkeit und Bildungsgang der Vortheil, daß sie es nicht mit einem Manne zu thun haben, der fertig ist, so zu sagen geistig und materiell sein Schäfchen im Trockenen hat und nun Gott einen guten Mann sein läßt — oder mit einem abstracten Theoretiker, der indem er mit seiner eisernen Genielichtscheere die verdunkelnden Fäden wegschneiden will, nur gar zu leicht das ganze Licht mit wegputzt — sondern mit einer noch im Werden begriffenen Künstlernatur, die sich zu einem Culminationspunkt durchzukämpfen sucht, und deren Streben zu gleichem Streben mit emporzieht.

N a u m a n n aber muß noch einmal nach Italien. Begehre man hier nicht eine lange Erzählung, wie schwer es ist, eine katholische Messe zu schreiben, ein musikalisches Dogma zu erfinden, um dieser glaubenslosen Zeit das kirchliche wieder mit einem kräftigen Firmungs-Schlag auf die Stirn zu zeichnen, oder wie nahe

Bach, Mozart, Haydn, Beethoven, Cherubini, Bernhard Klein, Gänsbacher, Schnabel, bis auf Nicolai seit Palästrina der Lösung dieses Problems gerückt sind – aber Naumann muß noch einmal nach Italien. Sein Talent mag schön sein, wie sein Benedictus, sein Streben weltlich wie sein Osannah, sein Ehrgeiz gewaltsam wie seine Stimmführung, sein Streben nach Vollkommenheit eifrig und fast herausfordernd, wie sein Flehen im Kyrie – er muß eben noch einmal nach Italien. Es giebt aber auch noch einen näheren Weg, der nur zuweilen schwerer zu finden ist als der über die Alpen – er heißt die Einkehr im eignen Herzen und die dauernde Station am Studirtische. Verschmähe es dieser begabte Musiker (nicht), vor dem Hohlspiegel seiner Reflexion Bach'sche, Händel'sche, Palestrinasche Gesichter zu schneiden und siebe und kläre er alle eklektischen Bestandteile auf dem höllenheißen Feuer des Fleißes und der Selbstverläugnung zu reinem Trank. Dann soll ihm die zweite Wallfahrt erlassen sein.*

P. C

* Wir theilen in Ermangelung eines Berichtes, dieses freundlich eingesandte Referat über das interessante Concert mit, sind jedoch in einigen Hauptpunkten mit dem jungen Verfasser nicht einverstanden. D. R. d. F.[101]

---

101 Hierzu schreibt Peter Cornelius an seinen Bruder Carl am 2. Februar 1852: „ *... eine Nummer der Konstitutionellen Zeitung, in welcher ich am 1. dieses ganz unerwartet und ohne mein Wissen als Referent debutiert habe. Ich hatte ein Referat über das letzte Konzert der Singakademie bei Schlesinger (Echo) abgegeben, woselbst es Kossack für die Konstitutionelle Zeitung aufgabelte.* " (LW I, 115).

Herbert Schneider
Urteile über Opernkomponisten und die Frage der Rezeption der Oper in den Schriften von Cornelius

Cornelius stand nach persönlichem Bekenntnis Berlioz[1] näher als Wagner. Berlioz, der als einer der bedeutendsten Kritiker der Romantik gilt, ist als sein zeitweises, besonders in den Jahren von 1853 bis 1865 dominantes Vorbild anzusehen. Cornelius und Berlioz unterscheiden sich in ihrer Einstellung zur Tätigkeit als Musikschriftsteller wesentlich voneinander. Für Berlioz war seine schriftstellerische Tätigkeit ein „Frondienst"[2], und er gesteht, er habe oftmals seine eigene Meinung aufgrund von Rücksichtnahmen verleugnen müssen und manches Feuilleton deshalb als „Demütigung"[3] angesehen.

Cornelius war im Gegensatz zu Berlioz, der von 1834 bis 1863 für das *Journal des débats* schrieb, nie über lange Jahre ständiger Mitarbeiter an einem Blatt und kannte Rücksichtnahmen nur im Hinblick auf die Neudeutschen, denen er sich seit dem Weimarer Aufenthalt verpflichtet hatte. Er betrachtete seine Kritikertätigkeit mit größtem Ernst und identifizierte sich mit dem Inhalt und Urteil seiner Rezensionen, wenn er auch nicht immer, wie am Beispiel von Anton Rubinstein gezeigt wird, redlich in seiner Argumentation war. Beiden, Berlioz und Cornelius gemeinsam, ist der enthusiastische Einsatz für die von ihnen verehrten Komponisten.

In der folgenden Untersuchung der Kritiken und Tagebuchaufzeichnungen von Cornelius sollen zwei Fragen im Mittelpunkt stehen:

1. Die sich wandelnde Wertschätzung einiger dramatischer Komponisten durch Cornelius im Zusammenhang mit seiner Anhängerschaft zur Neudeutschen Schule und zu Wagner insbesondere sowie seine Stellung zu französischen und italienischen zeitgenössischen Komponisten.

2. Das rezeptive Bewußtsein des Cornelius in Bezug auf die Oper.

Seine Liebe zu Mozart entdeckte Cornelius sehr früh[4]. Aufgrund der Äußerung von Cornelius an seine Schwester Susanne, die „*bestimmendsten poetischen Eindrücke*"[5] habe er von Goethe und Mozart empfangen, schließt Max Hasse, Mozart sei das „*Idealbild seines Lebens*" gewesen. Das trifft jedoch nur auf die frühen Jahre zu. Ein für Cornelius entscheidender Wandel in seiner Stellung zu Mozart ist vermutlich zu der Zeit eingetreten, als er Anhänger der Neudeutschen wurde

---

1 Vgl. Carl Maria Cornelius, *Peter Cornelius. Der Wort- und Tondichter*, 2 Bde., (= *Deutsche Musikbücherei* 46/47), Regensburg 1925, Bd. I, S. 168 u. 172, und Brief von P. Cornelius vom 4. November 1856 an die Schwester Susanne, LW I, 242.

2 Andre Hallays, *Hector Berlioz als Musikkritiker*, in: Hector Berlioz, *Literarische Werke*, Bd. IX, Leipzig 1903, S. 2.

3 Ebda.

4 Vgl. Max Hasse, *Der Dichtermusiker Peter Cornelius*, Bd. I, Leipzig 1922, S. 12, und C. M. Cornelius I, 42 u. 51.

5 Brief vom 5. Dezember 1853, LW I, 147.

und wie diese als Vorläufer des neuen Musikdramas Gluck, Beethoven, Weber und mit Einschränkungen auch Spontini ansah. Mozarts Opern wird, abgesehen vom *Don Giovanni,* der bei allen Neudeutschen sowie bei Berlioz geschätzt wurde und dem *Figaro,* den Cornelius besonders verehrte, nicht der höchste Rang eingeräumt, der ihnen eigentlich gebührt. Im Aufsatz über Heinrich Dorns *Schöffen von Paris* (1852) wird noch deutlich, wie sehr Cornelius zu dieser Zeit Mozarts Opern schätzte[6]: *„Dorn ... hat das Zauberbuch des großen Amadeus in und auswendig gelernt".* Aber bereits 1851 hatte Cornelius Mozart als nicht nachahmenswertes Beispiel angeführt: Dem *Propheten* von Meyerbeer bescheinigt Cornelius das strenge *„bei der Sache bleiben";* in dieser Oper höre alle musikalische *Gelegenheitsmacherei"*[7] auf, wie der eilige Abgang des Johann im 3. Akt unmittelbar nach dem Rezitativ beweise, wo dem Publikum kein Anlaß zu Applaus und zu einer Unterbrechung des Handlungsablauf gegeben werde. Dagegen stuft Cornelius das Duett Susanna-Cherubino vor dessen Flucht durch das Fenster im 2. Akt des *Figaro* als überflüssige Gelegenheitsmacherei ein. Im Tagebuch von 1854 bekennt er[8]: *„Glucks Orfeus höre ich heute mit noch größerer Andacht als Vieles von Mozart".* In einem Brief von 1859 an Susanne betont Cornelius, er werde seine zweite Oper nicht schreiben, wenn nicht zur musikalischen Begabung, sei sie auch der Mozarts oder Rossinis gleich, nicht die dichterische Gestaltungsfähigkeit hinzukomme: *„Gebt mir so viel Genie, als Mozart und Rossini zusammen haben — es rührt mich nicht. Wo ich nicht vermag, ein Dichter zu sein, wohlan — so werde ich schweigen ... "*[9]. Wagners *Lohengrin* wird einem auch qualitativ gemeinten höheren Stil als der *Don Giovanni* zugeordnet (1867): *„Die deutsche große Oper, wie sie Wagner in seinem Musikdrama „Lohengrin" geschaffen, ist ein höherer Stil als die italienische in Mozarts „Don Juan", weil sie sich nicht in schöne Einzelheiten zerteilt, die oft an die unwesentlichen Momente geknüpft sind und notwendig das Ganze mehr als einen Hintergrund erscheinen lassen, auf dem sie hervortretend glänzen sollen ... "*[10] Die Person Tannhäusers verleihe dem *„dramatischen Ganzen" „eine höhere befriedigendere Einheit und Lösung"*[11] als sie in Goethes *Faust* oder in *Don Giovanni* erreicht werde. Hier wird in zwei verschiedenen Artikeln die durchkomponierte Oper mit der gesteigerten dramatischen Deklamation absolut gesetzt und an diesem Ideal die Mozartsche Oper gemessen, die ganz anderen ästhetischen und dramatischen Gesetzen (Gegenüberstellung von dramatischen und musikalischen Teilen) folgte als Wagners Musikdrama. Im gleichen Aufsatz von 1867 wird Mozarts Opernschaffen gegenüber dem Wagnerschen *Holländer, Tannhäuser* und *Lohengrin* abgewertet: *„Mozart reicht mit all seiner vornehmen Musikbegabung nur da weit in die Zeiten, wo er das Glück hatte, wie im „Don Juan", einem ewig menschlichen Problem, wenn auch in unvollkom-*

---

6 Cornelius-Nachlaß, Berliner Tagebuch, Nb 12, fol. 125.
7 *Über den Propheten von Meyerbeer,* LW III, 10.
8 Nb 21, Dezember 1854, o. S.
9 Brief an Susanne, Wien Ende Oktober 1859, LW I, 422.
10 LW III, 96. Im *Lohengrin*-Aufsatz (LW III, 92) faßt Cornelius noch einmal die negativen, seit Wagner überwundenen Merkmale der überlieferten Oper zusammen: „die auseinanderliegenden zerstückelten Formen der Situationsarie, des Liedklötzchens zur Theaterfigur ... "
11 *Tannhäuser in München* (1867), LW III, 135.

mener dichterischer Gestaltung zu begegnen"[12]. Ähnlich wie bei Berlioz[13] und Wagner wird Mozarts Opernschaffen als überholt und im Sinne der Wagnerschen Deklamation als verbesserungsfähig angesehen, während dagegen Gluck und Weber als bedeutende Vorläufer des neuen Musikdramas gelten.

War das Mozartbild des Cornelius einem Wandel unterworfen, so blieb seine Gluckverehrung bis zum Tode konstant. Lediglich für die Liedkomposition hielt er *„die bloße Gluck'sche musikalische Recitation eines Gedichts, das bloße, und nicht einmal immer richtige Declamieren desselben"*[14], für nicht nachahmenswert. Die bedeutendsten Gluckopern waren Cornelius durch Aufführungen des Mainzer Theaters, u. a. in England[15], durch weitere erfolgreiche Aufführungen in Berlin[16] und Weimar[17] sehr gut bekannt. Im Zusammenhang mit der Entstehung des *Cid* schreibt er 1861 an Carl: *„Mein Vorbild ist unwillkürlich zunächst Gluck – nicht Wagner! ... Ich verzweifle jedesmal, wenn ich eine Oper höre, wie karg mir die Musik zugemessen ist. Aber etwas von dem ergreifenden Ernst und von der geistigen Majestät Glucks möge auf mein geringes Haupt ausstrahlen"*[18]. Nach der ersten Kenntnisnahme des später kritisierten *Tristan* ist Cornelius der Auffassung, diese Oper Wagners sei *„das bedeutendste dramatisch musikalische Werk seit Gluck"*[19]. In seiner *Tannhäuser*-Rezension (1867) heißt es von der Arie der Elisabeth *„Dich teure Halle"*, sie trage den *„Stempel des besonderen Dramas ... wie Gluck ihn nur manchen Melodien auszuprägen wußte"*[20]. Von der anhaltenden Gluckverehrung zeugen in den letzten Jahren die Übersetzungen der Gluckopern *Iphigénie en Aulide, Iphigénie en Tauride, Alceste* und *Armide*. Bereits 1859 hatte sich Cornelius Heinrich Esser erboten, die Glucksche *Alceste* für den Schottverlag zu übersetzen. Dieser Plan scheiterte jedoch aus nicht bekannten Gründen[21]. Hasse erwähnt im Inhaltsverzeichnis seiner Cornelius-Biographie zwar vier Übertragungen von Gluckopern, im Text geht er jedoch lediglich auf *Iphigénie en Aulide* und

---

12 *Tannhäuser in München,* LW III, 126. Weitere Kritik am Libretto des *Don Giovanni* in dem Aufsatz *Bonaventura Genelli,* ebda 213.

13 Hallays 1903 geäußerte Meinung, Berlioz habe Mozart kein *„sehr warmes Lob"* gezollt, kann auch heute noch als richtig angesehen werden, vgl. *Berlioz als Musikkritiker,* S. 12.

14 Nb 12, fol. 64.

15 Vgl. Brief vom 21. Mai 1841 aus London, LW I, 18. Es wurden beide Iphigenien gegeben. Auch wurde Glucks *Alceste* in Mainz konzertant aufgeführt.

16 Bericht in Nb 12, fol. 56 ff. Darin besonders Bemerkungen zur Aufführung. Auch in Paris wurde im Jahre 1859 Glucks *Orpheus* ein überwältigender Erfolg, vgl. H. Berlioz, *Literarische Werke,* Bd. VI, S. 92 ff.

17 Vgl. *Der Lohengrin in München,* LW III, 110: *Armide, Alceste, Orpheus* und *Iphigenie*.

18 Brief vom 25. Dezember 1861, LW I, 635.

19 Zitiert nach C. M. Cornelius I, 340.

20 LW III, 136.

21 Adolf Sandberger *(Leben und Werke des Dichtermusikers Peter Cornelius,* Phil. Diss. Würzburg 1887, S. 18 f.) behauptet, der Grund für das Scheitern sei die Nachlässigkeit von Cornelius gewesen. C. M. Cornelius (I, 397) gibt Esser die Schuld, der Cornelius für unfähig gehalten haben soll, diese Oper zu übersetzen.

Alceste sowie auf die *„Gluckvorrede"*[22] ein. In den Tagebuchaufzeichnungen von 1872 und 1873 sind die Fertigstellungstermine der einzelnen Übersetzungen festgehalten. Dort heißt es am 22. August 1873: *„Am 22ten schrieb ich in einem Tag den 5ten Act der Armide und beendete damit die Arbeit"*[23]. Im Monat September notiert er: *„Honorar für die vierte Oper von Gluck: 165 fl. eingenommen".* Der Briefwechsel mit Fanny Pelletan und Berthold Damcke, in dem mehrfach Korrekturen an vorliegenden Übersetzungen und *„l'exactitude du sens"* gefordert werden, ist teilweise erhalten und befindet sich im Cornelius-Nachlaß. Am 2. September 1873 bestätigt Pelletan den Erhalt auch der Übersetzung der *Armide* sowie der *„variantes"* des *Alceste* und der *Iphigénie*. Damit ist der Erweis erbracht, daß die *Armide*, die später mit der deutschen Übertragung von Franz v. Holstein erschien, auch von Cornelius übersetzt worden war.

Zur italienischen und französischen Oper hatte Cornelius in den frühen Jahren eine kritische, aber unbefangene Einstellung[24], abgesehen von einer Beschimpfung, die er in einem der Londoner Briefe aus der Zeitschrift *Der Satirist* zustimmend zitiert, in dem die italienischen Musiker in London als *„lausige Vagabunden"* bezeichnet werden[25].

Die italienische Opera buffa sieht er als Vorbild für eine zu schaffende deutsche *„reinkomische"* Oper an, die die Aufgabe hätte, *„ ... die Zeitverhältnisse in ein paar tüchtigen Werken dichterisch und musikalisch aufzufassen und abzuspiegeln ..."*[26].

Für Rossini hatte Cornelius wie z. B. auch Wagner von Anfang an eine Schwäche. Am 6. Mai 1845 notiert er im Berliner Tagebuch nach einem Besuch des Tell: *„Tell v. Rossini bellissimo"*[27]. In einer ausführlichen Selbstanalyse in einem Brief von 1849 an Hestermann wünscht Cornelius sich, *„daß mir allerdings die Natur jenen unversiegbaren Quell der Erfindung gegeben hätte, der eben einen Mozart, einen Rossini macht ..."*[28]. Die ausführliche Würdigung des *Moses* von Rossini anläßlich der Berliner Aufführung von 1851 ist auch im Tagebuch erhalten, in dem sie in einigen Details von der Druckfassung abweicht[29]. Die Kritik, die mit der Ge-

---

22 Vgl. C. M. Cornelius II, 145 und 179. Die Angabe des Herausgebers der Briefe (LW II, 732), es sei nicht zur Übersetzung der *Armide* Gekommen, ist durch das im folgenden zitierte Tagebuch und die Briefe Fanny Pelletans widerlegt. C. M. Cornelius (II, 198) erwähnt nur die tatsächlich erschienen Opernübersetzungen. Bei der Gluckvorrede handelt es sich vermutlich um die Preface zur *Iphigénie en Aulide,* die von Cornelius übersetzt wurde. Die Übertragung der Preface des von Cornelius übersetzten *Alceste* stammt von X. Grimm, während der Übersetzer des Vorwortes zur *Iphigénie en Tauride* in der Pelletan-Ausgabe nicht genannt ist, möglicherweise stammt sie auch von Cornelius.

23 Tagebuch des Nachlasses Nb 45, fol. 207.

24 Vgl. den *Lohengrin*-Aufsatz von 1867, in dem die *Stumme von Portici*, die *Weiße Dame*, die *Wasserträger* und *Joseph* gegenüber anderen Opern, die von der *„Geschmacksverderbnis des Auslandes"* zeugen, ausgenommen werden.

25 Vgl. Brief vom 21. Mai 1841 aus London, LW I, 18.

26 Zitiert nach C. M. Cornelius I, 103.

27 Nb 7, fol. 2. Aus der Mainzer Zeit kannte er die Opern *Othello* und *Tell*.

28 LW I, 108.

29 Autograph in Nb 12, fol. 15 ff. Druck in: LW III, 12 ff. E. Istel weist auf die Übereinstimmung der *Meistersinger*-Besprechung im Druck und Autograph hin, nicht aber auf die Abweichungen der Propheten- und Moses-Kritiken, vgl. LW III, 169, Fußnote 1.

schichte dieser Oper beginnt, richtet sich gegen die Dramaturgie *("schleppende und ermüdende Handlung")*, gegen den *"profanen Ton der Musik"*, gegen die im Vergleich zu Weber und Schumann wenig romantische Art der Instrumentierung sowie gegen das Parodieverfahren (Feenchöre der *Armida* wurden zu Opferchören der Juden im *Moses*). Trotz dieser erheblichen Einwände wird die Inszenierung als *"erfreulicher Fortschritt"* für Berlin betrachtet und die heitere Musik gelobt, die besonders auf die Sänger zugeschnitten sei. Mit dem Bibelwort von der Freude im Himmel über einen bekehrten Sünder erteilt Cornelius Rossini Absolution für seine Schwächen. Nach den Berliner Jahren, in denen sich Cornelius intensiv mit den Meistern der Klassik auseinandersetzte, fallen die Beurteilungen italienischer und französischer Opern wesentlich kritischer aus. Im Jahre 1859 fühlt sich Cornelius vom *Tell, "dieser herrlichen Sammlung exquisiter Musikstücke", "demoralisiert"*[30], und er gesteht in einem Brief: *"Weiß der Himmel, wie es kommt, ich mag all dieses schöne Zeug nicht mehr hören. Wenn nicht eine große hochpoetische Richtung auf den Brettern Platz greift, so fürchte ich, werden die Leute in 20 Jahren lieber Zeitungen lesen oder einen erträglichen Wein trinken als Opern hören"*.

In späteren Jahren spielt er in zwei Aufsätzen[31] auf den Streit Berlioz-Rossini an, der vermutlich 1823 durch die Parteinahme von Berlioz für den von ihm bewunderten Gluck und Spontini gegen Rossini in der Zeitschrift *Le Corsaire* sowie durch die bekannte boshafte Äußerung von Rossini gegen Berlioz[32] ausgelöst wurde[33]. Cornelius, der mehrmals für Berlioz Partei ergriff, hat mit seiner Voraussage recht behalten, die Geschichte werde einst *"dem schlotternden Schatten Rossinis die rechte Antwort auf seinen schlechten Witz geben"*[34].

Auch über Bellini liegen Beurteilungen durch Cornelius vor: Die *Beatrice di Tenda*, die Cornelius 1841 in London sah, hielt er für *"noch lange nicht so gut wie die Nachtwandlerin"*[35]. In einem Artikel des Berliner Tagebuchs über dessen *Romeo und Julia*[36], der Übersetzung von *I Capuletti e i Montecchi* (1833); stellt Cornelius für alle Zeiten als vorbildlich anzusehende *"Behandlungen oft bearbeiteter Stoffe"* (*Iphigénie* durch Gluck, *Don Giovanni* und *Figaro* durch Mozart) weniger geglückten Vertonungen seiner Zeit gegenüber: *"Rossini ist in seinem Othello und Tell weit hinter Shakespeare und Schiller, Spohr hinter Goethe, Marschner hinter Walter Scott zurückgeblieben, und in weit höherem Grade ist das bei Do-*

---

30 LW I, 382, Wien, 20. Juli 1859 an Fedor v. Milde.

31 *Musikbericht von 1867*, LW, 151, und *Die Heilige Elisabeth von F. Liszt*, ebda 159.

32 *"Quel bonheur que ce garçon-là ne sache pas la musique, il en ferait de bien mauvaise"*. zitiert nach Guy Ferchault, Artikel *Berlioz*, in: MGG I, 1949–51, Sp. 1751.

33 Vgl. Emil Haraszti, *La critique musicale*, in: *Histoire de la musique*, hrsg. von Roland-Manuel, Paris 1963, Bd. II, S. 1607.

34 *Musikbericht von 1867*, LW III, 150. Einen weiteren Witz von Rossini über das Requiem von Berlioz weist Cornelius zurück, vgl. Weimarer Tagebuch von 1854, LW I, 177.

35 Brief vom 8. April 1841, LW I, 15.

36 Nb 12, fol. 108–112. Die in diesem Aufsatz erwähnten, nicht im Druck vorliegenden Opernkritiken wurden inzwischen veröffentlicht: Herbert Schneider, *Unbekannte Opernbesprechungen von Peter Cornelius (I und II)*, in: Mitteilungen der Arbeitsgemeinschaft für mittelrheinische Musikgeschichte Nr. 32 April 1976, S. 152–160 und S. 169–171 sowie ebda Nr. 34 April 1977, S. 246–257.

nizetti der Fall, wo er auf Scott's und Victor Hugos Spuren geht, und in der vorliegenden Oper von Bellini, welche durchaus mehr an die lächerliche Bearbeitung des Franzosen Dacis als an Shakespeare erinnert. Wir sind trotzdem weit entfernt, uns unter das große Banner scharen zu wollen, welches: ,,tod allen Inis" als Devise trägt"[37]. Die strenge Verurteilung solcher Bearbeitungen des Shakespeareschen Originals zur Opernlibretti erinnert an die Kritik von Berlioz: *,,Was die französischen und italienischen Zuschneider von Operntexten ... aus dem Shakespeareschen Werke gemacht haben, übertrifft an Knabenhaftigkeit und Unsinn alles denkbare"*[38]. Am Ende seiner Kritik vergleicht Cornelius Bellini und Rossini: *,,der Samen mozartscher Melodik fand in beider Brust verschiedener Erdreich, und es wuchsen Blumen, von deren Gestalt der strenge Kenner ... urteilen mag, deren narkotischer Duft aber in ganz Europa und längst in Amerika sehr bereitwillige Einathmungswerkzeuge gefunden hat"*[39]. Die Oper wird trotz der guten Berliner Aufführung als *,,schwächlich und zwanghaft"* bezeichnet, während Bellini in Norma *,,einen vollen Griff in die Saiten hören"* lasse und *,,in den Puritanern mit großer Geschmeidigkeit des Talents dem Pariser Geschmack Concessionen"*[40] machte. Im Anschluß an seine Besprechung fordert Cornelius die deutschen, besonders die Berliner Komponisten auf, sich ähnlich wie Bellini durch die Primadonna Giuditta Pasta durch die hervorragende Sängerin Johanna Wagner zur Komposition anregen zu lassen. *,,Bis dahin aber müssen wir schon vorlieb nehmen diese Sängerin ihren Glanz über Erzeugnissen italienischer Muse verbreiten zu sehen"*[41]. Dies ist die einzig bekannte Aufforderung des Cornelius zu Konzessionen an die Sänger beim Komponieren von Opern ganz im Gegensatz zu seiner Anschauung, die er ebenfalls im Tagebuch äußert: *,,Hüten wir uns, das den Italienern und Franzosen od. den Wienern nachzuahmen, denen die Bühne allzuoft nur ein Absprungplatz geworden ist nach der Mühe des Tages, während Männer wie Mozart und Consort wohl solche Opern sicher geschrieben haben, um auszuspannen, zu erheben, zu begeistern. Achten wir unsere Komponisten und darstellenden Künstler doch höher, und veranlassen wir sie nicht in höchstem Ernst der dramatischen Handlung zu einer Verbeugung oder einem höflichen Knix."*[42]

Meyerbeer, dessen *Robert le Diable* er bereits aus der Mainzer Zeit kannte, den er dann durch Vermittlung seines Oheims, des Malers Peter von Cornelius zu Anfang seines Berlinaufenthaltes kennengelernt und dort häufig besucht hatte[43], erlaubte ihm den Besuch der Proben in der Oper und verschaffte ihm Freibillets über einen längeren Zeitraum für die Berliner Oper[44], wo er u. a. die *Hugenotten* mehrfach erleben konnte. Meyerbeer hat wie auch z. B. Mendelssohn Bartholdy

---

37 Nb 12, fol. 108.
38 *Literarische Werke,* Bd. VI, S. 284 f.
39 Nb 12, fol. 109.
40 Nb 12, fol. 109.
41 Nb 12, fol. 110.
42 Nb 12, fol. 121 f.
43 Vgl. Nb 7, fol. 1 (29. April 1845).
44 Vgl. Brief an Susanne vom 26. Oktober 1844, LW I, 59, und C. M. Cornelius I, 79.

frühe Kompositionen von Cornelius begutachtet[45] und ihn zum Studium an Dehn verwiesen[46].

Das persönliche Bekenntnis zu den *Hugenotten* in der autographen Fassung der Prophetenrezension des Tagebuchs wurde für den Druck gestrichen: „ ... *als ich die Oper* (Hugenotten) *oft, und im Einzelnen hörte, gewann ich die Musik lieb, sehr lieb. So lieb wie ich jetzt den Profeten habe, nachdem ich diesmal nachweislich die Oper im Klavierauszug studierte, ehe ich sie hörte, und zwar mit solcher Wärme, daß ich beim Blatt Umwenden die volle Kaffetasse über die Noten in's Klavier hineinwarf ... Ich lobe dieses Werk, das sich durchaus würdig und ebenbürtig, an die beiden anderen Schöpfungen des Meisters anschließt"*[47]. Cornelius sieht es als unabdingbare Voraussetzung an, vor einer Opernkritik die Partitur genau zu studieren. Auch Berlioz, dessen Schriften Cornelius gut kannte und der die Publikation der Partitur vor seiner Hugenottenbesprechung begrüßte, bemerkte, so *„umfangreich entwickelte Kompositionen, wie die Werke Meyerbeers es sind, kann man ohne eingehendes Studium in ihrer Gesamtheit nicht erfassen"*[48]. Cornelius verteidigt Meyerbeer gegen den Vorwurf des *„eitlen Effektschaffens"*[49] und des Plagiats *(„Alles sei aus der Kirchenmusik gestohlen")* und zählt im einzelnen alle Errungenschaften Meyerbeers im Propheten auf: die Reduzierung auf das, *„was entschieden zur Sache gehört"*, ein rascher und folgerichtiger Gang der Handlung, das Ersetzen der instrumental eingeleiteten Arie durch das Arioso, das Charakterisieren der Personen durch ein kurzes instrumentales *„motto"*, das *„durch charakterisierende kurze Sätze unterbrochene"*[50] Rezitativ und die wirkungsvollen Volksszenen im 1. und 4. Akt. Außerdem zeigt sich Cornelius besonders vom Gehalt der Oper und den auftretenden Charakteren beeindruckt. Die häufig erhobenen Vorwürfe, Meyerbeer sei *„ängstliche um seinen Ruhm besorgt"*[51], er zittere vor jedem Wort, das gegen ihn geschrieben werde, und er besteche die Kritik, wurde nicht in der Druckfassung beibehalten. Es sei noch auf die kritischen Bemerkungen zur französischen Ballettpraxis eingegangen, da sie nur teilweise im Druck wiedergegeben wurden: „ ... *in den Hugenotten selbst hat es* (das Ballett) *noch eine Berechtigung, denn es erfüllt den bewußten Hörer mit Grausen, wenn wie hier am Rande des Abgrunds getanzt wird. Mag es aber dem französischen Charakter angemessen sein, sich zu schlagen und dabei zu lachen, im Sterben einen Calembourg zu machen, der deutsche Bauer hat eine tiefere Ästhetik im Leibe, wenn er totschlägt, tanzt er wahrlich nicht. ... Will man aber Meyerbeer allein aus einer verderblichen Geschmacksrichtung einen Vorwurf machen, so bedenke man, daß es ebenso unangemessen ist, die Skythen*

---

45 Vgl. Brief vom 16. Juli 1846 an Susanne, LW I, 73.
46 Vgl. Brief vom 26. März 1849 an Carl, LW I, 85.
47 Nb 12, fol. 1f. Die autographe Fassung des Tagebuches weicht erheblich vom Druck ab, besonders die persönlich gehaltenen Urteile und zahlreiche Beispiele.
48 H. Berlioz, *Literarische Werke*, Bd. IX, S. 77, Besprechung vom 10. November 1836.
49 Nb 12, fol. 3. Noch 1852 (Brief vom 21. Juli 1852 an Carl) verteidigte Cornelius den *„mit Unrecht so oft schonungslos angegriffenen Meyerbeer"* (LW I, 130).
50 Nb 12, fol. 14.
51 Nb 12, fol. 7.

in Glucks Iphigenie moderne Pas machen zu sehen ... "[52]. Im Gegensatz zu Berlioz, der als Franzose nur lobende Worte für das Ballett fand[53], vertritt Cornelius die Auffassung, durch die Verwendung dieser *„äußerlichen und sinnberauschenden"* Mittel gerate der Komponist in Gefahr, *„dem Licht seines Geistes"* durch das *„Licht seiner Sonne"* (seines Ruhmes)[54] im Wege stehen. Nachahmenswert für die junge Generation von Komponisten sei der *„große Fleiß"* Meyerbeers, *„die Sorgfalt und Liebe, mit der er seine Charaktere bis ins kleinste behandelt"*[55]. Er prophezeit der Oper, *„die durch öfteres Hören verstanden sein will"*[56], eine Zukunft. Im Gegensatz zu Schumann, der in Meyerbeer den Vertreter des von ihm verspotteten juste milieu sah und der 1850 den Propheten in Dresden ausgepfiffen hatte[57], ist Cornelius mit Berlioz der Meinung, daß es sich bei Meyerbeer *„um einen der größten unserer Musiker"*[58] handelt. Die Wertschätzung Meyerbeers scheint in späteren Jahren offenbar unter dem Einfluß Richard Wagners sehr abgenommen zu haben: In seinem Essay *Deutsche Kunst und Richard Wagner* von 1871 vergleicht Cornelius Meyerbeers einstige Stellung in Frankreich mit der Wagners in Deutschland und fügt ein abwertendes *„Heil dem Unterschied"*[59] hinzu.

Um das Bild zu vervollständigen, sei hier noch auf einige Zeitgenossen von Cornelius eingegangen, die keiner positiven Bemerkung für würdig befunden wurden. Im Lohengrinaufsatz von 1867 fordert Cornelius einen *„Schutzzoll auf fremde Erzeugnisse"*[60], d. h. auf ausländische Opern und schließt damit insbesondere Verdi und Gounod mit ein. Cornelius hatte eine extreme Abneigung gegen Libretti nach bekannten literarischen Werken, wie z. B. *Rigoletto* (Verdi) und *Lucrezia Borgia* (Donizetti) nach Victor Hugo, der bekanntlich wütend gegen diese Vertonung von Donizetti protestierte[61], oder Schillers *Räubern* und *Don Carlos* sowie gegen Shakespeare-Bearbeitungen: *„ ... wer wird sich wundern, wenn wir morgen Schillers „Räuber" und „Don Carlos" auch bei uns ihre Triller schlagen hören, da ja bekanntlich diesem Don Juan-Verdi keine deutsche Tragödie zu heilig ist"*[62]. Cornelius bedauert im Lohengrinaufsatz (1867)[63], daß die

---

52 Nb 12, fol. 9.
53 Vgl. Besprechung des *Propheten* vom 29. April 1849, in: H. Berlioz, *Literarische Werke*, Bd. IX, S. 94.
54 LW III, 11.
55 Nb 12, fol. 12.
56 Nb 12, fol. 11.
57 *Robert Schumann in seinen Schriften und Briefen*, hrsg. von Wolfgang Boetticher, Berlin (1942), S. 135.
58 H. Berlioz, *Literarische Werke*, Bd. IX, S. 86.
59 *Deutsche Kunst und Richard Wagner*, LW III, 196.
60 LW III, 99.
61 Vgl. Eduard Hanslick, *Die Moderne Oper*, Berlin 1875, S. 221. A. Sandberger zitiert aus einem „biographischen Fragment" (*P. Cornelius*, S. 8) einige Passagen, die in der „Autobiographischen Skizze" (LW III, 1—8) nicht enthalten sind. Nach dieser Autobiographie (Sandberger) übersetzte Cornelius am Ende der Berliner Zeit Hugos „Pracht- und Effektstücke" teilweise. — Zu den Dramen Schillers, die der Musik bedürfen, rechnet Cornelius den *Wallenstein*, die *Jungfrau von Orleans*, den *Tell*, die *Braut von Messina* und *Maria Stuart*, vgl. LW III, 127.

Darmstädter Oper die *Vêpres Siciliennes* Von Verdi mit *„glänzender Ausstattung"* den im übrigen fast unbekannt gebliebenen Opern Joachim Raffs vorzog. In der deutschtümelnden Schwärmerei für die heimische Oper dieses Artikels erwähnt er die Auseinandersetzungen Lessings mit dem französischen klassischen Drama Racines und stellt bei dieser Gelegenheit einen sehr negativen Vergleich mit Verdi an: *„Lessing hat einem Racine den Krieg erklärt und der deutschen Poesie die Wege gebahnt. Welch eine erhabene Erscheinung aber ist Racine gegen Verdi"*[64]. In Marschners *Adolph von Nassau* sieht Cornelius *„den trostlosen Kampf zwischen deutschem und angelernt fremdländischem Prinzip"*, worunter er *„ein charakterloses Herabsteigen bis zu Verdi"*[65] versteht. Aus dem letzten Lebensjahr liegt wenigstens eine Äußerung in einem Brief an den italienischen Pianisten Buonamici über eine der späten Opern Verdis vor, die jedoch kaum auf eine größere Achtung vor Verdi schließen läßt: *„ ... der Dichter* (Ghislanzoni) *hat, wenigstens was die Faktur betrifft, in der Aida von Verdi ganz Gutes geleistet. Diese Oper lerne ich eben kennen ... und ich amüsiere mich dabei im stillen, wie bei Euerm großen Landsmann unser großer Landsmann immer spukt. Der Schwan als Kantilene! das persönliche Thema in der pp beginnenden und endenden Einleitung — wie dort das architektonisch-nebelhaft gotische Thema"*[66].

Aufschlußreich ist noch ein Detail aus dem Lohengrinaufsatz, in dem Cornelius einen besonders nationalen Ton anschlug. Anton Rubinstein, der mit Cornelius zusammen in Berlin bei Dehn studiert hatte, stand in Weimar lange Zeit in persönlichem Kontakt zu Cornelius[67] als Gast im Neu-Weimar-Verein[68]. Cornelius übersetzte teilweise sogar in Anwesenheit von Rubinstein dessen Oper *Die Sibirischen Jäger* und beurteilte dessen *Kinder der Heide* sehr kritisch anläßlich der Wiener Aufführung[69]. Rubinsteins Oper *Feramors* (1863 in Dresden aufgeführt) war in Wien wegen der zu dieser Zeit in Repertoire befindlichen und thematisch gleichen *Lallah Rook* von Félicien David (nach Thomas Moore) nicht angenommen worden. Obgleich Cornelius die neue Oper des persönlich[70] und fachlich[71] wenig geschätzten Rubinstein sowie die von David nicht kannte, kam er zu dem Schluß, *„daß hier die Arbeit eines sehr begabten deutschen Komponisten dem*

---

62 *Lohengrin in München,* LW III, 99.
63 LW III, 102 f.
64 LW III, 107.
65 LW III, 100.
66 Brief vom 16. Januar 1874, LW II, 735.
67 Vgl. Weimarer Tagebuch von 1854—55, LW I, 182.
68 Vgl. LW I, 200.
69 *„Rubinstein wird kein bedeutender dramatischer Komponist werden. Seine verfluchte Geschicklichkeit verleitet ihn hier wie überall zur leeren Phrase."* Brief vom Jahre 1861, LW I, 569. Das Libretto sei ein *„haltloses, elendes Machwerk",* vgl. auch die eingehende Kritik an der Oper Rubinsteins, ebda, 570.
70 Persönliche Auseinandersetzungen mit Rubinstein gab es in Mainz bei Schott, vgl. C. M. Cornelius, I, 238.
71 Die Ouvertüre zu *Dimitri,* ein *„flüchtig gemaltes Transparent",* würde nach Cornelius bei eingehendem Studium *„in der Wertschätzung sinken",* Musikbericht von 1867, LW III, 151.

ungleich schwächeren Werk eines französischen weichen mußte"[72]. Hier argumentiert Cornelius wider besseren Wissen[73] und versucht, seine Leser in die Irre zu führen.

Ähnlich negativ wie der große Wagnerantipode Verdi wird Gounod beurteilt, über dessen Opern nur einige Äußerungen vorliegen. Der französische Opernkomponist stand in Deutschland und besonders in der Neudeutschen Schule in keinem guten Ruf. Berlioz, der gerne als Vertreter der Neudeutschen angesehen wurde, verteidigte das Libretto des *Faust* und sagt der Oper Gounods *„den Erfolg der Zukunft"*[74] voraus. In Wien wollte Cornelius nicht einmal mit den engen Freunden seines Bruders Carl, dem Kulturhistoriker Riehl und dem Musiktheoretiker Schafhäufl, beide entschiedenen Wagnergegnern, *„mit diesen Krebsen, mit den Verehrern von Gounods Faust verkehren, der mir odiös ist"*[75]. Für ein schlechtes Libretto mit schwacher Musik prägt Cornelius die Wortschöpfung *„Gounoderie"*[76]. In einer rhetorisch höchst effektvollen Polemik verhöhnt Cornelius im Lohengrinaufsatz Gounod: *„Große und kleine Leutchen haben viel über und gegen Wagner geschrieben und gesprochen, aber der neue Gluck, wie ihn Freund und Feind nennt, hat noch keinen Piccini gefunden! Maulhelden, ja! aber Tonhelden, nein! Das Gegenwerk, o bitte, bitte um das Gegenwerk! ... Oder war es vielleicht der „Faust" von Gounod schon?! Dann haltet uns unsere Kurzsichtigkeit zugute — wir hielten diesen Gegenkaiser für einen — ausgestopften"*[77]. Im Gegensatz zu der Verurteilung des Gounodschen *Faust* sieht Cornelius über die außerordentlich freie Behandlung des *Faust* durch Berlioz hinweg: *„Einzelheiten, die uns nicht recht behagen, etwas Unzusammenhängendes in der poetischen Haltung des Ganzen vergessen wir völlig über dem großartigen Zug, der das Werk durchweht ... "*[78]. Cornelius verabscheute Gounod so, daß er, bevor er dessen *Romeo et Juliette* (Uraufführung am 27. April 1867) kennenlernen konnte, diese Oper gegen einen nicht existierenden *Romeo* von Otto Ludwig ausspielte: *„Ludwigs „Romeo" ... wird jedenfalls dem Geiste Shakespeares näherstehen als Gounods Werk, das demnächst seinen unvermeidlichen Triumphzug über alle deutschen Bühnen sicher antreten wird"*[79]. In anderem Zusammenhang benutzt Cornelius den gleichen Topos, den Berlioz in anderem Kontext verwendet hatte, indem er die Opern Gounods mit *„Näschereien für verzogene Kinder"*

---

[72] Es erscheint bemerkenswert für die Zeit, in der Cornelius schrieb, daß auch Hanslick (*Moderne Oper*, S. 327) Rubinstein als deutschen Komponisten bezeichnete. Aus dieser Vereinnahmung ausländischer Komponisten durch die deutsche Musikkritik ergeben sich einige Fragen, die in einer gesonderten Arbeit zu untersuchen wären, z. B. aus welchen Motiven wurde diese Vereinnahmung vorgenommen, wie weit war diese Auffassung vertreten, welche anderen nicht-deutschen Komponisten wurden als Deutsche angesehen?

[73] Im *Lohengrin*-Aufsatz stellt Cornelius fest, Rubinstein habe Kisten von Kompositionen aus Rußland mitgebracht, LW III, 110.

[74] Vgl. Besprechung des *Faust* vom 26. März 1859, *Literarische Werke*, Bd. IX, S. 190—201.

[75] Tagebuch vom 3. Februar 1863, LW I, 697.

[76] Brief an Porges vom 2. November 1886, LW II, 447.

[77] LW III, 90.

[78] Brief vom 22. Dezember 1866, LW II, 464.

[79] *Tannhäuser in München* (1867), LW III, 129.

vergleicht[80]. Während Hanslick und auch etwa Wilhelm Kienzl[81] den Opern Gounods den rechten Platz in dem damaligen Opernbetrieb einzuräumen wußten — auch Hanslick hält es für töricht, den *Faust* mit *Don Giovanni* oder mit *Fidelio* zu vergleichen[82] — besteht Cornelius auf einer uneingeschränkten Gegenüberstellung von Wagners Musikdramen und den Opern Gounods, und er kann infolgedessen Gounod nicht gerecht werden. Cornelius, der rein emotional Stellung gegen Gounod bezieht, ist zu den Vertretern der *„teutonischen Opposition"*[83] gegen den *Faust,* den Hanslick *„ein Meisterstück theatralischer Geschicklichkeit"*[84] nennt, zu rechnen.

Cornelius verlor durch sein zeitweise uneingeschränktes Engagement für Wagner sein unabhängiges Urteil und glich seine Meinungen denen seines Freundes Wagner an. Der *„Genius"* Berlioz, *„den die Künstler des neuen Weimar als den dritten Meister der jungdeutschen Schule erkannten und priesen"*[85], wurde von Cornelius ganz für Deutschland vereinnahmt: *„Er ist wie von gotischem Blut erfüllt, von germanischer Milch genährt ... So ist Deutschland seine geistige Heimat, nach welcher er immer sehnsüchtig strebt und in welcher ihm einzig das rechte Verständnis werden kann"*[86]. Sogar der Musikwissenschaftler Istel zählt noch im Vorwort zu seiner Ausgabe der Corneliusaufsätze Berlioz zu dem *„gewaltigen Dreigestirn am Himmel neudeutscher Musik"*[87]. Wenn Cornelius glaubte, nur in Deutschland könne Berlioz' Musik richtig verstanden werden, so belegen die Bemerkungen seines Freundes Wagner das Gegenteil: Dieser fühlte sich *„von einem größeren Berliozschen Werke ... ebenso hingerissen als zu Zeiten auch unleugbar abgestoßen, mitunter geradewegs gelangweilt ... "*[88].

Es stellt sich nun noch die Frage, welche Hinweise Cornelius in seinen Kritiken gibt, die den Leser in einer bestimmten Richtung der Rezeption aktivieren soll und welche Präferenzen bei ihm ausgeprägt sind, die er auch den Hörern durch seine Kritik bewußt machen will. Im Unterschied zu der besonders in Frankreich beheimateten Vorstellung der Unterhaltungsfunktion der Oper weist Cornelius bereits in frühen Kritiken auf das *„aus ernstem, reifem Geist erzeugte Ganze"*[89] und auf die Möglichkeit, der Gesellschaft in der Oper den *„Spiegel vorzuhalten"* hin[90]. In der *Meistersinger*-Besprechung wird eine weitere Funktion offenbar, die für die Zeit sehr fortschrittlich war: *„Die poetische Erfindung, die Wahl des Stoffes und dessen Durchdringung mit dem innersten Gehalt des eigenen Dichtens und*

---

80 LW III 96.
81 Vgl. *Meine Lebenserinnerungen,* Stuttgart 1926, S. 200.
82 Vgl. *Moderne Oper,* S. 202.
83 *Moderne Oper,* S. 199. Wagner, *Mein Leben,* München 1963, S. 741, konnte durch *„keine freundschaftliche Rücksicht"* gegenüber den ihn verehrenden Gounod dazu bewegt werden, dessen *Faust* zu hören.
84 Hanslick, *Moderne Oper,* S. 200.
85 LW III, 110.
86 *Musikbericht,* LW III, 242. Vgl. auch den Berlioz-Artikel in der *Gazette musicale de Paris,* in: C. M. Cornelius I, 189 f.
87 LW III, VIII.
88 *Mein Leben,* S. 228 f.
89 *Über den Propheten,* LW III, 9.
90 LW III, 9.

Trachtens erscheint uns der Schwerpunkt in dieser jüngsten und reifsten dichterischen Tat Wagners"[91]. An diesem Vorbild sollen sich nach Cornelius alle Schaffenden anderer Künste „*orientieren*". Diese Vorstellung, im dichterischen Schaffen die Situation und das Schicksal des Dichters, bei Wagner des Musikers, zum Inhalt zu erheben, ist ein Modernismus, der durch die französische Dichtung ausgehend von Baudelaire über Rimbaud bis Lautréaumont weite Verbreitung gefunden hat. In den *Meistersingern* sieht Cornelius konkret die „*stolze Empfindung einer ewig unausfüllbaren Kluft zwischen Künstler und der umgebenden Welt"*[92]. Dem Musiker Wagner bescheinigt er eine glänzende Synthese zwischen dem „*Heilighalten des Alten"-* und dem „*Erfassen des Neuen"*.

Cornelius lenkt generell bei allen seinen Besprechungen das Hauptaugenmerk auf das Libretto. Die musikalische Gestaltung erscheint sekundär gegenüber der Wahl des Stoffes, seines Gehaltes und seiner Idee bzw. seinem „*bildenden Geist"*. Die „*religiöse"* Sache der Kunst erfordert vom Schaffenden höchsten menschlichen Ernst und künstlerisches Gewissen. Auf die Charaktere, z. B. die idealisierten Frauengestalten in den Wagneropern *Tannhäuser, Holländer* und *Lohengrin* legt er besonderen Wert. Der Hörer hat auf das Streben des Volkes und auf ein logisches Verfahren in der Anordnung der „*Motive in bezug auf ihre dramatische Bedeutung"*[93] zu achten. Vorbilder einer solchen Gestaltung sind die drei genannten Opern, die Stoffe mit „*unerschöpflichen menschlichen Problemen"*, z. B. die Tragödie des menschlichen Glücks im *Lohengrin* und im *Tannhäuser* zum Inhalt haben. Es ist kein Zufall, daß kein Aufsatz von Cornelius über den *Tristan* vorliegt, denn bereits der Inhalt der Oper, „*die eitle sinnenkranke Liebe und mit ihr das eitle Selbst an Gottes Statt"*[94], entsprach nicht den Vorstellungen des Cornelius.

Der zweite wesentliche Hinweis für den Opernkonsumenten betrifft die nationale Ausprägung der Oper, die in jeder Besprechung erwähnt, betont und gefordert wird. Bereits in der Prophetenrezension steht der Wunsch nach „*würdigen, schlakkenlosen Werken aus deutschem Geist"*[95] und der Hinweis auf die tiefere Ästhetik des deutschen Bauern. Die Schöpfung eines Dramas durch das „*von allen Weihen triefende deutsche Volk"* ist eine Zukunftsvision, die von einem Fortschrittsglauben auf künstlerischem Gebiet zeugt, wobei etwa der *Lohengrin* als Vorläufer des Zukunftsdramas hingestellt wird. Die Wagnerschen Opern werden als Modelle vorgeführt, von einer Distanzierung vom „*reinen Wagnertum",* die er in einem Brief von 1865 äußert, ist in den späten Rezensionen wenig zu bemerken. Wagner hat nach Cornelius im Musikdrama die neue Kunstform geschaffen, „*welche die Bedingung ewiger Dauer in sich trägt"*[96]. Das Musikdrama mit Betonung des deutschen Gemütslebens richtet sich an ein deutsch eingestelltes Publikum; dem

---

91 LW III, 179.
92 LW III, 156. Später greift Cornelius den Gedanken erneut auf (vgl. LW III, 176). Wagner dränge es, „*seinen innersten Kunstbezeugungen, seinem Empfinden und Erfassen von dem Wesen des Dichters die dramatische Form zu finden ... "*
93 LW III, 71.
94 Zitiert nach C. M. Cornelius II, 48.
95 LW III, 11.
96 LW III, 192.

deutschen Volk wird in den *Meistersingern „die ewige Idee des Deutschtums, der glorreiche, weltüberwindende deutsche Michel"*[97] hingestellt. Mit dem Erfolg dieses Musikdramas im Jahre 1871 wird auch die politische Einigung in Zusammenhang gebracht und in Übereinstimmung mit dem Erscheinen von Volksausgaben der Klassiker das Wunschbild von der *„Verbreitung der Teilnahme am Kunstwerk durch fast alle Schichten des Volkes"*[98] entworfen.

Im Hinblick auf die musikalische Gestaltung sind die Bemerkungen in den Kritiken der Wagnerschen Dramen selten. In den Besprechungen der nicht-Wagnerschen Oper finden sich konkrete Hinweise auf musikalische Gestaltungsweisen, wie an den Beispielen von Meyerbeer und Rossini zu sehen war. Dabei macht Cornelius dem Hörer bestimmte musikalische Eigenarten bewußt und fördert dadurch die Aktivität des Hörens besonders hinsichtlich der musikalischen Gestaltung von Ensemble- und Chorszenen. In der *Tannhäuser*-Kritik (1867) wird zum ersten Male die Motivtechnik Wagners, die *„persönlichen Motive"* im *Lohengrin*, dann die *„begrifflich symbolisierenden Motive des Tages, der Nacht, der Minne, Meerfahrt, des Todes und Liebestranks im Tristan"*[99] wie auch in den *Meistersingern* und im *Ring* erwähnt, auf die Neuartigkeit der sich von Szene zu Szene *„schlingenden"* Motive und auf die eine *„strenge Einheitlichkeit"* bewirkende Funktion der Motive verwiesen. Schließlich finden sich öfters Hinweise auf das *„Ineinanderverschmelzen"* von Wort und Ton, das *„Ineinander der Stimmungsmotive des Orchesters und der melodischen Phrase des Sängers"*[100] etwa in den *Meistersingern*. Für die ästhetischen Auffassungen des Cornelius von besonderer Bedeutung ist die Kritik an der Venusberg-Musik, die entgegen der überwiegend *„spiritualistischen Haltung des Ganzen"*[101] als zu sinnlich und einem primitiven Musikenthusiasmus zu nahestehend abgelehnt wird.

Schließt man von der verhältnismäßig geringen Zahl von Hinweisen auf musikalische Gestaltungsmerkmale im Wagnerschen Musikdrama auf die Rezeption der Oper allgemein, so heißt das, daß die Rezeption der Musik in Vergleich zu der des Librettos sekundär erschien. Es wäre aufschlußreich, die Kritiken anderer Zeitgenossen mit denen des Cornelius im Hinblick auf die genannten Faktoren zu vergleichen. Die Betonung der nationalen Komponente ist Gemeingut der Zeit, erscheint aber bei Cornelius erheblich stärker als etwa bei Hanslick. Bei einem literarisch und musikalisch so universal gebildeten Mann wie Cornelius, der selbst von den drei Opern zwei nach Stoffen aus der nichtdeutschen Weltliteratur komponierte, erscheint es erstaunlich, wie sehr er sich in den letzten Jahren von der zeitgenössischen französischen und italienischen Oper distanzierte. Die unterschiedliche Beurteilung Gounods und Verdis durch Cornelius und Hanslick, Wagner und Berlioz verdeutlicht die Relativität der Maßstäbe und beleuchtet, wie weit die persönliche Einstellung, die am Wagnerschen Musikdrama orientierte Stilerwartung des Cornelius sowie das damalige nationale Lebensgefühl das Urteil beeinflussen.

97 LW III, 180.
98 LW III, 191.
99 LW III, 134.
100 LW III, 179.
101 LW III, 137.

Namensregister

Abert, Anna Amalie 155 f.
André, Johann 125
Ariost 121
Aristophanes 28, 129 f., 138
Arnim, Bettina von 21, 50, 58
Arnim, Gisela von 50, 58
Auber, François 78

Bach, Johann Sebastian 39, 44, 83, 107, 199, 217
Bärmann, Carl 43
Bagge, Selmar 12, 203
Balzac, Honoré 71
Banck, Carl 51
Baudelaire, Charles 22, 230
Bausznern, Waldemar von 11, 41, 149
Beethoven, Ludwig van 25, 39, 51, 54, 69, 76, 78, 85, 88, 106 f., 212, 217, 220
Bellini, Vincenzo 205, 223
Berlioz, Hector 11 f., 14, 21 f., 25, 32, 37, 42, 65–72, 74–79, 81 f., 86, 89 f., 94, 97, 105 f., 137, 163, 198, 203, 205, 214, 219, 223, 225, 228
Betz, Franz 100
Bilse, Benjamin 213
Bismarck, Otto Fürst von 146
Bizet, Georges 143
Bodenstedt, Friedrich von 21, 24, 174
Boieldieu, François Adrien 43
Brahms, Johannes 11, 37, 50, 55, 57–63, 111, 177
Breitkopf & Härtel 34
Brendel, Franz 53, 105 ff., 110, 201, 203, 207
Bronsart, Hans von 37, 43, 85, 108, 121, 131, 203
Brosig, Moritz 193
Brüggemann, Alfred 106, 109
Buonamici, Giuseppe 227

Bülow, Hans von 13, 37, 40, 43, 56 f., 59, 65 f., 69 f., 70 f., 84 f., 97, 106 ff., 111, 170 f., 177, 197, 201–208, 210
Bürger, Gottfried August 115
Busch, Wilhelm 154
Byron, George Gordon Noel, Lord 52

Caspary, Friedrich 44
Castro, Guillén de 141, 143 f.
Challier, Ernst 174
Champein, Stanislaus 125
Cherbuliez, Antoine Elisée 125 f.
Cherubini, Luigi 12, 38, 217
Chopin, Fryderyk 54 f., 81, 107
Corneille, Pierre 141–144
Cornelius, Bertha 34, 37
Cornelius, Carl 15, 54 f., 59, 83, 89, 96, 179, 180, 191, 193, 225
Cornelius, Carl Adolf 40, 43
Cornelius, Carl Maria 32, 36 f., 43, 106–109, 111, 121, 125, 127 f., 130, 159, 189
Cornelius, Elise 55, 100
Cornelius, Friederike 160, 164, 167
Cornelius, Peter von 21, 81, 189, 224
Cornelius, Susanne 22, 43, 94, 99, 106, 130, 133, 137, 224
Cornelius, Therese 32
Coßmann, Bernhard 81

Dacis 224
Damcke, Berthold 222
Damrosch, Leopold 52, 97, 174–177
Däubler, Theodor 30
David, Ferdinand 51, 227
Dehn, Friedrich Wilhelm 33
Dehn, Siegfried Wilhelm 11, 14, 81, 105 f., 179 f., 192, 198, 225, 227
Dessoff, Otto 59, 61
Destin (Sängerin) 60
Dietrich, Albert 58
Dingelstedt, Franz Freiherr von 11 f.

Dittersdorf, Karl Ditters von
Donati, Baldassare 39
Donizetti, Gaetano 224, 226
Dorn, Heinrich 205, 216, 220
Draeseke, Felix 12, 37, 174, 176 f., 203, 207, 214
Droysen, Gustav 57
Du Mont, Henry 190
Durante, Francesco 38
Dustmann, Luise 60
Dvořák, Antonín 180

Egert, Paul 58, 107 ff.
Eichendorff, Joseph Freiherr von 21, 35, 174, 213 f.
Engel, Hans 106, 125
Esser, Heinrich 37 f., 61, 179 f., 221

Faber, Johann Heinrich 124
Fechner, Jörg-Ulrich 25, 120
Federhofer, Hellmut 119
Finscher, Ludwig 119, 154 f.
Fischer (Musikdirektor in Zittau) 44
Flotow, Friedrich von 130 f., 133, 135, 137
Fontana, Domenico 36
Franck, César 84
Franz, Robert 49 f., 52 f., 172—176
Freiligrath, Ferdinand 21, 24
Freiligraht, Gisberte 45
Fresenius, August 42
Fritzsch, Ernst Wilhelm 31, 202
Fröbel, Julius 201, 204

Gänsbacher, Johann Baptist 217
Gärtner, Marie 54, 89
Galland, Jean Antoine 121 f., 126 f.
Garibaldi, Giuseppe 146
Gastoldi,, Giovanni 39
Geibel, Emanuel 21
Genast, Emilie 176
Genelli, Bonaventura 21
Ghislanzoni, Antonio 227
Gille, Carl 201
Glauert, Barbara 10, 106, 110
Glinka, Michail Iwanowitsch 180

Gluck, Christoph Willibald 25, 220 ff.
Gloetzner, Anton 44
Görres, Joseph von 50
Goethe, Johann Wolfgang von 19, 21, 23, 36, 65, 70, 79, 128, 154, 198, 210, 219
Goldmark, Karl 154
Gounod, Charles 226, 228 f.
Grandaur, Franz 60
Grell, Eduard 215
Grün, Anastasius (=Anton Alexander Graf von Auersperg) 174
Grillparzer, Franz 144
Grimmelshausen, Hans Jakob Christoffel von
Grothe, Wilhelm 153
Gumbert, Ferdinand 170

Habicht, Maximilian 122, 126
Händel, Georg Friedrich 61, 217
Hagen, Friedrich Heinrich von der 122
Hahn, Bernard 193
Halévy, Fromental 78
Halm, Friedrich 50
Hamerling, Robert 173
Hammer-Purgstall, Joseph von 128
Hanslick, Eduard 61, 204, 207, 209, 228 f., 231
Haslinger, Tobias 46
Hasse, Max 16, 32 ff., 37 ff., 41 ff., 45 f., 115, 122, 125, 127, 137, 149, 159, 180, 189, 191, 208, 219, 221
Hâtis 128
Hattasch, Heinrich Christian 125
Hauptmann, Moritz 190
Haydn, Joseph 78, 106, 217
Hebbel, Friedrich 10 f., 21, 52, 61, 82, 174, 201
Heckenast, Gustav 41, 174
Heine, Heinrich 21, 123, 172 f., 214
Heinse, Wilhelm 211
Heinze, Gustav Adolf 170, 211
Herder, Johann Gottfried von 142 f.
Hérold, Louis-Joseph Ferdinand

Hestermann, Carl 11, 129, 145, 222
Heyse, Paul von 21, 24, 33, 37, 43, 174
Hilleprandt, Marie von 44
Hiller, Ferdinand 35
Hinrichs, Friedrich 50, 53
Hölzel, Gustav 101
Hoffbauer, Karl 11, 35
Hoffmann, Ernst Theodor Amadeus 29, 146, 209–214
Hoffmann von Fallersleben 28, 41, 82, 108
Holbein, Hans 25
Holstein, Franz von 222
Huber, Joseph 44
Huber, Victor Aymé 143
Hugo, Victor 71, 75, 79, 224, 226

Immermann, Karl 23, 27, 146
Irmen, Hans-Josef 213
Istel, Edgar 22, 32, 105, 110, 229

Jacob, P. Walter 10
Jansen, Friedrich Gustav 49
Jean Paul (= Jean Paul Friedrich Richter) 51, 211, 214
Jensen, Adolf 37, 171, 176
Joachim, Joseph 13, 50, 54, 59, 69, 81, 88, 108
Jordan, Wilhelm 156
Jost, F. 125
Jung (Mainzer Familie) 11
Jung, Berta 62, 97, 197 f.
Just, Klaus Günther 126, 144, 154 ff.

Kahlbeck, Max 61
Kahnt, C. F., Verleger 40, 55, 202
Kaulbach, Wilhelm von 21
Kienzl, Wilhelm 229
Kiepke, Elvira 41
Klein, Bernhard 217
Kleist, Heinrich von 79
Klindworth, Karl 85
Knoll, Bertha 44

Knoll, Konrad 44
Köhler, Reinhold 22, 99, 107 f., 144
Köhler, Volkmar 153
König, Alexander 122, 126 f.
Konold, Wulf 159, 177
Kreisig, Martin 49
Kretzschmar, Hermann 13, 171–177
Kruse, Georg Richard 124, 127
Kücken, Friedrich Wilhelm 170
Kühn, T. F. A., Verleger 176
Kuh, Emil 61, 174, 201

Lachner, Franz 49, 170
La Mara (= Marie Lipsius) 204
Lassen, Eduard 11, 40, 43, 56, 174–177, 213
Lasso, Orlando di 38, 180
Lenau, Nikolaus (= Nikolaus Niembsch von Strehlenau) 172, 174
Levi, Hermann 37, 40, 62, 138
Lindpaintner, Peter Joseph 170
Lingg, Hermann von 173
Liszt, Franz 11 ff., 14 f., 21 f., 25 f., 32, 36 f., 41, 45, 50, 52, 54–60, 62, 65, 67 ff., 71, 75 f., 78 f., 81–91, 93 f., 97, 105–111, 130 f., 133, 137 f., 163, 167, 172, 174–177, 179 f., 188, 191 f., 198 f., 201–204, 206, 208, 210 f., 214
Litolff, Henry 204, 211
Lohmann, Peter 52, 175
Lortzing, Albert 28, 78, 130 f., 133, 135, 137
Lotti, Antonio 38
Ludwig II., König von Bayern 20, 93, 95 f., 98

Mahling, Christoph-Hellmut 126
Malherbe, Charles 44, 192
Mallinger, Mathilde 101
Manskopf, Jakob Friedrich Nikolas 127
Marschner, Heinrich 153, 223, 227
Matysiak, Waldemar 193
Mauro, Seraphine 35, 61
Mendel, Hermann 12

Mendelssohn Bartholdy, Felix 38, 51, 170, 190, 215 f., 224
Menéndez Pidal, Ramon 140
Meyr, Melchior 21
Meyerbeer, Giacomo 36, 69, 85, 176, 220, 224 ff.
Mickiewicz, Adam 25
Mihalovich, Ökön von 39
Milde, Feodor von 25, 43, 45, 54, 109, 150, 176
Milde, Rosa von 19 f., 20, 25 f., 37, 43, 51, 54, 56, 94, 99, 176, 193
Mombert, Alfred 30
Mottl, Felix 37, 138
Mozart, Wolfgang Amadeus 61, 65, 78, 106, 109, 145, 217, 219 ff., 224
Müller, Gebrüder (Karl, Georg, Gustav, Theodor; Streichquartett) 51, 213
Müller, Wilhelm 24
Murillo, Bartolomé Esteban 25
Musel, Christian 9
Mylius, Wilhelm Christhelf Siegmund 124 f.

Naumann, Emil 199, 205, 215 ff.
Nicolai, Otto 11, 81, 217
Nietzsche, Friedrich 30
Nottebohm, Gustav 61
Novalis (= Friedrich von Hardenberg) 215

Paganini, Niccolò 60
Palestrina, Giovanni Pierluigi 36, 83, 180, 191 f., 199 f., 217
Palissot de Montenoy, Charles 124 f., 127
Palma Vecchio, Jacopo 25
Pasta, Giuditta 224
Paul, Oskar 110
Pelletan, Fanny 222
Perfall, Karl Freiherr von 43
Pfitzner, Hans 154
Platen, August Graf von 21, 24, 128, 173
Pohl, Richard 69, 83, 110, 203, 205
Porges, Heinrich 14, 61

Preller, Friedrich 21
Pricken, Karlheinz 159, 161
Proch, Heinrich 170 f.
Pruckner, Dionys 46, 69
Puccini, Giacomo 115

Raabe, Peter 172, 174
Raff, Joachim 43, 45, 53, 55, 84, 87 f., 108, 203, 227
Ramann, Lisa 86
Ratzenberger, Theodor 54, 170, 172
Reißiger, Carl Gottlieb 49, 170
Rheinberger, Franziska von 213
Rheinberger, Joseph Gabriel von 53, 206, 213
Richter, Sophie 42
Riedel, Carl 10, 46, 55, 59
Riedel, Friedrich W. 119, 155
Riehl, Wilhelm Heinrich 60, 163–167, 228
Rieter-Biedermann, Jakob 209
Rinck, Johann Christian Heinrich 190
Ritter, Alexander 174, 177, 203
Roger, Kurt 159
Rossini, Gioacchino 36, 38, 50, 130 f., 180, 215, 220, 222 f.
Rubinstein, Anton 82, 86, 227 f.
Rückert, Friedrich 21, 24 f., 128, 174
Rückert, Marie 35

Sandberger, Adolf 136, 159
Sarti, Giuseppe 38
Sauppe, Hermann 108
Sayn-Wittgenstein, Eugen Prinz 46
Sayn-Wittgenstein, Marie Prinzessin 42
Sayn-Wittgenstein, Carolyne Fürstin 20, 37, 82 f., 87 ff., 93, 96, 108, 138, 179, 208, 210

Schade, Oskar 108
Schafhäutl, Karl Franz Emil von 228

Schall, Carl 122
Scheffel, Joseph Victor von 173 f.
Schenk, Erich 44
Schiller, Friedrich von 21, 226
Schilly, Franz 129
Schindler, Anton 45
Schinke, H. 124
Schlesinger, Verleger, 14, 31, 198, 207, 210
Schlösser, Carl 101
Schnabel, Joseph Ignaz 217
Schneider, Friedrich 105
Schöll, Adolf 108
Schöll, Hofrätin 45
Schönaich, Gustav 41
Schopenhauer, Arthur 59, 209
Schott, Franz 42
B. Schott's Söhne 38, 42, 175
Schubert, Franz 10, 25, 37, 39, 170 f., 176 f.
Schumann, Clara 49, 53
Schumann, Robert 11, 25, 38 f., 49–58, 62, 69, 89, 111, 149, 162, 170 f., 175 ff., 203, 207, 210–215, 226
Schwind, Moritz von 21, 206
Scott, Walter 223
Seidel, Elmar 111
Senff, Bartholf 40
Sercambi, Giovanni 121
Shakespeare, William 21, 79, 224, 226
Simrock, Karl 147
Singer, Edmund 41
Smolian, Arthur 124 f.
Sobolewski, Friedrich Eduard 133
Speidel, Ludwig 46
Speyer, Wilhelm 170
Spohr, Louis 49, 223
Spontini, Gasparo 209, 220
Stade, Friedrich 12
Standhartner, Joseph 11, 36, 41, 61 f., 95 f.
Stendhal (= Henri Beyle) 71
Stephenson, Gunter 33, 42
Stern, Adolf 24, 32, 110, 125
Strachwitz, Moritz von 174
Sulger-Gebing, Emil 19, 125 f.

Tappert, Wilhelm 169
Taubert, Wilhelm 81, 205, 215 f.
Tausig, Carl 10 f., 14, 44, 55, 59–62, 85, 89, 94, 97
Tichatschek, Josef 213
Tieck, Ludwig 215

Uhlig, Theodor 106, 171, 208, 214
Unverricht, Hubert 93

Vecchi, Orazio 39
Verdi, Giuseppe 226 f.
Viole, Rudolf 208
Volkmann, Robert 40
Voss, Egon 98, 111, 115, 210, 214
Vrabely, Seraphine 59

Wagner, Cosima 37, 39, 62, 98, 209
Wagner, Günter 189, 192, 201
Wagner, Johanna 224
Wagner, Richard 10 ff., 15 f., 21 f., 26, 29, 40, 51 ff., 55–63, 65–69, 76, 93–110, 129, 131, 137 f., 145 f., 148 f., 153 ff., 162, 164, 176, 198 f., 210–204, 208 f., 214, 219 f., 226, 230
Wallon, Simone 192
Weber, Carl Maria von 25, 38, 100, 209, 220
Welz, Luise von 43
Wesendonck, Mathilde 25
Wesendonck, Otto 25
Winterberger, Alexander 172
Winterfeld, Wolf-Dietrich von 16
Wolf, Hugo 177
Wüllner, Franz 39
Würst, Richard 207
Wüstemann, Dr. 40

Zentner, Wilhelm 125
Zuckmayer, Carl 161
Zumsteeg, G. A., Verleger 46